传统中国的财富积累与分配

1820年代长三角地区社会财富研究

张晓晶 王庆 著

中国社会科学出版社

图书在版编目(CIP)数据

传统中国的财富积累与分配:1820年代长三角地区社会财富研究/张晓晶,王庆著. —北京:中国社会科学出版社,2022.4
ISBN 978-7-5227-0006-9

Ⅰ.①传… Ⅱ.①张…②王… Ⅲ.①长江三角洲—社会财富—研究—1820 Ⅳ.①F127.5②F129.49

中国版本图书馆 CIP 数据核字(2022)第 057196 号

出 版 人	赵剑英
责任编辑	王 曦 王 衡
责任校对	李 莉
责任印制	戴 宽

出　　版	中国社会科学出版社
社　　址	北京鼓楼西大街甲 158 号
邮　　编	100720
网　　址	http://www.csspw.cn
发 行 部	010-84083685
门 市 部	010-84029450
经　　销	新华书店及其他书店

印刷装订	北京君升印刷有限公司
版　　次	2022 年 4 月第 1 版
印　　次	2022 年 4 月第 1 次印刷

开　　本	710×1000　1/16
印　　张	20.5
字　　数	318 千字
定　　价	108.00 元

凡购买中国社会科学出版社图书,如有质量问题请与本社营销中心联系调换
电话:010-84083683
版权所有　侵权必究

序

由于江南地区（长江三角洲）在过去一千年中是中国经济和文化最发达的地区，江南一直是海内外中国史研究最密集的地区①，20世纪国际学坛中关于中国史研究中的诸多重要见解，都是以江南研究为基础提出的②。中国经济史中许多有影响的理论模式都来自江南经济史研究，或者以江南经济史研究作为这些理论的主要经验研究基础。江南的情况往往被当作中国的"典型"或者"代表"，从中得出相关的理论模式。在此意义上来说，江南研究成为认识中国的一个重要窗口。虽然江南经济史研究成果非常丰富，但是今天的"江南经济奇迹"又提出了新的问题，需要学者们以不同的眼光，使用不同的方法进行新的研究。这种新的研究，不仅会推进江南经济史研究，而且对我们正确认识中国经济演变的"中国特色"也具有重要意义。

一

哲学家波普尔（Karl Popper）对科学的研究方法进行了深入讨论，指出："应该把科学设想为从问题到问题的不断进步——从问题到愈来愈深刻的问题。"③他强调："科学只能从问题开始。"科学发现从问题

---

① 详见李伯重《"壶里乾坤大"：江南史研究长盛不衰的原因初探》，载张海英主编《明清史评论》第二辑，中华书局2019年版。

② 例如"中国停滞"论及其变种"高水平平衡机制"论与"过密化"论、"唐宋变革"论、"冲击—回应"论、"近代早期中国"论、"资本主义萌芽"论、"市民社会"论、"乡绅与乡村自治"论，等等。

③ ［英］波普尔：《猜想与反驳：科学知识的增长》，上海译文出版社2018年版，第318页。

出发，科学的创新源自提出新的问题，而产生原创性理论的问题有着特定的环境，即所谓的"问题情境"①。简言之，科学研究就是从问题开始，而从问题开始，就是所谓"问题意识"。一个人的问题意识是受其所处的时代和环境所决定的。因为学者不能逃脱其所生活的时代，因此时代决定了学者们需要研究的问题。② 没有人能够超越客观条件而提出与所处时代完全无关的问题。因此，不同的时代有不同的问题意识。

在今天，中国和世界都处在一个史无前例的大变化时代，其中最重大的变化之一是中国的崛起。被称为"金砖四国（BRIC）概念之父"的欧尼尔（Jim O'Neill）说："中国是我们这个世代最伟大的传奇故事。"③ 考虑到过去四十年来中国经济成长的规模之大和速度之快，当然可以说是世界历史上最大的经济奇迹，即如柏金斯（Dwight Perkins）所说："18世纪中期工业革命在英国发生，随后横扫欧洲其他部分（包括前苏联阵营）和北美，用了250年的时间，才使这些地区实现工业化，提高了今天世界23%的人口的生活水平。而中国今天的经济发展倘若能够继续下去，将在四五十年内使得世界另外23%的人口生活在工业化世界中。"④ 在中国内部，江南又是经济成长最迅速的地区，因此江南的经济表现可以说是"奇迹中的奇迹"⑤。

这个"奇迹"当然是不会凭空出现的，它为什么会发生、怎样发生和将会走向何处，是今天这个时代向全世界学者提出的新问题。为了寻求新答案，我们需要从历史中汲取智慧。之所以如此，马克思说得很清楚："人们不能自由选择自己的生产力——这是他们的全部历

---

① *Stanford Encyclopedia of Philosophy*, Stanford University Press, 2017, "Karl Popper"条目。
② Fusfeld, D. R., *The Age of the Economist* (the Fourth Edition), Glenvieu, Illinois, London: Scott, Foresman and Company, 1982, p.5. 他的这个看法，虽然是在讲经济学时讲的，但我认为也适用于史学。
③ [英]欧尼尔：《高成长八国：金砖四国与其他经济体的新机会》，（台北）天下文化2012年版，第123页。
④ Perkins, D., *China: Asia's Next Economic Giant?* Seattle: University of Washington Press, 1986.
⑤ 参见李伯重《"江南经济奇迹"的历史基础——新视野中的近代早期江南经济》，《清华大学学报》（哲学社会科学版）2011年第2期。

史的基础，因为任何生产力都是一种既得的力量，以往的活动的产物。可见，生产力是人们应用能力的结果，但是这种能力本身决定于人们所处的条件，决定于先前已经获得的生产力，决定于在他们以前已经存在、不是由他们创立而是由前一代人创立的社会形式。后来的每一代人都得到前一代人已经取得的生产力并当做原料来为自己的新的生产服务，由于这一简单的事实，就形成人们的历史中的联系，就形成人类的历史。"[1] 造就今日"江南奇迹"的因素很多，而其中最重要者之一是过去留下的历史遗产。这种遗产在19世纪中期西方到来之前已形成了坚实的基础，以后长期的战争、动乱乃至激进的"左"政策，虽然严重地破坏了这个基础，但是未能彻底摧毁它。因为有这个基础，所以到了改革开放时期（特别是1992年邓小平"南方谈话"之后），江南才能一马当先，走在全国各地区之前。[2] 特别是如果不深入了解19世纪中期以前的江南经济，那么，就会把江南在近代经济发展中取得的成就，完全归功于西方的作用，从而又落入建立在西方中心主义基础之上"冲击—回应"论的窠臼中了。

二

在探讨江南经济奇迹为何发生时，我们必须充分注意上面所引马克思的话："任何生产力都是一种既得的力量，以往的活动的产物。"这种既得的生产力所创造出来的物质产物，就是社会财富（对于一个国家而言，就是国民财富）。在人类历史上，有过多次"经济奇迹"出现，但是从来没有任何"奇迹"是"在一张白纸上"画出来的"最新最美的图画"。两百年前，德国文豪歌德写道："我认为但丁伟大，但是他的背后是几个世纪的文明；罗斯柴尔德家族富有，但那是经过不止一代人的努力才积累起来的财富。这些事全部隐藏得比我们想象的要深。"[3] 因

---

[1] 《马克思恩格斯选集》第4卷，人民出版社2012年版，第408—409页。
[2] 参见前引李伯重文。
[3] 转引自［英］弗格森《罗斯柴尔德家族》第1部《金钱的先知》，中信出版社2009年版，第43页。

此，不了解前人所创造出来的社会财富，是无法真正认识今天的江南"经济奇迹"的。

从学理上来说，财富问题乃是经济学研究的根本问题，现代经济学的开创者亚当·斯密，其代表作《国富论》，中心就是研究国民财富的性质和原因的。因此可以说，现代经济学就是从财富研究开始的。当然，由于时代的限制，他所讨论的"国民财富"只是供给国民每年消费的一切生活必需品和便利品，大致相当于今天我们所说的"国民收入"。至于财富存量和财富分配的问题，他还未涉及。亚当·斯密之后，经济学家继续对财富问题进行讨论，但主要集中于资本问题，特别是资本在近代经济发展中所起的作用问题，即如芝加哥大学出版社在为麦克洛斯基（Deirdre Nansen McCloskey）的《中产阶级的平等》（Bourgeois Equality：How Ideas，Not Capital or Institutions，Enriched the World）一书写的推荐语中所说："大多数经济学家——从亚当·斯密到卡尔·马克思再到皮凯蒂——都说1800年以来的大富裕（the Great Enrichment）来自资本。"对于什么是资本的问题，经济学界有不同的解释，而皮凯蒂及其团队有意模糊了资本和财富在概念上的差异。皮凯蒂在《21世纪资本论》中所说的资本或财富，指的是一个社会中能够在市场上交换所有权的所有非人力资本的资产。通俗地讲，包括了土地、房产、厂房、设备、股票、债券、银行存款、专利，等等。他把资本分为农地、住宅（包含住宅所附着土地的价值）以及其他资本三部分，这更清楚地表明资本和财富即为同一物。

这里，我们首先要把"财富"和"收入"两个概念做一说明。皮凯蒂说收入是流量，它与某段时间内（一般为一年）的生产和分配的产品数量相关；而资本是存量，它与某个时间点上所拥有的财富总额相关，是此前所有年份获得或积累的财富总量。换言之，收入是一个经济体在一段时间（通常是一年或者数年）中生产出来的总产值，通常用国内生产总值（即GDP）表示。财富（或者资本）则是在这个时间以及之前经济活动的物化成果的总量，通常用资产负债表来表示。GDP反映一个经济体在某一时点上经济活动的增减变化，而资产负债表是以该经济体整体财富（及负债）存量为考察对象，反映某一时点上经济体的资产负债总规模及结构状况。一个社会的经济状况好坏和发生危机的概率，并非体现在经济增长的速度上，而是反映在其资产负债表中。因此资产负债表的研究，对于经济研究具有重要意义。①用通俗的话来说，GDP和资产负债表都类似一个家庭的账本，其中GDP是这个家庭记录其一年净收入的账本，而资产负债表则是这个家庭所拥有的全部财产（及负债）的总账本。

财富的分配一直是经济学研究的主要内容之一。经济学家皮凯蒂（Thomas Piketty）在《21世纪资本论》的导论中说道："财富分配已成为时下最广泛讨论和颇具争议的话题之一，但我们是否真正了解其漫长的演进过程呢？……我们对财富和收入从18世纪演变至今又真正了解多少？当下，我们从中又可以汲取怎样的经验？"为什么要从18世纪出发来了解今天呢？他指出："在当今世界，资本的重要性与18世纪相比并未有重大变化，只不过资本形式发生了变化：资本的主要表现形式从以前的土地变成了如今的工业资产、金融资产和房地产。财富集中度依然很高，只是不再像100年之前那样极端。人口中最贫穷的一半依然一无所有，只不过现在有了所谓'世袭中产阶层'，其财富占了社会财富总额的1/4—1/3。如今最富有的10%人群占有了全部财富的2/3，而不是此前的90%。"因此，在此意义上可以说，不了解过去的情况，就无法真正认识今天的情况。②

因此，对历史上的财富存量和财富分配的研究，对我们正确认识今天的"江南经济奇迹"极为重要。由于江南在历史上和今天的中国经济发展中的特殊地位，倘若不能很好地认识江南，那么也就很难真正认识中国。只是这样的研究至今尚未见到，这不能不说是江南经济史研究的一大缺憾。

---

① 张晓晶、刘磊、邵兴宇：《国家大账本：21世纪中国经济的"存量赶超"》，《中国经济报告》2021年第2期。

② ［法］皮凯蒂：《21世纪资本论》，中信出版社2014年版。本文后面所引皮凯蒂的文字，均出于此书的导论。

本书正是中外学界第一部进行这样尝试的成果,因此其意义之重要,自不待多言。

三

关于财富的存量和分配问题,早在18世纪中叶就已有学者注意到了。法国重农学派最重要的代表人物之一杜尔哥(Anne Robert Jacques Turgot,1727—1781)于1766年出版了其代表作《关于财富的形成和分配的考察》,就已经开始了对财富问题的研究。更有意思的是,这本书是他为两位中国学生而写的。这两位中国学生在法国完成了学业,正要回国去。当时的法国学者大多认为中国是开明政治的策源地,都希望这两位中国青年能够让他们的欧洲东道主不断地了解中国的内部情况。杜尔哥向他们提出一系列的问题请求解答,为此他写出这本书,以便他们能够很好地领悟这些问题的旨趣之所在。令人遗憾的是,尽管杜尔哥这本书是为中国写的,但是对中国历史上的财富存量和财富分配问题却一直未有人进行研究。之所以如此,一个主要原因是做这样的研究需要一种合适的方法。

杜尔哥在《关于财富的形成和分配的考察》中使用的研究方法当然还很粗糙,难以适用于今天的研究。到了20世纪,经济学家阿罗(Kenneth J. Arrow)等人重新定义财富的概念,将自然资本、人力资本、再生资本以及石油资本收益变动与碳排放损失作为财富构成,从而对财富做出新的解释。联合国环境规划署(UNEP)基本上沿着阿罗当初的思路,提出并倡导"包容性财富"(Inclusive Wealth)的估算。晚近皮凯蒂团队进一步发展了对财富的研究,他们主要基于国家资产负债表方法进行财富估算,将研究推进到一个新的高度。国家资产负债表是国民经济核算体系的一个重要组成部分,统计体系本身已经十分成熟,而且在四式记账法下,资产与负债之间相互参照,可信度更高。而包容性财富估算以及其他的方法,则是对国家资产负债表方法的一个补充。

关于财富分配问题,学界已有长期的研究。但是如皮凯蒂指出的那样:"我们无法回避的事实是,财富分配的社会科学研究经过长时间发展，多是基于各种各样的纯理论推测，而确定的事实依据支撑则相对有限。……社会科学研究总是会充满试验性和不完美因素。没有人会要求将经济学、社会学和历史学转化为精密科学。但如果我们能够耐心地搜集案例和样本，冷静地分析相关经济、社会以及政治机制，就可以宣传民主辩论，聚焦正确的问题。并且这样有助于重新定义辩论框架，廓清先入为主或欺骗性的观点，对所有观点都保持严格审视的态度。在我看来，这是所有学者（包括社会学家）都应该扮演的角色。"对于历史上的财富分配研究来说，这一问题尤为显著。这是因为对于历史上的财富，我们今天只能通过历史遗留下来的信息（包括皮凯蒂说的案例和样本）来重构，而这些信息既不完全，又很分散，需要研究者下大功夫去搜集和鉴别真伪；同时，关于历史上经济、社会以及政治机制，学界也有不同的看法，需要研究者冷静地分析，"进行民主辩论"，"聚焦正确的问题"。根据国家资产负债表的编制方法，社会净财富按一定比例分配到居民和政府手中。这对于我们正确认识一个社会具有非常重要的意义，同时，以这样的视角对财富分配所作的研究，也能够进行更为客观的国际比较。

四

有人觉得财富问题似乎是经济学研究的独门领域，只有经济学家才有能力进行财富问题的研究。但是皮凯蒂指出："如果想要进一步了解财富分配的历史动态和社会阶级的结构，我们必须采用一种务实的态度，利用历史学家、社会学家、政治学家和经济学家的研究方法。"研究财富分配，需要了解财富分配的历史动态；研究财富存量，也需要了解财富存量的历史动态。而要了解财富存量和财富分配的历史动态以及与此相关的社会阶级的结构，仅只采用经济学的方法是不够的，而必须采用历史学、社会学、政治学的研究方法。

本书作者之一张晓晶教授是资深的经济学者，主要从事开放经济宏观经济学、宏观金融理论与发展经济学研究，曾荣获"孙冶方经济科学奖""孙冶方金融创新奖"等诸多奖项。他长期从事宏观经济金融形势跟踪分析，特别是中国国家资产负债表研究，是引领这个领域研究的著名学者（Leading Scholar）。他和另外一位经济学家李扬教授主持的中国社会科学院国家资产负债表研究团队，经十年之功，编制出2000—2019年时间跨度共计20年的中国国家资产负债表。该数据目前已经成为分析研判中国国家能力、财富构成与债务风险的权威依据，被国际货币基金组织、世界不平等数据库（WID）以及 *American Economic Review*、*Journal of Economic Perspectives* 等顶级学术期刊论文所引用，并进入了国际知名的 CEIC 数据库，由此奠定了在该领域的国际话语权。本书的另一作者王庆博士，毕业于中国人民大学经济史专业，学术训练扎实，是近年来国内经济史领域值得关注的新人。

关于财富存量，过去学界研究颇为有限。晚近在皮凯蒂等人的推动下，存量研究开始复苏。由于一个经济体的财富存量是长期造就出来的，为了更好地"盘点"这份"家产"，不少学者投入到世界各国的历史资产或历史财富的研究中，他们的研究成果对皮凯蒂团队的数据进行了修正和发展。但在中国，尚未见到这方面的研究，这当然是令人深感遗憾的。

张晓晶教授在中国国家资产负债表的研究中做出了重大贡献。但和一些只做当代经济研究的学者不同，他力求从历史的长时段来寻找今天中国经济的基因，因此在中国国家资产负债表编制工作开展后不久，他就萌生了编制历史资产负债表（Historical Balance Sheet）的想法。他认为"资产负债表数据能否发挥其最大优势取决于时间序列的长短，只有使用更长时间跨度的数据，才有助于发现影响中国历史演进的结构性力量，充分认识为什么中华民族伟大复兴进入到了不可逆转的历史进程"。因此，他把财富存量和财富分配的研究，上推到了鸦片战争之前。这样做是非常有意义的。如前所述，如果不弄清鸦片战争之前中国经济的状况，那么鸦片战争之后中国经济所发生的变化，就只能归因于外力的"冲击"了。这种观点尽管已被许多学者所扬弃，但是仍然还有不少学者依然接受。因此张晓晶教授和王庆博士合著的这本书，对关心中国经济问题的各学科的学者，都是一个应当重视的成果。

本书的重要意义还不止于此。欧美主要发达国家不仅普遍编制了20世纪初期至今相对连续的年度国家资产负债表，而且部分研究已经将英国、法国、德国、美国、荷兰和瑞典等历史数据相对丰富国家的国民财富和资产负债情况推至18世纪甚至更早，并利用这些数据取得了丰硕的学术成果。但是在中国研究中尚未有这方面的研究成果，可以说是一个空白，这当然是我国学术的一大弱点。为了正确地认识中国在世界经济中的真实地位，近二十年来国际学界展开了关于"大分流"的大辩论，成为世界各国不同学科学者交流的舞台、不同意见交锋的阵地。然而，在这个历时二十年的国际学术大辩论中，虽然财富问题也被屡屡提出，但是借助于国家资产负债表对中国历史上财富存量和财富分配进行的新研究，却尚未见及。因此，本书不仅填补了我国学术的一个空白，而且对于国际学界也提供了一个新的讨论领域，从而有助于国际学术的发展。

由于学界对中国历史上的国家资产负债表的研究阙如，因此本书写作面临很大困难。本书两位作者采用了一种研究策略：第一，尽可能地利用学界已有成果，哪怕这些成果极为有限；第二，根据学界已有成果和资料可获得性，选取19世纪初江南的一个地区的经济作为本书研究的对象。这个策略，我认为是非常正确的。众所周知，中国是一个历史悠久、幅员辽阔的国家，各时各地的经济表现有很大差异，有的差别甚至可以称为"天渊之别"。就时间而言，中国历史上的一个朝代往往长达两三百年。在这个时期中，经济总在起伏波动，出现"发展—繁荣—衰退—萧条"的周期变化。就地区而言，彭慕兰（Kenneth Pomeranz）在其《大分流：中国、欧洲以及近代世界经济的形成》一书中就已明确指出：在19世纪以前的世界上，从经济表现和发展水平来看，荷兰和江南（即长江三角洲）都是欧亚大陆上最先进的地区，而乌克兰和甘肃则是落后地区。荷兰和江南之间的相似性，比起荷兰和乌克兰或者江南和甘肃之间的相似性更多[①]。因此我们不能

---

① ［美］彭慕兰：《大分流：中国、欧洲以及近代世界经济的形成》，江苏人民出版社2006年版，第5—6页。

把江南、甘肃以及中国任何一个地区的经济表现，当作整个中国的经济表现。由此，正确的研究策略应当是：首先选择那些历史留下的经济信息最丰富的地区和时间点，进行深入研究，然后把这样的研究扩及其他地区和时期，等到这样的案例研究积累到相当程度时，才有可能进行全国性长时段的经济表现的研究，而不是相反，仅只依凭一些数量有限且其可靠性待核实的史料（例如一个或者几个朝代的人口、土地、赋税等官方数字）来进行全国性长时段的研究。根据这种研究策略，从研究的地域空间来看，江南自宋代以来，一直是中国经济最发达的地区，也一直是中国文化最发达的地区，保留了最为丰富的经济史文献。从研究的时间节点来看，19 世纪初期是西方"冲击"到来之前中国传统经济的最后时期，同时这个时期的史料也较之前任何时期都更为丰富，可以从中获得更多和更可靠的历史信息。因此从某种意义上来说，这个时期的中国经济，是我们今天能够看到"原生态"的中国传统经济的最佳时期。因此，倘若要挑选一个地区和时期来研究"原生态"的中国传统经济，19 世纪初期的江南无疑就是首选。本书选择了这样的时空范围，我认为是非常有意义的。此外，由于上述原因，江南在中国经济史研究中也拥有特别的地位；在过去一个世纪的中国经济史研究中，对明清江南经济史的研究最为丰富和深入，这也为新的研究提供了学术基础。

基于以上特点，本书两位作者在这项研究中做出了开创性的贡献。其贡献可以大致归纳为如下几点：

第一，估算出了传统中国的第一张社会财富表、第一个财富收入比，填补了中国历史财富研究的空白，为后续更大地域范围、更长时间跨度的研究提供了参考范例。同时，由于中国相比于西方世界发展路径更为独特（相比同时期的西北欧国家国土面积更大、人口更多），因此中国长时段数据的加入，不仅丰富了当前国际历史财富变迁研究的成果，而且有可能对现有理论提出补充或挑战。

第二，从财富的角度重新审视了江南社会的早期近代性，捕捉到了江南近代经济繁荣的历史基因。在今天，江南是中国最为重要的增长极，其对全国经济总量的贡献占到四分之一。找到其历史基因，从而加深了我们对历史延续性影响经济发展的理解。

第三，对江南这个传统经济最发达地区的社会财富的研究，使得我们可以"以小见大"，深入地观察传统中国在走向近代化进程中面临的各种障碍。这些障碍不仅存在于经济内部，而且也涉及经济之外，恰如斯蒂芬·金小说中的"穹顶"。尽管当时的江南已经做到了穹顶之下的最优，但只有冲破它，才可能真正获得从早期近代经济向现代经济转型的内在动力。这种"穹顶论"虽然尚显粗糙，但为理解"大分流"这个国际学界争论的热点问题提供了新的视角，也提升了中国在国际学坛发出的声音。

第四，本书作者在进行本项研究时，广泛参考了国际学界相关研究的成果，仅只书中列出的参考文献就达到 465 种之多（其中英文文献 144 种），可谓搜罗殆尽。他们采纳了皮凯蒂等提出的基本概念和研究路径，作为本书研究的出发点。但是在此同时，本书作者也指出了皮凯蒂研究的不足和缺陷，从而在自己的研究中取其优点和避免其缺点。此外，除了从"纯"经济学的角度外，本书还从自然资源和自然条件、科学技术、文化和价值观、制度路径依赖等方面对财富存量问题进行讨论。这些讨论，不仅有助于我们更清楚地认识中国传统经济的财富存量，而且解释了中国传统经济的财富存量变化所处的大环境，以及在这个大环境中中国传统经济的财富是如何增长的以及它能够发展到怎样的程度。通过和西方发达国家的比较，使得我们对中国传统经济的发展水平以及发展前途有了更好的认识。

五

本书两位作者非常重视学界已有的研究成果，在他们采用的诸多成果中，把拙著《中国的早期近代经济——1820 年代华亭—娄县地区 GDP 研究》[①] 作为本书研究的一个基础。在拙著中，我使用历史国民账

---

① 李伯重：《中国的早期近代经济——1820 年代华亭—娄县地区 GDP 研究》，中华书局 2010 年版；增订版 *An Early Modern Economy in China: The Yangzi Delta in the 1820s*, Cambridge University Press, 2022.

户系统（The System of Historical National Accounts）的方法，对1823—1829年松江府华亭—娄县（大致相当于今天上海市松江区）地区的GDP做了专门的研究。但是我的研究并未涉及国家资产负债表与财富存量和财富分配的问题。本书作者对国家资产负债表与财富存量和财富分配进行的研究，把江南经济史研究又推进了一步。作为一生从事江南经济史研究的学人，看到在自己钟爱的事业方面，有人做了我所做不到的贡献，我深感欣慰。学术要发展，就需要学者们利用前人已有的成果，采纳其合理部分，指出其不妥之处，补上其缺憾。他们正是这样做的，他们所做的工作包括：

第一，补充了新的资料。对拙著的估计相对不足之处，比如华亭—娄县地区的金融市场、货币存量、公共部门中的军事设施、水利设施和祠庙等资产，他们都使用了一些新的资料和数据，包括较多的民国时期社会调查以及大量其他的物价和工资数据。

第二，增加了新的估算。在从流量数据向存量数据转换的过程中，一方面出现了超过原有历史GDP的估算需求，另一方面需要一定数量的新参数，以及对原有参数进行校准。因此，本书在数据估算方面也有一定的拓展。

第三，扩大了国际比较的范围。拙著比较研究的对象主要是荷兰，而本书的比较对象则覆盖了大部分能够满足资料需求的国家，包括英国、法国、德国、美国、瑞典和日本等。与此同时，在纵向上，考察了对象国较长时期内的财富变化情况。这一做法能够帮助我们更为清晰地认识1820年代华亭—娄县地区在世界经济发展中的相对位置。

第四，有了新的发现。如前所述，GDP和资产负债表是一个家庭的两套账本，二者各有特点，也各有所长。本书研究的历史财富，属于存量范畴，因而相比拙作的流量研究，得到了一些新的发现，比如华娄社会财富的规模与分布结构、财富收入比、金融市场的发育情况，等等。这些发现都是对现有研究较好的补充。

我从事江南经济史研究已逾四十年，可以说不仅见证了而且亲历了江南经济史研究在改革开放以来走过的历程。如今看到有年富力强的学者加入江南经济史研究的队伍，带来新的方法、新的理念，做出了新的成果，不仅感到非常高兴，而且感到非常振奋。

在今天，社会科学各学科的自我封闭倾向都很严重，但经济学在自我封闭方面可谓是"王中王"①。本书的两位作者都是经济学出身，受过良好的经济学训练，其中张晓晶教授是成名的经济学者，王庆博士则是前途无量的青年经济学者。但是他们并不囿于上述那种自我封闭的偏见，把自己的研究延伸到历史学的领域，这也表现了他们广阔的胸怀和眼界。皮凯蒂说："经济学并不应该试图与其他社会科学割裂开来，只有与它们结合起来才能获得进步。社会学科的共同特点是知之甚少却把时间浪费在愚蠢的学科争吵之中。如果想要进一步了解财富分配的历史动态和社会阶级的结构，我们必须采用一种务实的态度，利用历史学家、社会学家、政治学家和经济学家的研究方法。我们必须从基本的问题开始，并试图去回答这些问题。学科争论和地盘之争是没有意义的。在我眼里，本书（按：即《21世纪资本论》）是一部经济学作品，同时也是一部历史学作品。"由此而言，这本新著就是为学界提供的一个突破学科藩篱、实现学科交融研究的范例。

最后，热烈祝贺本书的刊出！

2022年2月于燕园

---

① 这种情况在美国最为突出，1997年的数据显示，美国经济学论文的引用文献中高达81%来自本学科，而政治学、社会学、人类学的这个数字则分别是59%、52%和53%。2006年的一项问卷调查中，美国高达57.3%的经济学教授反对"跨学科知识优于单一学科的知识"。作为对比，在政治学和社会学教授中，反对比例分别只有28.0%和25.3%。参见张跃然《经济学家：社科世界中的殖民者?》，发布于"政见CNPolitics.org"（https://zhuanlan.zhihu.com/p/19972418）。中国的情况与美国有所不同，但也仅是程度不同而已。

目　录

第一章　导论 … 001
一　缘起：编制历史资产负债表的宏愿 … 001
二　从华娄出发 … 004
三　1820年代的长三角社会 … 006
四　估算方法 … 012
五　资料来源 … 017
六　研究发现 … 021

第二章　居民部门非金融资产 … 024
一　农村农户非金融资产 … 024
二　农村非农户非金融资产 … 073
三　城镇居民非金融资产 … 077

第三章　公共部门非金融资产 … 117
一　政府部门非金融资产 … 117
二　其他公共部门非金融资产 … 140

第四章　金属货币资产 … 159
一　清代中期的货币制度 … 159
二　清代中期华娄金属货币资产 … 165

三　内部结构 …………………………………………… 171

第五章　金融业资产与金融市场 …………………………… 176
　　一　华娄金融业资产 …………………………………… 176
　　二　华娄金融市场 ……………………………………… 193

第六章　社会财富分配 ……………………………………… 204
　　一　华娄的地权分配 …………………………………… 205
　　二　其他财富分配 ……………………………………… 212
　　三　居民部门财富分配差距 …………………………… 214

第七章　从世界看华娄 ……………………………………… 216
　　一　华娄的社会财富表 ………………………………… 216
　　二　国际比较的数据基础 ……………………………… 220
　　三　从世界看华娄 ……………………………………… 228

第八章　"穹顶之下"的华娄及其出路 ……………………… 242
　　一　"华娄之问" ………………………………………… 242
　　二　"穹顶之下"的华娄 ………………………………… 245
　　三　华娄的出路：扭曲、次优与大分流 ………………… 267

参考文献 ………………………………………………………… 274
后记 ……………………………………………………………… 306

第一章 导论

一 缘起：编制历史资产负债表的宏愿

中国国家资产负债表研究始于2011年。当时，一方面出于应对2008年国际金融危机的需要，资产负债表方法（Balance Sheet Approach，BSA）兴起并成为一时的风尚；另一方面，则是由于中国国民账户体系中资产负债表数据的长期空白。[1] 2013年，党的十八届三中全会提出编制国家与地方资产负债表，充分体现出我们研究的前瞻性。

十年磨一剑。中国社会科学院国家资产负债表研究团队[2]经十年之功，编制出了2000—2019年时间跨度共计20年的中国国家资产负债表。[3] 该数据目前已经成为分析研判中国国家能力、财富构成与债务风险的权威依据，被国际货币基金组织、世界不平等数据库（WID）以及 *American Economic Review*，*Journal of Economic Perspectives* 等顶级学术期刊论文所引用[4]，并进入了国际知名的CEIC数据库，由此奠定了

---

[1] 国家统计局虽然在20世纪90年代就将资产负债核算纳入了中国国民经济核算体系，并开始研究资产负债表的编制，但遗憾的是，其编制还不成熟，因而也未对外公布。

[2] 该团队成立于2011年，最初是由时任中国社会科学院副院长李扬研究员作为负责人、张晓晶研究员作为执行人的研究小组；后成立国家资产负债表研究中心（CNBS），由张晓晶领衔。

[3] 相关成果参见李扬、张晓晶、常欣、汤铎铎、李成《中国主权资产负债表及其风险评估（上）（下）》，《经济研究》2012年第6、7期；李扬、张晓晶、常欣等《中国国家资产负债表（2015年）》，中国社会科学出版社2015年版；李扬、张晓晶、常欣等《中国国家资产负债表（2018年）》，中国社会科学出版社2018年版；李扬、张晓晶等《中国国家资产负债表（2020年）》，中国社会科学出版社2020年版。

[4] Naughton, B., "Is China Socialist", *Journal of Economic Perspectives*, 2017, 31 (1): 3-24; Piketty, T., Yang, L., Zucman, G., "Capital Accumulation, Private Property, and Rising Inequality in China, 1978—2015", *American Economic Review*, 2019, 109 (7): 2469-2496.

在该领域的国际话语权。今天，我们能够有信心推进历史资产负债表研究，也主要是基于以上的学术积累和学界认可。

其实，在中国国家资产负债表编制工作开展后不久，笔者就萌生了编制历史资产负债表（Historical Balance Sheet）的想法。[①] 一则，当时的历史GDP相关研究已形成了一定基础，感觉这件事情可以做；[②] 二则，直觉告诉笔者，如果将资产、负债等存量数据及其分析范式应用到历史研究中，或许能够为考察所谓的中西"大分流"（Great Divergence）提供新的视角和数据支持；三则，资产负债表数据能否发挥其最大优势取决于时间序列的长短。只有使用更长时间跨度的数据，才有助于发现影响中国历史演进的结构性力量，充分认识为什么中华民族伟大复兴进入到了不可逆转的历史进程。

令人遗憾的是，此项研究在我国的发展仍处于起步阶段。囿于数据的可得性和研究力量的不足，我国目前尚无2000年以前的编制成熟的国家资产负债表，历史资产负债表更是无从谈起。

而欧美主要发达国家不仅普遍编制了20世纪初期至今相对连续的年度国家资产负债表[③]，而且部分研究已经将英国、法国、德国、美国、

---

① 所谓历史资产负债表，顾名思义，刻画的是一个国家或经济体在某一历史时期的资产负债情况。其与国家资产负债表"同宗同源"，萌芽都可以追溯到17世纪70年代威廉·配第开创的政治算术（Political Arithmetic）的传统（参见图1-1）。参见 Dodgson, J., "Gregory King and the Economic Structure of Early Modern England: an Input-output Table for 1688", *The Economic History Review*, 2013, 66 (4): 993-1016；倪玉平、徐毅、[荷] 范鲁文·巴斯《中国历史时期经济总量估值研究——以GDP的测算为中心》，《中国社会科学》2015年第5期。

② 当时国外的麦迪森团队和国内的李稻葵团队等均在中国历史GDP估算方面取得了较大突破。Broadberry指出尽管他们给出的数据中有关1870年以前的估算存在大量的"猜测"（Guesstimation）和"受控推测"（Controlled Conjectures），但其价值毋庸置疑。参见 Broadberry, S., "The Industrial Revolution and the Great Divergence: Recent Findings from Historical National Accounting", *The Handbook of Historical Economics*, 2021: 749-771. 相关成果可参见 Bolt, J., Van Zanden, J. L., "The Maddison Project: Collaborative Research on Historical National Accounts", *The Economic History Review*, 2014, 67 (3): 627-651；管汉晖、李稻葵《明代GDP及结构试探》，《经济学（季刊）》2010年第2期；金星晔、管汉晖、李稻葵等《中国在世界经济中相对地位的演变（公元1000—2017年）——对麦迪逊估算的修正》，《经济研究》2019年第7期。

③ Goldsmith, R. W., *The National Balance Sheet of the United States, 1953—1980*, University of Chicago Press, 1982; Goldsmith, R. W., *Comparative National Balance Sheets: A Study of Twenty Countries, 1688—1979*, University of Chicago Press, 1985；张晓晶：《官方"国家账本"编制进行时》，《经济参考报》2017年11月20日第8版。

荷兰和瑞典等历史数据相对丰富国家的国民财富和资产负债情况推至 18 世纪甚至更早，并利用这些数据取得了丰硕的学术成果。①

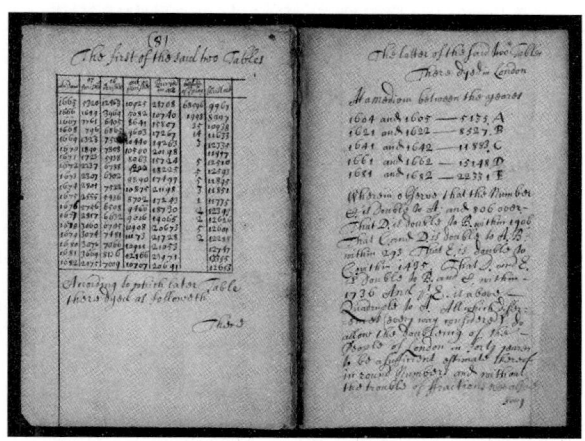

图 1-1　威廉·配第"政治算术"系列论文手稿

注：该书名为 Another Essay in Political Arithmetic, Concerning the Growth of the City of London with the Measures, Periods, Causes, and Consequences Thereof，1682 年出版；该页具体内容为 17 世纪英国伦敦的出生人口和死亡人口统计。

资料来源：Wellcome Collection。

特别是在皮凯蒂（T. Piketty）的《21 世纪资本论》一书出版以后，笔者愈发感受到我国在存量研究方面与国际经济学界之间的"数据鸿沟"。② 以往通过整理历史典籍得到的只言片语式的零星数据，显

---

① 参见 Slack, P., "Measuring the National Wealth in Seventeenth-Century England", *The Economic History Review*, 2004, 57 (4)：607-635；Piketty, T., Zucman, G., "Capital is Back：Wealth-Income Ratios in Rich Countries 1700—2010", *Quarterly Journal of Economics*, 2014, 129 (3)：1255-1310；Waldenström, D., "The National Wealth of Sweden, 1810—2014", *Scandinavian Economic History Review*, 2016, 64 (1)：36-54；Madsen, J. B., "Wealth and Inequality over eight Centuries of British Capitalism", *Journal of Development Economics*, 2019, 138：246-260；Broadberry, S. N., de Pleijt, A., *Capital and Economic Growth in Britain, 1270—1870：Preliminary Findings*, CEPR Discussion Papers, 2021. 其中，Madsen、Broadberry and De Pleijt 等估算的英国历史数据都上溯到了 13 世纪。

② 在皮凯蒂凭借此书成为"偶像派知识分子"（戈德哈默语）后，他书中使用的英、法、德、美、加等国的历史财富数据得到了更深入的挖掘，其他国家的学者也都铆足劲投入到对自己国家历史财富的数据整理和研究中。其中比较有代表性的是瑞典学者 D. Waldenström 对 19—21 世纪瑞典这一"后发小型开放"经济的估算研究。

然无法满足运用大历史观及理解何为"百年未有之大变局"对于历史研究提出的更高要求。[1] 有感于斯，笔者在中国国家资产负债表编制体系基本成熟以后便萌生了宏愿：编制中国的历史资产负债表![2]

二 从华娄出发

然而，中国历史资产负债表的编制从哪里入手呢？这是一开始就困扰我们的大问题。笔者毕竟不是历史专业出身，"闯入"经济史领域不免有如履薄冰之感。尽管当时历史 GDP 研究已有不少成果，但相关数据的丰富程度还不足以支撑编制我们想要的资产负债表（哪怕只是资产表）。就在这个时候，李伯重教授的专著《中国的早期近代经济——1820 年代华亭—娄县地区 GDP 研究》（以下简称"李著"）让笔者眼前一亮：我们可以从这里开始，从华娄地区出发！

无论是数据还是方法，从各个角度来看，李著都是一座"富矿"。首先，得益于作者在江南社会经济史领域数十年如一日的耕耘，李著在估算华娄地区历史 GDP 的过程中搜集、筛选和梳理了海量的历史资料（基本穷尽了当前可用的地方志、农书和近代调查），并对各种资料的优势和局限性进行了讨论。因此，本书所需数据中很大一部分是沿着李著的指示"按图索骥"得到的。其次，李著在附录里对于正文中几乎所有的估算方法和技术细节进行了完整、清晰的汇报。[3] 这些技术细节能够最大限度降低我们在估算社会财富、变"流量"为"存量"时的难度和风险。最后，李著使用国际通用的国民账户体系（SNA），为我们开展后续的国际比较提供了极大便利。因此对于笔者来说，李

---

[1] 正所谓"巧妇难为无米之炊"。历史财富研究的空白不仅严重限制了我国经济史学科长时段结构分析和比较研究的开展，同时在一定程度上也削弱了当前国家资产负债表研究体系的理论价值。因此，尽快打通存量研究的"任督二脉"是今天经济学界和历史学界所共同面对的重要课题。

[2] 相关工作始于 2015 年，后来有中国社会科学院副研究员常旭和两位中国社会科学院大学学生王辉、刘淑伟参与。

[3] 笔者与彭凯翔一样，也感觉李著的附录堪称"前现代江南经济的手册或百科全书"。参见彭凯翔《传统中国经济张力的立体透视——评〈中国的早期近代经济——1820 年代华亭—娄县地区 GDP 研究〉》，《经济研究》2011 年第 5 期。

著是当之无愧的"巨人的肩膀"。

当然，我们在李著的基础上，也往前迈了一大步。

其一，补充了新的资料。在李著估计较为充分的领域，比如华娄地区的农作物产量、学校教育等，我们基本沿用了其所参考的文献；但在其估计相对不足之处，比如华娄的金融市场、货币存量、公共部门中的军事设施、水利设施和祠庙等资产，我们都使用了新的资料和数据。其中包括较多的民国时期社会调查以及大量其他的物价和工资数据。[①]

其二，增加了新的估算。在从流量数据向存量数据转换过程中，一方面出现了超过原有历史 GDP 估算的新的数据需求，另一方面也需要相当数量的新参数，以及对原有参数进行校准。因此，本书在数据估算方面也有较大的拓展。

其三，扩大了国际比较的范围。本书的比较不再只针对荷兰地区，而是覆盖了大部分满足资料需求的国家，包括英国、法国、德国、美国、瑞典和日本等国。与此同时，在纵向上，我们也考察了对象国较长时期内的财富变化情况。这一做法能够帮助我们更为清晰地认识 1820 年代华娄（尽管其自身的数据点有限）在世界经济发展中的相对位置。

其四，有了新的发现。这也是最为重要的地方。我们估算出了第一个中国历史时期较为准确的社会财富积累和分配情况以及第一个财富收入比。相较于历史 GDP，财富作为存量数据，能够更全面地展示经济社会发展状况、国家能力与居民生活水平、财富的结构性分布以及金融市场的发展程度，等等。在后文我们会做更深入的探讨。

就历史资产负债表编制的宏伟计划而言，1820 年代华娄地区社会财富估算只能算是万里长征迈出了第一步[②]，但其重大意义却是不言而喻的。

[①] 中国社会科学院近代史所的云妍副研究员为我们慷慨提供了其收集、整理的清代官员抄没家产数据集，特此感谢。

[②] 就历史资产负债表而言，我们仅完成了资产层面的估算，而较少涉及负债层面。

第一，也是最为直接的，填补了我国历史资产负债表和国民财富估算上的研究空白。①1820年代的华娄可以视作一根钉入中国传统社会的"楔子"。我们对其进行的估算可以为后续更多时点、更广地域的历史财富研究提供参考范例，以期在未来能够连珠成串、结丝成网。

第二，19世纪初期的华娄作为中国早期近代经济的代表性地域，研究其财富存量和内部结构，有利于我们正确认识鸦片战争前传统中国经济的运行模式，并基于国家资产负债表的视角分析中国从传统社会向现代社会、从早期近代经济向现代经济的转型过程，探寻中国长期经济增长的内生动力。

三　1820年代的长三角社会

（一）李伯重华娄GDP研究

李伯重作为"加州学派"的代表人物对中国近代江南社会经济史进行了数十年深入而系统的研究，并在诸多领域做出了开创性的贡献。其于2010年出版的著作《中国的早期近代经济——1820年代华亭—娄县地区GDP研究》是世界范围内第一次对于中国历史时期特定地域经济总量进行的系统性估算，在经济学界和国际经济史学界均产生了巨大反响。②

得益于作者数十年之积累，李著发掘、整理了大量关于近代江南社会经济的第一手史料，并采用"假设、推理及验证的手段，从片段和零散的史料中，取得研究所需要的数据"③。在相对完备的资料的支

---

① 缪德刚对20世纪前期国内外学者和机构对于中国部分年份"国富"数值的估算进行了细致的梳理和分析。在这些估算当中，最早的也只能推至1900年前后的美国国务院调研，并没有学者和机构详细估算过中国历史时期的社会财富。参见缪德刚《中国近代国家资产总量——基于"国富"指标的项目整合与数据考证》，《中国经济史研究》2021年第5期。

② 该书的英文修订版"An Early Modern Economy in China: The Yangzi Delta in the 1820s"已于2021年9月由英国剑桥大学出版社出版。哈佛大学教授柏金斯（D. Perkins）在序言中指出，这本书不仅"提供了对200年前中国GDP的一个最好的估测"，而且其更为重要的意义在于"展开了一幅19世纪初期江南经济的完整画卷"，为所有研究中国近代经济的学者（大多只研究一到几个领域和方面）提供了一个能够"置入相互联系的背景"。

③ 李著，第23页。

撑下，李著基于国际通行的国民账户体系以及荷兰经济史学者范·赞登（J. Van Zanden）等人开创的历史国民账户体系，通过生产法、收入法和支出法对1823—1829年中国华亭—娄县地区（简称华娄地区）GDP的总量和结构进行了较为系统的估计，并在此基础上将其与1810年代的荷兰经济进行了重点的比较研究。①

结果发现，19世纪初期的华娄和荷兰相比，二者在经济发展水平和产业结构上颇为相近，只是在具体的经济指标上互有短长。② 这些工作最终诠释了何为早期近代经济（Early Modern Economy），并生动地描绘出了一幅关于传统中国经济张力的立体透视图③。与此同时，其布局之严整、落笔之细腻亦为我们进一步的国民财富研究创造了可能，提供了便利。

（二）1820年代华娄地区基本情况

李著指出"任何一个经济都存在于特定的自然环境和社会环境中"，因此其在开篇就对1820年代华娄的基本情况进行了较为充分的介绍和分析。④ 这里我们只择要进行说明。

1. 时代背景

1820年代为清道光朝初年，正处于中国经济由18世纪繁荣向19世纪中期以后萧条转变的过渡期。⑤

这一时期，一方面由于1815年印度尼西亚坦博拉（Tambora）火山爆发，气候突然变冷⑥。如图1-2所示，中国的温度距平值出现了较为明显的下降；另一方面，由于世界白银供应不足，国内银贵钱贱，

---

① 李著也在纵向上比较了华娄在1820年代和1820年以前、20世纪中期的经济表现差异。
② 比如工资占国民收入的比值一项，华娄为61%，荷兰为39%，前者远高于后者。由此作者认为前者国民财富分配更为公平，经济也"更健康"。参见李著，第276—278页。
③ 彭凯翔：《传统中国经济张力的立体透视——评〈中国的早期近代经济——1820年代华亭—娄县地区GDP研究〉》，《经济研究》2011年第5期。
④ 这一研究与布罗代尔在《菲利普二世时代的地中海和地中海世界》一书中使用的范式颇为相似。
⑤ 参见吴承明《中国的现代化：市场和社会》，生活·读书·新知三联书店2001年版，第240—242页。
⑥ 曹树基：《坦博拉火山爆发与中国社会历史——本专题解说》，《学术界》2009年第5期。

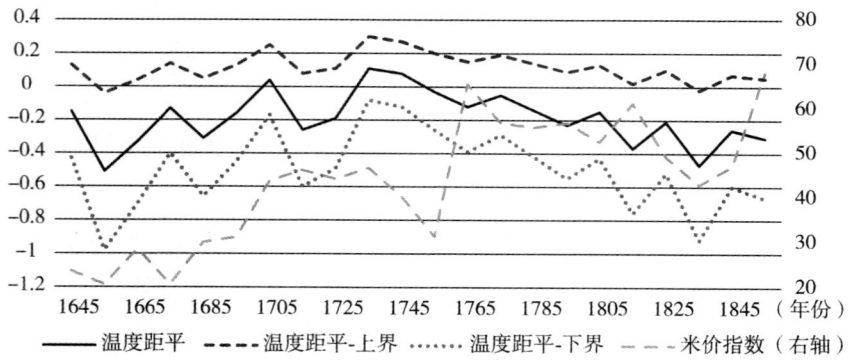

图1-2 清代气温变化和粮价变化

资料来源：气温数据来自 Ge, Q., Hao, Z., Zheng, J., et al., "Temperature Changes over the Past 2000 yr in China and Comparison with the Northern Hemisphere", *Climate of the Past*, 2013, 9 (3): 1153–1160; 米价指数整理自卢锋、彭凯翔《我国长期米价研究（1644—2000）》，《经济学（季刊）》2005年第2期。

物价下跌，造成了社会秩序的紊乱。在天灾和银荒的双重冲击之下，中国在1820年代已经来到了"道光萧条"的门口。

李伯重指出，道光萧条在松江地区体现得尤为明显。① 其中重要的原因是自然灾害频仍，尤其是在道光三年（1823）的水灾（也称癸未大水）过后②，华娄的土壤肥力严重下降，直到道光十四年（1834）姜皋写《浦泖农咨》时，肥力仍未恢复。再加上此时气候转冷，水热条件逐渐恶化，华娄地区的农作物整体减产严重、农民收入锐减，佃户种田无利可图，因此田价亦应声而落。③ 根据姜氏农书所记，"自癸未大水后，田脚遂薄……近今十岁，无岁不称暗荒"④。生活在道光年

---

① 李伯重：《"道光萧条"与"癸未大水"——经济衰退、气候剧变及19世纪的危机在松江》，《社会科学》2007年第6期。

② 癸未大水的范围覆盖全国。根据倪玉平和高晓燕的估计，灾害发生后，清政府的直接和间接财政损失高达2400余万两白银，超过了其常年财政收入的50%以上。参见倪玉平、高晓燕《清朝道光"癸未大水"的财政损失》，《清华大学学报》（哲学社会科学版）2014年第4期。

③ 不过1820年代只是华娄长期经济衰退的开端。在短时间内，社会财富并不会全部耗散。

④ 转引自李著，第57页。

间的嘉兴县乡绅沈铭彝的日记中亦对当时农村地区业佃矛盾的不断加剧和社会风气的整体败坏多有记录。①

2. 地理环境

李著所指的华娄地区，包括清代的华亭县与娄县，总面积约866.75平方公里，在地理范围上大致相当于今天的上海松江区而略小。② 其地处长江三角洲东南部，境内地势低平，水网密布，土壤肥力极高。③

地方志载，华娄"西南北接壤青浦及浙之嘉善，水区弥漫，地尽膏腴，环泖（指泖湖）而耕者交称乐利"④。可见华娄地区自然条件优越，十分利于稻作农业生产。

3. 社会环境

首先，在人口上，李著估计1820年代华娄总人口约为56万，以户均4.5口之标准计算，约有12.4万户。其中城镇人口22万（约4.9万户）⑤，

---

① 比如，据沈氏观察，道光三年（1823）以后，嘉兴地方社会"寒士谋生不易，其士习卑汙益甚"，"大非昔日安静气象"。而作为业主的他，收租难度大增，以至于喟叹"刁佃则崇墉比栉，田主则啼饥号寒，冠履倒置，尚成何世界"。参见（清）沈铭彝《沈竹岑日记》，文海出版社1963年版；王健《居乡之苦：〈沈竹岑日记〉所见"道光萧条"与江南乡村社会》，《江海学刊》2013年第6期。

② 清代中期松江府行政区划图、今日上海市行政区图参见李著，第2、6页。

③ 一直以来，学界关于"长三角地区"和"江南地区"的地理范围都有争议。我们采用李伯重的观点，以地理单元的完整性和经济联系的紧密程度为标准，将"苏南浙北"的"八府一州"（"八府"包括苏、松、常、镇、宁、杭、嘉、湖，"一州"为苏州划出的仓州）作为"狭义的"长三角地区的大致范围。参见李伯重《简论"江南地区"的界定》，《中国社会经济史研究》1991年第1期。

④ 嘉庆《松江府志》卷首"娄县全境图说"。

⑤ 城镇人口包含府城人口和市镇人口两部分。其中，李著通过清代中期松江府城居民的食盐消费量估计府城人口约为15万，低于英国人福钦（R. Fortune）19世纪40年代估计的20万—30万，略高于张忠民估计的12万左右；李著估算、统计的市镇人口包含了4万一般市镇居民和3万从事非农职业的居民（这些居民大多数也居住在市镇内，包含制盐工人、运输业者、驻军及其家属）（参见李著，第365—372页）。不过，有学者认为这一估算存在一定的高估可能：其一是因为用食盐消费量估算府城人口，需要较为精确的本地食盐产量、销售情况以及外地食盐的销售情况（如李著指出华娄消费的食盐中有部分来自浙江等地，参见李著，第527页，脚注5），而李著只援引了嘉庆《松江府志》中提标五营的额定销售数量；其二是因为李著估计的制盐工人等市镇非农人口（所谓的"市镇2"）可能与农村中的非农人口存在一定的重合，即出现重复计算的情况（如果这部分人口被划归到农村，则华娄的城镇化率将下降到33.87%）。这些批评有可取之处，但在更准确、系统的数据（比如1820年代江南盐业的产销数据）出现以前，我们仍采用李著的基本估计进行估算。

农村人口34万（约7.6万户），城市化率约为39.3%。① 人口密度约为每平方公里700人，与2000年江苏省人口密度（每平方公里714人）相当。

其次，在经济上，李著认为19世纪初期华娄的社会经济颇为繁荣。在商业方面，华娄的市场化、商业化水平很高，产品市场、土地市场、劳动力市场和资本市场均有不同程度的发展；而在工业方面，华娄的棉纺织业和其他工业部门规模较大，在经济中的地位超过了农业，产业结构出现了早期工业化（也称"工业化前的工业化"）的特征。

总体来看，1820年代的华娄虽然经济始现衰退，但并未伤及元气，经济运行基本正常，居民生活也相对丰裕。

（三）非典型地区的典型性

需要说明的是，我们将华娄作为长江三角洲地区的代表以及研究传统中国的起点，事实上与李著的观念存在一定的差异。

李著强调，之所以选择1823—1829年的华娄地区作为研究的时空单位，主要考虑的是资料的丰富程度和与荷兰经济的可比性问题，其既不认为也不主张"这个地区的情况对中国其他地区具有'典型'意义"。②

这种相对克制的认识显然基于以下两个事实③：第一，中国幅员辽阔且内部差异极大。④ 正如王国斌和罗森塔尔指出的，在公元1000年以后，中原王朝无论是疆域还是人口，都超过许多欧洲国家之总和（历史时期中国和欧洲的国家数量对比如图1-3所示）。直到今天，仍有许多问题在欧洲被视为"国际事务"，而在中国却被视为"内政"。⑤ 因此，想要找到完美的"典型性"地域恐怕是困难的。

---

① 李著，第42—45页。
② 李著，第17页。
③ 当然也体现了历史学家对问题边界的掌控力。
④ 比如施坚雅（G. W. Skinner）就将传统中国划分为九大相互独立的经济区域，包括西北、华北、满洲、长江上游地区、长江中游地区、长江下游地区、岭南、云贵地区以及东南沿海。参见［美］施坚雅《中华帝国晚期的城市》，中华书局2000年版。
⑤ ［美］王国斌、［美］罗森塔尔：《大分流之外》，江苏人民出版社2019年版，第5页。

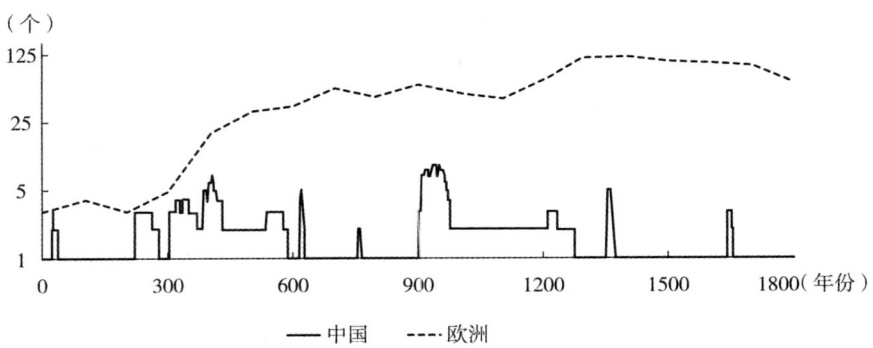

图 1-3 中国和欧洲历史时期同时存在的国家数量（1—1800 年）

资料来源：Ko, C. Y., Koyama, M., Sng, T. H., "Unified china and divided Europe", *International Economic Review*, 2018, 59 (1): 285-327.

第二，1820 年代华娄的经济发展程度和城市化水平远高于江南地区以外的其他地区和中国的平均水平。因此总体来看，华娄和长三角自然算不上一个平均意义上的中国。

但是，非典型的华娄从更深层的意义上却又具备鲜明的"典型性"。华娄及其直接代表的江南核心区无论在地理上、经济上、文化上还是制度上都始终是内嵌于中华帝国和中华文明的。[①] 其再如何特殊，也应具有和同时期中国总体情况相一致的"共性"。因此在足够谨慎的前提下，我们仍然从这些"共性"当中剥离出中国传统社会的一些基本特征，发现其"典型性"。例如政府部门占有的财富及其支出结构、居民家庭的家产结构和投资方式、金融市场发育程度等问题，在中国各经济区内的富裕地带并未有太大差异，因此我们从长三角地区得到的发现对于其他地域具有基本相似的解释力。

此外，长三角地区作为中国传统社会的菁华之所在，是最有可能

---

① 关于清代中期中国长江流域市场整合程度的讨论，参见 Shiue, C. H., Keller, W., "Markets in China and Europe on the Eve of the Industrial Revolution", *American Economic Review*, 2007, 97 (4): 1189-1216. 颜色、刘丛《18 世纪中国南北方市场整合程度的比较——利用清代粮价数据的研究》，《经济研究》2011 年第 12 期。

向近代社会转型的地域（Sub-region）。① 因此，它在城市化水平、劳动生产率、市场化和工业化程度以及居民受教育程度（包括识字率和计数能力）等各个方面的领先②，恰恰使其最有资格成为东西方大分流问题的研究对象。也正是在这种意义上，其发展的"非典型性"赋予了其被研究的"典型性"。

总而言之，笔者认为对"华娄—长三角"的研究在一定范围内是可以"以小见大"、透视整个传统社会的。而这种透视既包含了传统社会的现状，也为探讨传统社会向近代社会的转型提供了路标。

四 估算方法

（一）部门设置

在 SNA 规范标准及中国国家统计局资产流量表的实践中，一般将全部单位归总成五个部门：居民部门、非金融企业部门、金融机构部门、政府部门和国外部门。

具体来说，居民部门是指所有常住居民户组成的集合，包括城镇和农村的常驻居民户和城乡个体经营者；非金融企业部门是指以营利为目的、从事非金融活动的所有常驻非金融企业的集合，包括农业、工业、建筑业、服务业、执行企业会计制度的事业单位；金融机构部门指的是从事金融活动的所有常驻独立核算单位的集合，包括银行、保险和其他非银机构等；政府部门是指由行使国家管理职能的行政单位和为社会提供非市场化服务的事业单位组成的集合；国外部门是指与中国常驻机构单位发生经济往来的所有非常驻机构的集合。将以上五个部门的资产负债表汇总在一起，就形成了最终的国家资产负债表。③

---

① 李著比较1820年代前后华娄地区和荷兰的经济发展水平，实际上已经暗含了这一前提。参见李著以及 Li, B., Van Zanden, J. L., "Before the great divergence? Comparing the Yangzi Delta and the Netherlands at the Beginning of the Nineteenth Century", *The Journal of Economic History*, 2012, 72 (4): 956–989.

② 李伯重：《八股之外：明清江南的教育及其对经济的影响》，《清史研究》2004年第1期。

③ 李扬、张晓晶、常欣等：《中国国家资产负债表（2018）》，中国社会科学出版社2018年版，第20—21页。

出于简便考虑，我们将华娄地区近似作为一个封闭的经济体看待，因此首先剔除了国外部门；① 与此同时，考虑到中国传统社会中企业和金融机构的整体独立性一般不高，且所有权划归难度较大，因此依照李著的做法，将二者统一归入居民部门，不单独列出。

最终只保留居民和公共两大部门。其中居民部门包含所有城乡居民和工商业企业，公共部门则包含政府部门和其他社会组织。②

（二）资产类型

基于国家资产负债表编制方法，我们将国民净财富（Net Worth）分为了金融资产（Financial Assets）和非金融资产（Non-financial or Real Assets）两大类。而在具体资产类型上，主要参考了以下三种具有代表性的分类方式。

1. 戈德史密斯

戈德史密斯（R. Goldsmith）是国家资产负债表研究领域的先驱。其编制的国家资产负债表将资产分为土地、可再生的有形资产（Reproducible Tangible Assets）、货币金属（Monetary Metals）、金融资产（Financial Assets）和国外净资产（Net Foreign Assets）五大类。

其中可再生的有形资产包括建筑（住宅和其他）、设备、存货、牲畜和耐用消费品；金融资产包括货币与活期存款、其他存款、保险和养老金、金融机构贷款、消费贷款、抵押品、政府债务、公司和外国债券、公司股票、贸易信贷和其他金融资产11项。

不过戈德史密斯自己也指出，"受限于数据可得性，实际上不是所有国家的每个基准数据（Benchmark Data）都能够单独得到"。比如金融资产中就很难把抵押品从金融机构贷款中区分出来。③ 因此，他

---

① 事实上，华娄经济具有高度的外向性，对外贸易（指华娄以外的中国其他地区）十分发达。这里将其视为封闭经济体主要是处于研究便利的考虑。

② 设置公共部门，并使其囊括政府部门和其他社会组织主要的依据是龙登高等的研究。参见龙登高、王正华、伊巍《传统民间组织治理结构与法人产权制度——基于清代公共建设与管理的研究》，《经济研究》2018年第10期。

③ Goldsmith, R. W., *Comparative National Balance Sheets: A Study of Twenty Countries, 1688—1979*, University of Chicago Press, 1985, p. 86.

认为最合理的方式是根据数据情况"量体裁衣"。

2. 皮凯蒂

皮凯蒂将国民资本看作是农地、住宅（包括住宅所附着土地的价值）、其他国内资本（包含企业和政府组织的资本，如用于商业的建筑物及所在的土地、基础设施、机器、计算机和专利权等）和净外国资本的总和。其中前三项为国内资本，代表位于该国领土上的资本存量（如建筑、企业等）的价值；而净外国资本代表该国持有世界其他地区财富的情况（包括以政府债券形式持有的资产）。[1]

这一土地、住宅和其他并立的三元划分标准基本满足了其对于长时段财富积累方式变迁的研究需要，但线条过于粗犷，似乎并不利于对资产内部结构等进行更深入的研究。

3. 云妍等

云妍等在研究清代精英家庭资产结构时将被抄官员家庭的资产分为六大类，分别是田产、房产、财物、金融、商业和人口。[2]

这一思路的优点在于作者既实现了"工具的测量性"，同时也充分考虑了清代中国的真实情况，基本做到了经济学研究和历史学研究的统一。[3] 但这一划分方式存在的问题正如高敏雪所批评的，其似乎"不符合现代经济学对资产的定义，……混淆了消费与投资之间的界限"[4]。

综合来看，这三种设置方式中戈德史密斯的做法与当前主流的国家资产负债表的研究范式最为接近，云妍等的做法更为古典（与威廉·配第、格里高利·金等人相似），而皮凯蒂的研究则介乎二者之间。实际上，这不仅是因为三者的研究旨趣各异，也是因为三者研究的时空范围不同，各自面对的数据约束亦不同。

因此，为了保证研究的科学性，同时也为了方便国际比较，我们最终决定以戈德史密斯编制的各国历史资产负债表为范本进行科目设

---

[1] ［法］皮凯蒂：《21世纪资本论》，中信出版社2014年版，第119页。
[2] 云妍等：《官绅的荷包》，中信出版集团2019年版，第354页。
[3] 云妍等：《官绅的荷包》，中信出版集团2019年版，第352页。
[4] 高敏雪：《从家庭资产评估到住户部门资产负债表》，《中国统计》2021年第3期。

置。与此同时，为了避免出现削足适履的情况，我们在此也参照了云妍等的处理方法。

具体来说：第一，在金融资产和非金融资产之外，增设了金属货币资产。理由是，在清代银钱并行本位制下，银、钱等金属货币既不属于金融资产，也不属于非金融资产。第二，我们将非金融资产从细划分为土地、房屋、牲畜、生产设备、存货、家私、奢侈品和奴仆8项[①]，其中生产设备包含城乡居民使用的各种生产工具和运输工具，家私则包括衣物、家具、厨具等。第三，由于中国传统社会的金融产品种类较少，金融资产稀缺，因此我们不会对其进行过多的分析。

综上，得到了基本的分析框架，如表1-1所示。

表1-1　　　　　　　资产结构

	非金融资产	金融资产	金属货币资产
居民部门			
公共部门			

资料来源：笔者整理。

遵循这一框架，本书将在第二章中估算居民部门的非金融资产，第三章中估算公共部门的非金融资产，第四章中估算两部门的金属货币资产，第五章中简要分析金融市场和两部门的金融资产。

（三）估价方法

由于中国古代的物价资料相对匮乏，因此估算19世纪初期华娄各类型资产价格难度颇大。尤其像公共基础设施一类，即使放到今天，按照现代会计方法估价亦不十分容易。[②] 因此，我们只得"因陋就

[①] 之所以加入奴仆是因为根据我们对财富和资产的定义，只要有交易价值（Marketable），能够在市场上买卖的"物"都是资产。故此"奴隶资本"（Slave Assets）非彼"人力资本"（Human Capital）。参见Piketty, T., Zucman, G., "Capital is Back: Wealth-Income Ratios in Rich Countries 1700—2010", *Quarterly Journal of Economics*, 2014, 129 (3): 1255-1310; Handbook of Income Distribution, Elsevier, 2014.

[②] 一般视数据质量使用永续盘存法（Perpetual Inventory Method, PIM）或重置成本法（Replacement Cost Method, RCM）。

简",以如下方法进行估价:

1. 时空折算法

由于1820年代松江地区的直接价格记录较为稀少(如《浦泖农咨》记载的农具价格数据),因此我们使用的一手价格数据多为清代中期其他地域及松江地区其他年代的数据,即存在所谓的"时空差异"。考虑到传统中国横向上各区域间经济发展差异较大、纵向上各时期物价波动幅度亦较大,因此必须要对这些数据进行折算和修正。

折算方法一般是先将价格按当时的米价(或田价)折成米数(或田数),再按照1820年代的米价(或田价)还原成以白银为单位的价格。以织机为例,根据"满铁调查",1930年苏南地区一架旧式织布机(其形制、材料均与19世纪初期相仿)的市售价格为15—20元,而此时华阳桥的米价约9元每石,则此时一架织布机折米1.66—2.22石;由1820年代华娄米价约为2.33两每石,可推知每架织机的价格为3.87—5.17两。

这种方法虽然存在一定误差,但受数据所限,仍是目前经济史领域相对常见的估算方法。李著中亦多次使用。

2. 相对价格法

相对价格法,顾名思义就是通过历史资料确定资产A与B的相对价格,并在已知A在1820年代华娄价格的情况下推算B的价格。①

比如,乾隆年间生员祝廷净家产清单中记录,其家有"铁菜刀三把估银二钱四分……铁锄头一张估银一钱"②。可知菜刀价格约为锄头的0.8倍。而在已知1820年代锄头价格的情况下,就可以推知同时期菜刀的价格。

3. 成本法

成本法是通过估算该资产的原材料价格和手工费用进行估价的方法。该方法对于不同的对象,有着不同的估算精度。比如金银饰品,

---

① 因此严格来说,第一种折算方法实际上也是一种"相对价格法",只不过A资产被固定为了粮食。

② 云妍等:《官绅的荷包》,中信出版集团2019年版,第182页。

在现实生活中多按重量计价,原材料价格与最终售价相差不大,且各时各地的金银价格在文献中多有较为直接的记录,因此以制作成本计价较为精确;而对古玩字画这类成本溢价较高的资产,若以材料价格计算,则显然不妥。

因此,我们使用成本法估价的资产多为材料费用占据主导,同时人工费用可以推算的资产,如军队中的火炮、公共基础设施中的海塘、桥梁等。这里仅以火炮为例,清代中期一门"威远"炮重约150斤,其每门耗费的铁料价值就约为4.65两,考虑到其还应有辅助设备(如四轮小车)、模具折旧和人工费用,其造价自然在5两以上。

4. 以租计价

所谓"以租计价",是以租金价格的若干倍作为资产的市场价值。这一方法在清代的日常经济生活中多有应用,尤其是在民间土地、房屋的交易中颇为常见。比如,至少在乾隆年间北京附近地区流行田地以年租金除以13%、房屋以月租金除以1%的方式作价。① 这种做法暗含的假设是不动产的租金率应不低于社会的平均利率。

由于清代中期江南地区的土地、房屋价格的直接记录较多,因此我们使用以租计价的方法多用于对这些数据的校验。

与此同时,除价格外,我们还需要估算各类资产的数量。具体的方法借鉴了李著、徐毅和范鲁文等的研究②,包括直接计算、用折旧率估算、用原材料使用量估算、用样本估算等。

总体来看,我们使用的估算方法相对粗糙,仍有较大的改进空间。

五 资料来源

由于财富估算和 GDP 估算对资料内容和质量的要求颇为相近,因此我们使用的资料多与李著重合。在李著估计较为充分的领域,如华

---

① 二者的估折方式基本一致,因农历多闰月,因此民间多将一年以 13 个月计。
② 徐毅、[荷] 巴斯·范鲁文:《中国工业的长期表现及其全球比较:1850—2012 年》,《中国经济史研究》2016 年第 1 期。

娄地区的农作物产量等，我们基本沿用了其所参考的文献；但在李著估计不足之处，比如公共部门的非金融资产、货币存量等，我们都使用了新的资料和数据。具体来说，大体使用了以下三种：

（一）地方志

华娄现存的地方志不仅数量众多，且质量较高。[①] 我们使用的地方志按照地域范围和成书时间可以分为清代松江地区地方志、清代非松江地区地方志、新中国上海地方志和新中国其他地区地方志四种。

1. 清代松江地区地方志

清代松江地区地方志主要包括嘉庆《松江府志》、光绪《重修华亭县志》和光绪《娄县续志》。"一府二县"其他版本的地方志（如乾隆《华亭县志》）和松江府下辖的其他县的县志（如光绪《奉贤县志》、光绪《金山县志》），我们也多有涉及，但其重要性要逊于前三种。

2. 清代非松江地区地方志

清代非松江地区地方志主要集中在前文提到的江南核心地区，包括苏州府、嘉兴府、常州府、湖州府、杭州府和太仓州等。与此同时，我们也使用了部分江南地区以外的地方志，比如在估算城墙资产时使用了陕西省西安府的资料、在估算桥梁资产时使用了湖北省黄州府的资料。

3. 新中国上海地方志

新中国上海地方志指的是在新中国成立以后编纂的上海地区（包括市级和区县级）的地方志资料。我们在李著未涉及的领域大量使用了上海地方志办公室整理、公布的区域通志和专业志。前者主要包括《上海通志》《松江县志》，后者则主要包括《上海宗教志》《上海粮食志》《上海金融志》《上海水利志》《上海价格志》《松江县农业志》《松江教育志》等。[②]

4. 新中国其他地区地方志

新中国其他地区地方志指的是新中国成立以后上海以外各地区和

---

① 李著，第24页，脚注1。
② 上海地区的专业志目录见：http://www.shtong.gov.cn/dfz_web/Home/List?idNode=2245&nodeMbId=139。

部门编纂的地方志资料。主要集中在江苏省，包括《江苏省志》《江苏省粮食志》《江苏省税务志》《江苏省水利志》等。

（二）近代调查资料

我们相比李著使用了更多的近代调查资料。① 这些调查资料按照调查者的身份可以粗略归为三类：

1. 民国时期国内学者和组织发起的调查

20世纪二三十年代，中国知识界曾出现一次所谓的"社会调查运动"。据1930年代燕京大学社会系学生刘育仁的不完全统计，仅从1927年到1935年，国内政府机构、各大院校和个人发布的大小规模的调查报告共有9027个，平均每年1000个以上。② 这些调查资料为我们提供了各个方面的翔实记录，同时也生动还原了社会转型时期中国的发展状况。

其中，一些针对中国江南地区农村居民生产、生活的调查对于我们估算1820年代华娄农村居民部门资产具有重要的参考价值。具体来说，主要包括：20世纪30年代初期陈翰笙主持的无锡、保定农村经济调查，以及同时期中国经济统计研究所在江苏吴兴、浙江大学农业社会学系在浙江嘉兴、江苏省农民银行在江苏丹阳、张心一在江苏江宁等地的综合性农村社会调查以及部分侧重于农村金融等问题的专业性调查，比如中央研究院社会科学研究所委托韩德章调查的《浙西农村之借贷制度》《浙西农村之租佃制度》等。

除了江南农村调查以外，我们也使用了部分华北地区的农村调查（如张培刚的《清苑的农家经济》）、部分江南和其他地区的工业调查（如方显廷的《天津之粮食业及磨房业》）以及部分城市居民生活状况调查（如杨西孟的《上海工人生活程度的一个研究》）的数据。

以上资料除了陈翰笙"无保调查"以外，均直接引自李文海主编

---

① 李著对使用近代调查资料的原因、必要性以及可能存在的问题和解决措施进行了较为详细的阐述。参见李著，第28—30页。

② 赵承信：《社会调查与社区研究》，《社会学界》1936年第9卷，转引自李文海主编《民国时期社会调查丛编·二编：乡村经济卷（上）》，福建教育出版社2014年版，前言第8页。

的《民国时期社会调查丛编》。

2. 民国时期外国学者和组织进行的社会调查

民国时期，外国学者和组织对于中国江南农村的社会调查虽然数量不多，但是其覆盖范围相比国内学者和组织的研究一般更大，调查方法更为科学且派出调查人员的整体素质一般较高，因此也是我们的主要参考对象。① 具体来说，主要包含美国农业经济学家卜凯（J. Buck）发起的"卜凯调查"和日本"满铁"调查部进行的"满铁调查"。②

前者的数据主要来源于胡浩等编著的《卜凯农户调查数据汇编（江苏篇）》以及彭凯翔整理的数据表等，后者的数据则主要集中在南满洲铁道株式会社上海事务所1941年出版的《江苏省松江县农村实态调查报告书》以及曹幸穗所著《旧中国苏南农家经济研究》中。

3. 新中国成立前后的土地改革调查

新中国成立前后，为了准备土地改革，各地政府抽调了大量干部下乡，组成工作队或工作组，对一般农村和城市郊区等进行了大规模的社会调查。这些调查为了解土地改革前中国江南农村的基本情况提供了宝贵的资料。③

我们使用的主要是华东军政委员会于1949年9月至1950年10月在江苏地区进行的调查数据。其内容主要是江苏农村的地权分配情况，但也涉及农村地区的借贷情况、农户家庭的副业生产等。尤其是其对各种公共组织以占有土地为主要形式的各类财富有相对明确的记录，对于我们划分土地财富之归属，估算公共部门资产等提供了有益的参考。

---

① 李金铮、邓红：《另一种视野：民国时期国外学者与中国农村调查》，《文史哲》2009年第3期。

② 国内外学者估算近代中国农业部门产出（增加值）时基本上都以"卜凯调查"数据为基准进行校准，比如巫宝三：《中国国民所得》，中华书局1947年版；[美] 罗斯基：《战前中国经济的增长》，浙江大学出版社2009年版；Liu, T., Yeh, K., *Economy of the Chinese Mainland*, Princeton University Press, 2015。

③ 华东军政委员会土地改革委员会编：《江苏省农村调查》，1952年，前言第1页。

（三）其他资料

除了地方志和近代社会调查以外，我们还使用了大量物价和工资资料。这些资料按照记录或研究之主体可以分为以下三类：

1. 官方记录

清代官方记录主要包括乾、嘉时期编纂的《钦定物料价值则例》《钦定工部则例》《钦定军器则例》等法典。

2. 民间记录

民间记录主要包括商业账簿和民间文书两类。其中，商业账簿中以典当业账本为主，包含当簿、架总簿、流水簿、月总簿、年总簿和盘存簿等，但也包含部分其他行业的账簿，如从事零售业的统泰升号商业账簿等；民间文书涵盖的范围则较广，包含私人契约、分家记录、家用收支账、书信、日记和碑刻等。这些内容多见于各种资料汇编之中，如清代徽典所用账本引自王裕明《明清徽州典商研究》，田宅交易契约引自《清代上海房地契档案汇编》《明清江苏农村经济资料》，碑刻资料引自《明清以来苏州社会史碑刻集》，等等。

3. 学者整理

近年来，国内价格史研究领域涌现出了一批较为突出的成果。其中包括黄冕堂编著的《中国历代物价问题考述》、彭凯翔在《清代以来粮价的历史解释和再解释》中整理的清代各地区物价和工资数据以及云妍通过清代官员抄家档案整理和估算的各类资产价格数据（包括其与陈志武、林展合著的《官绅的荷包》以及未刊著作中的数据）。

其他文献资料由于范围并不集中，不在此做一一介绍。[①]

六　研究发现

我们用相当长的篇幅对华娄地区各部门、各类型资产进行了细

[①] 此外，在进行国际比较时，我们主要引用了三处资料。第一是皮凯蒂等人创设和维护的世界不平等数据库（WID），官网地址为 https://wid.world；第二是瑞典学者 Waldenström 个人网站公布的各数据集，网址为 https://sites.google.com/view/danielwaldenstrom/；第三是由荷兰学者 Van Zanden 领衔的计量基础工程数据库（Clio-Infra）。关于 Clio-Infra 的介绍，可以访问其官网 https://clio-infra.eu，也可参考徐毅、何丰伦《探索长期增长与不平等：英语学界对全球经济大分流的量化研究》，《史学理论研究》2021 年第 6 期。

致的估算，最终形成了中国第一张较为完整的历史时期的社会财富表。基于该表，我们有如下研究发现，主要涉及财富积累与财富分配（分布）。

关于财富积累。根据我们的估算，1820年代华娄地区的社会财富总量约为4330万两，人均财富约为77.32两，相当于一名农村长工1.84年的工资收入。各资产类型中房屋建筑占比最高，约占总财富的40%（其中住宅占总财富的30%以上）；其次是土地、存货、家用消费品和货币金属，占比分别为26.50%、8.52%、8.36%和7.16%（见表7-1）。可见土地和房屋是传统中国最为重要的两项财富形式。华娄社会的财富收入比为2.91—3.21，与同时期的美国和瑞典相仿，而远低于同时期（及更早）的英、法、荷等西北欧国家。这一结果意味着长三角的财富积累水平并不高，社会分配也相对公平。

关于财富分配（分布）。一是公共部门与私人部门之间。1820年代华娄居民部门资产约为4077.06万两，占比为94.23%；而公共部门约为249.68万两，占比为5.77%；前者是后者的16倍以上，可见居民部门占据财富分配绝对的主导地位。与此同时，华娄地方政府直接掌控的资产额约为135.44万两，仅占社会总财富的3.1%。表明当时中国政府是典型的"小政府"或"有限政府"。二是城镇与乡村之间。华娄农村居民共有财富2500余万两，户均资产约为330余两，而城镇居民共有财富1500余万两，户均约为320两，城乡差距不大。可见当时长三角地区尽管城市化率相比以往有所提升，但城乡之间发展仍较为协调。三是居民部门内部分配，也即狭义上的财富分配。据估算，华娄社会中前10%的富裕家庭共占有居民部门53.55%的财富，户均约为1740两；中间80%的中等家庭占有44.07%的财富，户均约为180两；而后10%的贫困家庭则只占有2.39%的财富，户均约为78两。富裕家庭的平均财富约是中等家庭的10倍、贫困家庭的20余倍。通过与其他国家和地区的数据对比（同时期欧洲前10%的富裕阶层平均占有私人财富的80%以上），可以发现当时长三角地区社会贫富分化情况并不严重。考虑到华娄公共物品供给相对充足，民间社会基本实现了公共服务的均等化，因此其更称得上是前工业化时期"共同富裕"的范本。

通过编制华娄地区的社会财富表以及存量视角，我们对清代中期长三角地区的经济社会发展有了新的发现。

一方面，重新认识了长三角社会的早期近代性，捕捉到长三角地区现代繁荣的历史基因。20世纪下半叶，特别是改革开放以来，长三角区域的发展令世人瞩目。苏南模式、温州模式、浦东开发开放，直至今天的浙江共同富裕先行示范区，所有这些，自然是得益于改革开放；但毋庸置疑，历史基因也在顽强地发挥着作用：事实上在200年前，以华娄为代表的长三角区域就已经是全国最富庶的地区了！2019年出台的《长江三角洲区域一体化发展规划纲要》将长三角确定为我国未来发展的重要增长极，2021年长三角的经济总量占到全国的四分之一左右。有鉴于此，我们对华娄地区社会财富的考察，在相当程度上也是在寻找长三角现代发展的历史基因。

另一方面，对华娄地区社会财富表的深刻剖析也能发现其所代表的中国传统社会走向近代化所面临的重重障碍。比如财富积累总量不足，社会财富集中度偏低（这也不利于积累），以及社会财富流向工商业受限，等等，期望借此对所谓的中西"大分流"作出回应。

第二章　居民部门非金融资产

本章我们将集中估算1820年代华娄地区居民部门的非金融资产，包括6.8万农村农户、0.8万居住在农村地区但不依靠农业生活的非农户以及4.9万城镇户。[①] 对不同类型的居民，我们采用了不同的估算策略。其中，对于农村农户的估算，由于其产业结构较为单一，因此只需要考察家庭内部拥有的各类资产即可；而对于农村非农户和城镇户来说，由于涉足的产业更多，且产业内部之间的差异较大，因此在估算家私的基础上，还需要对第二产业和第三产业下的细分行业逐一进行估算。

一　农村农户非金融资产

19世纪初，松江地区农村农户家庭拥有的非金融资产类型较多，但大体上可以分为不动产和动产两种类型。其中不动产主要包括土地和房屋建筑，动产则包括生产工具（农具、纺织工具、运输工具等）、牲畜、粮食、衣物、家具、厨具、奢侈品（如首饰、瓷器、字画等）以及奴仆，共计10类。[②] 不同财富水平的家庭拥有的非金融资产在数量和质量上都有所差别，需要具体问题具体分析，在此不做赘述。

[①] 根据黄敬斌的考证，繁华如松江府城，其城内仍有数量众多的空地，其中有部分被开垦为了耕地，说明城镇人口中也有部分从事农业生产，但其占比不高，可以忽略不计。参见黄敬斌《郡邑之盛：明清松江城的空间形态与经济职能》，《史林》2016年第6期。

[②] 土地改革时期有所谓没收地主"五大财产"的说法，具体包括的是土地、多余的房屋（含家具）、耕畜、农具和多余的粮食。说明这五类资产是当时中国农村最主要的物质财富形式。参见刘少奇《关于土地改革问题的报告》，载《刘少奇选集（二）》，人民出版社2004年版，第36—37页。

(一) 土地

在估算土地价值之前，有两点需要说明：第一，我们这里估算的土地只是耕地，并不包含占据松江府总面积30%的山池涂荡，也不包含房屋建筑附属用地；第二，我们在估算土地价值时使用的田价，如无特殊标注，一律为田底价；① 第三，我们此处暂不讨论土地的所有权归属问题，即在所有耕地中有多少比例属于农户，多少属于官府和其他社会组织。②

李著估计1820年代华娄地区中等田地的价格为每亩12—13两，并对这一估值进行了多方验证，殊为可信。③ 但由于田价数据极为重要，我们将通过土地收益、土地投资报酬率等数据对其进行重新检验，同时，一并计算上等田地和下等田地的平均价格。

1. 不同等级土地的收益

投资土地获得的收益 = 土地数量 × 亩产值 × （实际地租率 - 实际税率）。因此在土地数量已知情况下，我们只需要核算亩产值、实际地租率和实际税率三项即可得出投资土地的收益。

(1) 亩产值

华娄地区地处松江府西乡的中心地带，其水田是典型的"湖荡膏腴处"，属质量较好的耕地，历史上以高产著称。④ 根据姜皋在《浦泖农咨》中的记载，在1823年之前气候良好的年份，华娄地区的水田一亩一般可产三石稻。但在1823年水灾之后，该地土地肥力下降，且伴随气候转为冷湿，农作物减产严重。据李著考证，水灾过后华娄地区上等田地每亩每年只能收稻米2.0石，中等田地和下

---

① 李著指出，清代江南地区的田价包括田底价和田面价。在一般情况下，田价多指田底价。此外，这我们暂时将地主和佃农作为一个整体进行考察（更细致的划分见第六章）。参见李著，第60、63、331页。
② 根据后文对公共部门资产的估算结果，政府和其他社会组织所拥有土地数量约为4万亩，约占土地总面积的5%。此外，1952年新中国对苏南地区的土改调查中也发现，公田占所有田地的比例约为5.9%。可见我们的估算较为合理。参见华东军政委员会土地改革委员会编《华东区土地改革成果统计》，1952年，第3页。
③ 参见李著，第331—334页。
④ 李著，第390页。

等田地的产出则只有上等田地产量的 80% 和 60%。按照当时的物价，每石米的价格约为 2.33 两。① 计算可知，上、中、下等田地的主体（或主茬作物）收入分别是 4.66 两、3.73 两和 2.80 两。

表 2-1　　　　　　　华娄地区农作物产量的变化②

	1823 年以前		1823—1833 年	
	比例（%）	亩产量（石/亩）	比例（%）	亩产量（石/亩）
上等田地	40	3.6	40	2.0
中等田地	45	2.5	45	1.6
下等田地	15	2.0	15	1.2

资料来源：李著，第 395 页，附表 7-3。

此外，我们需要考察种植水稻的副产品（主要包括稻草、米糠和谷壳）的价值。李著估计每亩水稻的总产出约为主茬作物产值的 108.6%。③ 出于简便考虑，我们均以 8.6% 作为稻田的额外产出率。则上、中、下等田地水稻种植的产出分别是 5.06 两、4.05 两和 3.04 两。

然后，还要计算复种作物的价值。李著指出华娄地区最重要的两种复种作物分别是蚕豆和花草。其种植指数分别为 50% 和 20%，且两种作物每亩的产值都为 1.5 两。则其总产值分别为 67.5 万两和 27.0 万两，合计 94.5 万两，约为水稻总产值的 24.4%。同样出于简便考虑，我们将三种田的水稻产出乘以 1.244 作为最终的亩产值。④

综上，华娄地区上等田地的亩产值约为 6.30 两，中等田地约为 5.04 两，下等田地约为 3.78 两。

（2）实际地租率

清代江南地区佃农缴纳的地租主要是定额租，华娄地区也不例外。通常情况下，地租数量为其主茬作物（水稻）的一半，占总产值的比

---

① 取王业键估算的 1832—1839 年江南地区大米价格的平均值。参见李著，第 338 页。
② 李著，第 395 页。
③ 李著，第 151 页。
④ 似乎上等田地复种指数更高。

重约为40%。此外李著指出，这一地租只是名义地租或契约规定的地租。清代江南，地租向有"虚实之分"，实际地租一般只为名义地租的80%，到荒年则更低。①

因此，实际地租率约为全部产值的32%。

（3）实际税率

李著根据地方志的记录估计嘉庆年间华娄地区每亩土地平均上缴的赋税约为0.44两，实际税率约为8.2%。

表2-2 不同等级土地的收益

	面积（万亩）	亩产（两）	总产值（万两）	地租（万两）	税额（万两）	净收益（万两）	每亩收益（两）
上等地	36.00	6.30	226.80	72.58	18.60	53.98	1.50
中等地	40.50	5.04	204.12	65.32	16.74	48.58	1.20
下等地	13.50	3.78	51.03	16.33	4.18	12.15	0.90
总和	90.00	—	481.95	154.23	39.52	114.70	—

资料来源：笔者整理。

通过简单计算可得华娄地区投资土地的收益约为上等地1.50两/亩，中等地1.20两/亩，下等地0.90两/亩。

2. 土地投资回报率

清代政府在估算土地资产（一般没收自罪臣、罪犯的家产）时，如遇到无房契地契的情况，一般会使用"以租计价"的方式，即以年租金除以一定比例计算土地的市场价值。《内务府奏销档》中有几则时人的记录：

> 每年取租银四十两，按一分三厘作价银三百七两六钱九分二厘；
> 地一顷二十亩每年租息京钱六十千文，每钱二千文合银一

---

① 李著，第64页。

两，值钱三十两，按一分三厘作利值价银二百三十两七钱六分九厘；

通州园旱地共四十亩六分八毫九丝，收取租银三十两，按一分五厘合计价银三百两。

可见其所选取的比例一般为"一分三厘"，即13%。① 由此可以推断，13%是当时社会投资土地的平均预期收益。但是这一数字显然未扣除土地投资者须缴纳的赋税以及收租的成本，因此相对略高。

此外，我们还可以从民国社会调查中寻找线索。1930年代，费孝通在吴江县开弦弓村的调查结果显示，该村水田的底价为每亩30元，而地租为每亩4.2元（或米2.4蒲式耳，约0.84石），地租约为田底价的14%。② 去除杂税之后估计为10%—12%；严中平调查浙江农村的货币地租率分别为上等水田9.3%、中等水田9.2%、下等水田10.1%；③ 张心一统计江苏省水田的货币地租率约为上等田8.1%、中等田8.2%、下等田8.7%，浙江省约为上等田9.3%、中等田9.2%、下等田14.5%。④ 可见民国时期江南地区投资土地的回报率为10%—12%。由于这里同样只是"毛收入"，因此从低取10%作为1820年代华娄农村的土地投资收益率更为合理。

另外，根据李著的估计，清代中期江南地区官府在典当行存放官款的年利率也在10%—12%。考虑到传统社会中投资土地和存放钱庄都属于较为稳健的投资方式，因此二者的实际收益率应该相仿。⑤ 因此，投资土地的实际报酬率以10%计应不会高估。

综上，1820年代华娄地区的土地价格约为上等田每亩15.0两，

---

① 云妍等：《官绅的荷包》，中信出版集团2019年版，第317页。
② 费孝通：《江村农民生活及其变迁》，敦煌文艺出版社2004年版，第205页。
③ 严中平等编：《中国近代经济史统计资料选辑》，科学出版社1955年版，第370页。
④ 张心一：《中国农佃问题的一点材料》，载李文海主编《民国时期社会调查丛编·二编：乡村社会卷（下）》，福建教育出版社2014年版，第211页。
⑤ 相比之下，投资工商业的年收益率在20%左右。

中等田每亩12.0两，下等田每亩9.0两。① 其中，中等田的价格与李著估算的平均价12—13两每亩相当接近，结果得到了互相印证。② 以此为标准，华娄地区的土地资产总值约为1147万两。③ 按照后文推算，居民部门拥有其中95%的份额（且全部计入农村农户），则农村农户拥有的土地价值约为1089.65万两。

（二）房屋建筑

农村农户家庭的房屋建筑资产主要是住宅。④ 根据时人（尤其是外国人）的记录，19世纪初期江浙一带农村的住房条件相当不错。⑤ 首先在建筑材料上，此时华娄的房屋大多数是砖木结构，用料的主体是砖、木和瓦。⑥ 泥屋和草棚子较为少见，整体比例不会超过10%。⑦ 其次在房屋形制上，《松江县志》中记载该县在民国时期的农村住房多为"三开间"。而根据吴建华的考证，清代中期松江地区农户家庭的住宅一般

---

① 这一结果反映的只是田底权的买卖情况。如果考虑华娄部分佃农实际占有的可以交易的田面权（通常为1—3年的额定地租，以中等土地计，每亩约合银1.87—5.60两），则中等田的"全部"价值约为13.87—17.60两，所有土地田底价和田面价之和约为1248.3万—1584万两，高出正文结果8.8%—38.1%。不过关于清代江南地区"一田二主"的研究仍存在较大争议，因此我们采取相对审慎的态度，同时保留并汇报了以上两种土地财富的估算结果。

② 由于1823年以前华娄土地的亩产量更高（从2.9石/亩下降到1.7石/亩），因此以亩产为基础估算的土地价值也应更高。

③ 按照李著的标准，90万亩耕地以中等田12—13两/亩的价格估算，总额为1080万—1170万两。我们分类加总的结果也位于该区间内。

④ 关于住宅问题我们重点参考了黄敬斌《十八世纪以降江南居民的消费》，博士学位论文，复旦大学，2006年。

⑤ 李伯重曾援引19世纪初朝鲜人崔斗灿的在华见闻。在崔氏的笔下，浙江省慈溪县"沿河村落率皆粉墙石门，极其宏丽，或士大夫游观之所，或商贾贩鬻之场"，江南建筑之美给他留下了深刻印象（参见李著，第409页）。而在西方世界中也有类似的记录。18世纪末，英国的马戛尔尼使团在返回途中经过苏州府地界时也强调此地的房屋"大部分建筑和装饰得很好"。参见[英]斯当东《英使谒见乾隆纪实》，商务印书馆1963年版，第450—451页。松江的经济虽然可能不及苏州发达，但二者的差距实际上微乎其微，城乡居民的居住条件也应相仿。

⑥ 1991年《松江县志》，第947页。

⑦ 对非砖木结构占比的推算主要依据的是1930年代中国经济统计研究所在吴兴的调查。据该所统计，被调查的916农户中，有868家报告了墙壁材料，其中完全用砖建造者有736家，占比为85%；有874家报告了屋顶材料，其中用瓦顶者845家，占比为97%，考虑到1820年代的华娄更为富裕，因此砖房的占比应高于此时的吴兴。参见中国经济统计研究所《吴兴农村经济》，载李文海主编《民国时期社会调查丛编·二编：乡村社会卷》，福建教育出版社2014年版，第742页。

是一套三间的砖瓦平房或带木板的阁楼。① 且房屋前后一般有较为宽阔的场院。② 五口之家生活其中，并不会显得过分拥挤。最后是房屋的装潢，由近代吴江开弓弦村的情况可以推测，此时华娄地区农户粉刷房屋外墙、油漆门窗的现象应较为普遍，房屋的整体保养状况应较好。③ 否则也不会出现百年之后，"满铁"调查人员对松江县农村住房"十分气派""令人惊异地漂亮"这样的评价。④

表 2-3　　　　　　　民国时期江南农村地区居民住宅情况

序号	调查人	年份	调查地点	调查户数	户均人数	户均房间数	人均房间数
1	陈翰笙等	1929	无锡黄土桥村	83	4.68	2.46	0.53
2	陈翰笙等	1929	无锡毛村	79	4.75	2.86	0.60
3	江苏省农民分行无锡分行	1931	无锡第四区	6913	4.95	2.74	0.55
4	中国经济统计研究所	1935	吴兴四乡镇	863	4.99	3.56	0.71
5	中国经济统计研究所	1936	无锡南桥、安镇	79	5.15	4.81	0.93
6	中国经济统计研究所	1936	嘉兴真如、新丰	74	5.19	4.05	0.78
7	"满铁"	1940	松江华阳镇	63	4.56	3.85	0.84

资料来源：中国社会科学院经济研究所等编《无锡、保定农村调查资料（1929—1957）·无锡卷》，社会科学文献出版社 2021 年版，第 4—8、45—50 页；顾倬等《江苏无锡县农村经济调查第一集·第四区》，江苏省农民银行总行，1931 年，第 26—29 页；中国经济统计研究所《吴兴农村经济》，载李文海主编《民国时期社会调查丛编·二编：乡村社会卷》，福建教育出版社 2014 年版，第 742—745 页；"满铁"事务所调查室《江苏省无锡县农村实态调查报告书》，上海满铁调查资料第五十编，1941 年，附录第 7。

---

① 吴建华指出："通常的苏式建筑，一套三间民居，正间 1 丈 4 尺，两次间 1 丈 2 尺，共开间 3 丈 8 尺。内四界 1 丈 6 尺，前后双坡共 1 丈 6 尺，共进深 3 丈 2 尺……面积共合 12 方丈 1 尺 6 寸"。兹以 12 方丈计，按照 1 亩等于 60 方丈的换算比例，则一个农户的住房面积约 0.2 亩。参见吴建华《清代江南人口与住房的关系探略》，《中国人口科学》2002 年第 2 期。
② 20 世纪 20 年代，位于上海吴淞附近的沈家行每家农户都有占地约两间卧室大小的空场。这些空场多数为妇女工作、儿童游戏的场所，少数也用来种菜和从事其他农业活动。参见张镜予等《社会调查——沈家行实况》，载李文海主编《民国时期社会调查丛编·二编：乡村社会卷》，福建教育出版社 2014 年版，第 41 页。
③ 费孝通：《江村经济》，商务印书馆 2001 年版，第 114 页。
④ 南满洲铁道株式会社上海事务所调查室：《江苏省松江县农村实态调查报告书》，上海满铁调查资料第 48 编，1940 年，第 211—213 页。

1. 住宅的造价

李著估计华娄一套普通农户新房（含附属建筑）的造价约为180两，依照1820年代的价格，约可折米74石，折水田14亩。① 价格不可谓不高。② 但正如《上海县志》中提到的，住房本身就是传统社会农家最大的经济支出，对于普通家庭来说要全家省吃俭用，积多年之财，才能让子女住进新房。③ 而且如果按照工资计算，一套新房的价格只相当于一个长工4.5年的工资收入，新房收入的比值尚在合理区间。因此，李著的估值基本可靠。

2. 住宅的交易价值

估算农户住宅资产，除了住宅造价以外，还需要考虑住宅的交易价值。正如李著所指出的，购买旧房的价格相比新房会便宜很多，但具体低到何种程度，其并没有做明确的估算，因此需要重新评估。

第一种方法是直接收集同时期江南地区的农村旧房交易记录进行比较。关于清代中期江南地区农村住房交易的直接记录并不多（尤其是跟城镇住房相比），各条记录之间的差异也较大。如表2－4所示，乾隆年间江苏苏州和江西新昌的农户旧房价格为3—3.6两/间，而松江府城郊的旧房（非城市住房）的价格约为12两/间。这些零星的记录显然并不足以衡量1820年代华娄农村旧房的交易价格。④

---

① 李著此处的估计主要依据的是"满铁调查"和费孝通的研究。"满铁"记录，1936年松江县华阳桥一农户建造新房的费用约为700元，相当于当地12亩水田的价格；费氏则记录1930年代开弓弦村修建一所普通房屋的总开支至少为500元，约折合当地17亩水田。华娄每套农房相当于15亩水田的价比是取二者中间值的结果。参见李著，第411—412页。

② 建造新房所需的木材和砖瓦造价昂贵。参见李著，第414—415页。

③ 1993年《上海县志》，第1075页。

④ 清代《钦定工部则例》中给出了嘉庆七年（1802）以后在京入官房产详细的"按檩计价"的估价标准。其中最低值为"三檩五等"，瓦平房每间约5两、瓦楼房每间7两、灰平房每间3两；最高值为"九檩一等"，瓦平房每间约100两、瓦楼房每间140两、灰平房每间70两。以李著中华娄农户的居住条件推断华娄民居至少应被定为"三檩一等"或"四檩二等"，每间应以25—30两计算。考虑到松江的房价可能略逊于京城，同时农村的房价低于城市，华娄农居也应在每间10两以上。参见云妍等《官绅的荷包》，中信出版集团2019年版，第320—321页，也可参考故宫博物院编《钦定内务府则例二种》第5册，海南出版社2000年版。

表 2-4　　　　　　　　清代中期江南农村地区住宅交易

交易类型	交易时间	交易地点	房屋间数	总价（银）	单价（银）	单价（米）
赎买	顺治十五年（1658）	江苏昆山	3.0	10.8	3.60	2.28
购买	乾隆十八年（1753）	江苏苏州	2.0	6.0	3.00	1.73
抄没	乾隆四十二年（1777）	江西新昌	10.5	36.6	3.49	1.75
捐买	乾隆五十年（1785）	松江府城郊	108.0	1300.0	12.00	6.41

资料来源：赎买、购买、捐买转引自李著，第 412、414 页；抄没出自《海成奏王锡侯案缘坐人犯起解京情形折》，乾隆四十二年十一月十四日，《清代文字狱档（增订本）》，第 672 页。

第二种方法是以租计价。方行在估算清代江南农民住房消费时曾援引过两则清代中期苏州农村的租房记录①：其一是乾隆十六年（1751），翁凤揆租屈姓地主"在田瓦屋一所，共计七间。三面议定，每年租金四两七钱。内扣除修理一两一钱，实还租银三两六钱"，平均每间的实际租金约为 0.51 两/间，以当时米价计，约为 0.43 石/间；其二是乾隆十八年（1753），顾雅亭租地主"瓦房三间半，每年屋租银一两六钱正，……内免屋租银四钱，作每年修理之费"，实际租金约 0.34 两/间，以当时米价计，约为 0.29 石/间。在李著看来这是乡下很低的房租，并不具有代表性。② 这一看法有一定道理，毕竟在屈氏的契约当中还有一条记录，"顾奉兰……租屈府住房三间半，于乾隆十五、十七两年，房租米四石"③。原文中虽未说明四石米是一年的房租还是两年房租之和，但从低估计年租金也约为 0.57 石/间，高于方行选取的两则数据。考虑到乾隆后期到道光年间江南城镇房价呈上涨趋势④，因此我们姑且取这三则记录中的中间值 0.43 石每间为 1820 年代农村旧房租金的下界。

此外，《清俗纪闻》有关于乾隆末年江苏一带城镇房租的记载，

---

① 方行：《清代江南农民的消费》，《中国经济史研究》1996 年第 3 期。
② 李著，第 457 页。
③ 以上三则记录均出自洪焕椿编《明清苏州农村经济资料》，江苏古籍出版社 1988 年版，第 645—647 页。
④ 黄敬斌：《十八世纪以降江南居民的住房消费》，《浙江学刊》2008 年第 1 期。

"二三开间之住房，每月房租约五六百文"。① 平均每间房屋的月租金约为0.2两，年租金约为2.4两，可折合米1.27石。考虑到华娄属于江苏最发达的地区之一，其农村住房租金虽然肯定低于一般的城镇房屋，但与后者的差距应不大。因此这一价格可以作为华娄农村房屋租金的上界。

因此，我们估得1820年代华娄农村房屋出租的年租金为0.43—1.27石米/间。按照每户3.5间屋的标准计算，每户年租金为1.51—4.45石米，折合白银为3.52—10.40两。②

如前所述，18世纪末，清政府在给罪臣房屋资产折价时，如果没有房契一般使用以租计价的方式，具体又分为月租和年租两种情况。其中，乾隆四十五年（1780）的九格案中，以月租除以1%计算房价；乾隆五十九年（1794）的诺穆三案中，则与田产的估折方式一致，以年租除以13%计算房价。③ 我们若以此为标准，华娄农村一户典型三居旧房的市场交易价值为27.1—80.0两。

但是，这一估算标准成立的前提是土地和房屋具有相同的交易价值，但这在清代中期的江南地区（即使发达如华娄）显然是不成立的。马学强指出尽管清代中期江南的一些城镇房地买卖、租赁活动已相当活跃，但是房地产市场始终未得到充分发展，而农村地区的房产交易更远不及城镇普遍。④ 由于农村无房户较少且无工商业集聚，因此房屋租赁市场也不甚发达。在此基础上我们大体可以作出两个判断：

---

① ［日］中川忠英编：《清俗纪闻》卷二《居家》，中华书局2006年版，第215页。
② 1930年代，中国经济统计研究所调查吴兴四地农户年房租支出平均约为5.71元，占家庭全部消费总数的3.05%。报告附录中指出由于农户房屋"多系祖遗或自行建造"，造价无从统计。因此其选择了问卷调查的形式作为变通，并选取了两种询问方式：一是"若以往所住房屋租与他人时，每年可收入房租若干，或如系自他人租进，每年须付房租若干"；二是"现住房屋估价约值几何，并问尚且能用之年数"。并注明以第一个问题为主，如受访者无法回答再问第二个。由此得来的统计数字可见较为可靠。参见中国经济统计研究所《吴兴农村经济》，载李文海主编《民国时期社会调查丛编·二编：乡村社会卷》，福建教育出版社2014年版，第778页。据"满铁调查"，1940年代松江华阳桥的米价约为9元/石，因此吴兴农村的每家（约3间）的房租约为0.63石，每间约为0.21石每年。
③ 年化13%的原因是农历中经常出现闰月。
④ 马学强：《从传统到近代：江南城镇土地产权制度研究》，上海社会科学院出版社2002年版，第306页。

第一，华娄农村地区的房屋租售比应低于城镇；① 第二，投资农村旧房用于出租的收益率应小于投资土地的收益率。所以以租计价的比值应小于官方使用的13%，以及土地平均投资回报率的10%。在找到进一步的证据之前，我们姑且将其从高计为10%。② 则以此为标准，1820年代华娄每套农村旧房的市场交易价格为35.2—104.0两，取中间值约为69.6两，取整为70两。这一数字约为原造价的38.7%。

3. 住宅资产估算

在估算住宅资产前，还需要厘定以下几个问题。

首先是无房户的比例。李著中估计1820年代华娄的无房户占比约为10%，其中包括农业中的长工、工商业中的学徒、富人家庭中的佣人和奴仆以及部分外来人口。但其也指出，10%的估计只是出于便利，真实情况可能会更低。③ 而根据中国经济统计研究所的调查，1930年代吴兴916户农家中，有913户居住在自有房屋之中，无房户的比例不足1%。④ 陈翰笙等1929年对无锡黄土泾桥村的调查也显示，83户居民中只有1户雇农没有房屋，无房户比例约为1.2%。⑤ 考虑到1820年代的华娄农村更为富庶，同时绝大多数没有房产的外来人口生活在城市和城镇，因此华娄农村无房户的比例应显著低于10%，我们这里从低计约为5%。

其次是少房户的比例。虽然清代中期江南农村出现了普遍的"中农化"⑥，且华娄地区相比一般江南地区更为发达，但根据姜皋等人的记录也有部分居民的住房条件较差，房屋的房间数只有1—2间，这部分家庭的比例我们也计为5%。以普通民居的半价折算，这类家庭的

---

① 房屋租售比，按照现行定义，是指房屋每平方米使用面积月租金与每平方米建筑面积房价之比值。

② 卜凯调查估计农户房租时即采取房价的10%作为每年的房租。

③ 李著，第177页。

④ 中国经济统计研究所：《吴兴农村经济》，载李文海主编《民国时期社会调查丛编·二编：乡村社会卷》，福建教育出版社2014年版，第742页。

⑤ 中国社会科学院经济研究所等编：《无锡、保定农村调查资料（1929—1957）·无锡卷》，社会科学文献出版社2021年版，第8页。

⑥ 方行：《清代江南农民的消费》，《中国经济史研究》1996年第3期。

住宅资产约为 35 两。

最后是富户的房屋价值。李著指出，华娄富户的住房条件比一般农户更为优越，其人均面积更大（约为普通家庭的 3—8 倍）、用料更考究，单位面积的造价也更高。因此以普通家庭的 5 倍计算应不会过高。① 则富户房屋的市场交易价值约为 350 两。

图 2-1　瑞典人 Carl Bock 拍摄的上海富人住宅中的花园（1889 年）

资料来源：法兰西国家图书馆。

如表 2-5 所示，1820 年代华娄地区农户住宅总资产约为 630.7 万两。

表 2-5　　　　　　　　农村农户家庭住宅资产

类型	数量（万户）	房屋间数（间）	套单价（两）	间单价（两）	总价（万两）
富户	0.68	5—10	350	35.0	238
中等户	5.44	3.5	70	20.0	380.8
少房户	0.34	1—2	35	17.5	11.9
无房户	0.34	0	0	0	0
总和	6.8	—	—	—	630.7

注：已包含宅基地的土地价值；房屋间数取中间值，平均数为 3.225 间。
资料来源：笔者整理。

---

① 李著，第 410 页。

(三) 生产工具

我们将华娄农户的生产工具分成农具、纺织工具和运输工具三类。这样划分的原因有两点：一是沿用李著中没有将农船作为农具的做法，以保持研究的连续性；二是单列纺织工具，能够更为直接展现长三角农家的内部分工，更为清晰地区分产业类型。

1. 农具

李著依据《浦泖农咨》和满铁调查中的记录，两相比对，较为详细地估算了1820年代华娄农具的价格、户均拥有量和使用年限。具体如表2-6所示。

表2-6　华娄农户拥有的部分农具数量、价值和使用年限

农具种类	单价（文）	户均拥有量	户均农具价值（文）	使用年限（年）
牛力水车	18500	0.59 部	10915	15
耙	3500	0.17 部	595	15
砻	3300	0.44 部	1452	10
犁	1000	0.57 部	570	3.5
稻床	990	0.11 部	109	6
磨	990	0.19 部	188	—
铁搭	350	1.25 把	438	7.5
挡（荡）	264	0.89 个	235	3
锄头	190	1.05 把	200	7.5
镰刀	130	1.03 把	134	5
总计	—	—	14836	—

资料来源：李著，第379页，附表6-3。

李著进一步指出，表中所估算的虽然包含了华娄主要的大型农具，但是其种类仍不到"满铁调查"列举数量的四分之一。因此真实的户均农具价值应高于14836文（合银12.36两，合米5.30石）。但具体高出的比例其未做出更多的讨论，而是直接将总价计为米6石，按照当时的物价，相当于1.17亩中等水田。

1935年，浙江大学农学院师生和国民党嘉兴县政府对浙江嘉兴的农村经济进行了细致的考察，其中对农户农具的价值进行了分类估算。据其划分，嘉兴的农具包括耕耘用具、灌溉用具、收获用具、运搬用具、调制用具、蚕具、饲畜用具、仓库用具、农业工艺用具及杂具十种。[1] 受调查的5133家农户中，所有农具的总价值约为214392元，平均每户约为41.8元，按照当时的田价，相当于1.67亩中等水田。[2] 去除华娄地区少有的蚕具以及我们后文单独估算的运搬用具，平均每户拥有农具价值约为29.2元，相当于1.17亩水田。这与李著的估计颇为接近。但是我们更关心农具的内部结构。

如图2-2所示，嘉兴县农户拥有的各项农具中价值占比最高的是耕耘用具和灌溉用具，两者合计约为40%，在去除蚕具和运搬用具（类比于华娄）后，更是上升到了57%。这其实很好理解，因为这两项已经囊括了牛车、水车以及各种耙、犁等相对昂贵的器械。但是李著中仅牛力水车一项就占到其估算家庭所有农具价值的65%，显然过高。[3]

1931年，江苏省农民银行在苏北铜山县调查中估计了当地中等农户的资产价值。其假定"有田50亩、茅屋8间，农具如牛车、小车、犁、耙、耩子、铁侧、石滚各一具，小件农具具备，牲畜牛羊各1，

---

[1] 具体来说：（1）耕耘用具中有犁拖刀、铁耖、木耖、铁滚耙、竹滚耙、锄、垦田铁耙、垦地铁耙、刮子、小铁耙（耙水钩）、排齿铁耙、庆耙、栅子、泥铲、操柱等；（2）灌溉用具中有牛车及水车等；（3）收获用具中有犁结（镰刀）、拾柴钩、草结、稻桶、遮头、垫等；（4）运搬用具中有船、料桶、士大（畚箕）、箩、扁担、小车等；（5）调制用具中有绍兴砻、本地砻、小石磨、筛、风车、米臼等；（6）蚕具中有蚕匾、蚕架、喂台、叶蒲、棕蚕帘、草蚕帘、蚕凳、火缸、桑剪、垫纸等；（7）饲畜用具中有猪槽、铡刀等；（8）仓库用具中有廪条、绕廪、廪匾、箕、屯、麻袋等；（9）农业工艺用具中有酒蒸、酒榨、酒缸、酒氅、大氅、小氅、弹上凳、摇车、木机、铁机等；（10）杂具中有锯、竹刀等。参见冯紫岗编《嘉兴县农村调查》，载李文海主编《民国时期社会调查丛编·二编：乡村社会卷（上）》，福建教育出版社2014年版，第334页。

[2] 1935年，嘉兴县玉溪镇附近，"水田田底价格，目前以每亩25元为最普通，高者亦不过40元，低者仅值10元左右"。参见冯紫岗编《嘉兴县农村调查》，载李文海主编《民国时期社会调查丛编·二编：乡村社会卷（上）》，福建教育出版社2014年版，第265页。

[3] 李著估算农具部分主要的问题在于完全沿用了《浦沔农咨》的记录，过高地估计了灌溉工具的价值，而挤占了其他农具的价值。以"满铁"数据为主，并以1940年米价为基础直接进行折算似乎效果更好。

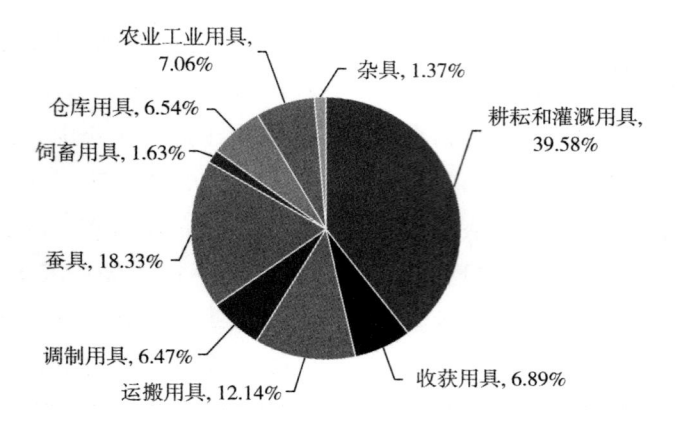

图 2-2 浙江省嘉兴县农户各类型农具价值（1935 年）

资料来源：冯紫岗编《嘉兴县农村调查》。

驴 2，鸡鸭各 10 余之农家为中等农户"[1]。在农具一项中，其估计中等农户每家约值 240 元（显系过高）。但在去除大车 200 元（显然非中等农户家家皆有），其余农具约为 40 元，应与当地真正的中等农户情况吻合。[2] 该地平均田价约为 29 元，因此农具价值也相当于 1.38 亩中等水田。由此看来，在 1930 年代南方农村一户中等家庭农具总值在 1—1.5 亩水田应是当时人的惯常印象。

综上，我们大体可以认定尽管李著中对于牛力水车的估计过高，但是其对于农具总价值的估计是基本准确的。考虑到 1820 年代华娄地区相比 1930 年代的江苏北部和浙江东北部都更为富裕，因此我们不妨取其最高值 1.5 亩水田作为其农具的总值。[3]

所以，1820 年代华娄农户每户拥有的农具价值约为 18 两，拥有

---

[1] 实际上这一标准对应的阶级至少是富农。李克访编：《铜山农村经济调查》，载李文海主编《民国时期社会调查丛编·二编：乡村社会卷（上）》，福建教育出版社 2014 年版，第 854—855 页。

[2] 《铜山农村经济调查》的表 16 中详细记录了各项农具的价格、功用和修理说明，篇幅所限，这里不再赘述。

[3] 嘉兴农村调查中将农业资本划分为了土地资本、建筑物资本、有生固定资本、无生固定资本和流通资本五类。其中有生固定资本指的是牲畜，无生固定资本指农具，流通资本为种子、肥料等"一经使用即不复存在"的东西。据其统计，自耕农家庭五项资本的比值为 53.08：22.96：5.68：7.80：10.48，农具占土地的比值约为 14.7%。而半自耕农和（转下页）

农具总价值约为122.4万两。农具多易耗损，以50%的标准折旧，则其现值约为61.2万两。

2. 纺织工具

松江地区历史上棉纺织工业发达，号称"衣被天下"[1]。农家多以纺纱、织布为副业。[2]《上海县志》中记载该县"农暇之时，所出布匹，日以万计"[3]。华娄两县的棉纺织业虽不及上海发达，但仍是当时江南土布重要的生产中心。因此，纺织工具应是华娄农家普遍拥有的生产工具。[4]

（1）纺织工具的种类

徐新吾列举了江南地区的纺织工具种类，包括轧车、弹花弓、弹花锤、卷筵、纺车、軖床、织机等。[5] 其中最主要、同时也是造价最高的三项分别是轧车（用于轧花，如图2-3所示）、纺车和织机。据徐氏考证，清代江南地区所使用的织机总体变化不大，而轧车和纺车则有重大改进。

首先就织机来说，华娄使用的仍是明代一直以来使用的投梭织布机。李伯重认为其由于"工作效率大大高于纺车"，因此缺少改进必要。[6]

（接上页）佃农家庭农具占土地的比值分别为13.9%和11.4%。可见该地农具占土地的比值为11%和15%。前文估算华娄耕地价值约为1147万两，以我们目前估算的农具价格计，约占其10.7%，这一比例与嘉兴的情况较为接近。参见冯紫岗编《嘉兴县农村调查》，载李文海主编《民国时期社会调查丛编·二编：乡村社会卷（上）》，福建教育出版社2014年版，第332—333页。

[1] （清）康熙《松江府志》中提到："吾乡所出皆切实用，如绫、布二物，衣被天下，虽苏杭不及也。"

[2] 李伯重指出，在清代苏松地区，农妇从事的棉纺业生产甚至已不能说是副业生产，以棉纺织为主业的农村妇女的数量大大增加了。参见李伯重《江南早期的工业化》，社会科学文献出版社2000年版，第42页。

[3] （清）史采修，叶映榴等纂：《上海县志》卷1，风俗，第22页，转引自徐新吾《江南土布史》，上海社会科学院出版社1992年版，第75页。

[4] 由于棉纺织工业繁荣，松江地区为棉纺织配套的工具制造业也相当发达。比如朱泾镇就以出品铁锭和纺车著称，时谚称"朱泾锭子吕巷车"。参见嘉庆《朱泾志》卷1，物产，转引自樊树志《苏松棉布业市镇的盛衰》，《中国经济式研究》1987年第4期。

[5] 徐新吾：《江南土布史》，上海社会科学院出版社1992年版，第41—47页。各纺织工具的图示可见于《钦定古今图书集成经济汇编考工典》第218卷。

[6] 李伯重：《多视角看江南经济史：1250—1850》，生活·读书·新知三联书店2003年版，第347页。

图 2-3　《赶棉图》中记录的江南轧车

资料来源：《图解天工开物》，南海出版公司 2007 年版，第 115 页。

其次是轧车，根据历史资料，华娄使用的主要是改良后的"太仓车"。该车一经问世就被认为工作效率可以"以一当四"。[①]

最后是纺车，相比明代江南使用的手摇单锭纺车（也称"手车"），清代江南出现了造型更大、造价更高的足踏多锭纺车（也称"脚车"）。[②] 这两种纺车在清代江南民间长期共存，并未出现明显的替代。据时人观察，由于二者所需气力和操作难度不同，因此"老幼多

[①] 明代《太仓州志》记录了该车的详细形制和工作流程："轧车制高二尺五，三足，上加平木板，厚七八寸，横尺五，直杀之，板上立二小柱，柱中横铁轴一，粗如指，木轴一，径一寸。铁轴透右柱，置曲柄，木轴透左柱，置员木约二尺，轴端络以绳，下连一小板，设机车足。用时右手执曲柄，左足踏小板，则员木作势，两轴自轴，左手喂干花轴罅，一人日可轧百十斤，得净花三之一，他处用碾轴或搅车，惟太仓式一人当四人。"

[②] 这类纺车依锭数多少又可以分为双锭纺车、三锭纺车和四锭纺车。参见李伯重《多视角看江南经济史：1250—1850》，生活·读书·新知三联书店 2003 年版，第 348 页。

用手车，少壮多用脚车"①。不过关于华娄地区主要使用的是哪一种，徐氏和李氏的意见相左。其中，吴承明和徐新吾都认为脚车在清代未能全面推广。②而李伯重则列举诸多关键证据证明了三锭纺车在松江府（当然也包括华娄）使用的普遍性。③我们这里主要采用李伯重的观点，认定华娄地区手车和脚车并用，但以脚车为主。

（2）纺织工具的数量

按照李著的估计，1820年代华娄地区90%以上的农村居民为纺织户，平均每户参加棉纺织工作的劳动力为1.5个。④以此标准计算，7.6万农户居民中应有6.84万为纺织户。出于简便考虑，我们直接假设所有农户家庭都直接从事棉纺织生产。⑤则华娄农村共有6.8万纺织户，从业人口约为10.2万人。

首先是织机。根据曹幸穗统计，1940年代南通县金沙镇附近头总庙村居民户均有1架旧式脚踏式木制织布机。⑥不过此时的南通农村经济发达之程度显然与1820年代的华娄相去甚远，这一估值可能偏低。另根据1962年高朱氏、徐陈氏等老织户的回忆，上海四周各乡村"在民国以前（根据受访者年龄推断，其童年应在19世纪末20世纪初），无论走到什么地方，都可以听到吱吱嘎嘎的织布声，人口多的家庭有三、四台布机，纺车也不止一架"。⑦考虑到第一次鸦片战争之后，洋纱摧毁土纱市场，旧手工织布业可能出现了畸形发展，因此每

---

① 《南汇县续志》卷18，《风俗志》物产下，第12页，转引自徐新吾《江南土布史》，上海社会科学院出版社1992年版，第50页。

② 吴承明的看法见于许涤新和吴承明主编《中国资本主义发展史》第一卷，人民出版社1985年版，第376页。

③ 相关论证参见李伯重《多视角看江南经济史：1250—1850》，生活·读书·新知三联书店2003年版，第349—352页。

④ 李著，第87页。地方志中也记载，清代吴江县平望镇"女工以木棉花织布者，十家有八九。虽殷实者亦习之"。参见道光《平望志》卷12《生业》。

⑤ 李著的估计完全基于徐氏的著作，而徐氏所指实际上是全体农村居民。参见李著，第87页。

⑥ 曹幸穗：《旧中国苏南农家经济研究》，中央编译出版社1996年版，第145—146页。

⑦ 徐氏指出20世纪初，上海附近乡村虽然手工纺纱已经逐步淘汰，但手工织布依旧兴盛。因此织布机的数量才会大大超过纺车。徐新吾：《江南土布史》，上海社会科学院出版社1992年版，第240页。

家三四台对于1820年代的华娄来说可能又过高。综合以上证据，我们认为，19世纪初华娄农户平均拥有的织机数量应为1.5—2台，从低以1.5台计。

其次是纺车。李伯重指出农家老幼从事纺纱，是明清江南棉纺织业的一个重要特点。松江地区的棉布生产虽然出现了纺与织的分离（即一些妇女只纺不织，一些妇女只织不纺），且存在外来土纱输入的情况，但大多数农户家庭的老幼和青壮妇女仍操作织机。① 在织机种类上，前者主要使用单锭纺车，后者主要使用三锭纺车。由于青壮妇女以织布为主，因此我们估计华娄纺织户平均每户有单锭纺车1架，三锭纺车0.5架。②

最后是轧车。李伯重指出，一般农户没有必要家家置车自己轧花，一个村子有几个农户备有轧车，或者有一些季节性的流动轧花人走村串户提供服务就可以基本满足需要。③ 由于现有文献未见对农村轧车数量的统计（主要原因是旧式轧车在19世纪末已被新式轧棉机彻底取代），因此我们只能根据总需求和日产量估算一个大概数字：据李著考证，1820年代华娄农村每年产布约450万匹。④ 而一架太仓车一人一日约可轧棉100多斤，得净花30多斤，"足够织30匹布"。假设华娄农村所有轧车均为太仓车，且每架车每年工作200天，则华娄至少需要轧车7500架，约每10家纺织户拥有1架，较为合理。

综上，华娄农村共有织机10.2万台，纺车10.2万架（单锭纺车6.8万架，三锭纺车3.4万架）以及轧车7500架。

（3）纺织工具的价值

首先是织机。民国时期社会调查中对当时的织机价格有颇多记录。其中曹幸穗指出1930年代苏南地区市售的旧式织布机时价每台为

---

① 李伯重：《江南早期的工业化》，社会科学文献出版社2000年版，第68—71页。
② 松江地方志中颇以当地妇女之勤勉为自豪，云："妇女饁饷外，耘获车灌，率与男子共事，虽视他郡劳苦倍之，而男女皆能自立"，"俗务纺织，……有通宵不寐者"。参见光绪《重修华娄县志》卷23《杂志上》"风俗"。
③ 李伯重：《江南早期的工业化》，社会科学文献出版社2000年版，第61页。
④ 李著，第87页。

15—20元。① 同时期张培刚在河北清苑农家调查中也记录一台织机的价格为20元，但未介绍织机的具体类型。② 二者一南一北，说明15—20元每台是当时国内的通行价格。"满铁调查"显示，1940年松江华阳桥米价约为9元每石，则一台织机的价格相当于1.66—2.22石米。我们这里从低以15元每台（1.66石米）计算，可推知1820年代华娄一台木制脚踏织机的价格约为3.86两。③

其次是纺车。据时人所记，1680年代，浙江平湖人、理学家陆陇其担任直隶灵寿县县令时曾教授过一名小偷"纺花之法"。在其熟练掌握且纺纱数日后，陆公说，"此（指纺车）资本不过数百钱耳。今数日内，循环例换，已赢余若干，除汝饭食外，尚剩有数百钱"。④ 虽然故事的真假不从考证，但可以看出1680年代直隶地区的纺车价格约为500文，考虑到物价的时空浮动，以每架1两估计华娄1820年代的单锭纺车必不致过高。这一价格与黄宗智的看法也基本一致。⑤ 而多锭纺车由于锭数更多、形制更大，因此材料耗费和人工成本都应高于单锭纺车。由于缺乏具体数据，我们姑且以50%的标准溢价。则一台多锭纺车的价格约为1.5两。

最后是轧车。我们未找到其直接的价格数据或记录，但《天工开物》中有关于轧车形制的插图，可作为参考。⑥ 如图2-3所示，轧车

---

① 曹幸穗：《旧中国苏南农家经济研究》，中央编译出版社1996年版，第145—146页。

② 张培刚编：《清苑的农家经济》，载李文海主编《民国时期社会调查丛编·二编：乡村社会卷（中）》，福建教育出版社2014年版，第67页。

③ 这其实取决于选取何种物品为参照。我们在此试举一例：曹氏记录抗战期间头总庙村生产的白小布每匹为1.2—3.2元，白大布每匹为2.2—4.2元，平均价值约为2.5元每匹，可见织机价格约为坯布价格的6倍。而李著估计，1820年代华娄地区坯布的价格约为每匹0.38两。若以头总庙村的机布比推算，一台木制脚踏织机的价格约为2.28两。这一数字仅相当于以米价折算的60%左右。

④ （清）吴炽昌：《续客窗闲话》卷3，"陆清献公遗事"，转引自李伯重《江南早期的工业化》，社会科学文献出版社2000年版，第70页。

⑤ 黄宗智指出："棉纺织手工业使用的单锭纺车价格低廉，随处可得，甚至最贫困的家庭也能置办"。参见黄宗智《长江三角洲小农家庭与乡村发展》，中华书局2000年版，第86页。

⑥ 旧式轧车在19世纪下半叶也很快退出了历史舞台。据《申报》记载，"自东洋轧花机器盛之，土著轧车竟同废物。……华亭为松江首邑，产棉甚旺，近来机器轧户四境林立。"参见《移询花捐》，载《申报》1896年11月22日第3版。因此民国社会调查中罕有其价格记录。

的结构较为简单，制作工艺并不比脚踏织布机或三锭纺纱车更为复杂，且从直观上看，其所需要的木料和铁轴也不比脚踏织布机或三锭纺纱车更多，因此我们姑且认为其市场价格与一台新的多锭纺车大体相仿，也计为每架 1.5 两。

综上，华娄的纺织工具中织机的价值约为 37.54 万两，纺车的价值约为 11.90 万两，轧车约为 1.13 万两，总计约 50.57 万两。[①] 考虑到，纺织工具本身的使用寿命较长、农家日常维护甚是仔细，且二手市场交易（在民国江南地区有租赁旧式布机的记录）十分发达，因此计提 20% 折旧较为公允。则纺织工具一项的现值约为 40.46 万两。

3. 运输工具

1820 年代，华娄农家的运输工具主要是车、船。由于松江地区地处长江三角洲，水网密布，因此船的作用又显著大于车。

（1）小车

李著中未估计农用车的价格和数量。但我们从民国时期江南地区的社会调查中发现，鱼米之乡的农民也普遍使用小车。比如嘉兴县就记载，"运搬用具中有船、料桶、士大、箩、扁担、小车"[②]。所谓小车，是指农用手推车，1931 年李克访主持的苏北铜山农村调查中记录，每具小车的价格为 10 元，与一把耙的价格相等，折合成 1940 年松江县米价，约为 1.1 石。这与李著估算的耙约为 1.27 石米的相对价格较为接近，因此相对可信。经过换算，1820 年代每具小车的价格约为 2.56 两。考虑到部分农家无额外陆上运输需求，我们姑且假定华娄有 80% 的农户家中有小车，且有车的家庭平均每家有 1 辆。则小车一项的总价约为 13.93 万两。

（2）农船

农船是江南农民生产不可或缺的运输工具，几乎家家都有。费孝通在开弓弦村调查中指出该村每户农民有船 1—2 艘。但是李著援引民

[①] 纺织工具中还有包括弹花弓等在内的诸多"零件"，这里忽略不计。
[②] 冯紫岗编：《嘉兴县农村调查》，载李文海主编《民国时期社会调查丛编·二编：乡村社会卷（上）》，福建教育出版社 2014 年版，第 334 页。

俗记录发现，近代松江县有一些农户"伙用"农船的现象（其中多为两三户合用一条船）。① 因此其假定 80% 的农户有船，且有船户平均每户 1 艘。则华娄农户约有农船 5.44 万只。我们认为这一估计较为合理。

然而，李著对于农船价格的估算（每艘 25 两）却有过高之嫌。其估算的依据是：满铁调查中记录松江县农家运输用木船的价格为每艘 40 元，牛力水车为每架 30 元，二者之比为 4∶3。以《浦泖农咨》中牛力水车价（18500 文/部）为底数，可求得 1820 年代农船的价格约为每艘 25000 文，合银约 21 两。其余附属品如缆绳、摇橹、船锚等打包估为 4 两，则每艘船的造价合计 25 两。② 这一数字约为农家农具价值的 138.8%，已超过农家农具和纺织工具价格之总和，因此似乎不甚合理。③

仔细推敲不难发现，李著此处的问题在于使用水车农船比进行估算，而且对于牛力水车价格的估计，如前所述，存在一定的问题。如果此处我们采取李著中普遍使用的，也是更为直接的粳米价格做底数，则结论将更为可信。在这种情况下，1940 年代松江县的一艘农船相当于 4.44 石米。以此推算，1820 年代每艘农船的主体价格约为 10.35 两。我们仍以 25% 的水平估计农船附属品，则全船的总价约为 12.94 两（这一数字仅为李著估值的 1/2 强）。华娄农户拥有农船总价值约为 70.39 万两。

以 50% 的标准提取折旧后，华娄地区运输工具的现值约为 42.16 万两。

综上，华娄地区生产工具总现值约为 143.82 万两。

（四）牲畜

华娄农家养殖业主要饲养牛、猪、鸡、鸭和鱼五种。④ 其中牛因

---

① 李著，第 381 页。
② 李著，第 381—382 页。
③ 毕竟嘉兴县各项农具调查中运搬用具之价值只占到农具总价值的 12.14%。参见冯紫岗编《嘉兴县农村调查》，载李文海主编《民国时期社会调查丛编·二编：乡村社会卷（上）》，福建教育出版社 2014 年版，第 334 页。
④ 李著，第 398 页。

具有生产属性,需要单独进行计算。

1. 耕牛

牛是耕田和车水的重要动力,在传统社会的农业生产中占据重要地位。

首先,就其数量而言,李著沿用了"满铁"松江调查的结果,估算平均每户农家养牛 0.5 头。① 这一数值虽然与前人的固有印象存在一定出入,但似乎并不致过高。正如李著指出的,《浦泖农咨》与清代其余地区的农书不同,颇多记载养牛和用牛的情况,说明在当地使用牛力是非常普遍的现象。而对于 19 世纪初期的松江来说,其相比于其他地区面临的饲料约束更小,因此存在保有较大规模畜群的可能。此外,我们在 20 世纪早期江南其他农村地区也发现了相近的结果。1930 年代,嘉兴县农村自耕农家庭每户平均拥有耕牛 0.47 头,半自耕农和佃农家庭则分别有牛 0.56 头和 0.52 头;② 同时期,浙江平湖地区更是有调查显示平均每户约用牛一头。③ 可见"两户一牛"并不只见于华娄,而应是长江中下游富庶地区较为常见的情况。以此标准计算,华娄农村共有耕牛 3.4 万头。

其次是耕牛的品种和比例。《浦泖农咨》中记载华娄地区"耕牛用水牛、黄牛二种,价亦不甚悬殊",因此李著中没有对耕牛的品种进行区分。但是诸多证据表明水牛和黄牛实际存在较大差别。④ 刘大钧指出二者最大的差别在于工作效率不同,一头壮硕的黄牛正常"能犀二十四五亩田之水",而同等条件的水牛每头则"能犀三十亩"。⑤ 后者的效率

---

① 1930 年代末,"满铁"对松江华阳桥 4 村的调查发现该村 63 户居民,共养牛 32 头,平均每户 0.51 头。数据转引自曹幸穗《旧中国苏南农家经济研究》,中央编译出版社 1996 年版,第 104 页。

② 冯紫岗编:《嘉兴县农村调查》,载李文海主编《民国时期社会调查丛编·二编:乡村社会卷(上)》,福建教育出版社 2014 年版,第 321—325 页。

③ 刘大钧指出:平湖普通农民每户约用耕牛 1 头,但种田在 5 亩以下者,往往不饲耕牛,所有田地上浇灌用水,多托其他有牛之农户包水灌田。其种田在 30 亩以上者,须喂两牛。参见刘大钧《浙江平湖农业经济状况》,载李文海主编《民国时期社会调查丛编·二编:乡村社会卷(下)》,福建教育出版社 2014 年版,第 192 页。

④ 李著,第 360 页。

⑤ 刘大钧:《浙江平湖农业经济状况》,载李文海主编《民国时期社会调查丛编·二编:乡村社会卷(下)》,福建教育出版社 2014 年版,第 192 页。

是前者的 1.25 倍。因此体现在价格上，二者也存在较大差异，具体的价差因地而异。在浙江平湖县，相同体格的水牛比黄牛价格高出 25%—40%，而在江宁县水牛的价格高出 33.3%。①

表 2-7　　　　　　　　嘉兴农村水牛与黄牛之比较

类型	耕牛总数（头）	水牛数量（头）	占比（%）	黄牛数量（头）	占比（%）
过小经营	999.61	139.78	13.98	859.83	86.02
小经营	905.07	467.74	51.68	437.33	48.32
中经营	278.50	262.00	94.08	16.50	5.92
大经营	90.00	87.00	96.67	3.00	3.33
总计	2273.18	956.52	42.08	1316.69	57.92

资料来源：整理自《嘉兴县农村调查》，表88—90。

由于华娄地区黄牛和水牛的具体数量无从考证，我们姑且以1930年代浙江嘉兴农村的情况进行推算，假定黄牛和水牛的比例为6∶4。且地方富户以使用水牛为主。

再次是耕牛的价格。李著依据《浦泖农咨》估计，1820年代华娄地区一头普通的耕牛价值约为20000文，约合银16.67两，合米7.1石。丧失劳动能力的老牛"售价与幼牛购入价相同"，为成牛价格的三分之二，约为11.11两。但其未说明这一价格对应的具体是黄牛还是水牛。1937年，"满铁调查"记录松江县一头普通水牛的价格约为60元，合米6.7石，由此可见，李著估计的数字应指的是水牛。我们以80%的比例折价，则一头普通成年黄牛的价格约为13.33两，老幼每头也为成牛的三分之二，计8.89两。

最后是牛的生命周期。据时人记录，黄牛的寿命为12—15年，一般18—24个月开始役使，3—8岁为壮年，9—10岁为老年，10岁以上渐无役使价值。水牛的寿命略长，但其生命周期大体相近，故不做额外区分。因此存栏的情况，小牛和老牛的比例约为30%，成牛的比

---

① 张心一：《江宁县农业调查》，载李文海主编《民国时期社会调查丛编·二编：乡村社会卷（中）》，福建教育出版社2014年版，第242—243页。

例约为70%。① 因此，华娄的3.4万头耕牛中，有小牛和老牛1.02万头，成牛2.38万头。

综上，耕牛总价值约为44.88万两。

2. 生猪

猪是华娄农民主要的肉食来源，同时也是农业主要的肥力来源。②

据"满铁调查"统计，抗战初期华娄农户每家约养猪1头。③ 李著考虑到1820年代饲料较多，且相对价格较低，因此实际的养猪量应在此数之上。④ 其认为至少应以1956年松江县的平均养猪数2.6头估计为宜。⑤ 由于华娄地区养猪的方式是购入小猪，饲养半年后出售，然后再养，"平时通常仅可见1—2头猪"，因此我们姑取其半，假定华娄农户生猪的保有量为每家1.3头。⑥ 则所有农户家庭共有猪8.84万头。

至于生猪的价格，我们可以根据猪、牛价格的比值进行推算。同样据"满铁调查"，华阳桥附近一头两百斤的大猪价格约为30元，一头一百斤的中猪约为15元，一头重二三十斤的小猪约为3元（即无论

---

① 也即李著所说的"购入幼牛，役使十年后牛丧失劳动能力，即出售给屠户"。参见李著，第158页。

② 李著，第400页。王建革指出清代松江地区农户施肥讲究"三通"。头通是绿肥就地翻压，二通是通塘塮，三通是通豆饼。其中猪粪一般为自家既肥，也有人从城镇甚至上海购买。王建革：《华阳桥乡：水、肥、土与江南乡村生态（1800—1960）》，《近代史研究》2009年第1期。

③ 南满洲铁道株式会社上海事务所：《江苏省松江县农村实态调查报告书》，第125—126页。

④ 在民国时期，由于饲料价高，养猪的利益微乎其微，甚至是赔本买卖。顾倬指出，1930年代江苏无锡农村养一头猪所需资本约22.5元（猪仔5元、饲料麦麸10元，豆饼7.5元），而收入计每头毛猪180斤（大猪），约价18元，猪粪15担，约价3元，合计21元。养一头猪亏损1.5元，如果猪发育不良，多养半个月或1个月才能进入市场，则亏损将进一步增大。只有那些最会养猪，同时也是运气上佳者，能做到有小赚，但赚的也只是一点点肥料钱。顾倬等：《江苏无锡县农村经济调查第一集（第四区）》，载李文海主编《民国时期社会调查丛编·二编：乡村社会卷（上）》，福建教育出版社2014年版，第679页。

⑤ 何惠民主编：《松江县志》，上海人民出版社1991年版，第153页，转引自李著，第402页。

⑥ 根据卜凯调查，浙江汤溪、桐庐、东阳三县，84%的农户都养猪，平均每户2头。如果以全体家庭计，三县平均每户养猪1.4头。这一数字与我们的估算大致相当。参见胡浩等编《卜凯农户调查数据汇编（1929—1933）（浙江篇）》，科学出版社2017年版，第79—91页，转引自蒋勤、高宇洲《清代石仓的地方市场与猪的养殖、流通与消费》，《中国经济史研究》2019年第3期。

猪的"体格"怎样，都约合每斤 0.15 元）。而此时一头普通成年水牛的价格约为 60 元，中猪价格只相当于成年水牛的 25%。这与同时期江宁县的调查结果完全一致，因此相当可靠。① 那么，已知成年水牛的价格约为每头 20000 文，则可推知中猪的价格约为 8000 文，小猪的价格约为 1600 文。② 出于严谨考虑，我们取中猪和小猪价格的平均值作为每头存栏猪的现值。则每头猪约值 4800 文，合银 4 两。

综上，华娄地区生猪的现值约为 35.36 万两。

3. 家禽

松江地区盛产家禽。1820 年代的农家饲养数量虽无直接记录，但仍可依照近代社会调查资料推算。其中，"满铁"统计华娄农家平均养鸡 6 只，绝大多数为下蛋用的母鸡，公鸡的占比不足 5%；养鸭 2 只，同样也是以母鸭居多。由于"满铁调查"只统计其所见，而非年度总数，因此这一数据相比李著的估计更符合我们的研究需要。③ 若计每家 6 只鸡、2 只鸭，则华娄农户共有鸡约 40.8 万只，鸭约 13.6 万只。

李著估算鸡鸭的价格大体相等，均以 160 文每只计。④ 其并无不妥之处，因此我们也沿用这一数字。则华娄家禽的现值总和约为 7.07 万两。

4. 家鱼

松江地区滨海临江，渔业资源本身就相对丰富。⑤ 而自明代开始，华娄农户也开始逐渐养殖家鱼。至清代中期，各项技术，如鱼苗培育、

---

① 张心一：《江宁县农业调查》，载李文海主编《民国时期社会调查丛编·二编：乡村社会卷（中）》，福建教育出版社 2014 年版，第 242 页。

② 蒋勤和高宇洲援引了清代石仓人阙翰鹤（1821—1880）账本中的一则数据。其中记录 1846 年 11 月 2 日买入一只重 14 斤的小猪，价值 1400 文，与李著的估值十分接近。参见蒋勤、高宇洲《清代石仓的地方市场与猪的养殖、流通与消费》，《中国经济史研究》2019 年第 3 期。

③ 1930 年代，无锡县农民每家养鸡"少则三四只，多则六七只"，因此平均也在 5 只左右，顾倬等：《江苏无锡县农村经济调查第一集（第四区）》，载李文海主编《民国时期社会调查丛编·二编：乡村社会卷（上）》，福建教育出版社 2014 年版，第 680 页。

④ 李著，第 364 页。

⑤ 这里只统计家鱼，不包括专业渔民捕捞的鱼、虾、蟹等水产。

凿池养鱼等，都已基本成熟。①

产鱼量上，据调查，1957 年松江全县约有农户 8.6 万户，年产淡水鱼量 1558 吨，平均每户 36 斤。②李著认为 1820 年代由于华娄生态还未遭受工业破坏，鱼产量应更高，但由于数据无考，因此从低计为每户 36 斤。以此标准，则华娄的家鱼总产量约为 273.6 万斤。③

而在价格方面，据李著考证，此时华娄的鱼价约为 9000 文每担，约合 90 文每斤。则华娄家鱼的现值约为 24624 万文，合银 20.52 万两。

综上，四项加总可得华娄农户牲畜资产总和约为 107.83 万两。

（五）粮食

俗语说：手上有粮，心中不慌。出于应对灾年、平滑消费的需要，传统社会的农民家中多有存粮。而地主家庭来说，存粮不仅是生存需要，由于佃农每年上缴的多为实物租，因此余粮也是他们的重要动产。

李著在测度 1820 年代的华娄 GDP 时，实际上假设所有的粮食产出都被城乡居民消费了，不过这显然出于估算方便的需要，而非实际之情况。仍有一小部分粮食被存储或替换旧有的储备。但这一比例如何，需要进行推算。

1950 年 7 月至 1951 年 3 月，苏南地区进行了土地改革，过程中依照《中华人民共和国土地改革法》，政府依法没收和征收了地主、半地主式富农和富农的五大财产。具体如表 2-8 所示。

表 2-8　部分华东省份农村土地改革中没收征收财产统计

	地主户数（户）	富农户数（户）	没收土地（市亩）	多余房屋（间）	牲畜（头）	农具（件）	多余粮食（斤）	户均余粮（斤）
苏南	42563	37885	22059754	1025203	57471	361813	165225931	2053.82
苏北	82857	157005	10418260	711052	33700	1768638	133099085	554.90

① 李著，第 404—405 页。
② 1991 年《松江县志》，第 395 页。
③ 此处包含农村非农业户。

续表

	地主户数（户）	富农户数（户）	没收土地（市亩）	多余房屋（间）	牲畜（头）	农具（件）	多余粮食（斤）	户均余粮（斤）
上海	2181	1315	167583	9328	141	15143	348851	99.79
浙江	140377	100381	10895096	657335	65737	4429752	73040862	303.38
合计	267978	296586	43540693	2402918	157049	6575346	371714729	658.41

资料来源：华东军政委员会土地改革委员会编《华东区土地改革成果统计》，表4。

据统计，新中国成立初期苏南地区共有地主和富农合计8.04万户，约占总户数的4.73%、总人口的5%。其被征收的多余粮食的数量约为16522.59万斤，平均每户有余粮2053.82斤。由表2-8可见，这一数字远超苏北和浙江，似乎过高。但分析可知：第一，苏南地区的经济发达程度要高于同时期的苏北乃至浙江，其受战争破坏的程度也更小；第二，苏南地区地权更为集中，因此被没收征收的土地也更多。在余粮土地比上，苏南约为7.49，苏北约为12.78，上海约为2.08（城郊农村规模不大），浙江约为6.70，苏南甚至低于四区域平均水平。因此这一数字仍具有较强的参考价值。此外，我们在历史资料中还发现，在土地改革末期苏南地区出现了一些骚动。据记载，在1951年2月和3月，该地"不法地主放火烧房四十二起，损失粮食45700斤"。[①] 由此推断，这些闹事的地主家中平均每户至少有粮食1088斤。足以说明此时苏南地区富裕家庭存粮之多。

而根据《江苏省粮食志》的数据，1953年江苏省粮食总产量约为1063.75万吨。[②] 而土地改革期间没收征收的粮食数量苏南、苏北合计14.92万吨，约为1953年产量的1.4%。由于中农、贫农和雇农的家中几乎没有余粮，因此1.4%也就是这一时期江苏省全社会（除政府和军队以外）的粮食储备情况。而且如果只考虑苏南的话，这一比例将会更高。

---

① 苏南土地改革委员会：《我所见到的苏南土地改革运动》，苏南人民行政公署土地改革委员会，1951年，第102页。

② 江苏省粮食志编纂委员会：《江苏省粮食志》，江苏人民出版社1993年版，第96页。

对1820年代的华娄来说，虽然刚刚经历了水灾，但是经过数年的恢复，民间的粮食储备应逐渐恢复，其情况无疑会显著优于刚刚结束战争破坏的江苏省全境（尤其是苏北地区），因此其储粮占年产量的比例应比1.4%更高。保守以高出30%计，至少应为1.82%。

1820年代，华娄地区平均每年产出大米约153万石。① 按照1.82%的标准计算，华娄农村农户家庭的粮食储备约为27846石。此处显然不包含普通农户和贫困农户用于再生产的种子粮，因此全部划归富户更为合理。由此0.68万富户平均每户约有余粮米4.10石，合银9.55两。

此项资产总计6.49万两。

（六）衣物

衣物是华娄农家另一项主要财产。其除蔽体御寒外，还兼具金融属性，经常作为农民的质押物换取流动资金，因此十分重要。②

1. 衣物的材质

清代江南地区居民衣着的材料，地方志中记载"常服多用布，冬月衣裘者百中二三，夏月长衫多枲葛，间用黄草缏"，可见以土布为主，丝绸制品和毛皮制品相对较少。③ 华娄地区作为当时的棉纺织中心，几乎家家织布，因此其居民主要消费的自然也是土布。

不过李伯重在《江南的早期工业化》一书中指出，清代江南大多数低档丝织品已成为大众消费品。④ 而华娄农家生活水平相比江南平

---

① 李著，第149页。
② 小说《阿Q正传》提供了很好的例证。其中，阿Q从举人家中偷窃的物品主要是衣物，且带回未庄之后迅速销售一空，说明衣物在当时具有良好的交易属性。此外，阿Q筹资的方式主要是质押棉被、毡帽等冬季衣物，春当冬赎，年年如此，展现了中国传统社会底层民众的生存法则。参见鲁迅《呐喊》，天津人民出版社2016年版，第110页。
③ 光绪：《无锡金匮县志》卷30，风俗。
④ 据斯当东的观察，18世纪末杭州城内"大部分人穿的都很好，表现出他们的生活是相当优裕的"。另外他还发现"中国人按照本人的身份和一年四季气候穿衣服，式样是千篇一律的。即使是妇女，除了头上的花和饰物而外，衣物的式样也都是一样。他们经常在丝质的而不是亚麻的内衣外面穿一件马甲和裤子，在冷天，里面有毛皮，上面再套一件长的绸缎袍子，腰间扎一条丝质腰带"。[英]斯当东：《英使谒见乾隆纪实》，商务印书馆1963年版，第455—456页。

均水平更高，因此中等家庭也能消费一定数量的丝绸制品。① 1930年代，中国经济统计研究所调查吴兴四地916户农家生活情况，统计共有162户着丝绸衣服，占比为17.67%。但其中最为富裕的双林203户农家中有123户着丝绸，占比高达60.59%。② 考虑到1820年代的华娄经济条件远胜此时之吴兴，因此华娄民众衣绸的比例应至少高于吴兴四地的平均水平。③

2. 土布的价值

根据分析，清代衣物的价值大体涵盖原料、染费和成衣三项，而其中又属原料价值的占比最高。考虑到华娄农家消费的原料以土布为主（且土布的功用只为制作衣物），因此由消费量推算的土布的价值可以作为衣物资产价值的下界。

徐新吾通过访谈等形式，调查了当时上海郊区农民的衣着用品消费情况。具体如表2-9所示。

表2-9　　　　　　　1960年代上海郊区居民土布消费情况

序号	类型	每人数量	成年男性（尺）	成年女性（尺）	总计（尺）
1	短衫裤	3—4	30	25	192.5
2	棉袄裤	1	60	50	110
3	棉背心	1	20	20	20
4	夹鞋	2	2	1.6	7.2
5	棉鞋	1	3	3	6
6	被面	0.5	24	24	24
7	被里	0.5	60	60	60

---

① 清代私人笔记和地方志中多有文人对社会"世风日下"的批判，重要的例证就是丝绸和毛皮制品的普遍化。如《识小录》中说，乾隆以降无锡"以布为耻，绫缎绸纱，争为新色新样，北郭尤甚"。参见光绪《无锡金匮县志》卷30，风俗。
② 中国经济统计研究所：《吴兴农村经济》，载李文海主编《民国时期社会调查丛编·二编：乡村社会卷》，福建教育出版社2014年版，第741页。
③ 虽然吴兴是清代重要的丝绸产地，当地百姓获取丝绸制品更为方便，但中国自古就有"遍身罗绮者，不是养蚕人"之警语，在市场经济相对发达的清代江南，其基本现实是"富者衣绸"，而非"织者衣绸"。因此以近代吴兴四地之标准推断1820年代之华娄，并不会过高。

续表

序号	类型	每人数量	成年男性（尺）	成年女性（尺）	总计（尺）
8	褥单	2	3	3	24
9	枕头	2	2	2	8
10	袜子	3	6	1.5	22.5
11	面巾	1	1	1	2
12	帐顶布	0.1	12	12	24
13	作裙	1	25	0	25
14	围裙	1	0	10	10
15	饭单	2	3	3	12
	合计	—	—	—	547.2

注：部分为夫妇共用。此外农户常见布料衣物还包括罩衫裤、夹袄裤、棉膝裤、门帘、窗帘、包袱、包头巾、褡裢袋等。

资料来源：徐新吾等《江南土布史》，第194—196页。

由表2-9可知，1960年代上海郊区一位成年夫妇满足基本日常需要的布料总量约为547.2尺，合标准土布约为27.1匹。我们依照李著估算，老人和小孩均以成人之半数计，则平均每户衣物布料约为47.5匹。考虑到还有诸多常见衣物如包袱皮、门窗帘等没有纳入统计，因此以每户50匹计必不致高估。

李著估计1820年代华娄未加工的布价约为每匹450文，合银0.38两。[①] 依照李著的考证，华娄居民消费水平与20世纪中期的上海郊区农民大体相当，则6.8万农户家中衣物布料的价值至少应为129.2万两。[②] 按50%折旧，仍高达64.6万两。

3. 各类衣物的价格

由于衣物是清代农民家庭的主要抵押品，因此各类衣物在典当行的账簿中多有记载。[③]

[①] 李著，第348页。

[②] 李著通过松江府城全节堂节妇的衣物数量和更新速度推断1820年代华娄地区的棉布消费水平应高于20世纪中期的上海农民，参见李著，第539—540页。

[③] 据统计，在5家徽典的1500件交易中，共有"衣件"1279件、"首饰"174件、"铜锡"16件、"珠宝玉器"4件、"其他"32件，衣物的占比高达80%以上。参见王裕明《明清徽州典商研究》，人民出版社2012年版，第68—69页。

表 2–10　　　　　清代江南地区徽典部分当品记录

序号	当票	当物	当本
1	程新盛典火字 2537 号	破布女裙一件	0.5 两
2	程允升典造字 757 号	碎土绸单裙单裤二件	0.8 两
3	天元典益字 5836 号	扯碎布夹袄一件	0.18 两
4	开泰典若字 6138 号	坏布单裤一件	0.12 两
5	祥发典浮字 544 号	碎布褂一件	0.2 两
6	元裕往字 42 号	补丁单褂一件	0.3 千文
7	德安押暑字 709 号	烂布单衫一件	0.45 千文
8	德安押暑字 2309 号	烂布单被一件	0.4 千文
9	德安押暑字 3154 号	坏布女褂一件	0.3 千文
10	同裕典黄字 845 号	破棉絮裤一件	0.4 两

注：这里的"坏""烂""破碎"是当行术语，非真实情况。
资料来源：王裕明《明清徽州典商研究》，人民出版社 2012 年版，第 56—59 页。

根据典当业"值十当五"的行业准则，我们大体可以估算出清代江南地区一件使用过但品相中等的衣物的市场价格。从低取整，一件布单裤的价格为 0.1—0.2 两，一件布褂约为 0.2 两，一条布单被约为 0.3 两，一条棉絮裤约为 0.4 两，一条绸裙或绸裤约为 0.4 两。

同时，清代抄档中也有一些对衣物价格的估算可以作为佐证。比如，雍正年间李煦的家奴马二被抄没的资产清单中对各类衣物的估算颇为详尽。[①] 我们在此分类列表，如表 2–11 所示。

表 2–11　　　　　马二家产清单衣物类价格辑录

类型	材质	数量	总价（两）	单价（两）
袍	纱袍	1	0.6	0.6
袍	单纱袍	1	0.4	0.4
袍	葛布袍	1	0.3	0.3
褂	素缎棉褂	1	1.0	1.0
褂	棉绸褂	1	0.6	0.6

---

① 云妍等：《官绅的荷包》，中信出版集团 2019 年版，第 56—57 页。

续表

类型	材质	数量	总价（两）	单价（两）
褂	夹绸褂	1	0.5	0.5
	夹纱褂	1	0.4	0.4
	单纱褂	2	0.6	0.3
袄	绫子小棉袄	1	0.8	0.8
	绸子小棉袄	1	0.6	0.6
	绸子小夹袄	1	0.3	0.3
	绸子短袄	1	0.2	0.2
衫	纱衫	1	0.3	0.3
	绸短衫	1	0.2	0.2
	夏布衫	1	0.15	0.15
裤	纺丝棉裤	3	0.6	0.2
	纺丝单裤	4	0.4	0.1
	单布裤	1	0.12	0.12
帽	水獭帽	2	0.6	0.3
	黄鼠狼皮帽	1	0.4	0.4
	藤凉帽	2	0.2	0.1
褥	缎褥	2	1.6	0.8
	棉褥	1	0.8	0.8
	布褥	2	1.0	0.5
被	布里绸面被	3	2.4	0.8
鞋	缎鞋	17	2.4	0.14
袜	缎袜	4	0.4	0.1

资料来源：整理自云妍等《官绅的荷包》，第54—55页。

从表2-11中我们可以发现：第一，衣物的价格高低取决于其类型和材质。大体用料越多者，价格越贵。比如长褂贵于短褂，棉袄的价格高于夹袄；材质越高级者越贵，具体来说缎贵于绸，绸贵于纱，纱贵于葛布。第二，其中记录了部分布制衣物的价格（由于马二家庭较为富裕，用布者不多），其中单布衫裤单价约为0.1两，布袍约为0.3两，棉褥子因用棉花较多约为0.8两。这些都与根据典物推算的价值相差不大，因此可以认为以上估算可信。

4. 衣物资产价值

不同财富等级家庭拥有的衣物在数量和质量上不尽相同。

我们首先估计普通家庭的情况。

清道光年间,松江府城慈善机构全节堂为入堂节妇及其未成年子女免费提供的衣物包括"棕榻一只,被褥一副,单被一条,枕一个,帐一顶,冬给棉袄裤一副,单布裙一条,五年一换,春秋给单布衫裤一身,二年一换,夏日给夏纱裙裤一身,五年一换","母、姑、子、女皆同"。① 这应是当时松江府城内相对较低的生活水准,也应略低于华娄农村的正常水平。

近代吴兴农村调查,记录当地农家之中,"各类衣着中消费家数最多者,为布单衫、布单裤、布鞋、布袜及蓑衣草笠,均为最低限度之必需品。其次为夹袄裤,棉袄裤,虽为必需品,但不必每年新置,故有此费用者较少。至消费物品只占一小部分户数者,如棉袍、旗袍、长衫、裙、被褥、帐、席、围巾、手套、皮鞋,似已成中等家庭之专用品。但能购置绸面旗袍、马褂、皮袍、衬绒袍、绒线衫裤、棉绸被褥者,设非因婚事,争尚煊赫,则为数愈少,如凤毛麟角矣。"② 如前所述,近代吴兴农家生活水平低于19世纪初期之华娄,因此其"中等家庭之专用品"应属华娄一般农家的常见用品。

再结合徐新吾1960年代对上海郊区织户的访谈以及1940年代"满铁"所做松江华阳桥乡之调查,我们大体可以推测出1820年代华娄一个普通农家(按四名成人两男两女计)的衣物存量。其至少拥有单布衫裤8套、棉袄裤4套、棉背心4件、大小褂4件、作裙2条、围裙2条、内衣4件、布鞋4双、棉鞋4双、布袜8双、被4条、褥2条、枕头4个、帐2顶。

---

① 光绪《松江府续志》卷9《建置志》。
② 中国经济统计研究所:《吴兴农村经济》,载李文海主编《民国时期社会调查丛编·二编:乡村社会卷》,福建教育出版社2014年版,第741页。

表 2-12　　　　　　　　农户家庭衣物资产情况

序号	类型	单价	数量	价值（两）
1	单衫裤	0.3	8	2.4
2	棉袄裤	0.6	4	2.4
3	棉背心	0.2	4	0.8
4	布褂	0.2	4	0.8
5	作裙	0.1	2	0.2
6	围裙	0.1	2	0.2
7	布鞋	0.05	4	0.2
8	棉鞋	0.1	4	0.4
9	袜子	0.01	8	0.08
10	内衣	0.05	4	0.2
11	被	0.4	4	1.6
12	褥	0.5	2	1
13	枕头	0.1	4	0.4
14	帐	0.1	1	0.1
总和	—	—	—	10.78

注：价格为旧物价格。
资料来源：笔者整理。

因此，华娄普通农家平均每户衣物资产价值约为10.78两。

富户相比之下，拥有的衣物种类更多、数量更多、质量也更高（如图2-4所示）。如"马二清单"所示，绸缎材质的衣物价格比土布至少贵两到三倍。一件缎褂的价格就达1两，更不要说毛皮制品。李煦抄没资产中记录一件旧的羊皮袄，价值6两；一件黄貂短褂，折银10两；一件兔皮里龙缎袄，折银20两；一件貂皮里补褂折银24两。[1] 这些虽然不是每家富户都有，但足以说明问题。因此我们以普通人家的5倍计，绝不会高估。

贫困户，尽管缺衣短穿，但仍需必要的衣物蔽体，因此以普通人家的1/2计算应不失公允。

---

[1] 云妍等：《官绅的荷包》，中信出版集团2019年版，第52—53页。

图 2-4 清道光年间富裕家庭妇女衣着（彩色木版画）

资料来源：天津大学冯骥才文学艺术研究院，转引自 Wang, A. X., "The Idealised Lives of Women: Visions of Beauty in Chinese Popular Prints of the Qing Dynasty", *Arts Asiatiques*, 2018, 73: 61-80。

占比 10% 的富户，衣物资产约为 36.66 万两；占比 80% 的普通户，衣物资产约为 58.64 万两；占比 10% 的贫困户，衣物资产约 3.67 万两。合计共约 98.97 万两。①

（七）家具

彭慕兰根据 17 世纪达·克鲁斯等人在华见闻推测，中国在 1800 年前后在住房和陈设方面都"未必落后欧洲太多"。② 我们虽然无法回答是否全中国的情况皆是如此，但有证据表明至少在华娄地区这一判断是成立的。

---

① 约为前文估计最低值的 1.5 倍，较为合理。
② ［美］彭慕兰：《大分流》，北京日报出版社 2021 年版，第 159—161 页。

1. 家具的材质

据地方志记载，松江地区的"桌椅橱床等类，小户多以杉木为之，大、中户则用棣木、榆木而加以髹漆，花梨、紫檀、红木等名贵之器则绝无仅有。……箱箧之类，乡间盛行板箱，中上人家则用皮制者，嫁妆内所备，多用朱漆，余则用广漆"①。可见是以木质为主，且上漆的比例可能并不高。② 除木制品外，"满铁"调研员在松江、嘉定一带观察到草编床、藤椅、竹制低椅和竹床等普遍存在，因此1820年代的华娄农家中也应有部分草编、藤编和竹细工制品。

2. 家具的数量

我们可以从表2-13和表2-14所示的民国时期社会调查中找到一些推算的证据，具体如表2-13和表2-14所示。

表2-13　　　　　　　　吴兴四地农家家具件数

	床	桌	椅	凳	箱	其他
南浔	506	270	53	907	314	4
菱湖	648	470	152	1430	460	72
双林	812	558	73	2350	928	174
袁家汇	502	407	22	975	246	44
总计	2468	1705	300	5682	1948	294
平均每户件数	2.7	1.87	0.33	6.22	2.13	0.32
平均每人件数	0.54	0.37	0.07	1.25	0.43	0.06

注：其他包含橱、茶几及其他零星用具。
资料来源：中国经济统计研究所《吴兴农村经济》，第748页。

表2-14　　　　　　　　卜凯调查农家平均拥有家具件数

	桌	长凳	椅	镜	床	柜
小麦区	4.1	4.0	2.1	0.4	3.4	2.2

---

① 民国《嘉定县续志》卷5《风土志》。
② 卜凯调查统计，中国家具中上漆的只有36%。转引自[美]彭慕兰《大分流》，北京日报出版社2021年版，第162页。

续表

	桌	长凳	椅	镜	床	柜
稻作区	4.6	12.0	4.0	0.3	4.1	2.7

资料来源：[美]彭慕兰《大分流》，第162页。

我们主要比较吴兴四地和"稻作区"平均每户拥有各项家具的数量，不难看出在所有项目上，后者都大于前者。其中在"椅"一项差距最大，后者为前者的10倍以上。其背后的原因在于卜凯调查存在一定的样本选择问题，正如彭慕兰所指出的，其瑕疵之一就是"太偏重较大型农场"。① 因此，卜凯估算的数字应高于1920年代和1930年代长江中下游地区农户家庭真实的平均水平。但考虑到1820年代的华娄本就比百年后的江南农村更加富裕，因此相比近代吴兴的情况，卜凯调查的结果反而更接近1820年代的华娄。因此，我们将采用卜凯调查中"稻作区"的标准进行估算。

3. 家具的价格

与衣物类似，家具内部也存在着较大的价格差异。具体如表2-15所示。

表2-15　　　　　　　　清代抄档家具类价格辑录

大类	所有者	小类	个数	总价（两）	单价（两）
床	李煦	紫檀木架子床	1	50	50
	李煦	彩漆床	1	6	6
	李煦	开裂铁梨木大床	1	2	2
	李煦	小竹行床	1	0.8	0.8
	祝廷诤	竹床	1	0.8	0.8

---

① 卜凯调查中有相当比例的部分是委托其金陵大学农经系的学生代为执行的。这些学生调研的对象一般都是较为富裕的村庄和较为富裕的家庭，原因在于学生利用假期回乡调研，一般只会选择离家较近的地域和自己相熟的人家（而他们恰恰出自较为富裕的地域和较为富裕的家庭）。这一点已为学界所公认。参见李金铮、邓红《另一种视野：民国时期国外学者与中国农村调查》，《文史哲》2009年第3期。

续表

大类	所有者	小类	个数	总价（两）	单价（两）
桌	李煦	紫檀木方桌	3	9	3
	李煦	花梨木八仙桌	8	32	4
	李煦	榉木小琴桌	1	1	1
	李煦	金漆长高桌	1	0.4	0.4
	马二	花梨木一字桌	1	1	1
	马二	榆木一字桌	1	0.3	0.3
	马二	漆方桌	2	0.3	0.15
椅	李煦	紫檀木椅子	12	48	4
	李煦	榉木椅子	6	4.8	0.8
	李煦	金漆椅子	2	0.4	0.2
	李煦	黑漆椅子	4	0.8	0.2
	马二	漆椅子	8	0.8	0.1
	祝廷诤	杉木椅	4	0.28	0.07
柜	李煦	花梨木竖柜	2	50	25
	李煦	楠木竖柜	2	2	1
	马二	黑漆竖柜	2	0.35	0.175
箱	李煦	皮箱	8	4	0.5
	李煦	黑漆小箱子	1	0.15	0.15
	李煦	书箱	55	16.5	0.3
	马二	漆皮箱	5	1.5	0.3
	祝廷诤	箱	2	0.16	0.08
凳	李煦	黑漆机凳	3	0.6	0.2
	马二	漆机凳	3	0.3	0.1
桶	李煦	油浴桶	1	0.3	0.3
	祝廷诤	杉木桶	5	0.26	0.052
脸盆架	马二	油方脸盆架	1	0.2	0.2
火盆架	李煦	榉木火盆架	1	0.4	0.4

资料来源：整理自云妍等《官绅的荷包》，第53—57、182页。

表2-15中的数据来自三则18世纪的抄家档案。其中李煦和马二主仆二人皆是当时煊赫一时之人物，家中的陈设用具所用材质自然名

贵（就连价值最低的什物品也都是漆制品）。而江西人祝廷净死后因族人举报获罪，其生前的身份只是一介生员，虽然家有薄田，但少有余财，且使用的家具全部为杉木制，由此可见吃穿用度应与一般农家无异。因此我们将以祝氏抄家档案中的价格信息为基础，借鉴部分李马清单中的漆皮类家具信息，综合考虑物价变动等因素，评估1820年代华娄地区各类家具的价格。

由此我们可以估得华娄一户普通农家的家具资产。如表2-16所示，我们假设所有家具的木质均为最廉价的杉木，则从低估计华娄一户普通农家的家具资产约为7.01两。考虑到富户拥有的家具数量更多（至少为普通居民的2倍），材质更好且全部上漆（单价为无漆杉木的3—4倍），因此富户的家具资产至少为普通户的6—8倍，从低以6倍计，约42.06两。① 贫困户亦从低以普通农家的1/4计，则其家具资产约为1.75两。大约就是一张床、一张桌、几条凳的水平，此种标准应不会跟真实情况有太大出入。

表2-16　　　　　1820年代华娄普通农户家具资产

序号	种类	材质	是否上漆	数量	单价（两）	总价（两）
1	床	竹	否	4	1	4
2	桌	杉木	是	1.5	0.2	0.3
3		杉木	否	3.5	0.1	0.35
4	椅	杉木	是	1.2	0.2	0.24
5		杉木	否	2.8	0.1	0.28
6	柜	杉木	是	0.81	0.2	0.162
7		杉木	否	1.89	0.1	0.189

---

① 嘉兴农村调查显示，该地农村地主家庭每年的家具支出约为7.63元，而自耕农家庭和半自耕农家庭的家具支出分别约为0.66元和0.85元，前者是后两者的11.6倍和9.0倍。1820年代的华娄虽然财富集中度低于1930年代之嘉兴，但富户家具资产显著多于普通户应是不争之事实。参见冯紫岗编《嘉兴县农村调查》，载李文海主编《民国时期社会调查丛编·二编：乡村社会卷（上）》，福建教育出版社2014年版，第416页，表225。

续表

序号	种类	材质	是否上漆	数量	单价（两）	总价（两）
8	箱	杉木	是	0.9	0.2	0.18
9		杉木	否	2.1	0.1	0.21
10	凳	杉木	是	3.6	0.125	0.45
11		杉木	否	8.4	0.05	0.42
12	桶	杉木	是	0.6	0.15	0.09
13		杉木	否	1.40	0.1	0.14
合计						7.01

注：全部家具上漆的比例约为36%。由于富户的家具绝大多数上漆，因此普通户各类木质家具上漆的比例应低于36%，姑且计为30%；此外，据王业键估算，1780年代江南地区的米价约为1.87两/石，1820年代约为2.33两/石，物价上涨了约25%，因此我们在祝氏抄家档案的原价格上提高了25%。比如一架旧竹床1780年代市场价为0.8两，在此处则计为1两。

资料来源：笔者整理。

综上，华娄农家家具总资产约为67.93万两。

（八）厨具

我们估算的厨具主要是农家的炊器和餐具。前者包括灶台、水缸、锅、锅盖、锅铲、菜刀、菜板、蒸笼、蒸屉、油壶、淘米篮、菜篮等，后者包括碗、盘、盆、碟、茶壶、酒壶、茶杯、酒杯、勺子、筷子等。

1927年11月至1928年10月，杨西孟组织上海工人家庭开展了为期一年的记账活动，详细记录了230个纱厂工人家庭在此期间的每笔支出，当中有极为丰富的厨具价格数据。

根据《芜湖米市调查》中的统计，1928年前后上海地区的米价约为10元/石，等比例折算，可以求得其在1820年代以白银为单位的价格。如表2-17最后一列所示，大部分的厨具价值都极低，只有少数几项超过了0.1两每件。因此此项资产的总额也应较低。[①]

[①] 厨具价格之低在清代的抄家档案中亦有体现。李煦作为苏州地区的肥缺官员，其所用器物必定精美，但在家产清单中，"各种瓷盘、碗、碟、杯共四千一百二十件，折银一百二十三两六钱"，平均每件的折银标准只有0.3两。而祝廷净清单中，"旧铁锅七口估银六钱八分"，"铁菜刀三把估银二钱四分"，平均每口铁锅的价格尚不足0.1两，每把菜刀的价格也只有0.08两。参见云妍等《官绅的荷包》，中信出版集团2019年版，第54、182页。

表 2-17　　工人家庭账本中各类厨具的价格（1927—1928 年）

序号	类别	材质	件数	总价（元）	单价（元）	单价（两）
1	水缸	陶器	9	7.82	0.869	0.202
2	腌菜缸	陶器	4	3	0.750	0.175
3	锅	五金	43	29.94	0.696	0.162
4	锅盖	木器	17	4.39	0.258	0.060
5	锅铲	五金	43	4.34	0.101	0.024
6	菜刀	五金	17	4.21	0.248	0.058
7	菜板	木器	4	0.85	0.213	0.050
8	蒸笼	竹器	6	0.26	0.043	0.010
9	蒸屉	竹器	7	0.32	0.046	0.011
10	水壶	五金	3	1.31	0.437	0.102
11	竹篮	竹器	234	39.94	0.171	0.040
12	饭碗	陶瓷	316	141.77	0.449	0.105
13	木碗	木器	1	0.07	0.070	0.016
14	大盘	陶瓷	24	2.01	0.084	0.020
15	盆子	陶瓷	194	6.92	0.036	0.008
16	铜茶壶	五金	1	1.05	1.050	0.245
17	茶壶	陶瓷	32	17.7	0.553	0.129
18	铅壶	五金	3	0.53	0.177	0.041
19	茶杯	陶瓷	230	16.49	0.072	0.017
20	铜勺	五金	7	1.66	0.237	0.055
21	铁勺	五金	3	0.37	0.123	0.029
22	筷子	竹器	130	3.88	0.030	0.007

资料来源：整理自杨西孟《上海工人生活程度的一个研究》，载《民国时期社会调查丛编·一编：城市劳工生活卷（上）》，福建教育出版社 2014 年版，第 323—326 页，表 5。

具体来说，我们从低假设平均每户普通农家拥有一只水缸、一套锅具、两把菜刀、一个菜板、一套笼屉、两个竹篮、一把铅壶、一把茶壶、四只茶杯、五个饭碗（两只瓷碗、三只木碗）、五个盘子、两张盆、五把铁勺、十双筷子。其价格约为 1.54 两，以三分之一折旧，现值约为 1.03 两。

与家具相同，我们也假设富户和贫困户拥有的比例分别是中等户的 5 倍和 0.5 倍，则华娄该项资产的总和约为 9.46 万两。

（九）奢侈品

松江地区百姓生活富庶，自古民风多奢少简。① 富裕家庭不仅"服食器用兼四方之珍奇，极一时之豪奢"②，而且广泛搜集金银玉器、珠宝首饰和古董字画等奢侈品。③

1. 黄金

1820 年代华娄民间应有相当数量的黄金。

一则是因为传统社会中富户多有贮藏金银的习惯（即所谓"不可露出宽裕之象"）。④ 极端的例子比如乾隆年间云南布政使钱度抄家案，在钱氏江苏各处家中存放的资产中就颇多黄金，其中包括 768.79 两金叶、994.14 两金条、253.20 两金锭，以及包括金如意、金杯、金镯、其他金首饰等在内的各类黄金制品 266.22 两，若不计成色，合计高达 2282.35 两。⑤ 华娄地区除官宦人家以外，也多有借工商业致富者，在这些家庭中有一些金首饰或者金叶、金条并不稀奇。

二则是因为松江地区银楼业发达。银楼虽以制售金银饰品、器皿、珠宝嵌件为主，但是也熔铸金条，相当于发行硬通货（如图 2-5 所示）。乾隆《姑苏繁华图》记录了 18 世纪中期苏州城内的繁华景象，

---

① 地方志中记载：松江地区"原泽沃衍，有鱼稻海盐之富，富贾辐辏，故其俗多奢"。参见光绪《重修华亭县志》卷23《杂志上》，"风俗"。

② （明）谢肇淛：《五杂俎》卷3《地部一》。

③ 清代中期，长三角地区居民多奢侈性消费和炫耀性消费。前者以活跃在乾隆年间的诗人袁枚为例，其在江宁小仓山建造了私家园林随园。作为一代名饕，袁氏最主要的爱好就是吃——在其戏作《随园食单》中共收录了 300 多道江南美食，用工用料均极为讲究。参见（清）袁枚《随园食单》，江苏凤凰文艺出版社 2015 年版，第 3 页。而后者以"兰花狂热"为例，与 17 世纪荷兰的郁金香热（Tulpenmanie）相类似，18—19 世纪的中国也出现过一场所谓的"兰花热"。江南富商大户往往为一株名兰豪掷千金，道光年间，枫泾的陈姓富人一人在兰花上的花费就高达万两。参见（清）袁世俊《兰言述略》卷 4《附录》，转引自李著，第 231 页，脚注 5。

④ 《两江总督高晋等奏报查出钱度原籍财产并埋藏寄顿金银珠玉等物折》，乾隆三十七年（1772）四月初九日，中国第一历史档案馆编：《乾隆朝惩办贪污档案选编》第 1 册。转引自林展、云妍《"不可露出宽裕之象"：财产合法性与清代官员家产结构》，《北京大学学报》（哲学社会科学版）2018 年第 4 期。

⑤ 云妍等：《官绅的荷包》，中信出版集团 2019 年版，第 105—106 页。

其中就有"金珠""口文斋"等8家银楼林立其中①。在松江府内，上海县第一家银楼店"杨庆和"于乾隆三十八年（1773）开业，紧随其后，"庆云"等8家也在道光咸丰年间相继开业，号称"九母牌"。②可见在清代中期存在非常旺盛的黄金加工需求，这从侧面表明当时市面上流通的黄金数量不会太少。

图 2-5 荷兰沉船"格尔德马尔森"号中的中国金条（1752 年）

注：金条中间为葫芦印，印有银楼的名称。

资料来源：Pinterest。

由于不清楚1820年代华娄地区黄金及其制品的确切数量，我们暂且从低以2000两计（至少应与钱度在江苏贮藏的黄金数量大体相当）。按照1∶13的价格比计算，则黄金资产的价值约为2.6万两。

2. 其他

相比黄金，古玩字画、玉器珠石价值的估算难度更大。③ 实际上对当时的人来说，给这些物品估值也颇为头疼。光绪年间《芜湖同福典当价细则》中就明确规定该典"古玩玉器，军装号衣一概不当"④。军装号衣不当是出于经营合法性和安全的考虑，而古玩玉器不当，显

---

① 范金民：《清代苏州城市工商繁荣的写照——〈姑苏繁华图〉》，《史林》2003 年第 5 期。
② 傅为群：《老上海黄金图志》，上海科学出版社 2019 年版，第 2 页。
③ 云妍等：《官绅的荷包》，中信出版集团 2019 年版，第 322—324 页。
④ 转引自王裕明《明清徽州典商研究》，人民出版社 2012 年版，第 45 页。

然是经济上的考量，怕柜员"走眼"。

由于此类物品单价较高，但具体无从估算。姑且从低以 50 两计算。① 此类物品无须计算折旧，因此其现值约为 34 万两。

综上，华娄富户拥有的奢侈品价值约为 36.6 万两。

（十）奴仆

清代实行蓄仆制度，奴仆在法律上是家主的私人财产（或标的物），在《大清律例》中明确规定"律比畜产"。② 家主可以通过买卖、赠与、互易等民事法律行为将其像其他动产一样进行处分。③

在清代初期，满洲军功贵族即以蓄奴为风尚，以奴仆众多为光荣，"仕宦世家，童仆成林"，多者达一二千人。④ 但是由于这一时期实行旗民分异制度，政府只允许满人蓄奴，却在法律上禁止汉人庶民存养奴婢。⑤ 不过在事实上，此时汉人社会中人口买卖的现象仍十分普遍，

---

① 云妍等指出，清代全国范围内，一般家庭的家当什物的总价（折旧后）约为 10 两，而官员家庭一般在几十两以上之数，多可达两三百两。参见《官绅的荷包》，第 327—328 页。两者相减，可以视为富裕家庭"多余"的家私。考虑到官员家庭的财富不一定高于江南地区的富庶之家（尤其是大商人家庭），因此取 50 两为平均数事实上是较为保守的。

② 张敏和许光县指出清代人身典权普遍存在的社会根源在于满洲的风俗和贱民制度。清军入关之后将八旗社会中的蓄奴风气散布全国，有意或无意间强化了中国传统社会的人身依附关系。但是也应看到清代政权稳固之后，官方的态度有细微的变化，比如雍正针对徽州、宁国等地开豁世仆令，确实使部分世仆成功摆脱了大户的控制。参见张敏、许光县《清代人身典权的法律规制——以白契制度为中心的考察》，《政法论坛》2013 年第 5 期。吕思勉即对此有积极评价，他说：近代削除阶级，当以清雍正时为最多。参见吕思勉《中国社会史》，上海古籍出版社 2007 年版，第 295 页。

③ 根据美国历史学家贝里（D. R. Berry）的定义，奴隶资本（Slave Capital）是蓄奴者把奴隶的人身商品化后得到的货币总价值。其可以通过多种方式反映出来，包括庄园估值中记录的金额、蓄奴者去世时的遗嘱认证、年度纳税申报单、定期计算的抵押贷款、偶尔出现的馈赠契约、投保的保单，甚至验尸报告给出的结果。以公式表示，奴隶资本 = 奴隶的人身价值 + 奴隶的生产性产出 - 成本（维持其生存）。参见［美］贝里《无处不在的奴隶资本》，载［美］布西等编著《皮凯蒂之后：不平等研究的新议程》，中信出版社 2022 年版，第 126 页。我们对华娄的奴仆只考察其人身价值，一方面是因为中国江南地区富裕家庭的家奴一般不从事生产性劳动（与美国南方的黑奴存在较大差异），其生产性资本数量难以度量，另一方面则是因为从财富的角度来看奴仆在交易中体现的人身价值已基本等同于其作为"财产"的最终价值。

④ 乾隆《光山县志》卷十九。

⑤ 清初律承明制，禁止民间买卖奴隶。顺治年间所修《大清律集解附例》即规定："凡设方略而诱取良人，及略卖良人为奴婢者，皆杖一百、流三千里；为妻妾子孙者，杖一百、徒三年……若假以乞养、过房为名，买良家子女转卖者，罪亦如之。"

只是买卖契约中不直接书写买卖奴婢，而是以买卖义男、义女之名义进行①。但在雍正、乾隆年间，官方对民间蓄奴的禁令逐渐放开，并比照旗人的红白两契对汉人家奴的身份进行了重新界定。② 雍正朝《大清会典》增列解释如下：

> 凡汉人家生奴仆，印契所买奴仆，并雍正五年以前白契所买及投靠养育年久，或婢女招配生有子息者，俱系家奴，世世子孙，永远服役，婚配俱由家主，仍造册报官存案。嗣后凡婢女招配，并投靠及买奴仆，俱写文契，报明本地方官钤盖印信。如有事犯，验明官册印契，照例治罪。其奴仆诽谤家长并雇工人骂家长，与官员、平人殴杀奴仆，并教令过失杀及殴杀雇工人等款，俱有律例，应照满洲主仆论……有背主逃匿者，照满洲家人逃走例，折责四十板，面上刺字，交与本主，仍行存案；容留窝藏者，照窝藏逃人例治罪。如典当雇工，限内逃匿者，照满洲白契所买家人逃走例，责三十板，亦交与本主。③

在该律例颁布以后，民间人口买卖开始公开化，这在事实上助长了民间存养奴仆的热情。而从该律例中我们还可以看到：第一，民人家庭奴仆开始适用"逃人法"，法律允许家主对奴仆实施的暴力大为升级；第二，不仅奴仆自身是家主的财产，其后代子孙（即家生子）

---

① 宋兴家：《清代奴婢制的普遍化——以律法修订及司法实践为中心》，《西南大学学报》（社会科学版）2021年第3期。

② 所谓"红契"，是指奴仆买卖经过了政府的登记，奴仆的"卖身契"上盖有官印，是为"绝卖"，产生的后果是卖方永远为奴，不可赎身。而且子子孙孙，永远服役。《红楼梦》中的袭人就是以"红契"被卖到荣国府的奴婢；而"白契"是没有经过官府用印、注册的私人契约。签订白契属于活卖法律行为，其设立的是以人身为对象的用益物权，因此主要符合特定要求，即可用银赎身。但是张敏和许光县也指出"白契不白"，人身典权的出让和物品典权的出让看似道理相同，但是实际天差地别。白契奴仆的赎身之路异常艰辛且充满不确定性，因此与红契奴仆的境遇同样悲惨。参见张敏、许光县《清代人身典权的法律规制——以白契制度为中心的考察》，《政法论坛》2013年第5期。

③ 《大清会典（雍正朝）》，载《近代中国史料丛刊三编》第77辑，卷155"户役"，文海出版社1994年版。

也难以摆脱为奴的命运，这也就是所谓的"世仆"。①

《红楼梦》中就有多人为贾府世仆。这些世仆在主人看来与玩物无异。比如贾探春斥责生母赵姨娘（原是贾府旧时的丫鬟）时说："那些小丫头子们原是玩意儿。……他不好了如同猫儿狗儿抓咬了一下，可恕就恕，不恕时也只该叫了管家媳妇们去说给他去责罚。"②

另外，从民间契约中我们可以更为直观地感受到奴仆作为"物"的交易属性。下文是清代道光年间徽州地区的一则白契，"钱邦贵卖亲生女文契"③：

> 今因衣食不周，难以度日，情愿将亲生女名领儿，行庚年十四岁，十月初六申时生，自投引牙，情愿出契卖与朱奶奶名下为婢。当日请凭引牙说合，卖得价处大钱贰万文整。当日其钱契下交清，无欠分文。此女未卖之先，并未许配人家。既卖之后，听凭买主取名唤（换）姓，早晚使唤。日后长大成人，听其买主择配。此系两愿，非逼成交。并无反悔，永无异说。如有来历不明以及走失拐逃，并一切等情，据系出笔人一面承当。倘若天年不测，各安天命。恐后无凭，立此绝卖亲生女文契，永远存证。
> 道光二十二年十一月初六日立绝卖亲生女
> 　　　　　　　　　　　　　　文契人钱邦贵（押）
> 　　　　　　　　　　　　　　见卖人陈嵩元（押）

---

① 清代官员的抄没家产清单中有很多直观的记录。比如在苏州织造李煦的家产清单中，"家人"项下多次出现了"婴儿""妾"等，云妍认为其显然是续添人口，而清单也一并折银计算。其中京管事人、家奴马二的清单记录中，"马二夫妇、妾一人、女儿五人、婴儿一人，折银一百二十两"，可知其妻妾子女都是在李煦的家产范围内的。参见云妍等《官绅的荷包》，中信出版集团2019年版，第47页。

② 近代研究清代蓄仆制度的学者，多爱以文学作品《红楼梦》为例，一方面是因为小说中的贾府为钟鸣鼎食之家，各种类型的奴仆一应俱全，另一方面也是因为小说作者的个人经历——曹氏家族本身就是清皇室的包衣，但是对曹家的奴仆来说，又是享有绝对权威的主人，再等到被雍正抄家后，全家老小又归旗籍重新做回了奴才。现实的"荒唐"程度显然并不亚于文学创作。参见韦庆远等《清代奴婢制度》，中国人民大学出版社1982年版。

③ 该契系道光二十二年所立，原件藏于安徽省博物馆，编号为2—20760。引自张传玺主编《中国历代契约会编考释》（上册），北京大学出版社1995年版，第1358—1359页，转引自黄源盛《晚清民国禁革人口买卖再探》，《法治现代化研究》2017年第2期。

引领人曹学山（押）

引领人抗有金（押）

引领人袁冷氏（押）

官牙人（李堂正戳记）

该契中明确记述了交易双方的姓名，"标的物"的价格和属性（对人来说主要是年龄、婚配情况），成交日期，以及相关见证者的信息，与一般的田宅交易记录无异。可见奴仆交易在清代民间已完全规范化。

综上可知，无论是在法律上，还是在事实上，奴仆都是清代富人家庭的一项重要财产。① 这一点在1820年代的江南地区也不例外（上契即是一个例证），因此我们有必要对其单独进行估算。②

首先是奴仆的数量。一般来说，清代旗人家奴多，汉人家奴少。但由于1820年代华娄有多少旗人家庭殊不可考，因此我们姑且统一按照汉人家庭的标准进行估算。考虑到虽然汉族达官显贵家庭中往往有奴婢十几口（甚至几十口），但是其占总体蓄奴家庭的比例应不高；而对于占绝大多数的一般家庭来说，由于经济条件有限且家务不多，一般只有婢女1—3人，管家1—2人。③ 因此我们姑且从低假设蓄奴家庭平均每户有成年奴仆男女各1人。考虑到世仆制度下奴仆的生命周

---

① 云妍等指出清代官方的抄家档案中明确地将奴仆纳入了被抄家者家产统计的范围，而且在一些案例中还"力压"田产，作为财产中的"头名"出现。

② 19世纪初期江南地区经济高度发展，但蓄仆制度并未消失。其原因在于：第一，只要社会中存在贫富差距和跨地区的人口流动，且法律允许人口买卖，就会出现破产者出卖子女、妻妾的现象。而一旦出现天灾人祸（如1823年的水灾），这种现象将成百上千倍地增加。因此，供给市场的源头始终存在。比较极端的例子是陈志武等从"刑科题本"中整理的买婚卖婚的信息显示，直到清朝末年江南地区仍存在相当数量的"嫁卖生妻"现象。可以推想其他的人口贩卖形式自然更为猖獗。第二，由于存在世仆制，且白契普遍红契化，社会中始终有部分人口世代被禁锢为奴，因此奴仆的存量只会增加，很难减少。参见陈志武、何石军、林展、彭凯翔《清代妻妾价格研究——传统社会里女性如何被用作避险资产》，《经济学（季刊）》2019年第1期。

③ 张秀丽统计了民国初年北京地区180个蓄婢家庭的蓄婢情况，其中绝大多数（131家）只有婢女1人（北京档案馆，全宗号：J181，目录号：18，案卷号：1315等）。参见张秀丽《1912—1937年北京婢女问题研究》，博士学位论文，南开大学，2014年。

期，此时平均每户还应该有老年和幼年奴仆各1人。

其次是蓄奴家庭的比例。由于华娄地区的劳动力市场较为发达，农村地主和富农能够通过雇佣关系雇佣长工等来解决生产问题，因此并不存在徽南地区盛行的佃仆制。由此，华娄奴仆主要从事的应是大家族或家庭内部的家务劳动和部分管理工作，其服务对象必然是极少数富人家庭，而非全体富户。由于缺乏直接的历史证据，我们姑且假设富户中的前20%（即全社会的前2%）蓄仆。这一比例虽然比张仲礼估计的江苏省绅士家庭的占比略高，但考虑到华娄经济繁荣、工商业发达，必然有大量非科举出身的地主和工商业者通过土地兼并和商业运作致富，因此这一估计应不致过高。① 以此计算，华娄6.8万农户共有成年奴仆2720口，老年奴仆和幼年1360口。

最后是奴仆的价格。清代《钦定户部则例》中规定："入官人口（一般是罪犯家属），凡年在十岁以上至六十岁者，每口作价银十一两；六十一岁以上作价银五两，九岁以下幼丁，每一岁作价银一两。"② 可见官方语境下，成年奴仆的价值约为每口十两，老人和幼童的价值相对较低，每口在十两以下。这一标准在各地抄没罪犯家产时得到了较好贯彻。③ 除官方记录外，由于清代江南人口买卖盛行，因此也留下了大量关于奴仆的民间交易记录（参见图2-6），这些记录中正常年份一名成年奴仆的价格虽然存在较大方差，但大多集中在10两上下。④ 因此以清代官府之折价标准，即大口10两、小口5两计算，并无不妥之处。

综上，奴仆资产的总数约为4.08万两。

---

① 张仲礼估计了太平天国以前，各地"包括家属成员在内的绅士阶层"在人口中的比例，其中江苏为1.3%。他对绅士的定义是具有功名、学品、学衔和官职者。参见张仲礼《中国绅士研究》，上海人民出版社2019年版，第94页。

② 《钦定户部则例》卷四，同治十三年刊本，转引自云妍等《官绅的荷包》，中信出版集团2019年版，第333页。

③ 如《查抄陈辉祖任所资财应解应变清单》中记载"契买家人仆妇各五名口"总估价50两，其标准就是10两/口。参见云妍等《官绅的荷包》，中信出版集团2019年版，第247页。

④ 阿风：《明清时代妇女的地位与权利》，社会科学文献出版社2009年版，第145页。

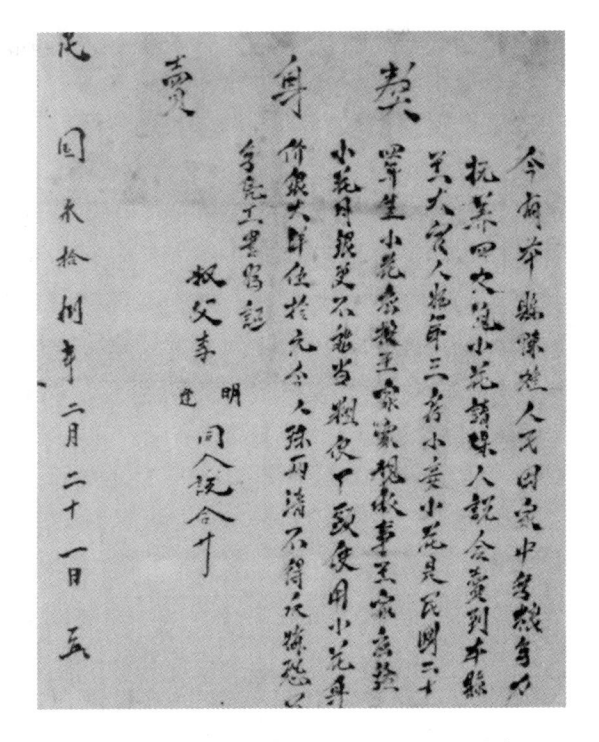

图 2-6　民国时期少女"小花"的卖身契

注：成交价为五十大洋。

资料来源：衣抚生、米龙《一张卖身契》，《档案天地》2012 年第 8 期。

以上 10 类资产合计 2195.53 万两。

二　农村非农户非金融资产

李著估计华娄农村约有 8000 户非农户。虽然其没有集中说明这些非农户具体的从业类型，但相关的估算散落各处。汇总可得，第一类行业工业户（以下简称第一类工业户）2280 户、商户和服务户 2700 户（商户 1600 户、服务户 1100 户）以及渔民户 1140 户。① 剩余 1880 户，经分析可知应为教育户。②

---

① 参见李著，第 77、85、125 页。
② 李著估计华娄地区教育行业从业人数约为 4000 人。参见李著，第 219 页，表 9-7。

其中，商户、服务户和教育户与从事农场经营的地主和富农相同，多有经营致富者，且由于商业和教育业的"附加值"较高，生活贫困者极少，因此我们假设这些类家庭富中贫的比例约为2∶8∶0[①]；而第一类工业户和渔民户收入虽与普通农户相仿，但依靠本业发家的难度较大，即使苦心经营，一般也只能维持中人生活。[②] 因此我们假定这两类家庭中没有任何富户，且贫困比例更高，中贫比值约为8∶2。

由于清代并无匠籍制度等人身限制制度，被雇佣者所受的非经济人身支配相比明代大幅减弱，因此清代江南地区劳动力市场事实上具有高度的流动性。[③] 此种情况下，非农户家庭在理论上拥有的实物财富与农户家庭应该差别不大。因此我们此处从简假定二者在大部分资产类型上基本一致，在小部分类型存在一定差异。具体如表2-18所示。

表2-18　　　　各类型非农户家庭拥有资产类型

	土地	房屋建筑	生产工具	牲畜	粮食	衣物	家具	厨具	奢侈品	奴仆
第一类工业户	无	有	有部分	有部分	无	有	有	有	无	无
商户	无	有	有部分	有部分	无	有	有	有	部分有	部分有
服务户	无	有	有部分	有部分	无	有	有	有	部分有	部分有
渔民户	无	有	有部分	有部分	无	有	有	有	无	无
教育户	无	有	有部分	有部分	无	有	有	有	部分有	部分有

资料来源：笔者整理。

（一）各类型的特殊性

如表2-18所示，各类型非农户家庭拥有资产类型的情况大体有

[①] 李著依据张仲礼《中国绅士之收入》估计，推定1820年代华娄地区3000位经师每人每年的收入约为100两，1000位塾师每人每年收入约为50两。即使是塾师的收入也足以保证其家庭相对体面的生活。参见李著，第449—450页。

[②] 李著明确指出第一类行业工业的经营者，俗称"手艺人"，是典型的劳力糊口者，其生产的主要目的是维持劳动者自身及其家庭的生存。但也有一定例外，比如上海县附近农村的濮氏铁匠铺在鸦片战争前后已经发展成为较大的作坊，雇工十余人。参见李著，第82页。

[③] 方行：《清代前期江南的劳动力市场》，《中国经济史研究》2004年第2期；和文凯：《市场经济与资本主义：大分流视野下的中国明清经济史研究》，《清史研究》2020年第6期；Zelin, M., *The Merchants of Zigong: Industrial Entrepreneurship in Early Modern China*, Columbia University Press, 2005.

四种：第一，所有家庭均没有，包括土地和粮食资产；第二，所有家庭均拥有，且与农户家庭基本相同，包括房屋建筑、衣物、家具和厨具资产；第三，只有部分家庭拥有，包括奢侈品和奴仆资产；第四，所有家庭都有，但只拥有其中一部分，包括生产工具和牲畜资产。除此以外，还有一部分新的资产类型，主要包括商户拥有的存货，以及教育户拥有的书籍等。

下面我们对各类型家庭的特殊性逐个进行分析，具体来说包括已有的房屋建筑、生产工具和牲畜三项，以及尚未计入的若干项。

1. 第一类工业户

第一类工业户的最大特点是拥有较为独特的生产工具，以木工为例，全套的木工工具包括锯、斧、凿、铲等切割工具，刨、钻、锉等打磨工具，以及墨斗、各种尺规等测绘工具等。虽然单价较低，但数量较为可观，姑且以农家农具相等的价值相衡量。由于此类家庭较少从事纺织[①]，一般也没有运输需求，因此生产工具中只有狭义的生产工具一项，现值约为 2.05 万两。

此外，由于第一类工业户家中没有汲水、耕田的需求，因此不会养牛。牲畜资产中只有生猪和家禽，这两项也依照农户家庭之平均水平估计，即平均每户养猪 1.3 头，养鸡鸭共 8 只，资产现值约为 1.40 万两。其余三类非农户牲畜饲养之情况均与第一类工业户相同，后不赘述。

2. 商户和服务户

生产工具上，华娄农村 2700 家商户和服务户由于只存在运输需要，因此只有车船。按照农户每家 0.8 辆小车、0.8 艘农船的标准，商户和农户此项资产现值约为 1.67 万两。

房屋建筑上，由于商业经营需要额外的空间招徕顾客、存储货物，因此商家和服务户拥有的房屋数量应较普通农家更多，我们这里从低以 1 间计，则其每家平均拥有房屋 4.5 间，合银约 90 两。

---

① 已在前文估毕。

此外，1600家商户中应有当年存货若干。由于具体比例不详，我们姑且以华娄城乡总量的3%作为农村商家的存货，其现值约为5.02万两，平均每家商户约有存货31.40两。①

3. 渔民户

渔民的生产工具主要是渔船和其他捕鱼工具。②

根据近代松江地方志记载，宝山县"邑境渔民多贫苦，小民乏巨大渔船及设备完全之渔具。大都恃一叶扁舟操作生息于其中，至简陋也。"③ 由此可知渔船的平均造价应不会比农家农船高出太多。因此，我们将渔船和捕鱼工具视为一个整体进行估算，以农船价值的1.5倍计，则一艘装备相对齐整的渔船单价约为19.41两，去除折旧后约为10两。1140家渔户拥有此项资产约为1.14万两。

4. 教育户

教育户额外的"生产工具"主要是书籍。根据张升④的估算，嘉庆年间新书的价格约为0.24两每册，假设平均每户拥有20册，以半数折旧，则1880家教育户共拥有书籍资产0.45万两。⑤

---

① 对华娄地区商业存货资产的估算见后文。

② 李勇指出，太湖流域的渔船明清以后种类渐渐增多，有帆罟船、边江船、厂稍船、小鲜船、剪网船、丝网船、划船、辊网船、江网船、赶网船、逐网船、罩网船、鸬鹚船等；捕鱼工具主要包括各式渔网（丝网、对网、摇网、翼网、抄网、张网等）、滚鱼、箭、笏、筝、蟹网、虾笼和鱼鹰等。每件工具的单价应不高。参见李勇《近代苏南渔业发展与渔民生活》，博士学位论文，苏州大学，2007年。

③ 《民国宝山县再续志》，载《中国地方志集成·上海府县志辑九》，上海书店1991年版，第694页。

④ 张升：《古代书价述略》，《中国出版史研究》2016年第3期。

⑤ 华娄地区农村教育户多为经馆和蒙馆的老师，其家中至少应有一套完整的教材。其中，经学教材以阮元主持校刻的《十三经注疏》为主体，该书共有416卷，如以册计，至少有数十册；而蒙学教材涵盖范围较广，按照刘爱华的划分，包括：基础识字类教材（《三字经》《百家姓》《千字文》《对相四言杂字》《六言杂字》等）、伦理规范类教材（《孝经》《太公家教》《二十四孝图说》《小儿语》《续小儿语》《小学古训》等）、名物典故类教材（《幼学须知》《龙文鞭影》《蒙求》《书言故事》《日记故事》《童蒙观鉴》等）、诗歌作文类教材（《千家诗》《唐诗三百首》《神童诗》《声律启蒙》《小学诗》《古文观止》等）以及数理科技类教材（《算学启蒙总括》《小学稽业》等）五类。这些教材当中，部分教材如《千家诗》《古文观止》等，篇幅较长，刊本多达数册，因此蒙馆教师拥有的教材也达数十册。考虑到教育户家中还应有通俗读物，因此以每户20册书籍计绝不会高估。参见刘爱华《明清时期学校教材研究》，博士学位论文，湖南师范大学，2020年。

（二）资产估算

参照农村农户各项资产的估值标准，我们估得华娄农村非农户家庭非金融资产的情况如表2-19所示。

表2-19　　　　　华娄非农户家庭非金融资产　　　　　单位：两

		工业	商服	渔民	教育	合计
1	房屋建筑	143640	383400	71820	236880	835740
2	生产工具	20520	16740	11400	0	48660
3	牲畜	13999	16578	7000	11543	49120
4	衣物	22121	52391	11060	36480	122051
5	家具	13585	37854	6793	26358	84590
6	厨具	2114	5006	1057	3486	11662
7	奢侈品	0	27000	0	18800	45800
8	奴仆	0	1620	0	1128	2748
9	存货	0	84780	0	0	84780
10	书籍	0	0	0	4512	4512
	合计	215979	625369	109129	339186	1289662

资料来源：笔者整理。

如表2-19所示，8000户农村非农户的实物资产总值约为128.97万两。

三　城镇居民非金融资产

1820年代，华娄共有城镇居民4.9万户，其中府城3.3万户，市镇1.6万户。分析可知，府城居民和市镇居民拥有的非金融资产类型相同，都可以分为第二产业资产、第三产业资产和一般家私资产三类，不过，由于二者的地价不同，房屋建筑的价值亦不同。出于行文方便，本章将首先估算此时华娄城镇各类型房屋的价格，其后再逐类估算各类非金融资产的价值。

（一）房屋价格

我们将华娄城镇房屋按照地理位置（府城、市镇）和使用属性

（商户、住宅和栈房）分为府城商户等六类，并对李著给出的数据进行了校准和细化。

1. 李著的估计

李著估计松江府城住房较贵，旧房每间价格为50—60两。其根据主要有两点：第一，由乾嘉年间苏州府城、上海县城房价交易记录推测；第二，由咸同年间重建官署造价推测。[①]

如表2-20所示，乾嘉年间苏州府城内旧房的成交价确在每间60两上下，而松江城内新建官署的造价每间也在30—164两，因此两相比较，李著认为取50—60两作为府城内居民旧房的价格较为合理。

表2-20　　　　李著所引清中期苏松地区城镇房价

	年份	地点	类型	主体	数量（间）	总价（两）	单价（两/间）
1	乾隆二十八年（1763）	苏州城内	购买旧房	潮州会馆	15	1010	67
2	乾隆三十年（1765）	苏州城内	购买旧房	潮州会馆	3	160	53
3	乾隆三十七年（1772）	苏州城外	购买旧房	钱江会馆	130	7200	55
4	嘉庆十二年（1807）	上海县城	购买旧房	浙绍商人	约10	525	约52.5
5	道光二年（1822）	苏州城外	购买旧房	东越会馆	40	1500	37.5
6	咸丰十年（1860）	松江府城	重建	松江府署	168	5100	30
7	同治十一年（1872）	松江府城	重建	提督署	220	36000	164

资料来源：1、2出自乾隆四十六年《潮州会馆碑记》；3出自乾隆三十七年《吴阊钱江会馆碑记》；4出自道光二十五年《吴县为东越会馆房契失慎烧毁给示勒石碑》；5出自《上海县为浙绍各店公捐中秋会告示碑》；6、7出自光绪《松江府续志》卷八《建置志》，以上均转引自李著，第412—414页。

但是这一价格事实上可能有过高之嫌：首先，李著援引的多为会馆购房之数据，而无论根据时人记载，还是后世考证，苏州会馆的建筑相较普通民居来说一般规制更高、装潢更好、附属设施更多，且部

[①] 此外，李著指出松江府的租房价格较高，"在1820年代的华娄，大多数单身商人和学子即使只租住一个房间，年租金也达10两"。但其并未指出这一数据的具体来源。参见李著，第459页。

分为市房（存在商用价值），因此其价格自然相对更高；① 其次，松江咸同年间两次重修官署的花费相差较大（提督署的平均造价超过了松江府署的 5 倍），导致这两则数据在代表性上存在一定问题；最后是没有将价格统一为米价，忽视了乾嘉时期剧烈的物价波动。因此我们认为有必要对其进行重新估算。

在新的估算中，除了引入更多价格数据以外，为了保证估算的精确性，我们还将在李著的基础上对于城镇房屋的类型做出更细致的划分并分类估计。② 具体来说：第一，根据地价之差异，区分府城房屋和市镇（也称农村市镇）房屋；第二，根据用途之差异，区分出用来商业经营的市房（或门房）、用于居住的住房和用于仓储、工业生产的栈房。

2. 府城房屋的价格

清代中期江南地区的城镇房价（包含典价）记录颇多，尤其是苏州府城和上海县城现有研究做了较好的整理。

表 2-21 记录了乾隆至道光年间上海县城内几笔房屋交易的成交价，其中除了道光十九年（1839）"陈良玉契"以外，其余交易房屋都应为住宅。由此可知，这一时期上海县城内每间民居的市场价格约合米 15 石。

表 2-21　　　　乾嘉道年间上海县房产交易记录

交易时间	卖主	类型及间数	总价	每间均价（两）	折合米价（石）
乾隆四十三年（1778）	凌义	厅房十一间，随屋基地一亩	196 千文	17.8	9.52

---

① 附属设施包括花园、戏台、亭子、走廊等。乾隆年间名宦纳兰常安曾赞美苏州之繁华，重要的证据就是设施华丽的会馆。他说："凡南北舟车，外洋商贩，莫不毕集于此。居民稠密，街弄逼隘，客货一到，行人几不能掉臂，其各省大贾，自为居停，亦曰会馆，极壮丽之观。"（清）纳兰常安：《宦游笔记》卷 18《江南三·匠役之巧》，台北广文书局 1971 年版，第 8 页，总第 950 页；范金民：《明清江南商业的发展》，南京大学出版社 1998 年版。

② 同样地，李著认为 1820 年代松江府城居民的住房价格应高于一般市镇居民的住房，但其并没有对后者进行估算或推算，而是从简"以农村居民情况计"。此外，由于资料较少，李著中也没有估计工商业用房的建造和维修费用。参见李著，第 414、417 页。

续表

交易时间	卖主	类型及间数	总价	每间均价（两）	折合米价（石）
嘉庆十五年（1810）	孙玉书	平屋一所十间，天井三方	360 千文	32.7	12.4
道光元年（1821）	张史氏	平房六间，天井三方	320 千文	44.4	17.8
道光二年（1822）	孙尚修	平房四间一披，天井两方，随屋基地三分	232 千文	37.1	14.8
道光十九年（1839）	陈良玉	门面平房十间，天井三方	500 千文	38.4	15.3
道光二十年（1840）	李见心	楼房平屋二十一间一披	800 两	36.4	14.5

资料来源：上海市档案馆编《清代上海房地契档案汇编》，上海古籍出版社 1999 年版，转引自黄敬斌《民生与家计：清初至民国时期江南居民的消费》，复旦大学出版社 2009 年版。

此外，在清代的抄档中也有一些江苏省城镇普通住房的交易记录，如表 2－22 所示。

表 2－22　　　　　清代抄档中的江苏城镇房产交易记录

交易时间	地点	数量（间）	总价	每间均价（两）	折合米价（石）	备注
乾隆二十三年（1758）	苏州	11	202 两	18	10.97	典价
乾隆四十一年（1776）	如皋	69	2000 两	29	15.59	无
乾隆四十二年（1777）	苏州城外	13	400 两	31	16.67	无
乾隆四十七年（1782）	不详	141	3400 千文	24	12.90	足钱
乾隆四十七年（1782）	不详	12	600 两	36	27.99	七三钱
嘉庆二十二年（1817）	长洲	8	270 两	34	14.59	无

注：龙登高等指出典价略低于绝卖价。①
资料来源：云妍等《清代抄家档案中的价格资料与数据》（待出版）。

---

① 参见龙登高、林展、彭波《典与清代地权交易体系》，《中国社会科学》2013 年第 5 期；此外，范金民指出，清代江南民间的房地产买卖，其产权转移从活卖到绝卖、从绝卖到完成产权的真正转移，往往需要经过多次找贴，历时数年、十数年乃至数十年，书立一系列卖契、找契、推收契、杜绝契和加找契等文书。但这种现象到乾隆末年基本被"总书一契"所取代。因此在嘉庆年间苏州地区的房产交易中所记录的价格绝大多数为总价，不需要再多张契书合并加总。参见范金民《从分立各契到总书一契：清代苏州房产交易文契的书立》，《历史研究》2014 年第 3 期。

由表 2-22 可见，清代中期江苏地区城镇的旧房房价普遍在 15 石米上下，上海绝非个例。考虑到松江府城虽然地价相比下辖县城更高，但其房屋的均价似乎不应高出县城太多。姑且以 20% 溢价，则 1820 年代松江府城的住房价格约为每间 18 石，合银 41.94 两，从低计为 40 两。

至于栈房价格，《查抄杨仁誉财产等项清单》中记录，乾隆四十七年（1782）嘉兴知府杨仁誉曾"买王高安栈房一所共屋八十五间，原价市平元丝银一千九百十两，折实库平纹银一千七百十九两"①。平均每间约为库平纹银 20.22 两，按当时的米价折算约为 10.87 石。以此为标准，1820 年代松江府城内栈房的价格约为每间 25.33 两，取整计为 25 两，约为住房价格的 62.5%。

至于市房价格，依照下文对市镇房屋价格的估算，"商用房"和民居价格之比约为 1∶1.6。② 以此标准计算，府城市房的价格约为每间 64 两。这与李著所引用的苏州会馆的均价大体相仿。③

3. 市镇房屋的价格

清代中期，市镇房屋的交易价格应在府城和农村之间，因此普通民居的平均价格应高于每间 20 两，低于每间 40 两。由于松江地区的可用数据较少，我们在此主要使用同时期苏州的租金数据进行估算。

乾隆十年（1745），苏州府吴江县盛泽镇士绅捐设松陵书院，购

---

① 中国第一历史档案馆编：《乾隆朝惩办贪污档案选编》第三册，中华书局 1994 年版，第 2637 页。

② Raff 等整理了清代北京地区 498 宗房屋买卖记录，其中约 85% 为住宅地产（Residential Properties），15% 为商业地产（Commercial Properties）。他们发现前者的成交价格比后者贵 24% 到 28%。这似乎比我们的估计值（60% 的溢价）低了很多。但是他们的结果是建立在控制了建筑材料和建筑状态的基础上得到的，而无论是江南地区还是北京，商业地产的用料、房屋质量和装修程度都显著优于住宅地产。参见 Raff, D., Wachter, S., Yan, S., "Real Estate Prices in Beijing, 1644 to 1840", *Explorations in Economic History*, 2013, 50 (3): 368-386；而根据邓亦兵的统计，北京外城乾隆时期的住房成交均价约为每间 38.27 两（比雍正时期上涨了 35.69%），而商用房约为 79.39 两（相比雍正时期上升了 80%），后者为前者的 1 倍以上；嘉庆时住房约为 41.29 两，商用房约为 56.48 两，两者的比值回落到了 136.8%。参见邓亦兵《清代前期北京房产市场研究》，天津古籍出版社 2014 年版，第 163—168 页。

③ 马学强对苏州地区各会馆、公所的营造、购买信息进行了极为详细的梳理。参见马学强《从传统到现代：江南城镇土地产权制度研究》，上海社会科学院出版社 2002 年版，第 390—400 页，附表 2。

富室房屋有余，为以租养学，"将东首房屋十一间出赁，每岁收足制钱十五千四百八十文"①。平均每间年租金约1400文，折银约2两，按当时的米价，折米约1.22石。由于其买房的用途是供学子读书，且性质为公益，因此所购置的房屋只可能是价值相对较低的民用住房，这一点江南各处均是如此。②

考虑到盛泽镇是当时盛极一时的工商业强镇，外来人员众多。③因此其房屋租赁市场相比苏松农村应更为发达（但应略逊于苏松二府府城），故而以10%折算房价较为合理。则市镇住房旧房每间约为米12.2石，合银约28.43两，从低取整计为28两。

至于市房价格，苏州屈氏慎余堂契约文书中保留了该家族乾隆年间向外出租市房的契约信息。

如表2-23所示，该文书中记录了其乾隆十六年（1751）至乾隆二十年（1755）屈氏向外出租市镇门房的信息。各条契约中均注明了交易的时间、租房人、房屋的大体位置、类型和间数，以及额租银的数量、成色（"银九七色"）和银钱比价（"七二串"或"钱七二折足串"）④ 等。同时，除"邰嵩山契"以外，各契中均特别注明了"八兑"。经笔者考证，这也是当时商业交易中的一种银钱兑换的成例，

---

① 《松陵书院碑记》，载（清）仲沈洙纂、仲枢、仲周霈续纂：乾隆《盛湖志》，载《中国地方志集成》，《乡镇志》专辑11。

② 乾隆五十年（1785），松江府地方士绅重建云间书院校舍，书院新址位于华亭县西门外，108间房共只用银1300两，平均每间12两。这一数字一方面反映官方出面压低了市场正常的交易价格，另一方面也反映出捐设书院用地用房应为较低价值的偏远民房。参见乾隆《娄县志》卷8《学校志》。

③ 盛泽是清代中期江南地区屈指可数的丝绸名镇。地方志中记载该镇："迄今居民，百倍于昔。绫绸之聚亦且十倍。四方大贾辇金至者无虚日。每日中为市，舟楫塞港，街道肩摩。盖其繁阜喧盛，实为邑中诸镇之第一。"参见乾隆《吴江县志》卷4《镇市村》。

④ 日本学者岸本美绪列举了清代中期长江三角洲地区常州府、苏州府和松江府使用"七折钱"的情况。其中日本"东研"所藏江苏武进朱氏文书中一则卖田契（文书号2—7）中记录，"立卖田文契管纪宗，……田价银二十七两六钱正，……计开：制钱七折足兑，取赎时七二足串……"岸本指出"计开"以后的内容，估计是卖田时1两等于700文，后面回赎时一两等于720文。上田信则认为"两者之差可以推断具有利息的意义"。这一观点可以作为我们此处"七二折足串"的参考。参见[日]岸本美绪《清代中国的物价和经济波动》，社会科学文献出版社2010年版，第302—303页。

可以近似理解为实际租金在额租银的基础上"打了八折"。①

表 2-23　　　　　　乾隆间苏州农村市镇房屋租契

交易时间	租房人	位置、类型及间数	用途	额租银（两）	实际租金（两）	折米（石）
乾隆十六年（1751）	沈大千	炜字圩朝东门面披一间	粉食店	2	1.6	1.3
乾隆十六年（1751）	邰嵩山	瓦房一间	不详	1.3	1.3	1.1
乾隆十七年（1752）	沈上珍	新带镇门面楼房一间	米酒生意店	4	3.2	2.7
乾隆十八年（1753）	徐宾来	新带镇房一间，三进	不详	6	4.8	4.0
乾隆十九年（1754）	严沛然	新带镇朝南楼房店面一间，三进	商用，具体不详	7.5	6	5.0
乾隆十九年（1754）	程配苍	西门内鸣西字圩楼房一间	杂货店	6.5	5.2	4.3
乾隆十九年（1754）	张孝培	西门内鸣西字圩楼房一所，两进	酒业生理	15	12	10.0
乾隆十九年（1754）	刘松亭	西门内鸣西字圩楼房一间	鱼店生理	6.5	5.2	4.3
乾隆二十年（1755）	刘七观	门面市楼房一间两进	不详	10.5	8.4	7.0
乾隆二十年（1755）	陈景范	楼房一间	不详	3	2.4	2.0

注：邰嵩山契约中写明"面议租价银一两六钱"，"租价内扣还地基银三钱，实每年该还屋租银一两三钱"，且并无"八兑"字样。

资料来源：苏州博物馆所藏苏州屈氏慎余堂契约文书原抄本，整理自洪焕椿编《明清江苏农村经济资料》，江苏古籍出版社 1988 年版，第 271—275 页。

此外，部分租契中还记录了租房者的经营信息，租房者如果开店，每年还需要额外交付"茶钱二钱"作为某种形式的管理费。

商业地产的价值取决于位置和面积，这一点古今皆然。② 大体来说，在用材及规制基本相同的情况下，越繁华的地段租金越高，使用

---

① 屈氏慎余堂契约文书中的"刘七观契"对于这一判断给予了直接的支持。该契曰："立租契刘七观，今因缺房居住，情愿央中租到屈府门面市楼房一间两进，额租银十两五钱，八兑。议定每月还银七钱足，不致延迟少欠。……恐后无凭，立此租契为证。……银九七色，十三号法。如还钱，七二串。"每月七钱，一年实需还银 8.4 两，确为额租银的 80%。

② Raff, D., Wachter, S., Yan, S., "Real Estate Prices in Beijing, 1644 to 1840", *Explorations in Economic History*, 2013, 50 (3): 368-386.

面积越大租金越高。以表 2-23 为例，楼房的租金高于平房，三进高于一进或两进，西门内鸣西字圩高于新带镇等。因此，沈大千、郜嵩山所租炜字圩朝东的一间平房门市实际租金折米只有每年 1.3 石左右，而位于西门内鸣西字圩的一间的楼房门市年租金为 4—5 石，两进的更是达到了每年 10 石。

由此可以推断清代中期苏松地区市镇商户的年租金每间在米 1.1—4.0 石。由于镇内平房和楼房的比例无从得知，我们姑且取其中间值每年 2.5 石作为其平均租金。以 1820 年代物价折算，合银约 5.825 两。考虑到商业房屋的投资收益应高于民用住房，因此其年租金比例应高于 10%，这里我们暂时以 13% 进行估算，那么 1820 年代华娄市镇市房的价格约为 44.81 两，取整计为 45 两，约为民房价值的 1.6 倍。

此外，由于较差地段的平房商业价值较低，其租金应与中等条件的住房相差不大。因此表 2-23 中"沈大千契"和"郜嵩山契"也为上文对市镇住房的估算提供了一定的佐证。

至于市镇栈房，由于未找到直接数据，我们沿用上文估算的府城 62.5% 的住栈比进行估计。则其市场价格约为每间 17.5 两，取整计为 18 两。

表 2-24　　　　　　　1820 年代华娄城镇总体房屋价值

	府城（两/间）	占比（%）	市镇（两/间）	占比（%）	总体（两/间）
市房	64	67.35	45	32.65	58
住房	40	67.35	28	32.65	36
栈房	25	67.35	18	32.65	23

资料来源：笔者整理。

由于后文对各子类的估算不再严格区分府城和市镇，因此我们对于以上估算的两组价格进行了加权处理，最终得到 1820 年代华娄地区城镇房屋的总体价格为：市房每间 58 两，住房每间 36 两，栈房每间 23 两。住房与市房、栈房与住房的价格比均在 60% 左右。

（二）第二产业

李著中将华娄地区的工业部门分为了三种类型，分别称为第一类行业、第二类行业和第三类行业,我们也沿用这一叫法。在城镇中,这三种行业均存在,且扮演了不同的角色。其中第一类行业包含五金、竹、木、水、漆、皮、成衣、裱背等行业。① 如前所述,这些行业生产规模较小,多为以劳力糊口者,其额外财富主要是一些基本的低值生产工具。第二类行业是棉纺织业,规模也较小,其额外财富主要是纺织户拥有的纺车和织机。而第三类行业相比前两类,企业规模更大,资本额更高,且一般有独立的房屋。具体包含碾米、榨油、酿酒、染踹(棉布加工)、造船、制盐、建筑、窑业八个子行业。

1. 第一类行业

李著估计华娄第一类行业从业人员约为城镇人口的5%,以户为单位计算,约有2450户。② 与农村的手艺人家庭类似,这一类家庭的额外财富也只是一些特殊的生产工具。参照农户家庭的农具,生产工具的现值姑以每家9两估计,则其总价值约为22050两。

2. 棉纺织业

18、19世纪华娄地区的七宝、枫泾、莘庄等镇都以产布闻名。③ 因此李著估计华娄市镇中至少有50%的家庭从事家庭棉纺织生产。④ 而对于府城,由于资料不足,其并没有做出具体的估算。但事实上,根据地方志的记载,松江府城中也应有相当数量的妇女(尤其是贫困妇女)从事纺织工作。⑤ Liang等指出纺织业的发展为清代妇女守节创造了经济上的可能性⑥,这一发现显然也应适用于城市地区,清代中期上海寡妇王氏的事迹就是极佳的例证。⑦ 因此我们从低以府城贫困

---

① 李著,第82页。
② 李著,第84页。
③ 樊树志:《明清江南市镇探微》,复旦大学出版社1990年版,第129—130、150、154—156、368—369页。
④ 李著,第84页。
⑤ (明)正德《松江府志》卷4《风俗》中记载:"松江俗务纺织,不止村落,虽城中亦然。"
⑥ Liang, R., Wang, X., Yamauchi, F., "Cotton Revolution and Widow Chastity in Ming and Qing China", *American Journal of Agricultural Economics*, 2021, 103 (1):232-252.
⑦ 曾纪芬《崇德老人自订年谱》附录中记载,上海县寡妇王氏"每日纺纱十二两。……除一姑两嫂四人外,尚能积蓄以还清所负之债","每日夜兼工,故能日得五十文"。转引自李伯重《多视角看江南经济史:1250—1850》,生活・读书・新知三联书店2003年版,第358—359页。

户的一半，即全体居民的 5% 计算纺织户。则华娄市镇中有纺织户 8000 户，府城中有纺织户 1650 户，合计 9650 户。

每家拥有的纺车、织机之数量和价格均比照农户家庭估计，则城镇棉纺业资产约为 7.28 万两，按照 20% 计提折旧，其现值约为 5.82 万两。

3. 碾米业

碾米业在清代中期是江南地区重要的城镇工业之一。① 一些大的市镇，比如苏州枫桥镇一带乾隆时有超过 200 家米行。这些米行不仅从事稻米的买卖，同时也经营稻米的储存和加工，布局多为前店后坊。道光《平望续志》记载："里中多以贩米为业，其籴粜之所曰米行，其市集于后。其各坊储米之所曰栈，栈中有砻坊、碓坊。"② 由于我们在此处考察的主要是粮食加工业，因此估算的主要是砻坊和碓坊（统称碾坊）的资产。

（1）碾坊的数量

李著根据碾米业的规模和工人的工作效率估算了该业的从业人数。假定华娄农户均自行舂米，则 1820 年代华娄碾坊年需加工稻米 71.8 万石（其中城镇居民食米 12.4 万石，酿酒业需米 12.4 万石）；专业碾坊的工人每人每天可出米 1.5 石，每年约可出米 400 石，因此加工这些稻米需要工人 1800 人，再加上各种管理人员和辅助工作人员，从业人员总数约为 2400 人。③ 此外，李著根据"满铁调查"的情况推算，此时的华娄应有碾坊 350 家。④ 平均每家碾坊有工人 6.86 人。

---

① 李伯重指出清代前中期，江南地区的大城市及其近郊、中小城市和各市镇都有米行，米市的发展欣欣向荣。参见李伯重《江南的早期工业化》，社会科学文献出版社 2000 年版，第 89 页。

② 道光《平望续志》卷 12《风俗》，转引自李著，第 90 页。

③ 李著，第 92、93 页。

④ 根据"满铁调查"，松江县华阳桥地区在 1937 年前后有居民 800 户，人口 3800 人，共有米行 7 户，其中 4 户有碾米厂（各有机器 2 台）。平均每 200 户有一家碾米厂。以此推算，4.9 万华娄城镇居民应有 245 家碾米厂。但考虑到旧式碾坊的效率大大低于新式的机器碾米厂，若后者的产能以前者的 1.5 倍计，则需要 350 家左右的碾坊。参见李著，第 128 页，脚注 5。

由于李著对于碾米业从业人数的估计颇为可靠，因此我们只需稍加核实碾坊的雇工规模即可估得碾坊的数量。根据方显廷对天津磨坊业的调查，1930年天津510家大小磨坊共有雇员3854人，平均每家有7.6人。其分配如下：经理535人，司账341人，店员1626人，学徒925人，磨夫272人，厨司155人。其中256家甲种磨坊有雇员2318人，平均每家8.7人；245家乙种磨坊有雇员1536人，平均每家有6.3人。① 考虑到这些碾坊均为新式机器碾坊，磨夫（及其学徒）的数量应显著低于手工碾坊，因此李著对碾坊的雇工规模估计过低。同时，清代中期江南碾坊普遍使用大型的木砻，需要4—6人方能操作（当然专业碾坊一般会使用牛力，但也需要专人照看），即使是小砻也需要1—2人操作。② 因此以每家10人估计应更为合理。以此推算，华娄碾坊的数量约为240家。

（2）碾坊的资产

根据历史记录和民国时期社会调查可知，碾坊的资产主要是房屋、各项生产设备、牲畜和车船。

首先是房屋。

根据方显廷的调查，民国时期天津甲种磨坊一般有门市房3间，门市房内一端陈列出售之杂粮及粮粉，另一端则为柜台。其余经理室、仓库、磨房、职工之寝室、厨房、厕所皆在门市之后，磨房占屋2—3间，仓库2—3间，司账、店员和学徒之寝室占2—3间（2—3人合住一间），由此若不计算厨房和厕所，应有屋10间以上。③ 考虑到旧式碾坊之设备多在场院之中，无需单独占屋，且我们在此处不考虑其商业之功能，因此所需要的房屋只有寝室、仓库和厨房。工人和学徒住宿都以每间3—4人计，则至少需要住房3间，连同厨房计为4间。储

---

① 方显廷：《天津之粮食业及磨房业》，载李文海主编《民国社会调查丛编·二编：近代工业卷（中）》，福建教育出版社2014年版，第470—473页。
② 参见李伯重《江南的早期工业化》，社会科学文献出版社2000年版，第94页。
③ 方显廷：《天津之粮食业及磨房业》，载李文海主编《民国社会调查丛编·二编：近代工业卷（中）》，福建教育出版社2014年版，第452页。

藏稻米、生产工具需要栈房，数量从低以 2 间计。① 此外，由于院里设备上方需要棚舍遮雨、养牛需要牛棚，因此至少还需要棚舍 3 间，价值以 1 间栈房计。由此我们估计一家中等规模的碾坊其房屋的价值约相当于城镇住房、栈房各 3 间，总价值约 177 两。

其次是各项生产设备。

李伯重指出清代江南地区稻米加工的专业工序一般是"先砻后碓"，使用的工具主要有三个，分别是砻、碓和风车。② 但大型的专业碾坊也用牛力牵动的石碾碾米，因此石碾也是常见的设备。③ 除此之外，碾坊中还应有包括各种筛子在内的小型工具。我们从低估计一家雇工 10 人的碾坊中有一大两小木砻 3 套、石碓 3 套、石磨 1 套、风车 3 架以及其他小型工具若干。李著中估计 1820 年代华娄木砻的单价约为 3300 文，合银 2.75 两；石磨 990 文，合银 0.825 两。但指的都应是农家使用的小型木砻和小型石磨。根据《天工开物》等书的记载以及木砻实物图的对比，可知大型木砻的用料至少应为小型木砻的 2 倍，因此其价格从低以 5.50 两计算应不致过高；④ 大型石磨的直径约为小型石磨的 1.5 倍，体积则为后者的 2 倍以上，因此其价格以 1.65 两估计较为合理。至于风车，根据刘大钧 1930 年代之调查，浙江平湖"木砻每部十三四元，可用一年。风车以木制每部需银四五元，可用二十年"。⑤ 从其价格推断，此处的木砻应为小型木砻，折合当时的米价约为 1.5 石，与 1820 年代华娄的价格相仿，因此其记录的风车价格也应

---

① 1930 年代，浙江嘉兴地区"米行储米，因数量颇大不便用囤，多置栈房多间，以囤积米粮。一般栈房的构造极为简单，先就通常之房屋一间，用帚扫清，地上铺以所编之席箔，四壁遮以苇席，以不见墙壁为度。铺置妥帖后，即将白米倾入"。参见曲直生、韩德章《浙西农产贸易的几个实例——米粮、丝茧、山货贸易的概况》，《社会科学杂志》第 3 卷第 4 期，1932 年 12 月，载李文海主编《民国时期社会调查丛编·二编：乡村经济卷（中）》，福建教育出版社 2014 年版，第 721 页。
② 李伯重：《江南的早期工业化》，社会科学文献出版社 2000 年版，第 93 页。
③ 李著，第 92 页，脚注 7。
④ 木砻、风车、筛谷、碓的实物图参见《图解天工开物》，南海出版公司 2007 年版，第 150—157 页。
⑤ 刘大钧：《浙江平湖农业经济状况》，载李文海主编《民国时期社会调查丛编·二编：乡村社会卷（下）》，福建教育出版社 2014 年版，第 191 页。

与1820年代的情况较为接近，通过米价转换可得，每架约为1.17两。至于石碓，根据翁广平在《杵臼经》中的记述，在平望镇的碓坊中，使用的窑臼可容米5斗，臼脑上装有铁制臼嘴，重32两，臼脑则重30斤，其价格应不菲，应与小型木砻的价格相当，计为每架2.75两。此外，各种筛具的数量应较多。根据刘大钧的调查，1930年代浙江平湖农村地区"麻筛每只四五角，落白筛每只1元，抒筛每只1.5元，均可用三四年"。假设华娄碾坊所使用的均是落白筛，且数量为10只左右，则其价值至少应为2两。除石磨和石碓外，其余各项均按50%折旧，则各项生产设备的现值为：木砻5.50两、石碓8.25两、风车1.76两、石磨1.65两及筛具1两，合计18.16两。

再次是牲畜。

如前所述，石磨和大型木砻需要牛力牵挽，因此每家砻坊应有牛1.5头，从低以成年黄牛价格计算，则牲畜资产约为20两。

最后是运输工具。

加工粮食对碾坊的运输能力要求较高。虽然大部分的货物由客户自取，但也应保有必要的车船应对少部分需求。从低以每家6辆小车、2艘农船的标准估计，按照半数折旧，其现值约为20.62两。

四项加总，一家碾坊的实物资本约为235.78两。240家碾坊的资产总值约为56587.2两。

4. 榨油业

清代江南地区农谚有云："小满动三车，丝车、油车、田车（水车）。"① 榨油在农村与纺织、耕田并重，足见其地位之重要。实际上，榨油业在清代江南地区的市镇当中也极为兴盛。根据《江苏省粮食志》的记载，康熙初年丹阳县即有油榨36爿半（一爿为8支榨），其中吴老培、吴聚源、姜通泰、西昌、万昌等油坊都具有一定规模。吴聚源油坊更是拥有资本2000石大米，雇工30多人。②

到清代中期，江苏省各市镇中均有油坊，且有部分以榨油为支柱

---

① 洪焕椿编：《明清苏州农村经济资料》，江苏古籍出版社1988年版，第645—647页。
② 江苏省粮食志编纂委员会编：《江苏省粮食志》，江苏人民出版社1993年版，第329页。

产业，比如双林镇就"向有三油坊，博士人数数百"①。

尽管传统榨油的工艺并不复杂，按照《天工开物》的记载"南方榨"法只需要炒、蒸油料，然后再行锤榨即可②，但其工序衔接要求较高，所需强壮劳动力也较多，需要集中管理，因此李伯重指出油坊的规模相比其他手工业更大，资本更为密集，可变资本也更多，"具有最为明显的工场手工业性质"。③

（1）油坊的数量

清代中期，华娄地区的油坊按照所处地域和生产方式的不同可以分为"乡作车"和"常作车"两种类型。

表 2-25　　　　　　　　　江南地区油坊类型

类型	地域	生产方式	主要原料	原料产地	生产目的	规模
乡作车	农村	季节性	油菜籽、棉籽	附近农村	食用、照明、油漆	较小
常作车	城镇	常年性	大豆	外地输入	获取食用油、肥料（豆饼）④	较大

资料来源：整理自李伯重《江南的早期工业化》，第139页。

其中，乡作车一般规模较小，人数在十几人到几十人不等。比如抗战前石门镇毛乐庐经营的乡作车油坊，有员工40多人，油车（榨床）6部。⑤而常作车油坊一般规模较大，员工人数超过百人。比如抗战前双林镇常作车油坊沈氏聚和油坊，有工匠100来人，油车18部，

---

① 博士，指"油博士"，是对油坊中的杵油工人的称呼。见民国《双林镇志》卷十五《风俗》，转引自李伯重《江南的早期工业化》，社会科学文献出版社2000年版，第132页。

② （明）宋应星：《天工开物译注》，潘吉星译注，上海古籍出版社1993年版，第48—49页。

③ 李伯重指出在江南地区开设一家油坊所需的投资要比开设一家碾坊、碓坊或染坊、踹坊所需的投资"大得多"。李伯重：《江南的早期工业化》，社会科学文献出版社2000年版，第134—136页。

④ 清代在江苏有的地方干脆称油坊为"油饼坊"。可见获取油饼为当地榨油的重要目的之一。参见李绍强、徐建青《中国手工业通史·明清卷》，福建教育出版社2004年版，第414页。

⑤ 毛氏管理的油坊中直接生产人员32人，包括：朝奉2人，油博士8人，大伙8人，小伙6人，木匠4人，牛倌4人，其余管理、辅助、供销人员14—17人。参见李伯重《江南的早期工业化》，社会科学文献出版社2000年版，第137页。

牛 31 头，房屋 44 间。①

李著假设华娄地区所有油坊均为中型油坊，每家油坊全部生产人员和非生产人员的人数为 50 人，平均每人每日可加工油菜籽约 0.4 担，工人一年实际工作 270 天。② 按此效率计算，加工 80 万石豆饼共需从业人员 7000 人左右，则油坊的数量应在 140 家左右。

但这两个数字可能都存在一定高估。③ 尽管李著是根据豆饼总数和工人日产量从低推算的，不过其对于工人的效率和工作天数的估计可能过于保守。李著指出抗战前于松江毗邻的嘉兴一带，一个农村中型油坊通常有员工近 50 人，每日可加工油菜籽 2000 余斤，因此二者相除约为每人每日 0.4 担。但笔者查阅相关资料发现，所谓"近 50 人"实际上一般只有 40 人左右，且 2000 余斤显然超过 2000 斤，因此油坊工人实际的人均产量约为每日 0.5 担。此外，李著还指出华娄常作车常年无歇，只是因为考虑到榨油工作强度大、工人不能多日连续工作，因此以 270 天计。但事实上清代产业工人的工作时间应与长工无异，去除节假日，每年也应工作 300 天左右。

修正这两项数据后，我们估计华娄应有油业工人 5300 余人，假设每间油坊用工 45 人，则应有油坊 120 家左右。④

（2）油坊的资产

李伯重根据传统榨油业的生产工序（即炒、碾、蒸、榨），详细考证了清代江南地区油坊所需之设备：第一，在"炒"和"蒸"的过程中，需要大型炒锅、蒸笼和炉灶等；第二，在"碾"的过程中，需

---

① 李伯重：《江南的早期工业化》，社会科学文献出版社 2000 年版，第 140 页。
② 李著，第 95 页。
③ 其中一种可能是对豆饼的总数估计过高，但由于缺乏更深入的证据，因此只是一种猜想。
④ 根据李次山等人 1930 年代的调查，"上海近年来才有机器榨油厂，旧有的土法榨油，营业依然不衰。但是这等厂家都在偏僻的所在，每家用工十几人到四五人不等。……这种作坊，全市有四五十家；工人也有四百人左右。"可见在机器榨油崛起之后，上海地区仍有四五十家传统油坊，因此 1820 年代大量使用外来大豆制作肥料的华娄有 120 家油坊是相对合理的。参见李次山编《上海劳动状况》，载李文海主编《民国时期社会调查丛编·二编：城市（劳工）社会卷（下）》，福建教育出版社 2014 年版，第 91 页。

要"周长数十米"的石制碾槽、"直径达 1.5—2 米"的石碾以及数百平方米的碾晒场;第三,在"榨"的过程中,需要用到"长条坚实的檀木和香樟木"制作的油车。此外,还需要大量的仓库、棚舍、容器以收贮原料、成品、饲料、燃料和肥料,一些舟车进行运输,以及饲养相当数量的壮牛牵挽油碾。① 另外,根据 1919 年对皖南榨油业的调查,榨菜籽油,还需要石砣、铁箍、木槌等压籽工具、麻绳、棍橾等榨油工具以及木瓢、篾篓、木桶、水缸、钵等提油工具。②

下面我们将择其最重要的几项进行估算:

房屋和场地。我们在清代、民国各种历史记录中发现,油坊的房间数量最少可以只有 3 间;③ 而最多则多达 100 余间。④ 我们虽然找不到雇工四五十人油坊建筑规模的直接证据,但是可以根据"常作车"沈氏聚和油坊的情况进行推算。该坊位于双林镇,有工匠 100 余人,房 44 间,坊房大小合计 100 间。其工匠人数从高以 120 人计,则平均每 3 人拥有住房 1 间,仓库或棚舍 2 间。等比例推算,一家雇工 45 人的中型油坊应至少有住房 10 间,栈房 20 间。由于我们此处估算的油坊绝大多数位于市镇,因此应以市镇房价估算,即每间住房 28 两,每间栈房 18 两,则房屋资产总计约 640 两。

此外,聚和油坊总占地约为 5000 平方米,其中至少应有一半为碾晒场。同样等比例推算,一家中型油坊应有碾晒场 1000 平方米左右,约折合 1820 年代的 1.5 亩。我们从低以农村下等田每亩 9 两的价格计算,则其价值约为 13.5 两。

---

① 李伯重:《江南的早期工业化》,社会科学文献出版社 2000 年版,第 136 页。
② 高炳麟等编:《安徽省六十县经济调查简表》中册,第 1481—1680 页,安徽省图书馆藏。
③ 清乾隆时,如皋县监生陈万庆,"雇袁学荣打油,孙照林烧火,张守发作杂工","油坊系朝南房三间,西一间雇工张守发睡卧,其中一间有石磨一个,东一间靠南砖窑,靠西安放油缸"。可见最小型的油坊只有房屋三间。中国社会科学院经济研究所藏刑部抄档,转引自徐建青《清代前期的榨油业》,《中国农史》1994 年第 2 期。
④ 民国时期,石门镇沈氏聚和油坊,有房 44 间,坊房大小合计 100 间,占地 5000 平方米;而李锦春仁和油坊也有房 6 间 3 进,大小计有 100 间。参见陈学文《关于石门镇榨油业的调查研究》,《中国社会经济史研究》1989 年第 1 期。

油车。根据毛乐庐的回忆，民国时期一家雇工四五十人的传统油坊中约有五分之一工人为油博士，平均每1.5名油博士应负责一架油车。[①] 以此推断，1820年代华娄地区中等规模油坊至少应有6架油车。至于油车的价格，从《天工开物》中的插图可知，江南地区的油车无论是脚踏式还是手撞式，结构都较为简单，但体积较大，所耗费的木材应不少。[②] 李著估计，华娄农户使用的砻的单价约为每部3两。[③] 油车相比砻的形制更大、木料价值更高，因此以砻的两倍计应不会高估，则单价约为每架6两。以半数折旧后，其现值约为18两。

石碾和石槽。石碾和石槽一般与油车配合使用，因此每家油坊至少应备有6套。根据陈学文在石门镇的实地调查，其规格远超普通农家所使用的石磨：其中石碾的规格如同李伯重之描述；石槽之"周长为28.66米，大约由23.68块槽石组成"，而一块槽石"石阔49cm，槽宽20cm，槽深21cm，石外长1.21cm，内长为108cm"[④]。因此石槽整体的价格似乎应高出石碾不少。因此我们姑且假定石碾的价格是农村石磨的2倍，石槽的价格为石碾的3倍，则其单价分别为1.65两和4.95两。由于二者无须折旧，因此其现值约价值相等，约为39.60两。

牛。油坊的牛只用来牵挽油碾，因此其数量与油碾的数量成正比。根据李伯重的考证，一个小碾运转需要1—2头牛，一个大碾则需要2—4头牛，姑取其中间值2头。[⑤] 则每家染坊至少饲养役牛12头。同时，毛乐庐油坊员工中有4名牛倌的记录说明这一估计是较为合理的。

---

① 李伯重：《江南的早期工业化》，社会科学文献出版社2000年版，第134页。

② 英国人立德（A. Little）与丈夫19世纪末游历中国时，饶有兴致地记录了上海闵行镇附近农村用棉籽饼榨油的场景。在她看来，"这个作坊只是用来榨棉籽油的，不太值钱，构造也很简单，完全可以做机械学入学教材的插图"。其中出现的设备和工具包括两座高大的烟囱、风箱、长槽（推测应为石制）、石磨（具体为花岗岩）、石锤、楔子和几头戴眼罩的水牛等。另外值得一提的是，她还认为松江地区的农民们"与中国其他的地方的人比起来，要精神得多。镇里的街道上满是中国最有朝气的人，是那么自信而健康"。参见［英］立德《穿蓝色长袍的国度》，上海三联书店2019年版，第36—37页。

③ 李著，第379页。

④ 陈学文：《关于石门镇榨油业的调查研究》，《中国社会经济史研究》1989年第1期。

⑤ 据1934年调查，歙县全县25家土法榨油厂共有油榨60余具，牛100余头，二者之比也为1∶2。参见建设委员会经济调查所统计课编《中国经济志·歙县》，1935年，第65页。

至于牛的价格，我们从低以成年黄牛计，每头约值银13.33两，则此项资产约159.96两。

舟车。油坊原料、货物进出频繁，因为需要相当数量的舟车。由于缺乏翔实的证据，我们姑且从低以每家10辆小车、4艘农船计算。小车的单价为每辆2.56两，农船的价格为每艘12.94两。按照半数折旧，可知其现值约为38.68两。

其他。油坊中还应有炉灶、铁锅、蒸笼、缸、坛以及各类木质器械等，这些物品的单价虽然不高，但数量应非常可观，因此总现值以50两应不会高估。

综上，华娄一家中等规模的油坊的资产现值约为959.74两。所有油坊的总资产约为115168.8两。

5. 酿酒业

李伯重指出，清代中期酿酒业和制曲业，绝非单纯的农家副业，而是高度商品化、专业化的城镇工业，且生产规模较大。[1] 徐建青也指出在清代前期，江南有相当数量专门从事踩曲、酿酒、以酒谋利的曲坊和酒坊，这些曲坊和酒坊"虽经严禁，终莫能断绝"。[2]

李著根据"满铁调查"估计，酒厂工人每人可出酒16斤，以270个实际工作日计算，每人每年可出酒48石（用米72石）。则生产华娄每年消耗的11万石酒需要工人2290人，加上配套人员，总计约3000人。[3] 这一估算虽然单独就酒坊来说有过高之嫌（主要是消费量略高），但是考虑到还应有部分曲坊的工作人员并未被计入，因此以3000人作为华娄整体酒业的从业人数恰好合适。酒坊的雇工人数相对较少。据"满铁调查"，抗战初期松江县协昌酒坊只有工人5名，若以此为标准推算（即工人5人、其他人员1人），华娄应有酒坊和曲坊500家。

传统酿酒业的资产结构与榨油业非常相似，都包含房屋、场地、

---

[1] 李伯重：《江南的早期工业化》，社会科学文献出版社2000年版，第108—110页。
[2] 徐建青：《清代前期的酿酒业》，《清史研究》1994年第3期。
[3] 李著，第96—97页。

生产工具和车船，因此其估计从简。

首先是房屋。从低以每家城镇住房2间、城镇栈房2间计，则其房屋资产约为118两。其次是场地。以同等规模油坊计，占地1亩，价值约为8两。再次是各类生产设备。民国时期的社会调查结果显示，传统酿酒业造酒设备简单，"不外锅、灶、桶、缸"①。此外，还应有部分蒸馏设备、蒸笼、石磨、坛子等，比照油坊以50两估算应不致高估。去除折旧后，现值约为25两。② 最后是舟车。根据其加工数量可知应以油坊之半数计。5辆小车和2艘农船的现值约为19.34两。

综上，一家华娄中等酒坊的实物资产约为170.34两。整个酿酒业的总资产约为85170两。

6. 染踹业

苏松地区是明清两代棉纺织工业的中心，作为棉纺织业的下游行业，染踹两业自然也十分兴旺。③ 虽然从明代末期开始江南棉布加工的中心逐渐从松江转移到了苏州，但是1820年代松江府城及所辖市镇中仍有大量的染坊、踹坊以及众多从业者。④ 由于染、踹对应着不同的行业，且拥有不同的生产工具，因此我们将对其分开进行估算：

（1）染布业

清代苏松地区染坊众多。根据历史资料，康熙五十九年（1720），

---

① 李绍强、徐建青：《中国手工业通史·明清卷》，福建教育出版社2004年版，第433页。参见建设委员会经济调查所统计课编《中国经济志·歙县》，1935年，第65页。

② 关于酿酒设备的价值，根据1926年对山东济南沁芳园酒坊使用旧法酿造烧酒的相关调查，该酒坊年消耗酿酒原料43750斤，所使用的酿酒设备包括瓦缸8个、石磨1座、铁锅蒸馏设备1套，总价约200余元。数据来自《中国之酿酒业》，《实业杂志》1926年第103期。根据原文，该酒坊酿造高粱酒，年消耗麦曲1万斤，每次使用麦曲160斤，小米400斤，高粱300斤，消耗1万斤麦曲需相应使用43750斤的小米和高粱。华娄地区年消耗酿酒原料12.4万石（李著，第93页），约1984万斤（1市石大米约为160市斤。李著，第316页），500家酒坊，平均每家消耗3.97万斤，与沁芳园酒坊酿酒规模相差无几，因此我们可以近似认为二者拥有相同数量的酿酒设备。通过米价折算，将1926年的200余元折算为1820年代华娄地区的银两，约为51.78两，这一数字与我们估算的结果较为接近。

③ 全汉昇指出："当时江南的棉布加工业，主要分布在苏州城内以及松江府、嘉兴府交界的枫泾、洙泾等城镇，这些地方逐渐成为全国性的棉布加工业中心。"参见全汉昇《鸦片战争前江苏的棉纺织业》，载全汉昇《中国经济史论丛》，新亚研究所1972年版，第634页。

④ 李著，第371页。

苏州城内专业染坊和由字号兼营的染坊不少于 64 家。① 雍正年间，染工人数更是多达上万。② 范金民指出乾隆二十四年（1759）画家徐扬所作《姑苏繁华图》中有 200 余家各类商铺，其中就有 4 家从事染业（3 家染坊、1 家染料铺）。③ 如图 2-7 所示。

图 2-7 乾隆初年苏州城内的染坊

资料来源：辽宁省博物馆藏，公开资源。

A. 染坊的数量

李著通过 1820 年代华娄地区需要加工的棉布数量（123 万匹）和单个染匠的年产量（每年工作约 270 天，每天染漂 15 匹），估算出华娄染匠的人数约为 300 人。④ 同时，每家染坊除染匠外，还应有部分辅助人员，若其以染匠人数的三分之一计算，则全部染业的人员总数应约为 400 人。但这一人数只相当于同时期苏州府城的 4%，似乎过低。

我们认为出现这一现象的原因是李著对于染匠的工作效率估计过高。据徐新吾的研究，染布的劳动强度很高，每人每天的产量，"最多只能染二十尺长的小布二三十匹"，而这是建立在该工人为熟练工

---

① 许涤新、吴承明：《中国资本主义发展史》，人民出版社 2015 年版，第 404 页。
② 中国第一历史档案馆：《雍正朝汉文朱批奏折汇编》第 18 册，《雍正八年七月二十五日条》，李卫奏，江苏古籍出版社 1986 年版，第 1063 页。
③ 范金民：《清代苏州城市工商繁荣的写照——〈姑苏繁华图〉》，《史林》2003 年第 5 期。
④ 李著，第 99—100 页。

人,且每天"只能睡四五个钟头"的情况下实现的。① 在正常情况下,一个普通工人每天的染布数量似乎无法达到 15 匹,同时考虑到清代苏州踹匠的总人数和染匠相差不多,因此我们觉得以踹匠每日 12 匹的工作效率衡量更为合理。则华娄的染匠人数约为 375 人,从事染业的人员总数约为 500 人。

至于染坊的雇工规模,从数人到数十人均有记载。比如抗战前七宝镇的李永兴染坊"有染缸二十余只,雇工六七人";② 祥泰布号在上海南市陆家浜开设的正记染坊,"职工有二十多人,连临时工有三十人左右",徐新吾评价其"规模已不算小"。③ 因此,我们姑且取其中间值 10 人为此时华娄中型染坊的平均雇工人数。

则华娄共有染坊 50 家。

B. 染坊的资产

根据徐新吾的记录,在江南地区"开设一家(传统)染坊,除了要有几间房屋和染缸,另外还要有一片晒场","染料可以向颜料店赊欠,或向客户预借加工费去购买","由于他们的设备简陋,大的染坊只要二三千元资本,小的千把元或几百元,就可开业了"。④ 由此可见,传统染坊的设备主要是房屋、晒场、染缸三项。此外,还应有染灶、铁锅以及一些竹质或木质的晾布架等,但其价值应该不高。

首先是房屋和晒场。

清代江南地区的染坊多为铺户型作坊,集商铺、作坊与住宅为一体。

现存的南京东门染坊 87 号建筑就属于典型的前店—中宅—后坊形制。其第一进临街部分为公共商业区,一层作为店铺对外售卖染布,

---

① 徐新吾:《江南土布史》,上海社会科学院出版社 1992 年版,第 377 页。
② 杜黎:《关于鸦片战争前苏松地区棉布染踹业的生产关系》,《学术月刊》1962 年第 12 期,转引自李著,第 99 页。
③ 徐新吾:《江南土布史》,上海社会科学院出版社 1992 年版,第 370 页。
④ 徐新吾:《江南土布史》,上海社会科学院出版社 1992 年版,第 370 页。不过徐氏也指出 20 世纪苏松地区的染踹两业已"日薄西山""濒于破产边缘"。参见同书,第 601 页。

空间较为开敞，二层用木板壁分隔，作为居住空间，形成下店上宅的居住模式。后进院落为私密的居住与生产区，第二进为正堂居住部分，明间一层堂屋作为家庭起居和会客之用，两侧次间及二层用木板壁隔开作为主人的居室。第二进与第一进间用厢房相连，形成跑马楼形式。第二进楼宅的后院即为半露天的练染作坊区，院内设有染布作坊棚、染布池、水缸、晒布场、晒布杆、染布幌杆等练染工具，承担着练丝、制浆、染色、晾晒等不同于普通传统民居的建筑职能。①

由于我们在后文会单独估算商业资产的价值，为避免重复计算（同时也是考虑到有相当比例的染坊只负责染布，并不从事商业经营），因此在此处我们假设所有染坊的建筑只包含必要的住宅和仓储设施。其中，为满足染坊主和 10 名工人的住房需求，按染坊主家庭 1 间，10 名工人每 3—4 人一间的标准估计，则染坊至少应有 4 间住房，同时考虑到染料、布匹的存放需要单独的房间存放，从低以 1 间计。则一家中等染坊至少应有住房 4 间，价值约 144 两；栈房 1 间，价值约 23 两。合计 167 两。

至于晒场，徐新吾指出由于缺乏烘干设备，染坊需要有一个"面积相当大的晒场"。② 这里我们将其从低以城市空地价格每亩 9 两计算（约与农村下等田价格相当），假设其平均占地面积为 0.5 亩，则其价值约为 4.5 两。

其次是染缸。

根据徐新吾的研究，民国时期上海一家大的染坊备有染缸八九十只；中的五六十只；小的二三十只。③ 考虑到手工印染（非机器印染）的工艺在民国并没有太大的进步，因此 1820 年代华娄染坊的情况应与民国时期的上海基本相似，即一家中型染坊的染缸数为 50—60 只，从低以 50 只计。平均每名染匠对应 7.5 只。

---

① 王新宇：《南京明清织染类作坊建筑研究》，博士学位论文，南京工业大学，2018 年。
② 徐氏指出民国时期上海的染坊为了节约租金，利用铁路、公路旁的空地或墓地作为晒场，以节省地租的成本。参见徐新吾《江南土布史》，上海社会科学院出版社 1992 年版，第 375 页。
③ 徐新吾：《江南土布史》，上海社会科学院出版社 1992 年版，第 372 页。

至于染缸的价格,杜黎指出,"当时置办染缸一只,不过用米8斗至一石之间"。① 我们从低以0.8石计,则每只染缸的价格约为1.864两,50只合计93.20两。去除50%的折旧后,现值约为46.60两。

最后是其他设备。

这些设备包括染灶、铁锅、晒布杆、染布幌杆等。这些设备的单价和数量较难估计,但应不会过高(否则也不会被徐新吾忽略),姑且以染缸价值的30%估算。则其现值约为13.98两。

加总可得,华娄一家中等染坊的实物资本平均约为232.08两。② 整个染布业的资本约为11604两。

(2)踹布业

踹布是棉布加工的最后一个环节,据清代《木棉谱》记载,其工作方式大体上是,"下置磨光石版为承,取五色布卷木轴上,上压大石如凹字形者,重可千斤,一人足踏其两端,往来施转运之,则布质紧薄而有光",因此也被时人称为砑光。③

从清代早期开始,苏州府作为江南乃至全国的丝绸、棉布的双料加工中心就拥有着数量众多的外来务工踹匠。④ 清代初叶,苏州城阊门外一带有踹坊450余家。⑤ 康熙时常熟县踹坊作头(受包头支配而控制工人的管理者,大多数时候也由坊主兼任)张瑞曾说:"踹坊一业,俱在苏州冲要之所,其踹匠杂沓,每一字号,何啻千百,总计何止累万。"⑥ 亦极言踹业之发达。而李卫在给雍正皇帝的奏折中也汇报了苏州踹匠群体的庞大势力,"每坊容匠数十名不等,查其踹石已有

---

① 杜黎:《关于鸦片战争前苏松地区棉布染踹业的生产关系》,《学术月刊》1962年第12期。

② 这一结果与徐氏千把元就可以开一个中等染坊的记录颇为接近。二者以米计价都约为100石。

③ (清)褚华:《木棉谱》,中华书局1985年版,第11页。

④ 多为江宁、太平、宁国人氏。据康熙九年史料记载,踹匠"从江宁属县原来雇工者甚多";另据康熙三十二年史料记载,苏州踹匠多是"非土著之民"。参见《苏州碑刻》,苏州大学出版社2003年版,第55页,转引自邱澎生《18世纪苏松棉布业的管理架构与法律文化》,《江海学刊》2012年第2期。

⑤ 徐新吾:《江南土布史》,上海社会科学院出版社1992年版,第601页。

⑥ 苏州博物馆等:《明清苏州工商业碑刻集》,江苏人民出版社1981年版,第61页。

一万九千余块"①。可见在 18 世纪初期，苏州府的踹匠人数超过了一万人。范金民指出，这一时期（雍正七年，1729）松江的踹匠数量相比苏州更少，但也有 1100 余人。②

A. 踹坊的数量

我们假设 19 世纪初期松江府及其市镇的踹匠数量仍为 1000 人。③而其人员规模也如李卫所说，为"数十名不等"。从低以每坊 20 人计，则华娄应有大小踹坊约 50 家。

B. 踹坊的设备

据徐新吾的调查，民国上海"开设踏坊（即踹坊）除了要租几间房子作为工场和供工人住宿外，主要的生产工具是石元宝和踏布用的木架和檀木棍"。可知其资产主要是房屋、石元宝和木材。

首先是房屋。以每间 4 人计，一家拥有 20 名工人的中型踹坊至少应有住房 5 间。④ 此外，还至少应有存放成品、杂物的栈房 1 间。两项合计约为 203 两。

其次是石元宝。石元宝，也称踹石，每块重 400—500 公斤⑤。由于其操作对劳动者身体素质要求较高，因此踹匠多为壮汉。

根据徐新吾的调查，民国时期上海郊区一副石元宝的价值约为 20—30 银圆。⑥ 按照当时的米价折算，约合米 3 石左右，换算成 1820 年代江南地区白银约 7 两。由于踹匠的工作方式基本为一人一石，因此我们有理由估计这样一家中型踹坊应有石元宝 20 副。且由于石元宝经久耐用，极少磨损，因此无须扣除折旧。则此项资产价值约为

---

① 中国第一历史档案馆：《雍正朝汉文朱批奏折汇编》第 18 册，《雍正八年七月二十五日条》，李卫奏，江苏古籍出版社 1986 年版，第 1063 页。
② 《案底汇抄》，载《裁改苏抚标及城守营制，设立专员管理踹匠各条》，南京图书馆古籍部藏。转引自范金民《清代江南棉布字号探析》，《历史研究》2002 年第 1 期。
③ 李著估计 1820 年代华娄有踹匠 380 人，踹业从业者约 500 人。估算方式与染匠处完全一致。参见李著，第 99—100 页。
④ 每屋住四人已经较为拥挤，按照李著的估算，踹匠"居住条件太差"，但"很可能两三人合租住一间房屋"。参见李著，第 459 页。
⑤ 也有说重三四百公斤。参见 1930 年代枫泾踹布工人徐阿宝的回忆，载徐新吾《江南土布史》，上海社会科学院出版社 1992 年版，第 376 页。
⑥ 徐新吾：《江南土布史》，上海社会科学院出版社 1992 年版，第 371 页。

140 两。

最后是木材。踹布所需的木材一半是作为供踹匠手持的木支架以及包裹布料的檀木棍,另一半则是作为晾晒用的木撑架,其用料并不很多,即使考虑到华娄地区木材(尤其是檀木)价格较贵,但其每套的单价应不会超过 1 两,姑且以 1 两计算,则 20 套约值银 20 两。以 50% 折旧后,现值约为 10 两。

加总可得,每家踹坊的实物资本约为 353 两,全体踹坊的资本总和约为 17650 两。染踹两业合计约 29254 两。

7. 造船业

江南地处水乡,对各类船只的需求较大,因此造船业在明清发展迅速。根据李伯重的估算,江南漕船和海船建造业的产值从明末的 21 万两提高到道光初年的 100 万两,增加了 4 倍多。[1] 此外,明清时期民间造船业的发展速度超过官营造船业,开始占有主导地位。[2] 地方志中也记载,上海地区在明代以后,"民间木船工场大量增多,工匠修造船技艺提高,自成体系,时称民木造船业"[3]。由于本章考察的居民部门的资产,因此在此处估算的主要是民间船厂。

李著中估计华娄建造新船(包括农船、货船、漕船和兵船)每年需要人工 51.6 万个,而修理旧船需要人工 2.3 万个,二者合计约需要 53.8 万个。若工人每年工作 270 天,则至少需要 2000 名船匠(以及 200 名其他工作人员)。[4] 去除兵船后,根据相同的计算方法可知,华娄民船厂大约需要船匠和其他工作人员 1830 名。

清代江南地区建造小型船只的船厂,常年有工匠十余人,同时雇佣有数目不等的临时工;[5] 道光末年,浦东人张桂华和张阿富在陆家渡开设船厂两家,"常年雇工七八人",专造 50—100 吨的驳船;又,鸦片战争前,上海人顾明海在浦东陆家渡地方设立船厂,雇佣十来个

---

[1] 李伯重:《江南的早期工业化》,社会科学文献出版社 2000 年版,第 263 页。
[2] 李伯重:《江南的早期工业化》,社会科学文献出版社 2000 年版,第 265 页。
[3] 《上海内河航运志》第 9《船舶修造》,转引自上海地方志办公室网站。
[4] 李著,第 103—104 页。
[5] 李伯重:《江南的早期工业化》,社会科学文献出版社 2000 年版,第 269 页。

木工，以造四五吨到十来吨的木船为主①。从以上资料可知，清代中期一家中等的船厂应有工匠十余人，姑且以15人计，则华娄地区大约应有民间船厂122家。

通过分析可知，民间造船厂的资产主要是厂房和附属的建筑设施。由于缺乏详细的历史资料，姑且按照每厂20间计。考虑到船厂之位置一般较偏，因此厂房和附属办公设施以市镇栈房每间18两估计较为合理，则每间船厂的房屋设施资产价值约为360两；此外，船厂除了厂房外还应有基本的造船工具（大量的绳索、帆篷、铁锚等），姑且以每家50两的标准计算。半数折旧后，其现值约为25两。

综上，华娄每家民间船厂的资产价值约为385两。民间造船业的总价值约为46970两。

8. 制盐业

明清时期，江南地区制盐业在经济中的地位尽管有所降低，只是食品工业中的一个普通部门，但其产量依然可观。② 据资料记载，华娄地区在清代属于浙江盐区的松江分司，有盐场7个；③ 常年从事盐业生产和经营的人口约10万，年产盐量约1000万斤。柘林、高桥等市镇都是当时具有代表性的盐业市镇。④

1820年代华娄地区主要采用晒制法制盐（参见图2-8），⑤ 这种方法并不需要过大的生产组织，一般单个灶户家庭即可独立生产；同时也不需要大量的资本投入，灶户只需要少量的工具即可操作。⑥ 结合地方志中对灶户生产的记录，可知制盐业的资产主要有土地、房屋和制盐工具三类。

---

① 李绍强、徐建青：《中国手工业通史·明清卷》，福建教育出版社2004年版，第602页。
② 李伯重：《江南的早期工业化》，社会科学文献出版社2000年版，第123页。
③ 不过也有松江分司下辖8个盐场的记载。参见李伯重《江南的早期工业化》，社会科学文献出版社2000年版，第124页。
④ 李绍强、徐建青：《中国手工业通史·明清卷》，福建教育出版社2004年版，第546页。
⑤ 李著指出自咸丰朝至光绪朝，松江地区的制盐业发生了重大的变革，从原来一直使用的煮盐法改成了晒盐法。参见李著，第105页。
⑥ 李绍强、徐建青：《中国手工业通史·明清卷》，福建教育出版社2004年版，第547页。

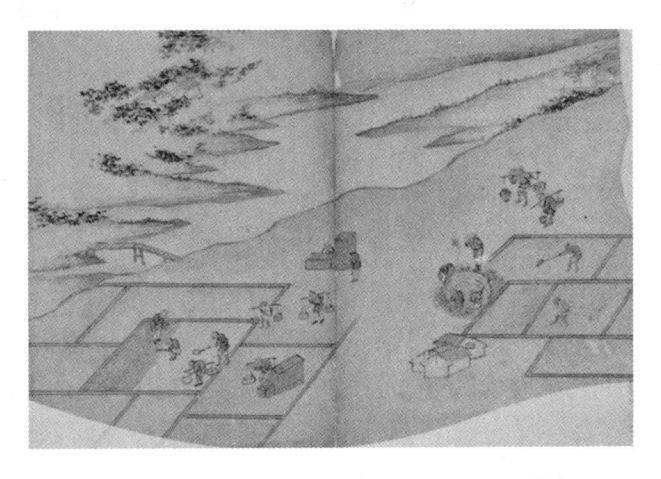

图 2-8　清《淮盐场图册》中的盐工作业景象

资料来源：中国国家博物馆藏，公开资源。

首先是土地。清代放松对盐业的管控，草荡和盐畦虽然名义上属于政府，但事实上其所有权已经让渡给了灶户，因此可以作为居民的私产。① 1801 年，袁浦场共有课荡 5783.4 亩。② 根据华亭地区灶丁占袁浦场灶丁数的比例，可估计华亭地区的课荡应为 1156.68 亩。③ 课荡价格以下等土地价格每亩 9 两计算，则课荡总值为 10410.12 两。

其次是房屋。此处的房屋专指用来储存成盐的仓廒，不包含灶户家庭居住的房屋，后者的价值已在农村居民和城镇居民的住房资产中估毕。根据《松江府志》的记录，嘉庆时袁浦场共有仓廒 28 所，按照前文 20% 的比例，则华娄地区应有 5.6 所。由于我们不清楚具体每所有多大规模，但比照粮仓可知其占地面积至少应有 20 间。因此以市镇栈房价格计算，每所的市场价格约为 360 两。则仓廒资产的总价值

---

① 许涤新、吴承明：《中国资本主义发展史》第一卷，人民出版社 1985 年版，第 493 页。
② 此处李著引用似乎有误，根据 1987 年《奉贤县志》卷 11《盐业志》第 2 章 "生产、销售" 第 1 节 "盐地、工具" 之记载，"嘉庆六年（1801）5 月，袁浦场共有课荡 5783.4 亩、税荡 11531.7 亩；青村场有课荡 31388.6 亩、税荡 33244.5 亩"。李著误将青村场的数额引用为青浦场。
③ 根据李著考证，光绪年袁浦场共有盐灶 60 灶，归属于华亭县和奉贤县。其中属于华娄的有 12 灶，属于奉贤的有 48 灶。华娄占比约为 20%。李著，第 106 页。

约为 2016 两。

最后是制盐工具。晒盐或煎盐的工具有水车、拖床、铁耙、石辊、卤缸、铁鏊、篾盘、刮板、晒板等数十种。① 其中价值最高的为水车和锅鏊（以及盘鏾）：水车主要用来制卤，民国《牟平县志》中记载，该地的晒盐法（应与松江地区差别不大），需要首先将"潮水灌入沟内，沟满则闭闸"，然后"将沟内所蓄之水，用水车或柳斗汲入圈内……经过六七日，便可成卤"。② 根据 1736 年林正清的统计，小海盐场平均每灶有 32 户，③ 若依照林氏之数字，则华娄嘉庆时 18 盐灶应有盐户 576 户。假设 10 家中有 8 家有水车，则至少应有水车 460 架。且由于盐户一般较为贫困，无力养牛，因此水车只能是人力水车，其单价约为 4 石米，合银约 10 两。④ 则其总价约为 4600 两；至于锅鏊，1743 年盐运使朱续卓称"小海盐场的 87 副鏊共值银 1009.2 两"，可知每副鏊约值 11.6 两。考虑物价变动因素，其在 1820 年代每副约合银 23.8 两。⑤ 同样按照前文 20% 的比例，袁浦场的 124 副锅盘中归属华娄的应有约 25 副，则其总价约为 595 两；其他工具如铁耙、篾盘等多为农家常用之物，并不是制盐专用，且价值也不高，因此不再额外计算。水车和锅鏊两项均按半数折旧，则制盐工具的现值约为 2597.5 两。

三项合计，制盐业的资产约为 15023.62 两。

9. 建筑业

松江地区建筑业发展较早。早在明朝时就已出现专职从事建筑手

---

① 晒板是晒盐法的重要工具。板晒制盐据《岱山镇志·乡贤传》记载，岱山盐民王金邦因挑盐扁担上余卤受日光曝晒凝结成盐，受其启发，将家中门板浇卤试晒，果能成盐，因省工时时又不需燃料，板晒制盐在当地逐渐推广。咸丰年间，岱山盐民谢来才等 3 户因逃荒乘船携带家眷及盐板渡海到奉贤县海滨安家，板晒制盐，盐民见而仿效，改煎为晒。参见《上海粮食志》卷 9《盐业》第一章"产盐"第二节"制盐"，转引自上海地方志办公室网站。

② 民国《牟平县志》卷 5《政治志二》"盐业"。

③ 转引自许涤新、吴承明《中国资本主义发展史》第一卷，人民出版社 1985 年版，第 496 页。

④ 根据刘大钧的调查，1930 年代浙江平湖农家人力水车的价格为四五十元，约合当时的 10 石大米。参见刘大钧《浙江平湖农业经济状况》，载李文海主编《民国时期社会调查丛编·二编：乡村社会卷（下）》，福建教育出版社 2014 年版，第 192 页。

⑤ 乾隆八年（1743）时，米价约为 915 文/石，银钱比价约为 1：800，故米价约为 1.14 两/石，每副锅鏊价值约 10.2 石大米，在 1820 年代的华娄地区，约值 23.8 两银。

工业的施工机构，称为"水木作"，即建筑手工业作坊。水木作队伍分布在建筑活动活跃的松江、青浦等地①。到清代道光年间，"水木作坊已形成一支主要的社会职业队伍"，坊中有木工、泥工、雕锯工、石工、竹工多种工种。②

李著估计1820年代华娄地区约有建筑工匠4000人。③ 依照1949年松江县每家作坊平均6名工人的标准计算，此时华娄应约有作坊667间。这些工人并无固定的工作场所，且工作期间一般在客户家中或就近租房居住，因此并无房屋建筑资产。与此同时，建筑工人所使用的工具有相当的部分已被计入工业中的第一类行业，未计入的部分我们姑且假定其现值为人均1两。

则华娄地区建筑业实物资产价值约为4000两。

10. 窑业

窑业，也称砖瓦烧制业，主要生产各类建筑业所使用的建材。根据《松江县工业志》的记载，其在华娄，"由于就地取材、手工作业、土窑焙烧，容易被广大农户所接受，因此长期以来，一向颇盛"，"至抗战前夕，松江县全县从事该业的农户已逾三千，年产量高达1.2亿块之多"。④ 考虑到1820年代，华娄私人部门和公共部门都大力修缮房屋设施，对砖瓦需求旺盛，因此窑业的经营必然颇为兴盛。⑤ 李著对1820年代华娄有各类土窑500座、相关从业人员4300人的估算应是较为合理的。⑥

---

① 上海建筑施工志编纂委员会：《上海建筑施工志》，《队伍篇》，上海社会科学院出版社1997年版，转引自上海地方志办公室网站。
② 上海建筑施工志编纂委员会：《上海建筑施工志》，《队伍篇》，上海社会科学院出版社1997年版，转引自上海地方志办公室网站。
③ 李著，第108—109页。
④ 《松江县工业志》第二《工业门类》、第四《建材业》。
⑤ 砖瓦、石灰这类建材体积大、分量重、价格较低，不利于长途运输，因此多是就近销售。参见李绍强、徐建青《中国手工业通史·明清卷》，福建教育出版社2004年版，第613页。
⑥ 李著，第110页。另据光绪十六年三月三日《申报》载："浙江嘉善县境砖瓦等窑有一千余处，其借此以谋生者，不下十万人。"虽然嘉善以窑业著称，但以其半数估计似乎也不致过高。

根据近代对嘉善窑业的调查，窑厂的资产主要包括窑地、窑墩、窑屋及各种制砖工具。①

首先是窑地和窑墩。在抗战前夕的嘉善地区，建造一座普通的窑墩，需要"砖十万块，黄泥数十担，占地一亩半左右"②。可见窑地的大小约为每座 1.5 亩，按照农村下等田每亩 9 两的价格估算，约值银 13.5 两。而窑墩的价格，可以从其用料推测：1921 年时，嘉善县产砖 11.78 亿块，总价 589.4 万元，每块砖的售价约为 0.005 元，因此窑墩的造价至少为 500 元。③ 此外，我们在 1919 年安徽皖南砖瓦业的调查中还发现了一则关键数据，据载该地望江边江图砖瓦窑每座土窑的建设资本为 200—300 元，考虑到皖南的物价可能低于嘉善，因此 500 元计算应不致过高。以米价折算，可得一座窑墩的价值约为 129.44 两。500 座土窑占地约 750 亩，价值 10125 两；有窑墩 500 座，价值 64720 两。窑墩以半数折旧，则二项的现值合计 42485 两。

其次是窑屋。我们虽然没有找到关于窑屋数量、面积的直接证据，但通过其作业人数可知，以每三人 1 间计，4300 名工人至少需要市镇住房 1433.33 间，总价值约为 40133.24 两。

最后是各项生产工具。烧制砖瓦需要用到砌刀、砖模、泥弓等工具，这类工具数量不多，价格较低。④ 因此从低以每人现值 0.5 两计，则生产工具约为 2150 两。

综上，华娄窑业的实物资产总和约为 84768.24 两。

以上合计，第二产业的总资产约为 517191.86 两。

(三) 第三产业

1820 年代，华娄城镇的第三产业除去政府部门，主要有商业、服务业、外贸业、金融业、运输业和教育业 6 类。

---

① 《嘉善窑业概况》，载《浙江经济情报》1937 年第 2 卷第 3 期。
② 《嘉善窑业概况》，载《浙江经济情报》1937 年第 2 卷第 3 期。
③ 《嘉善窑业概况》，载《浙江经济情报》1937 年第 2 卷第 3 期。
④ 华东军政委员会土地改革委员会编：《江苏省农村调查》，1952 年，第 416 页。

1. 商业

李著估计，华娄城镇共有商户 6500 万户，其中府城商户 4400 户，市镇商户 2100 户。① 一般商户的资产主要包括住房（店铺、住房及仓库等），存货和各项设备（办公设备如桌椅、箱柜等）。

首先是住房。城镇商户的房屋一般数量较多，质量较好。我们暂从低以每家 3 间市房（含店铺和住房）、1 家栈房计算，则府城商户共有市房资产 84.48 万两、栈房资产 11 万两；市镇商户共有市房资产 28.35 万两、栈房资产 3.78 万两。二者合计，共 127.61 万两。

其次是存货。商户的存货资产可以通过年度商业发生额除以商业资本的年度周转数近似得到。李著对于华娄的贸易量进行了较为详细的估算，其中对于城镇商业来说主要包含"城乡间贸易"和"地方贸易"的一部分。② 李著估计这些通过商业结构销售的总额约为 502 万两。③ 假设所有商品平均每年周转 3 次，通过计算可得，商业部门的存货价值约为 167.33 万两。

最后是各项设备。商户中应有必要的办公设备，如柜台、货架、桌椅等固定资产，也应有笔、墨、纸等低值易耗品，此外还应有供掌柜、伙计生活起居的日用品，各家的差别不会很大，姑且以每家现值 10 两计，则各项设备的总价值约 6.5 万两。

三项加总，合计 301.44 万两。平均每家商户的资产约为 463.75 两。

2. 服务业

华娄城镇服务业种类繁多，服务业户多从事餐饮、裁缝、理发、行医和维修等工作。④ 李著估计，1820 年代华娄城镇共有服务业户 3200 户，其中府城服务业户 2200 户，市镇服务业户 1000 户。⑤ 服务业户的

---

① 李著，第 125 页。
② 李著，第 418—426 页。
③ 李著，第 185 页。
④ 其中以餐饮最多。根据"满铁调查"的统计，1940 年松江县华阳桥地区共有服务业户 16 户，其中包括菜馆 11 家、饭店 3 家、酒馆 2 家，都是餐饮行业。参见南满洲铁道株式会社上海事务所调查室《江苏省松江县农村实态调查报告书》，上海满铁调查资料第 48 编，昭和十五年十二月，第 185 页。
⑤ 李著，第 125 页。

资产类型较为单一，主要是房屋和部分设备。

房屋一项。前文提到的"屈氏慎余堂契约文书"中记录了一些苏州市镇服务业户租房的情况，可以作为参考。① 这些商户（如菜馆、鱼店等）用于经营的房屋少则1间，多则十余间，但以1—2间为主，因此我们以每家平均2间市房计算绝不致高估。则府城服务业户房屋资产约为28.16万两，市镇服务业户房屋资产约为9万两。二者合计37.16万两。

服务业的设备。相当一部分服务业如裁缝铺、理发铺、接生婆等，并没有过多设备，价值忽略不计。而占据较大比例的菜馆、酒馆中，其设备主要是桌椅板凳、锅碗瓢盆等（参见图2-9）。姑且以一般家庭家具资产的1.5倍以及厨具资产的2倍计算其价值，则一家服务业户平均设备价值约为5.7两。根据"满铁调查"和费孝通开弓弦村调查②，菜馆、酒馆占服务业总户数的比例应在80%以上，则服务业设备资产的价值约为1.46万两。

二者合计约38.62万两。平均每户约为120.69两，约为商业户户均资产的四分之一。③

3. 外贸业

清代中期，华娄与外地之间的贸易发展到了很大的规模，我们沿用李著的说法，也将这种跨地区贸易称为外贸业。④ 经营外贸业的商业机构为各式牙行。据地方志记载，牙行"各有专贩之物品，如花、米、竹、砖灰、地货、水果、鱼猪之属"⑤。具体到19世纪初期之华

---

① 洪焕椿编：《明清苏州农村经济资料》，江苏古籍出版社1988年版，第271—275页。
② 费孝通：《江村农民生活及其变迁》，敦煌文艺出版社1997年版。
③ 李著援引1951年松江县政府对该县的私商情况的统计，发现该县商业户的平均资本约为1570元，而服务业户的平均资本约为345元，前者约为后者的4.5倍。这与我们的估算结果相差不多。参见李著，第115—117页。此外，根据《江苏省粮食志》的记载，1950年江苏省米价每百斤约为7.72元，折合11.58元每石，则松江县服务户的资本约折米29.80石，折1820年代银69.43两。考虑到这些服务户中有相当比例为租房经营，因此我们的估值是较为合理的。参见《江苏省粮食志》，江苏人民出版社1993年版，第269页。
④ 李著，第126页。
⑤ 民国《宝山县续志》卷6《实业志·农业》。

图 2-9 清乾隆时期苏州桃花坞木版年画中的酒馆戏园景象（残）

资料来源：廖奔《戏曲文物发覆》，厦门大学出版社 2003 年版。

娄，又以布行、豆行、花行、木行为最。根据李著的考证，此时华娄年约向外输出棉布 143.2 万两，输入大豆 93.6 万两、皮棉 62.5 万两、木材 22 万两，四项合计 321.3 万两。其余米、盐、烟草、鸦片等货物"进出口"只有 45.7 万两。① 此外，根据时人记录和后世考证，这些牙行一般经营规模较大、势力较强。②

---

① 李著，第 423—424 页。
② 清代的牙行除自身经营以外，还要代政府征收部分商税。同时，其还担负着维护社会治安和市场秩序的职责。这种运动员兼裁判员的制度必然导致牙行享有或部分享有市场的垄断权力。参见燕红忠《清政府对牙行的管理及其问题》，《清华大学学报》（哲学社会科学版）2012 年第 4 期。

（1）牙行的数量

李著估计 1820 年代华娄地区从事布、花、豆、木四大大宗商品贩运的商号约有 500 家。① 这一数字不包含那些规模较小，从事零售的商户，与张忠民的估计大体相仿，因此较为可信。②

（2）牙行的资产

牙行的资产类型与普通商户相仿，也包括房屋、存货和设备三项。但其资产数量均在普通商户之上。

首先是房屋。牙行经营大宗商品的中长途运销，除铺屋以外，一般设有数量较多的栈房和客房。张彦台指出，民国时期，大中城市的牙行一般有房屋几十间到几百间不等，一般城市的牙行也有数十间客栈和仓库。③ 比如山东济宁的"源成皮行"，有两个院落，约有 40 余间房屋和敞棚。④ 考虑到松江府城内地价较高，寸土寸金，因此我们从低估计每家牙行平均拥有 3 间市房、20 间栈房和客房（均以栈房计价），由于我们不清楚其府城和市镇的分布情况，因此统一以市房每间 58 两，栈房每间 23 两计算，则每家牙行拥有房屋价值 634 两，外贸业总计 31.7 万两。

其次是存货。其估算方法与商业相同，即使用李著估算的年度外贸发生额除以外贸资本的年度周转次数。如前文所述，1820 年代华娄外贸业的全年交易总额约为 367 万两。且长途贸易的资本周转较慢，年周转数仅为 1—2 次。⑤ 因此我们姑且从低以每年 2 次为其资本周转速度，则单次外贸额约为 183.5 万两，此即外贸业存货资产的估值。

---

① 李著，第 130 页。
② 张忠民估计乾隆时松江府全府约有 3637 家牙行，华娄两县共计 715 家。参见张忠民《上海：从开发走向开放 1368—1842》，云南人民出版社 1990 年版，第 232 页。李著则认为 1820 年代的数字应在乾隆时期之上。
③ 张彦台：《蜕变与重生：民国华北牙商的历史演进》，山西人民出版社 2013 年版。
④ 40 多间房屋分为"皮毛成交场所、管账先生办公场所、存放卖主牛羊皮及杂货场所、外地皮贩住宿处、皮行的盘子手（跑业务）或者伙计住宿处"等。参见武晋保《源成皮行琐记》，载山东省政协文史资料委员会编《山东工商经济史料集萃》第 1 辑，山东人民出版社 1989 年版，第 143—144 页。
⑤ 李著，第 475 页。

最后是设备。华娄外贸业的设备与商业并无本质不同，只是数量更多，姑且以二者房屋数量的比例作为其设备价值之比。以此计算，每家牙行的设备价值的现值约为 45 两，500 家牙行共计 2.25 万两。

三项合计 217.45 万两。平均每家牙行拥有实物资本 4349 两，约为普通商户的 10 倍左右，与我们的认识基本一致。

4. 金融业

清代中期，松江地区从事金融活动的机构主要是典当和钱庄。[①] 其非金融资产主要包括房屋、存货和设备。

（1）典当

根据我们考证，1820 年代华娄地区约有中等规模典当 40 家，平均每家有市房 20 间，其房屋设施均以府城一般市房计，约为每间 64 两，则其房屋资产共计 5.12 万两。

存货上，典当业的存货绝大多数来源于超过档期的"死当"。[②] 根据统计，正常经营的典铺中约有 10% 的当物最终不会被赎回，需由典铺自行处理（一般是作价卖出）。据我们估算，1820 年代华娄地区典当业总架本为 144 万两，则全部积压当物款项约为 14.4 万两。[③] 考虑到自有资本和外借资本的比例为 1：2，所以应划归典当业的存货资本额为 4.8 万两。

办公设备上，典铺的箱柜、货架等数量较多，因此价值也相对较高，以每家 50 两计算，应不致高估。则办公设备资产总计 0.2 万两。

三项合计，共 10.12 万两。

（2）钱庄

根据考证，华娄共有中等规模钱庄 20 家。其非金融资产主要是房屋和办公设备。前者价值约为 2.56 万两，后者约为 0.1 万两，合计 2.66 万两。

---

① 笔者对华娄金融业资产情况进行了集中估算，此处只报告基本结论，详情见本书第五章"金融业资产与金融市场"。

② 当物超过当期便不准被赎取，即成为"死当"。

③ 虽然在交易发生时，放款的标准是"值十当五"，但是一般放弃赎回的（或未缴纳逾期费用的）货物其价值已低于市场价值，或与市场价值持平。

综上，华娄金融业非金融资产总额约为 12.78 万两。

5. 运输业

清代中期，华娄的主要运输方式是水运，因此我们与李著的做法相同，在此只讨论专业化的水运业。① 这种水运业按照所有主体的不同可以分为官营和私营两种：其中官营部分即漕船运输。这些漕船除了运输漕粮以外，还可以携带部分私货；② 而私营部分则指的是运输人员和货物的民船。由于我们在此考察的是居民部门的财富，因此需要估算的只有后者。

（1）货船的数量

货船的数量可以由总运量和单船的运力来推算。

根据统计，1949 年底，松江县共有货船 416 艘，总吨位 4322 吨，运输货物总量 22.4 万吨。③ 平均每艘货船约重 10.39 吨，年运输货物约 540 吨。

李著估计 1820 年代华娄水运货物的总量应在 1949 年的松江县之上，原因有三：第一，前者的城市化水平更高，居民对稻米的需求量更大；第二，除了稻米以外，前者有几项重要的大宗商品进出（棉布、皮棉、大豆等），而这些行业在后者颇为凋敝；第三，近代华娄已有公路，陆运取代了一定比例的水运。④ 基于以上理由，其以 1949 年松江县的人均货运量为标准，按照人口比例推算 1820 年代华娄的水运货物运量约为 29 吨。我们认为这一估算是较为合理的。⑤

但是通过前文可知，这一数字应为全体水运业的运输量，而非民

---

① 李著，第 137 页。
② 18 世纪中期，大运河上每条漕船允许携带"土宜"的重量为 126 石，约为全部载重的 15%—20%。参见中国第一历史档案馆《宫中朱批奏折》，财政类，漕运项，MF9—623，转引自［日］松浦章《清代内河水运史研究》，江苏人民出版社 2010 年版，第 100—101 页。
③ 1991 年《松江县志》，第 604 页。
④ 李著，第 138—139 页。
⑤ 事实上，李著还在 29 万吨的基础上加上了棉布、皮棉、大豆和豆饼等几种商品的重量 8 万吨，合计约 37 万吨。但是我们认为近代华娄虽然传统行业衰落，但也有煤炭等新的大宗商品的进出，因此在原基础之上直接加上"消失"的货物量，可能导致对真实情况的高估。

营水运业单独的运输量，因此还需要扣除掉漕船携带的私货。根据记录，道光五年，华娄两县共有漕船110艘。① 假设平均每艘每次夹带货物126石，每年往返3次（来回共计6次），则漕船运输的货物总量约为0.67万吨。因此，此时华娄民间水运业的年运量约为28.33万吨。

1916年东亚同文书院的调查报告载：往来运河之民船最大900担，最小60担，200—300担者最多。而根据松浦章的考证，运河上载重200—300担的船只其吨位为11—17.9吨。② 这一数字与1949年松江县的货船情况基本相仿，可见后者较为可信。因此我们姑且假设1820年代华娄的货船与1949年的运力相仿，即每艘货船每年运输540吨货物，则华娄此时至少有货船525艘。

（2）货船的价格

李著估计货船的价值约为渔船的10倍，因此其造价约为200两每艘。这一估值大体合理，但仍需要做一定检验。

我们在民国初年日本人在华调查报告中找到了一则松江航船的价格记录：

> 短距离航行之船，皆是航船。故其种类颇多。航船多以航行的河川或来往的地名命名。例如上海至松江之间的被称为上海松江航船。此等船大百担以外，三百担以内，船员七、八名。可载乘客由其大小不同而不同。大者可载乘客三十人，小者可载十七、八人。造船费用七、八百元。③

从上文可见，其载重也在200—300担，与华娄货船的大小相仿，因此可以推测二者的造价应相差不多。④ 一艘航船的造价以中间值750

---

① 李文治、江太新：《清代漕运》，中华书局1995年版，第216页，转引自李著，第138页。
② ［日］松浦章：《清代内河水运史研究》，江苏人民出版社2010年版，第101页。
③ 东亚同文会：《中国省别全志》卷十五《江苏卷》，1920年，第279页，转引自［日］松浦章《清代内河水运史研究》，江苏人民出版社2010年版，第133页。
④ 航船的内部设施可能更好，因此造价会略高于货船。

元计，约折合当时的大米88.55石。① 折回1820年代银价，约合银206.32两。与李著的估值相差无几，因此我们也从简以每艘200两计。

由于水运业的实物资产只有船只及其附属设施，因此我们估计其设备价值约为10.5万两，以半数折旧，其现值约为5.25万两。

6. 教育业

李著估计1820年代华娄地区共有非官办教育（经馆和蒙馆）4000家。② 去除农村地区教育户1880家，城镇中应有私塾2120家。由于绝大部分私塾专门的校舍，教学活动多是在学生或塾师家里，或者借用庙宇、祠堂进行。③ 因此教育部门的资产中并无房屋资产，只有教学设备和书籍两项。

私塾常用的教学设备，包括桌椅板凳、薪柴灯烛、文具如笔墨纸砚等，其价值一般不高，总和以每家10两计应不会低估。④ 去除折旧后，此项总值约为1.06万两。

至于书籍，主要是基本的蒙学教材和其他相关书籍，与农村地区相同，也从低以每家20册计，去除折旧后总计约5088两。

两项合计1.57万两。

最终加总得到第三产业非金融资产总额为577.11万两。

（四）一般家私

城镇居民的家私类型同农村农户家庭相比，只缺少土地、牲畜、粮食和部分生产工具，其余诸项并无不同。⑤ 因此，我们将参照对农村农户家庭的估算，从简估计城镇居民的家私情况。

1. 房屋

如前所述，华娄城镇中居民住房的市场价格为每间36两。此外，由于城镇住房与农村住房相比，一般无场院和棚舍，亦无饲养牲畜、

---

① 1920年，苏州的米价约为8.47元每石。参见《江苏省粮食志》，第261页。
② 李著，第439页。
③ 李著，第429页。
④ 平均每人占有2.5两。每位塾师指导的学生人数只有3—4人。参见李著，第437页。
⑤ 其中生产工具主要是纺织工具和部分运输工具，但这些部分已经在第二、第三产业中计入，因此我们在家私中不会再重复统计。

存放农具之必要,因此以每家3间估计较为合理。因此,一户普通居民的住房价值约为108两。假设城镇居民中贫富分化和住房条件差距与农村地区相同,则可得华娄城镇居民住房资产共计701.19万两(参见表2-26)。

表2-26　　　　　　　城镇居民房屋资产情况

类型	数量(万户)	房屋现值(两)	总价值(万两)
富户	0.49	540	264.6
中等户	3.92	108	423.36
少房户	0.245	54	13.23
无房户	0.245	0	0
总和	4.9	—	701.19

资料来源:笔者整理。

华娄城镇居民住房资产共计701.19万两。

2. 衣物、家具和厨具

前文估算,华娄普通农家平均每户的衣物资产约为5.39两,富户和贫困户分别为这一数值的5倍和0.5倍。以此标准推算,4.9万华娄城镇居民家庭共有衣物资产约35.65万两。家具、厨具与衣物的估算方法相同,则其资产总额分别为48.95万两和6.81万两。三项合计约91.42万两。

表2-27　　　　　　　城镇居民衣物、家具和厨具资产情况

	富户(两)	数量(万户)	中等户(两)	数量(万户)	贫困户(两)	数量(万户)	合计(万两)
衣物	26.95	0.49	5.39	3.92	2.695	0.49	35.65
家具	42.06	0.49	7.01	3.92	1.7525	0.49	48.95
厨具	5.15	0.49	1.03	3.92	0.515	0.49	6.81
合计	74.16	—	13.43	—	4.9625	—	91.42

注:表中数据经四舍五入处理。
资料来源:笔者整理。

3. 奢侈品

城镇居民中只有4900富户拥有奢侈品。其标准参照农村富户也按每家50两计算，则此项资产约为24.5万两。

4. 奴仆

华娄城镇由于旗人较多、官员较多，因此富户中蓄仆的比例更高，蓄仆的数量也应较多，姑且均以农村地区的1.5倍计算，则4900富户中应约有30%的家庭蓄仆，平均每户有成年仆人3人，老仆和幼仆3人。按成人每口10两，小口每口5两计，则城镇奴仆资产共约66150两。

以上合计，华娄城镇居民一般家私资产总和约为823.73万两。

城镇居民非金融资产总和约为1452.56万两。所有居民部门非金融资产价值约为3777.06万两。具体情况如表2-28所示。

表2-28　　　　　居民部门非金融资产汇总

性质1	性质2	类别	农村农户（万两）	农村非农户（万两）	城镇居民（万两）	合计（万两）	占比（%）
生产性	固定	土地	1089.65	0	2.64	1092.29	0.29
生产性	固定	房屋（工商业）	0	38.34	232.43	270.77	0.07
生产性	流动	牲畜（牛）	44.88	0	2.40	47.28	0.01
生产性	流动	生产设备	143.82	5.32	35.73	184.87	0.05
生产性	流动	存货	0	8.48	355.63	364.11	0.10
非生产性	固定	房屋（住房）	630.7	45.23	701.19	1377.12	0.36
非生产性	流动	牲畜（其他）	62.95	4.91	0	67.86	0.02
非生产性	流动	家私	182.85	21.84	91.42	296.11	0.08
非生产性	流动	奢侈品	36.60	4.58	24.50	65.68	0.02
非生产性	流动	奴仆	4.08	0.27	6.62	10.97	0.00
		合计	2195.53	128.97	1452.56	3777.06	1.00

注：生产设备包含农具、纺织工具、运输工具、各项其他设备、书籍等；家私包括粮食、衣物、家具和厨具等。

资料来源：笔者整理。

第三章 公共部门非金融资产

我们将华娄的公共部门分为政府部门和其他公共部门两类。这样划分能够更清晰地展示19世纪初期长三角地区公共部门财富的分布情况以及地方政府在公共物品和服务提供中扮演的角色。在部门内部，我们借鉴了李著估算服务业增加值时使用的方法，即以具体的公共事业为单元、逐个进行讨论（不过其考察的公共事业种类并不多）。通过翻阅地方志和相关研究资料，本章最终估算了8项政府部门公共事业和7项其他公共部门公共事业，基本穷尽了长三角地区公共物品市场的各个方面，并在对以上15种公共事业占有的非金融资产估算完成后，最后对其按照资产类型进行了分类加总。

一　政府部门非金融资产

19世纪初期，华娄政府部门的非金融资产集中在政府所有的各项建筑物和公共物品之上。具体来说，包括官署、官学、军事设施、城池、海塘、河道与河堤、仓库以及漕船8项。

（一）官署

清代中期，松江府城是一府两县三个行政机构的治所之所在，因此拥有的官署数量较多。从地理位置上看，这些官署可以分为松江城内和城外两部分。其中松江城内的行政机构有府衙以下大小官署16个，军事机构有提督府以下大小官署7个，合计23个；[①] 而松江城外

[①] 行政机构中松江府有府署、粮捕通判署、利通判署（原注在柘城，不在府城内）、教授署、经历署、知事署；华亭县有县署、儒学教谕署、典史署、学史行院等；娄县有县署、教谕署、主簿署、典史署、袁浦场大使署。军事机构主要包括提督府、中营参将署、前营游击署、前营守备署、左营游击署、城守营游击署、城守营守备署。

另设有金山巡检司、金山营右哨千总署、金山营游击署、金山营守备4个官署，且均为军事机构。

虽然中国古代流行"官不修衙"的官箴，但由于府县官署规模一般较大，其造价自然不会太低。① 据记载，咸丰十年（1860）重建松江府署，屋宇168间，共用银5100余两，平均每间房舍重建费用约为30两；而同治十一年（1871）重建总督署，屋220余间共用银3.6万两，平均每间重建费用约为164两。② 说明府城内官署建筑每间的造价在30—164两。③

根据我们的估算，府城普通民居每间的市场价格约为40两。官署为官员办公和生活起居之场所，即使不常修缮，其规格也不应低于普通居民住宅。因此我们以40两每间作为城内官府建筑的平均价格，应不会高估。④

松江城内四个规模最大的官署分别是：提督署、松江府署、华亭县署和娄县署。其中提督署220余间计225间；松江府署168间；⑤ 另从"华亭县衙图"中统计可知，该县县署约有屋120间；⑥ 娄县署与华亭县署规格相仿，因此也以120间计。其他各署大小无从统计，但一般都有大门、二门、大堂、东西厢房等，均有房四五十间，这里我们兹取40间为其平均数。则府城内共有官署1393间，其单价按府城一般居民住房计算，则其资产现值约为55720两。⑦

---

① 陈典指出清代的官署除了满足官员的日常办公和居住的需要，还应包含仓库、监狱、宾馆、驿站等相关机构和设施。参见陈典《清代湖北的县衙》，《中国经济与社会史评论》2010年卷。

② 光绪《松江府续志》卷8《建置志》。

③ 李著，第414页。

④ 不会高估的另一个原因是官府建筑除了房屋以外，还有一些额外的设施。比如《重修华亭县志》卷2《建置》中提到"康熙十六年知县南梦班重建仪门两廊"，仪门这类设施一般民居肯定是没有的。

⑤ 松江府署在古华亭县署基础上扩建。参见光绪《重修华亭县志》卷2《建置》。

⑥ 华县衙中有大门、大堂、二堂、库房、签押房、西厅、知宅、土地祠、关帝庙、积谷仓、文移房、吏户礼房、承发房、兵刑工房和自新所等。参见光绪《重修华亭县志》卷2《建置》。

⑦ 由于清代规定官员整修衙署需要自掏腰包，且必须对工程质量负责，因此绝大部分地方官员并无动力整修所居官署，甚至反而会以"斯是陋室，惟吾德馨"来博取官声。1820年代的松江府虽然较为富庶，地方财政运转良好，但其官署的质量和市场价值并不会与普通民居有太大区别。关于"官不修衙"的历史脉络和详细原因参见完颜绍元《古代当官不修衙，为什么?》，《人民论坛》2014年第10期。

城外官署均为军事机构,其占地面积和房屋规模都应比城内官署更大,因此以每署 100 间计算,绝不致高估。由于其地处城外,地价较低,因而其价格可以依照市镇一般民居住房每间 28 两计算。则其现值约为 11200 两。

两者相加,华娄官署资产总额约为 6.69 万两。

(二) 官学

清代由政府出资兴办的学校有两类:一是官学,二是书院。[1]其主要资产均为房屋建筑、土地(即学田)、教学设备和藏书四项。其中教学设备和藏书在一定意义上可以认为是教育行业的"生产工具"。但由于清代中期书院事实上已经拥有独立的法人产权地位,财政和招生不受政府管辖,因此我们依照陈月圆和龙登高的说法,将书院作为其他公共部门在后文进行考察。[2]

1820 年代,华娄地区的官学共有府学一所、县学两所。需要说明的是华娄两县的县学虽然财政、师生员额分开,但其使用的却是同一校舍。

1. 房屋建筑

松江府学和华娄县学,均规制宏大。据地方志记载,前者占地 49 亩,后者占地 35 亩,且其内部建筑设施也颇为齐备、雄伟。

其中,松江府学:

> 大成殿有正殿五楹,前为月台,东西两庑,中为舟墀,前为大成门、灵星门、泮池、万仞宫墙,兴贤坊在左,育才坊在右,殿后为崇圣祠,明伦堂在殿之东,其前为崇德堂、仪门。尊经阁在学之东南;在启圣祠左有胡耿二先生祠、府学名宦祠、乡贤祠。

---

[1] 中国传统社会中学校包括官学、书院、义学、社学、族学和私塾几类。私塾又包括经馆和蒙馆。在具体出资方上,官学和书院都由地方政府兴建,而义学、社学、族学只有小部分为官助民办、大部分为独立民办。私塾则完全由私人兴办。参见李著,第 429—433 页。

[2] 陈月圆、龙登高:《清代书院的财产属性及其市场化经营》,《浙江学刊》2020 年第 3 期。

华娄县学：

> 大成殿凡五楹，前为月台，披东为洗尊所，披西为祭器库，东西两庑各九间。又前为大成门，列戟如制，其外为灵星门、石栏、泮池，池之南为万仞宫墙。东西两坊左曰礼门，右曰义路。殿东北为崇圣祠，殿东南为斋宿处，殿后有冢为明殉节诸生戴泓等三十余人丛葬处。文昌祠在戟门右，儒学门在灵星门东。进为崇德堂，左右为名宦祠、乡贤祠，又进为明伦堂，其东为忠义孝悌祠，又东为三贤祠。洒扫局仓库在儒学门内之西。①

二者内皆有大成殿、崇圣祠、文昌祠、魁星楼、尊经楼、名宦祠和乡贤祠等规格较高的建筑。除去这些仪式性建筑外，二者内还应设有大量房间供师生学习和起居使用。据《重修华亭县志》学宫图所示，华娄县学共有正殿 5 楹，东西两庑各 9 楹，房屋总数在 100 间以上。松江府学则应只多不少。

至于学校房屋的价格。

李著通过道光二十四年（1844）和光绪三年（1877）两次修缮县学费用（合计 6765 两），估得县学每年维修费用为 390 两。② 若依照民房年维修费为其总造价 1% 之标准，则华娄县学的造价达 3.9 万两，这似乎太高。实际上，从地方志的记载可知，道光二十四年（1844）的工程绝非一般维修——而是知府洪玉珩带头，"合两邑绅士"之力的大规模行动。其不仅重修了殿庑、门房、泮池、石栏、明伦堂、崇德堂、乡贤祠、名宦祠、三贤祠等建筑设施，还重建了崇圣祠和忠孝祠，增建了洒扫局和万仞宫墙等。③ 其规模之大，绝非十五年一遇；而在 33 年之后，光绪三年（1877）的整修只花费了 1824 两，这一支

---

① 清代中期松江府学和华娄县学的建筑信息均引自《松江教育志》第 2 编第 1 章"府学、县学"。
② 李著，第 180 页。
③ 光绪《重修华亭县志》卷 5《学校》。

出显然更符合一般修葺之标准。若以 20 年为其维修年限，则每年县学的维修费约为 91.2 两。①

由此推算，华娄县学房屋建筑的整体造价约为 9120 两。府学比县学规制更高，按 20% 溢价，则其整体造价约为 10944 两。假设华娄公共建筑的年限均呈平均分布，则官学校舍的总现值为 10032 两。②

2. 土地

据统计，嘉庆时松江府学有学田 717 亩；华亭县学有 502 亩，娄县有 514 亩，总计约 1733 亩。③ 如均以中等田价（每亩 12 两）计，则此项资产价值约为 20796 两。④

3. 教学设备

常用的教学设备，包括桌椅板凳、薪柴灯烛、各种文具（笔墨纸砚）等，这些李著中并没有给出明确的估算。但我们可以从学生的规模入手，做一些简单的推断。

19 世纪初期，松江府的学额为廪生和增生各 40 名，共 80 名；华娄二县的学额为廪生和增生各 24 名，共 48 名。二者合计共 124 名。⑤ 这些学生日常使用的设备从低以每人 2 两计算，则此项资产的价值约为 248 两。

4. 藏书

我们并未找到松江官学藏书情况的直接记录。但从其地位、规制和学额等方面推断，二者的藏书数量应不会少于，或者至少不会大幅少于云间书院。

据地方志记载，云间书院建成之初，娄县知县谢庭熏曾捐钦定五经、

---

① 华娄县学在道光十一年（1831）、道光二十四年（1844）和光绪三年（1877）都重修过，间隔分别为 13 年和 33 年，姑且取二者的中间值 20 年作为其维修年限。

② 如前所述，华娄府县学共有房屋 200 间以上，从低以 200 间计，则平均每间房屋的价格约为 50 两，只比普通民宅高出了 25%。考虑到官学的附属设施更多，这一相对保守的估计是比较合理的。

③ 李著，第 442 页。

④ 光绪《重修华亭县志》卷 5《学校》中记录了学田的位置、品类和附属房屋等信息。记录在案的学田都被归为"中田"。另外由于对房屋租金的记录不详细，房屋数量本身也不多，因此我们在此没有计算。

⑤ 李著，第 435 页。

十三经注疏、通志堂九经解和廿三史诸书 5000 余卷，作为藏书基础。① 据统计，明末版的二十一史，目录列为 2567 卷，装订为 601 册。② 平均每册图书刊录约 4.27 卷内容。以此标准计算，谢庭熏的一笔捐赠就达 1000 多本。这些儒家经典是科举应试的必备工具书，因此官学也必然拥有。

与此同时，考虑到松江地区文教昌达且距离印刷中心较近，因此其府学尊经阁中的藏书量应较为可观，暂估为 4000 册。③

张升利用《士礼居刊行目录》估计清代嘉庆年间新书的册均价为 0.24 两④。这里我们不考虑善本、孤本的问题，全部按照普通刻本书计价，则府县学 8000 册藏书，新书市场价为 1920 两。以半数折旧，现值约为 960 两。

加总得到官学资产约为 3.2 万两。

（三）军事设施

19 世纪初期，华娄地区驻扎有相当数量的军队。⑤ 驻军的非金融资产主要包括房屋建筑、士兵的武器、军马和战船等。⑥ 虽然根据地方志记载，驻军也经营商铺，但由于其并非军事设施，因此不在此处计算。⑦

1. 军营

根据李著考证，1820 年代华娄驻军总人数为 2242 人，其中军官 59 人、士兵 2183 人。⑧ 驻军的住房皆由政府提供，但具体费用不详。

李著参考雍正时期苏州踹匠每年每人房租 4.3 两的标准，并考虑物价变动（米价大约上涨一倍），认为政府为这些士兵每年支付的实际费

---

① 乾隆《娄县志》卷 8《学校志·书院》。
② ［英］魏根深：《中国历史研究手册：下册》，北京大学出版社 2016 年版，第 1454 页。
③ 周倩援引《毓文书院志》卷 8《书籍》的记录：安徽洋川毓文书院，在乾嘉时期院内藏有书籍 45 种、4107 本，"可媲美同时期省会书院"。考虑到松江地区的文化发展不亚于苏州外的其他城市，因此 4000 册实际上是一种相对保守的估计。参见周倩《清代书院史籍藏贮初探》，《史学史研究》2018 年第 3 期。
④ 张升：《古代书价述略》，《中国出版史研究》2016 年第 3 期。
⑤ 具体驻军单位为提标城守营、提标中营、提标后营以及柘林营四营。参见光绪《松江府续志》卷 18《武备志》，转引自李著，第 414 页。
⑥ 由于各营官署在"官署"中已经估算，因此此处的房屋建筑只包括军队的住房和训练场。
⑦ 清政府特许华娄驻军在郡城外设店出售官盐。参见嘉庆《松江府志》卷 29《田赋志·盐法·场灶》。
⑧ 李著，第 144—145 页。

用约为 1.8 万两。再加上军官住房、仓库、伙房等，军营的年租金应在 2 万两以上。① 若按租金为造价 3% 的比例折算，则军营的整体造价约为 70 万两。半数折旧后，价值也高达 35 万两，这一数字显然过高。

考虑到清代绿营兵家眷随军居住，因此实际上一兵就是一户，那么我们大体可以假设其住房的规模与一般市镇（非城镇）居民家庭相仿，也以每户 3 间、每间 28 两计，则每户住房资产约为 84 两，共计 183372 两；军官的住房以市镇富户，即普通居民的 5 倍计，每户约 420 两，共计 24780 两。二者合计 20.82 万两。

由于军队操场的占地面积不详，因此在此不做额外估计。②

2. 武器装备

清代江南驻军兵器种类繁多。罗尔纲所著《绿营兵志》中将士兵的装备分为甲胄、弓矢、枪炮、刀斧、矛戟、椎挺、蒙盾、梯冲、金鼓、旗纛十种。我们这里重点估算火器和单兵装备两类。③

首先是火器。

清代自雍正以后，各省绿营逐渐开始配备较大规模的火器。其中，雍正五年（1727）规定绿营兵装备总则为"内陆省份兵每千名设鸟枪三百杆，沿边、沿海省份每兵千员设鸟铳四百杆"，"直省子母炮尽行解部，别制冲击便利之炮"。④ 这一势头在乾嘉两朝得以保持，各省绿营配置火器的比例和种类持续上升，甚至配发到了县级作战单位。比如《南部档案》中即记载：

嘉庆二年十月初一日，一给发川北中营司厅火药一包，铅子□百

---

① 李著，第 190—191 页。

② 各营演武场的位置在地方志中均有记载，比如提标城守营的演武场位于城东南隅娄界。参见光绪《重修华亭县志》卷 10《兵防》。

③ 需要说明的是，清代军队的装备并不是完全由政府提供。在地方驻军中，一些价值较低且容易耗损的物品，比如"布鞋、鞍辔、马镫、棕衣、蒲鞋"等均由"兵丁自备"，且政府不提供维修服务。在法理上，这些物品显然不属于政府所有的资产。参见《清代各院部则例：钦定军器则例》，香港蝠池书院出版有限公司 2004 年版，第 29 页。

④ 《钦定大清会典则例》卷 122《兵部·军器》，《景印文渊阁四库全书》，史部，第 377 册，第 619 页。

颗，火绳二十把；一给发茂州营司厅黄凤，铅子一千颗，火绳十把；一给发城守左营部厅张，火药两包；一给发军□□等火药十斤，铅子二百三十颗，火绳二十三把；一给发龙实营把总王□□火药□□斤，铅子二百颗，火绳八把；一给发提标中营外委张仪火绳三十一把；一给发建昌左营司厅刘，火绳三十把，铅子五百颗；一给发潍州左营外委王贵铅子一百五十颗，火绳十把，一给发宁越营司厅马，火药十斤，铅子六百颗，火绳十把；一给发川北右营司厅何铅子□百颗，火绳八把；给发茂州营司厅黄凤火药二十斤。①

具体到华娄。据记载，乾隆年间江南提督所辖各营共有两百斤以上红衣大炮958位，较小的威远炮1792位，子母炮384位，百子炮2414位。② 华娄驻扎的提标城守营等四营总兵力约占江南提督全部兵力的1/5。③ 我们姑且认为这四营的火力配备也占其1/5，则华娄应有大小火炮约1110位，按80%满位计算，至少应有火炮888门左右。④ 取江南各营的平均水平，则其中重炮约153门，轻炮735门。

1840年以前，中国的火炮在材质上"或铁或铜"。⑤ 大体来说，铜炮制法最简单，杂质最少且不易炸膛，但问题是造价极高；而铁炮虽然杂质较多，炮膛厚度较大（重量反胜铜炮），但好处是较为便宜。⑥ 由于缺乏进一步的数据，我们姑且假设华娄军队中的火炮均为铁制。在重量上，重型火炮如红衣大炮重数百斤至数千斤不等，姑且从低取

---

① 《南部档案》Q1-3-11-1，嘉庆二年十月初一日。
② 《江南提督谭行义奏请修理江南各营炮位事》，乾隆十二年七月十五日，《宫中朱批奏折》，档号：04-01-01-0148-006。
③ 乾隆时期，江南提督（驻松江府城）管辖中营、左营、右营、前营、后营5营，兼辖松江城守营、金山营、柘林营、青村营、川沙营、南汇营、黄浦水师营、刘河营、吴淞营、福山营、太湖营、常州营、江阴营、靖江营、杨舍营、孟河营、镇江城守营。参见乾隆《江南通志》卷92《武备志·兵制二》、卷93《武备志·兵制三》。
④ 道光初年，中国全国共有火炮154760门。其中多为子母、威远等小炮。大神威、红衣等大炮较少。参见翁同爵《皇朝兵制考略》卷5《满汉各营枪炮数》，《续修四库全书》，第858册，第675—676页。
⑤ 《钦定大清会典则例》卷122《兵部·军器》，《景印文渊阁四库全书》，史部，第377册，第677页。
⑥ 王珏：《清代火器应用研究》，硕士学位论文，东北师范大学，2016年。

500斤计算；而威远、子母、百子等炮重量较轻，仅分别为140—170斤、85—95斤、36—48斤。① 姑且取中间值100斤计。

根据"物料工匠价值则例"的记载，乾隆中期江苏地区生铁每斤的价格约为0.016两，且彭凯翔备注"时苏州米价1.2两/仓石上下"。② 则其至1820年代每斤约合银0.031两。由此计算，每门重炮仅其铁料的价值就达15.5两，而每门轻炮的铁料也合银3.1两。考虑到火炮铸造流程较多，人工投入较大，且部分轻炮配有辅助设备（如四轮小车），因此其造价应该更高。整体各以2倍计算其现值应不致高估。则华娄重炮总价值约为4743两，轻炮价值约为4557两，二者合计9300两。③

其次是单兵装备。

根据康熙《大清会典》的规定，各兵种士兵满额装备，其中：马兵每名各给铁盔甲一副，弓一张，箭四十枝，腰刀一口（如图3-1所示）；步兵均作三分，一分弓箭手，各给弓一张，箭三十枝。一分长枪手，各给长枪一杆。一分鸟枪手，各给鸟枪一杆。三分各给棉甲一副，腰刀一口。此外如前文所述，乾嘉两朝火器地位上升，至道光朝"缠丝神枪"、抬枪等枪械的配比已达60%。④ 因此以此估计，华娄绿营平均每名士兵至少应有腰刀1把、棉甲（绵甲）或铁甲1副，弓弩0.3副、箭矢10枝、长矛0.2杆、鸟枪或抬枪0.6杆；军官则基本都有全套甲胄、佩刀，且弓矢的数量较多，其他与普通士兵差别不大。⑤

---

① 参见徐启宪主编《清宫武备》，上海科学技术出版社2008年版，第189—191页。

② 彭凯翔：《清代以来的粮价——历史学的解释与再解释》，上海人民出版社2006年版，附表A5.2。

③ 江南绿营也装备了部分鸟枪、抬枪等枪械，以及火药、铅子、火绳等材料，数额颇为可观。出于行文方便，具体估算见"单兵装备"。

④ 王珏：《清代火器应用研究》，硕士学位论文，东北师范大学，2016年。

⑤ 清代对官兵的箭枝数量有着严格的规定和等级限制。其中公爵配发550枝，侯爵500枝，伯爵450枝，一品至六品以下官员配400枝到100枝，前锋、护军、亲军、领催等普通军官70枝，披甲人40枝。参见香港蝠池书院出版有限公司编《清代各院部则例：钦定军器则例》卷2《条例》。这一规定在各地方驻军中得到了较好的执行，清代太原旗营中指挥官城守尉拥有战箭二百五十枝，而其下属防御、骁骑校、领催及马甲的战箭分别递减为一百五十、一百、七十和五十枝。参见乾隆《太原府志》卷20《兵制》，转引自刘赫宇《清代太原旗营的武备》，《太原理工大学学报》（社会科学版）2020年第2期。虽然华娄驻军为绿营兵，并不以骑射见长，但军官拥有更多箭矢的惯例并不会有太大差别。

126 / 传统中国的财富积累与分配

图 3-1　《乾隆皇帝大阅图》中的"单兵装备"

资料来源：郎世宁 18 世纪中期绘制，现收藏于故宫博物院。

则华娄 2200 余名官兵至少装备了 1200 副盔甲（其中马兵和军官部分穿着铁甲，取整计为 200 副，普通士兵部分身着棉甲，取整计为 1000 副）、2200 把腰刀、1000 张弓、40000 枝箭、400 杆长矛及 1200 杆鸟枪或抬枪。

各项装备的价值估算如下：

第一是盔甲。关于清代中期官兵的甲胄，乾隆晚年马戛尔尼使团曾有过较为详细的记录：

> 中国兵士的甲胄包括一顶倒装漏斗形的铁盔，盔顶好似漏斗管，距离头上六七寸，尖端是一个中国枪头的形状。盔顶下面有一些红穗缨。颈部由一个外面是布里面装着铁片的护颈保卫着。

身上穿的衣服也是布里包铁，分为上下两件。下身到达小腿部分，上身只达腰部。这种铁盔甲似乎只会增加兵士动作的不方便，而不能起保护作用。军官的铁盔上面有金的装饰，盔顶比兵士的更高一些。军官服装是紫色或蓝色丝制的，上面镶着真金或镀金的钮钉。军官脚上穿的是一双黑色缎靴。①

斯当东所描述的显然是清廷用于仪式的铁盔铁甲。这种盔甲用料甚多且工艺颇为复杂，造价至少在 10 两上下。② 棉甲的造价不详，姑且以铁甲的一半，即每套 5 两估计。③ 则盔甲一项的价值总计约 7000 两，折旧后现值约为 3500 两。④

第二是腰刀、长矛。雍正初年，李煦抄家档案中记载，当时一把旧的"铁叶子腰刀"可折银二钱。⑤ 考虑到物价变动因素，1820 年代同样的一把腰刀其市场价格应在银 0.5 两左右。⑥ 我们虽然不清楚长矛的具体造价，但从其形制和功用可以推断价格应与腰刀相仿，姑且也按腰刀的价格进行估计。则二者的现值约为 1300 两。

第三是弓矢。乾隆《军器则例》中对清代各省弓矢的造价有直接的记录，其中：直隶省"弓每张价银一两五钱，大箭每枝价银四分，战箭每枝价银三分"，江南省"弓每张价银九钱五分，撒袋箭每副十

---

① ［英］斯当东：《英使谒见乾隆纪实》，商务印书馆 1963 年版，第 462 页。

② 清代铁甲和棉甲的制作材料和工艺参见毛宪民《江南"三织造"与清宫盔甲制作》，《清史论丛》2016 年第 2 期。

③ 明代《金汤借箸十二筹》中详细记述了棉甲的制造方法："绵甲，绵花七斤用布盛如夹袄，粗线逐行横直缝紧，入水浸透，取起铺地，用脚踹实，以不胖胀为度。晒干收用见雨不重，霉黰不烂，鸟铳不能伤。"清初基本沿用明制，但在乾隆期间出现了较大的改进。其具体形制参见郑宇婷《清代棉甲的结构与规制研究》，硕士学位论文，北京服装学院，2018 年。此外，英国使团在归程中对清帝国进行了一番"政治算术"，计算了清乾隆朝每年的军费支出。其估计军服一项，士兵每人每年一套军服，每套估值 4 两，可见我们对士兵甲胄价值的估算是相对合理的。参见［英］斯当东《英使谒见乾隆纪实》，商务印书馆 1963 年版，附录 4，第 540 页。

④ 也有说法认为大部分绿营士兵没有棉甲，只有长褂和马甲。这里我们做两手估算。

⑤ 转引自云妍等《官绅的荷包》，中信出版集团 2019 年版，第 57 页。

⑥ 根据彭凯翔的估算，以 1913 年物价为 100，雍正初年（1720 年前后）的物价指数约为 37.59，1820 年代的物价指数约为 85.39，后者是前者是 2.27 倍。考虑到江南的物价水平平均可能略高于直隶，因此姑且取 2.5 倍为二者的实际比例。

九枝价银五钱四分",浙江省"弓每张价银一两零五分,箭每枝价银三分"。① 可见每张弓的造价应在 1 两左右,每枝战箭的造价约为 0.03 两。考虑到物价变动因素,1820 年代华娄地区弓的价格约为每张 2 两,箭的价格约为每枝 0.06 两。以此计,弓矢的现值约为 2200 两。

第四是火枪。清代中期,江南地区士兵所使用的火枪名目繁多,鸟枪就有赞巴拉特大鸟枪、马上枪、三眼枪等数种。② 为便于估计,我们这里假设所有火枪都是中等规格的火绳枪。根据马戛尔尼的私人日记,乾隆末年一支火绳枪的价格约为 1.5 盎司白银(约为普通步兵 1 盎司 6 达兰银子、外加 10 蒲式耳大米月薪的 0.8 倍左右),而一把刀值 0.5 盎司白银。③ 李著估计 1820 年代华娄地区步战兵的年收入为 26 两,平均月薪约为 2 两。④ 则以此估计,1820 年代一支火绳枪的价格约为 1.6 两,这与前文估计的腰刀价格的 3 倍相差不多,因此这一估算应该较为合理。⑤ 由于火枪修缮一般及时,质量保存较好,因此姑以 80% 提取残值,则其现值约为 1536 两。

第五是火药等消耗品。清代江南地区陆军和水军使用火器均需要消耗大量的火药、铅丸和火绳。⑥ 这些物品单价较低,但常备的数量应极为客观。⑦ 总数以 200 两计绝不致过高。

综上五项合计 8736 两。

---

① 《清代各院部则例:钦定军器则例》,香港蝠池书院出版有限公司 2004 年版,第 171 页。
② 《清代各院部则例:钦定军器则例》,香港蝠池书院出版有限公司 2004 年版,第 336 页。
③ [英]马戛尔尼、巴罗:《马戛尔尼使团使华观感》,商务印书馆 2019 年版,第 51—54 页。
④ 李著,第 223 页。
⑤ 据记载,雍正九年,川陕总督查郎阿上奏在西安仿制赞巴拉特大鸟枪的造价为每杆用银 2.85 两。考虑到大鸟枪的造价应在一般鸟枪之上,且仿制初期成本一般较高,因此以 1.6 两作为 1820 年代江南地区的普通鸟枪的平均价格应不致过低。
⑥ 浙江水师中定海镇三营每营配红衣炮 6 位、劈山炮 12 位、百子炮 8 位、火箭 120 枝、火药 500 斤、大小铁子 1600 出、铅弹 120 斤、火毯 40 筒。参见《清代各院部则例:钦定军器则例》,香港蝠池书院出版有限公司 2004 年版,第 455 页。
⑦ 清代中期,山西省火药官方采购的价格为每斤 0.084 两,三分铅约为每斤 0.035 两,火绳约为每条 0.01 两。参见石麟《为题估太原驻防满兵乾隆元年份春秋二季演放鸟枪应支火药等项需用银两事》,中国第一历史档案馆题本,乾隆元年二月十三日,02-01-008-0000015-0001,转引自刘赫宇《清代太原旗营的武备》,《太原理工大学学报》(社会科学版)2020 年第 2 期。

所有武器装备共计18036两。

3. 军马

1820年代，华娄约有军马396匹。[①]

据记载，乾隆二十年（1755），江南地区官方规定的马匹采购费用为每匹13两9钱7分，但在实际采买的过程中，由于各项杂费支出以及途中的马匹消耗，每匹的实际价格往往高达"二十两上下"。[②] 考虑到物价变动因素，1820年代"素不产马"的华娄马匹的价格应在26—40两。李著中以牛价之2倍估计，马匹的单价约为31两，应较为合理。[③]

以李著之价格计算，华娄军马的总价值约为12276两。由于江南地区的气候和土地条件并不适合马匹的生产和蓄养，因此有清一代江南的马政都极为艰难，军马疲瘦且死亡率较高。[④] 因此以50%计提折旧，应不致过低。则其现值约为6138两。

4. 战船

华娄各营共有各类战船43艘（其中大兵船形制如图3-2所示）。

李著估计战船每艘造价约为300两。[⑤] 这一数字可能略低于实际情况。据记载，乾隆七年（1742），京口水师营沙唬船33只大修，共用工料银12234两。[⑥] 平均每艘修理的费用达370.72两。考虑到华娄驻军的战船平均规制可能更小，其造价也不应低于乾隆七年（1742）的修理费用。

因此姑且将华娄战船的价格从低计为每艘370两，则其总资产去除折旧后约为7955两。

[①] 其中坐马74匹，战马322匹。参见李著，第145页，脚注3。

[②] 《署理两江总督尹继善奏为遵旨酌议官兵领马盘费草料银缘由折》，乾隆二十一年五月十九日，《宫中档乾隆朝奏折》第14辑，第445—446页，转引自王刚《乾隆朝江南军马的采买与牧放》，《历史档案》2014年第2期。

[③] 李著，第192页。

[④] 《两江总督勒保奏为筹改江南松江五营马兵额数事》，嘉庆十六年四月二十六日，《宫中朱批奏折》，档号：04-01-01-0526-011，转引自王刚《乾隆朝江南军马的采买与牧放》，《历史档案》2014年第2期。

[⑤] 李著，第174页。

[⑥] 《署理两江总督尹继善揭报江省各营修造船只用银查无存冒请照原册核销》，乾隆八年十二月二十日，《明清档案》第128册，第72232页。

图 3-2 《长江之帆船与舢板》中巴里上尉绘制的水师大兵船（1830 年代）

注：1830 年代，法国海军巴里上尉在中国珠江口考察时绘制。该船每侧布置火炮 6 门，加上船头的 1 门，全船共有火炮 13 门。

资料来源：孙佳荀、葛云霞《从水师编制核心看清代前期海防观念》，《国家航海》2021 年第 1 期。

综上，19 世纪初期华娄地区军事设施及装备的总价值约为 24.03 万两。

（四）城池

1820 年代，华娄地区共有城池 4 座，包括松江府城（二县附郭）、金山县城、柘林城和仓城。①

---

① 据地方志记载，松江城"城周九里九十三步，高二丈三尺，雉堞一千九十有一，窝铺二十五座，外码台十八座，陆门四，水门附其旁门各有楼，楼外为月城濠广十丈，深七尺，周一千八百三十一丈二尺"。由于府城地位重要，有清一代多次对其进行修缮。其中，康熙二年（1662）、乾隆二十年（1755）、道光十六年（1836）、同治十一年（1872）都有地方官员出面募捐修筑松江府城（其中道光十六年由于临时需要修筑海塘而不得不作罢）；金山县城"周十二里三百步有奇，高二丈八尺"；柘林城"高一丈八尺，周四里，陆门三，水门二，雉堞一千八百七十"；仓城"周二里，高一丈八尺，陆门四濠广六深三尺余"。参见光绪《重修华亭县志》卷 2《建置》。

清代前期，统治者十分重视城池的营造和修葺，多位皇帝曾直接下旨关切地方的城墙维修工作。[①] 此外，清廷还在制度上规定，"直省城墙所在，修理之事责之督抚州县官吏，倾圮者有罚，修葺者有奖"[②]。可见城墙的坚固与否是考核地方官员政绩的一项标准。不仅如此，如图3-3所示，为保证城墙的质量，每块城砖上都有铭文，记录各级责任人和机构，制砖人所在府县、监造官员与工匠姓名、制作年号等。

图3-3 清代青浦县城墙砖

资料来源：陈力《青浦古城墙考略》，《上海地方志》2020年第3期。

我们虽然没有找到营造（或修缮）华娄地区城池的直接费用，但嘉庆《松江府志》中记录了一条松江府下辖奉贤县城（该县"周回六里、高二丈五尺"，相比府城略小）的城墙修缮数据："乾隆元年（1736），署知县劳启铿修西门紧工七号，动帑七百余两；六年檄委原任松江水利通判徐良模承修周回城一百六十号，动帑四千余两"。[③] 可见在18世纪，松江修葺"一号"城墙的费用为25—100两；而毗邻

[①] 乾隆皇帝曾在御旨中提到："地方公事孰大于城墙？"参见（清）允裪纂修《钦定大清会典则例·工部》卷12《城垣》，第6227页。

[②] （清）沈青崖、吴廷锡：《陕西通志·续通志》卷14《城池》。

[③] 嘉庆《松江府志》卷13《建置志》，国家图书馆藏版。

华娄的太仓州，乾隆五十九年（1794），地方官员捐资1800两修理州城的三座城门和两座敌台，平均每门（台）的修理费用在360两左右。①

此外，我们收集了同时期不同城市城墙修缮的支出，如表3-1所示。

表3-1　　　　　　清乾隆、道光年间部分城池修筑费用

城池	竣工年份	城墙长度（丈）	实用经费	单价（两/丈）
西安城②	乾隆五十一年（1786）	4492.8	1595575两	355.1
兰州城③	乾隆五十五年（1790）	2667.5	182350两	68.3
成都城④	乾隆五十一年（1786）	4127.6	612028两	148.3
咸阳城⑤	道光十三年（1833）	不详	36900缗	不详
蓝田县城⑥	乾隆十七年（1755）	不详	8598两	不详
	道光十六年（1736）⑦	不详	21200两	不详

资料来源：笔者整理。

乾隆末年，西部各省对省城城墙进行了大范围、高规格的修理。其中，西安城总耗费超过150万两，每丈城墙的维修费用高达355.1两。⑧ 其原因可能在于修建的质量要求更高，且皇帝要求"不得存惜

---

① 民国《太仓州志》卷4《营建》："五十九年十一月知州鳌图捐廉一千八百两修大北小北大西三门，城垣建敌台二座。"从金额推断，该修理应为一般性修补，而非大修。

② 史红帅基于大量清代奏折档案，对乾隆四十六年至五十一年西安城墙维修工程的缘起、工程分期与做法、督工官员与工匠、经费数额与来源、工料产地、数量及其运输等具体问题进行了深入考辨。参见史红帅《清乾隆四十六年至五十一年西安城墙维修工程考——基于奏折档案的探讨》，《中国历史地理论丛》2011年第1期。

③ （清）勒保：《奏为验收甘省皋兰县城工事》，乾隆五十五年六月十七日，朱批，档号04-01-37-0045-017。

④ （清）保宁：《奏报省会城垣工程全竣事》，乾隆五十一年十月十二日，录副，档号03-1138-038。

⑤ （清）陈尧书：《重修咸阳县城碑记》，载民国《重修咸阳县志》卷2《建置志》。

⑥ 《续修蓝田县志》卷7《建置志》。

⑦ 重修城垣、门楼、卡房等，并移建魁星楼一座。参见《续修蓝田县志》卷7《建置志》。

⑧ 以至于令乾隆皇帝慨叹："陕西西安城较川省更为浩繁。"参见《清高宗实录》卷1274，乾隆五十二年二月癸卯。

费之见"。① 因此其应明显高于松江城的造价。而兰州、成都虽然都是省城，但因地处西部，人工成本应低于江南地区，两项相权，其成本应与华娄地区城池修建费用相仿。

若《松江府志》中记录的乾隆元年（1736）的"紧工"为紧急情况，则其每号100两的修理费用应较为接近重置费用。比照兰州城每丈68.3两，成都城每丈148.3两的造价，可以推测1号的长度约等于1丈。

以此计算，则松江府城城墙的全部重建费用约为（周长九里九十三步，计1350丈）13.5万两。其他三城，规格比府城略小，附属设施更少，兹按照每丈80两计算，则其重建费用约为21.6万两。合计约为35.1万两。由于城墙整体折旧速度较慢，我们姑且取80%为其现值比例，则城池的现值约为28.08万两。

（五）海塘

华娄地区由于位置临海，经常遭受潮灾侵扰②，因此无论是官方还是民间都极为重视海塘的修建和维护。③ 从雍正到咸丰一百多年间，清政府曾数次大规模修建华娄沿海塘堤，耗费巨大。具体如表3-2所示。

表3-2　　　　　　　清代华娄地区海塘大修情况

时间	工程	规模	负责人	花费	注释
雍正三年至六年（1725—1728）	修筑华亭石塘④	完成2490丈	朱轼张楷	实际支出在15万两以上	雍正皇帝要求"一劳永逸"

---

① 史红帅：《清乾隆四十六年至五十一年西安城墙维修工程考——基于奏折档案的探讨》，《中国历史地理论丛》2011年第1期。

② 比如雍正二年七月，华娄沿海飓风大作，海潮漫溢塘堤，进内四五里至八九里不等，场灶、民田多被水淹，损失惨重。参见王大学《明清"江南海塘"的建设与环境》，上海人民出版社2008年版，第78页。

③ 比如在雍正三年，朱轼给皇帝的奏疏中就提到，"江南松江府之华娄上海等县、沿海二百五十余里，地洼土松。捍海塘工，尤为紧要"。参见《雍正实录》卷30。

④ 雍正初年，浙江海塘多为石塘，而江苏多为土塘。

134 / 传统中国的财富积累与分配

续表

时间	工程	规模	负责人	花费	注释
雍正七年（1729）	加强土塘、修筑华亭石塘	修筑外护土塘4500丈，新增石塘1875丈	李卫 俞兆岳	土塘和配套设施花费34100两，石塘无具体数字	无
雍正十年（1732）	修外护土塘、筑加桩土塘、加筑短桩石片护堤	7500余丈	张涛等	不详	雍正十三年（1735），华亭塘工基本完成
道光十七年至十八年（1837—1838）	修复险工、修筑护滩坝等间接护岸工程	2957.8丈	不详	约20万两[1]	道光十五年（1835）六七月间数次飓风，华亭海塘损失惨重
咸丰元年（1851）	修筑海塘	2300余丈	顾兰征	4.5万两以上[2]	无

资料来源：整理自王大学《明清"江南海塘"的建设与环境》，上海人民出版社2008年版。

其中，办事严厉的雍正皇帝在即位初期对浙江和苏松的塘工即提出了"一劳永逸"的高标准、严要求。在雍正二年（1724）给吏部尚书朱轼的谕旨中，他强调：

> 浙江沿海塘工、最为紧要。署抚石文焯、前经奏称应用石工。后又奏称不必用石。全无定见。诚恐贻误塘工。……尔曾为浙江巡抚。必深悉事宜。著驰驿前往浙江、作何修筑之处、会同法海、佟吉图、详查定议。交与法海等修筑。朕思海塘、关系民生。务要工程坚固。一劳永逸。不可吝惜钱粮。江南海塘、亦为紧要。俟浙江议定、即至苏州、会同何天培、鄂尔泰、将查勘苏松塘工、如何修筑之处、亦定议具奏。[3]

经过长达十余年的苦心经营，到雍正十三年（1735）华亭塘工基

---

[1] 道光《华亭海塘全案》卷1《御旨奏章》，道光十七年六月初十日。
[2] 光绪《重修华亭县志》卷3《海塘》。
[3] 《雍正朝汉文谕旨汇编》第6册，第170页。

本结束（参见图3-4）。其石塘内外包土，总长度达到40里，更近滨海的是土塘，长度更长，同时在险工地段还辅助了坦水和桩石等护岸工程，因此在时人看来可谓固若金汤。① 十年间其所有花费保守估计在60万两上下。② 除逐次累计各年预决算的数字以外，一百年后在其半数损毁后，斥资20万两方补好缺口，也能够说明一定问题。

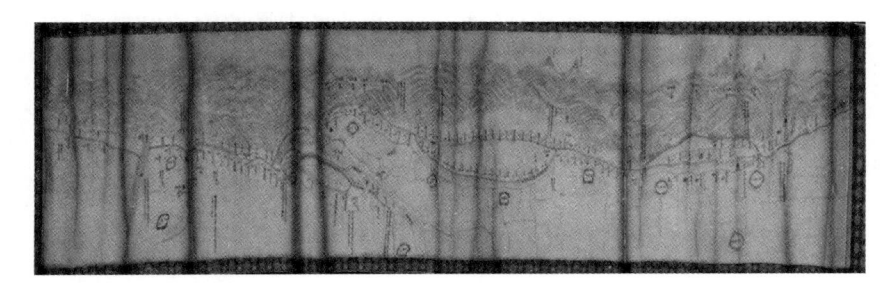

图3-4 《江南海塘图》

资料来源：美国国会图书馆藏品，数字编号：http://hdl.loc.gov/loc.gmd/g7823j.ct003416。

根据李著的估算，华亭海塘"尤赖岁修，未雨绸缪"，约每三年修缮一次，华娄政府每年为此都要支出7000两左右。③ 这在相当程度上延缓了海塘彻底损毁的过程。如果按照1%的折旧率［从雍正十三年（1735）到道光十五年（1835）正好100年］，则海塘的整体价值应在70万两上下，与雍正年间的大修总成本相差不多。

那么，我们以70万两作为华亭海塘的重置成本似乎并不过分。考虑到乾隆嘉庆年间政府也对其进行过多次修缮，因此在19世纪初期，以50%的比例提取残值应较为合理。④

则海塘资产现值约为35万两。

---

① 王大学：《明清"江南海塘"的建设与环境》，上海人民出版社2008年版，第150—151页。
② 这一时期的资金来源较为特殊，主要是戴罪官员上缴的"罚款"。
③ 道光元年到十五年共修5次，参见李著，第193页。
④ 据统计，华亭海塘在乾隆年间共修筑18次，嘉庆年间共修筑5次。参见王大学《明清"江南海塘"的建设与环境》，上海人民出版社2008年版，第150—151页。

（六）河道与河堤

1820年代，由于华娄地区的河道容易淤塞，继而引发水患，因此疏浚畅通的河道也是一项重要的公共资产。

据统计，19世纪初期华娄负责疏浚的河道长度为7600余丈。[①] 根据李著的估算，道光九年（1829）地方官员挑浚吴淞江河道、修筑堤坝，"每丈挑土105方，用银27两"[②]。可见每丈畅通河道和新修河堤的成本约为27两。因此华娄河道和河堤的总造价约为20.52万两。

由于华娄地区官方疏浚工作的成例是五年一次。[③] 每年至少有80%的河堤处于良好状态，因此河道与河堤的现值应约为16.42万两。

（七）仓库

"为政之要，首在足食。"[④] 清代政府高度重视民间的粮食安全，在财政整体汲取率较低的情况下，对仓储设施的建设和经营却颇为用心。[⑤] 清代中期，官方控制的仓库主要有常平仓和漕仓两种。而其资产主要包括房屋建筑和积贮谷物。

1. 常平仓

清代设置常平仓的主要目的在于平抑物价，防止"谷贱伤农"，但在荒年时也起到一定的赈济作用。[⑥]

据地方志记载，华娄地区共有常平仓5座。其中华亭县有3座，分别是位于县大堂西的仓廒11间（已在官署中计算过，这里不重复计算）、娄治东的仓廒11间以及云峰寺西的仓廒21间，合计43间；娄县有2座，分别是西仓（即西成仓），其有屋宇41间、仓廒20间。[⑦]

---

① 李著，第195页。
② 光绪《娄县续志》卷5《民赋志》。
③ 李著，第194页。
④ 《皇朝政典类纂》卷153《仓库》。
⑤ 魏丕信：《十八世纪中国的官僚制度与荒政》，江苏人民出版社2006年版；Shiue, C. H., "The Political Economy of Famine Relief in China, 1740—1820", *Journal of Interdisciplinary History*, 2005, 36（1）: 33–55.
⑥ 顺治十七年（1660），户部议定常平仓的运行规则，规定："常平仓谷，春夏出粜，秋冬籴还，平价生息，凶岁则按数给散贫户。"
⑦ 光绪《娄县续志》载，该仓为同治三年（1864）复建，但原有规模应与建成后相仿。

东仓（即后来的积谷仓）有屋宇 8 间、仓厫 20 间。则常平仓共有屋 49 间，厫 83 间。去除已经计算过的位于华亭县衙的部分，共有屋 49 间，厫 72 间。

由于我们尚未找到建造仓厫的直接花费，这里姑且将其统一以一般府城栈房之价格每间 25 两计算，则常平仓的房屋资产共约为 3025 两。

表 3-3　　乾隆四十五年（1780）各省常平仓经营情况

省份	奏报人	盈余总额（万两）	年限（年）	年平均盈余数（万两）	额储谷量（万石）	年均盈余率（%）
福建	闽浙总督富纲	14.5	30	0.4833	256.6490	0.38
直隶	总督袁守侗	2.6066	38	0.0686	215.4524	0.06
江苏	巡抚吴坛	13.6705	37	0.3695	154.8000	0.48
山东	巡抚国泰	4.4824	40	0.1121	294.5300	0.08
陕西	（署理）巡抚尚安	5.9	38	0.1553	273.3000	0.12
湖北	湖北巡抚郑大进	0.8144	10	0.0814	52.0935	0.03
江西	巡抚郝硕	24.9566	40	0.6239	137.073	0.9
奉天	盛京户部侍郎全魁	0.0058	10	0.0006	100.0022	0.02
甘肃	陕甘总督勒尔谨	0.55	10	0.055	328.0000	0.04
四川	总督文绶	10.1968	4	2.5492	1029.8000	0.5
广西	巡抚姚成烈	3.1847	21	0.1517	127.4378	0.24
广东	巡抚李湖	7.114	40	0.1779	295.3660	0.12
山西	巡抚喀宁阿	0.78	14	0.0557	131.5837	0.08
湖南	巡抚刘墉	6.8001	38	0.179	70.2133	0.5
河南	巡抚杨魁	0.1656	10	0.0166	231.0999	0.02
贵州	（暂护）巡抚李本	5.4067	24	0.2253	50.7000	0.88
云南	云贵总督福康安	1.396	36	0.0388	70.1500	0.12
安徽	巡抚农起	5.002	32	0.1563	188.4000	0.16

资料来源：吴四伍《清代仓储的经营绩效考察》，《史学月刊》2017 年第 5 期。

至于积贮谷物。根据吴滔的估算，乾隆年间华亭县和娄县常平仓储粮均在两万石左右。① 考虑到乾隆以后常平仓常处于亏空状态，且1820年代华娄地区刚刚经历了水灾，因此按折半计算。② 则两县常平仓内应各有粮一万石。若储粮全部以谷计，据李著提供的物价数据，1820年代每石谷约值0.92两③，则常平仓积贮谷物共1.84万两。

两者合计约2.14万两。

2. 漕仓

华娄地区只有大型漕仓一座，为漕粮转运专用，无赈济、平粜之功能。

据记载，该仓共有厫300余间，但其管辖较为复杂，为华亭、娄、奉贤三县所共有，每县各占三分之一。其中，华亭分管102间。④ 而娄县所管辖数字也应与之相仿，这里索性也计为102间。因此，华娄两县共拥有漕仓204间。⑤ 其价格以一般府城栈房计，则其房屋建筑的价值约为5100两。

此外尽管漕仓的积贮"放置"在华娄地区，且部分并不用解运外地，但在原则上其不属于华娄居民的财富，因此暂计为0。

则漕仓的总资产约为0.51万两。

仓库总资产合计2.65万两。

（八）漕船

我们在此考察官营水运业的实物资产，主要是其运输工具——

---

① 嘉庆《松江府志》卷28《田赋志·积贮》；参见吴滔《明代苏松地区仓储制度初探》，《中国农史》1996年第3期；吴滔《明清苏松仓储的经济、社会职能探析》，《古今农业》1998年第3期。

② 一般认为清代常平仓在嘉庆以前运转较为良好，但从吴四伍列举的乾隆四十五年（1780）各省常平仓经营状况可以看出，18省的常平仓盈余有限，无一省年盈余率超过1%，且这些盈余数字均来自各省巡抚向皇帝的奏报，因此在某种意义上只是"数字上的象征性盈利"。所以事实上即使是运转良好的情况下，清代的常平仓采买也只能保持不赢不亏的状态。而到嘉庆年间，由于粮食陈化问题（年耗损至少5%）无从解决，且官吏腐败横生、转嫁矛盾，常平仓的储量开始出现了大幅下降。参见吴四伍《清代仓储的经营绩效考察》，《史学月刊》2017年第5期。

③ 根据李著估算，华娄每石稻谷的价格为1100文，合银约0.92两。参见李著，第339页。

④ 光绪《重修华亭县志》卷2《建置》。

⑤ 李著强调GDP估算应遵循"属地原则"，但我们在此处未将所有权归属奉贤县的部分计入。参见李著，第435页，脚注4。

漕船（形制如图 3-5 所示）。

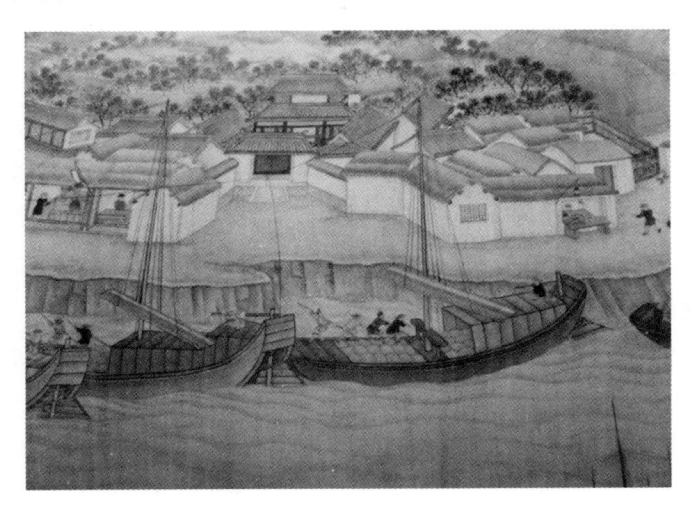

图 3-5　清《潞河督运图》中的漕船形象

资料来源：江萱乾隆年间绘制，现收藏于中国国家博物馆。

根据李著的估计，1820 年代华娄共有漕船 110 艘。[①] 这一数字约为松江府漕船总数的 40%，较为可信。

表 3-4　道光五年（1825）江苏省漕粮船只数量

序号	州府	漕船数	占比（%）
1	苏州府	762	48.7
2	松江府	280	18.8
3	常州府	245	16.4
4	镇江府	143	9.6
5	太仓州	96	6.4

资料来源：道光六年（1826）《江苏海运全案》卷十，第 1—2 页，转引自［日］松浦章《清代内河水运史研究》，第 160 页。

至于漕船的价格。首先，从运量上判断。清代中期，漕船的载重

[①] 李著，第 138 页。

大大超过明代的500石，"已载至七八百石至千余担"①。至道光时期，甚至1000石的漕船已经算不上大船了。② 由此可见，1820年代漕船的载量约为一艘普通民用航船的3—6倍，因此其造价自然应大幅高于后者。其次，是从政府公文推断。据记载，嘉庆十六年（1811），政府规定每艘漕船在原发的料价银208两外，另外补贴500两。③ 李伯重指出，这实际上远远不够，且工银并不包括其中。据其估计，其每艘的造价必然在千两以上。到道光时期，江南漕船的造价更是高达1700两。④ 约为估算的货船造价的8.5倍。

以此计算，1820年代华娄110艘漕船的重置成本约为18.70万两，以半数折旧后，现值约为9.35万两。

综上，华娄政府部门的实物资产总数约为125.44万两。

二 其他公共部门非金融资产

其他公共部门指的是政府以外，所有受政府和法律保障的、具有排他性产权的公益机构（如桥会）和其他社会组织（如家族）。⑤ 而其非金融资产主要是公共基础设施资产，具体包括桥梁、书院、会馆和公所、社仓和义仓、慈善机构、祠庙和寺观等。

（一）桥梁

清代绝大多数桥梁由民间修建和维护，华娄也不例外。其资产（即所谓的桥产）除了桥梁本身，还包括桥田、公屋等。这些资产出租之后，每年的租金用于桥梁的日常管理和维修。龙登高等介绍的光

---

① 中国第一历史档案馆：《宫中朱批奏折》，财政类，漕运项，MF9—1185，转引自[日]松浦章《清代内河水运史研究》，江苏人民出版社2010年版，第101—102页。

② 李伯重指出，到道光时，运丁"附带客货，每船数百千石不等"，再加上五六百石漕米，载量更多，因此魏源要求将漕船限制在1000石，而将2000石船出售给贩盐的巨商。参见（清）魏源《古微堂集》外集，卷七，转引自李伯重《江南的早期工业化》，社会科学文献出版社2000年版，第234页。

③ 李文治、江太新：《清代漕运》，中华书局1995年版，第206页。

④ 李伯重：《江南的早期工业化》，社会科学文献出版社2000年版，第252页。

⑤ 参见龙登高、王正华、伊巍《传统民间组织治理结构与法人产权制度——基于清代公共建设与管理的研究》，《经济研究》2018年第10期；龙登高、王明、陈月圆《论传统中国的基层自治与国家能力》，《山东大学学报》（哲学社会科学版）2021年第1期。

绪年间修建的湖南安化永锡桥就是极佳的例证。①

1. 桥梁的数量和类型

华娄地区水网密布，桥梁众多。据不完全统计，华亭县（并松江府城）有大小桥梁557座，娄县（不含府城）有大小桥梁225座，合计约782座。②为计算简便，姑且取整计为800座。

明清时期，江南地区的桥梁在造型上主要分为梁桥和拱桥两类，大型桥梁一般为石质，但也有相当数量的木桥和石木混合结构。根据曹永康等的研究，松江地区现存古桥主要是石梁桥和石拱桥（形制如图3-6所示）。③

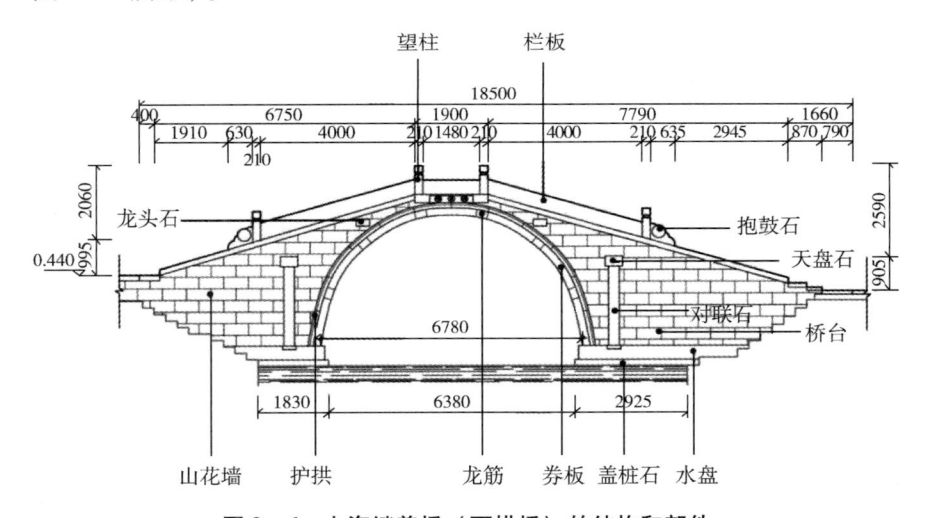

图3-6 上海继善桥（石拱桥）的结构和部件

资料来源：上海交通大学建筑文化遗产保护国际研究中心，金沁标注。④

---

① 该桥具有独立的理事会"桥会"，其成员均为当地"有资产、有担当、有声望、有号召力"的人士。其在成立之初负责统筹建桥的全部事务，包括筹集资金、采购原料、招募工匠、监督工程、与工程相关外部各方沟通等。待修建完毕，该桥会的主要功能是管理桥田和公屋等实物资产和会金等金融资产，保证桥梁的日常运营。参见龙登高、王正华、伊巍《传统民间组织治理结构与法人产权制度——基于清代公共建设与管理的研究》，《经济研究》2018年第10期。

② 我们合并整理了《华亭县志》《重修华亭县志》《娄县志》《娄县续志》中记载的桥梁信息。李著中仅统计了《华亭县志》中城河图中的桥梁86座。

③ 曹永康、陈晓琳、金沁：《上海古桥研究》，《古建园林技术》2019年第4期。

④ 金沁：《上海文物古桥调查及保护研究》，硕士学位论文，上海交通大学，2015年。

其中，石梁桥桥面平直，主要构件包括桥墩、桥台、桥帽石、桥板、踏步和栏杆等。由于这类桥一般由桥墩或桥台直接承托桥面，或通过桥墩上搁置的桥帽石承托桥面，受石材力学性能的限制，其在跨度上较短，以4—6米为主，极少数可以达到7米，其宽度一般在1—2米。①

石拱桥，相比梁桥，其稳定性更高、跨度更大（最长可达50米以上），但造价也更高。其构件一般包括基础、桥台（包括山花墙、内填土和水盘石）、桥墩、拱券、桥面（踏步）、栏板等。如位于松江城西的大仓桥，就是一座高10余米、总跨距达43.26米的五孔拱形大石桥；再如三孔拱桥云间第一桥，其高8米，宽5米，总跨距达28米。结合表3-5，我们可以发现华娄地区石拱桥平均1孔的跨距在8米左右。

表3-5　　　　　　　　上海地区现存多孔石桥跨距

类型	名称	区域	总跨距（米）
五孔石拱桥	大仓桥	松江区	43.26
	放生桥	青浦区	48.27
三孔石拱桥	天皇阁桥	青浦区	16.2
	九峰桥	青浦区	22.8
	云间第一桥	松江区	28
	蒲汇塘桥	闵行区	24
	天恩桥	嘉定区	24.69
	继芳桥	奉贤区	14.85

资料来源：曹永康、陈晓琳、金沁《上海古桥研究》，《古建园林技术》2019年第4期。

由于不同类型、材质、规格的桥梁造价不同，因此我们首先需要确定各类桥梁所占比例。对于这一问题，松江地区的地方志中语焉不详，也没有学者对于历史时期松江的桥梁情况进行过估计。但

---

① 比如松江府城内的望仙桥可以被视为单孔石梁桥（虽然有木质支撑）。该桥全长7米，宽3.2米。桥面由四块略呈拱形的武康石条并铺而成（中间两块后由花岗石替换），桥两边的墩座也由石砌就。

是，屠剑虹、乐振华等则对绍兴地区的古桥进行过系统性的研究，具有较强的借鉴意义。①

根据屠剑虹在《绍兴古桥》一书中的统计，当地现存的 523 座古桥中，共有石梁桥 267 座、石拱桥 252 座、木质桥梁 4 座。其中，石拱桥包括弧形拱桥单孔 183 座、双孔 13 座、三孔 4 座，四孔 2 座以及各类折边拱桥 50 座（以三折边拱桥占绝对多数）。②

简单调整为前文的标准，我们可以发现，在绍兴地区：第一，石梁桥和石拱桥数量大体相当；第二，单孔桥（包括木桥、单孔石梁桥、石伸臂桥、单孔石拱桥、三折边拱桥等）的数量远超双孔及双孔以上桥梁，前者占比约为后者的 4 倍。由于绍兴地区与松江地区在自然环境、经济发展水平等方面较为接近，因此我们暂将这两个数字作为松江地区桥梁类型和大小分布的参考。

不过需要注意的是，屠剑虹统计的是绍兴 21 世纪初期的桥梁状况，此时绝大部分的木质桥梁已经退出了历史舞台，因此其无法反映 19 世纪初期江南地区木质桥梁使用的真实情况。由于缺乏进一步的资料，我们这里从高估计，假设 1820 年代华娄地区有 20% 的桥梁为木质。③且这些桥梁均位于农村地区，为跨度较小的梁桥。

综上我们得到：一方面，按造型和材质划分，清代华娄所有桥梁中有 20% 为木梁桥，40% 为石梁桥，40% 为石拱桥；另一方面，在规模上，单孔桥的占比为 80%，多孔桥的占比为 20%。更具体地，我们假设桥数随孔数的增加逐倍递减，则双孔桥为 8%，三孔桥为 4%，四孔桥为 2%，五孔及以上桥梁近似计为 1%。

2. 各类桥梁的造价

张俊对清代两湖地区的桥梁建造费用进行了研究，其发现不同桥

---

① 屠剑虹：《绍兴古桥》，中国美术学院出版社 2001 年版；乐振华：《绍兴古桥遗产构成与保护研究》，硕士学位论文，浙江农林大学，2012 年。
② 在造型上，252 座石拱桥中有 176 座为半圆形，14 座为马蹄形，3 座为椭圆形，9 座为圆弧形。
③ 据地方志记载，大部分木质桥梁都在明代和清初替换为了石质。比如《松江府志》载，大仓桥始建于明初，初为木桥，后改建为石桥。因此这一比例实际上应属高估。

梁的建造费用差别较大，少则只需几十两、几百两，一般为千两左右，多则达到上万两。且一般来说石桥大于木桥，拱桥的耗资大于梁桥。① 这一情况应与清代华娄地区的情况基本类似。下面我们将对其逐类进行估算。

（1）大型石拱桥

据潘奕隽《重建放生桥记》载，嘉庆十六年（1811）夏竣工于青浦镇的放生桥（五孔石拱桥），建造费用为 1.12 万两。松江府城内的大仓桥与其形制相仿，但跨距略小，因此建造成本也应在 1 万两。②

若以桥梁跨度等比例推算（即每孔 2000 两），则三孔石拱桥的建造成本应为 5000—6000 两。③

（2）中等石梁桥

据记载，同治年间湖北蕲水县营千总龚灏、县丞龚汉池兄弟分别捐银五百余两、六百余两，重建三家店石桥和吴桂港石桥。这两座石桥均为中等规模的石梁桥。④ 此外，湖北黄梅县乾隆年间桂氏聚集族人建桥十余座，花费白银"最少不下五百余，多则倍之，或三四倍之，合计一万六千有奇"⑤。虽然不知道这些桥梁是石梁桥还是石拱桥，但从造价推断规模应在中等及以上。由此可见一般中等石梁桥的造价为 500—2000 两。

同等规模的石拱桥所耗石材和人工更多，按 50% 的水平溢价，则其平均成本应为 750—3000 两（视跨度和孔数在区间内浮动）。考虑到华娄地区较为富庶、人工成本更高，我们取其最大值 3000 两为三孔桥的建设成本，以翻倍价格计算一般五孔桥，则五孔桥的造价约为 6000 两。

（3）小型石桥和小型木桥

明清地方志中记载这类桥梁的建造和重建的金额一般在数十两到一

---

① 张俊：《清代两湖地区的桥梁与渡口》，硕士学位论文，武汉大学，2004 年。
② 从大仓桥的图片来看，这两座桥应为超大型桥，而非一般的五孔桥。
③ 但显然这种估计有过高之嫌，毕竟伴随工程的扩大，费用的增长不一定是线性，反而更可能是指数型的。
④ 同治《蕲水县志》卷 3《建置》。
⑤ 《桂氏修桥记碑》，载光绪《黄州府志》卷 39《艺文志》。

百余两之间不等。比如《吴江县志》中记载苏州府吴江县泰来桥"跨两圩，明末里人马而锡，出资银五十两，建木桥"；同县的洪恩桥，建于明成化六年，由当地二十五户人家捐银 72 两建成。

另外，据《重建大生桥碑记》记载，光绪年间青浦知县钱志澄重建大生桥（现已拆除，单跨石拱桥，长约 45.7 米），募集银圆 5400、钱 128 千文，修缮此桥共花费 4600 元。由于乡间汊港旧桥多有坍塌，钱知县又命属下将余钱协修腰泾桥等 20 座，平均每座小桥花费 40 银圆又 6 千文。按照当时 1 银圆折银 0.73 两的比例折算，平均每桥的修缮费用约为 40 两。

由此看来，我们将每座小桥的造价以 50 两计算绝不致高估。

3. 桥梁资产

首先计算桥梁本身的价值。

表 3-6　　　　　　　　华娄两县桥梁价值

类别	规模	比例（%）	数量（座）	造价（两/座）	资产（两）
木梁桥	小	20	160	50	8000
石梁桥	单孔	32	256	500	128000
	双孔	3.2	约 26	1000	26000
	三孔及以上	4.8	约 38	1500	57000
石拱桥	单孔	32	256	750	192000
	双孔	3.2	约 26	1500	39000
	三孔	3.2	约 26	3000	78000
	一般五孔	0.8	约 6	6000	36000
	超大型	0.8	约 6	10000	60000
合计		100	800	—	624000

注：三孔及以上石梁桥、三孔石拱桥的比例为修正后的结果。
资料来源：笔者整理。

由表 3-6 可知，华娄地区桥梁的整体造价约为 62.4 万两，以半数折旧其现值约为 31.2 万两。

其次是桥田。

清代江南地区，桥会（也包括其他具有相似功能的非正式组织）还控制着大量的土地，这些土地部分来自社会捐赠，部分来自主动购置，其主要作用是出租以获取租金。① 比如，光绪时徽州的一则租佃契约记录：

　　　　立承佃约人赵福生等，今承到环砂程署济桥会名下七保土名西峰庙山壹号，其山四至悉照老规，承佃锄种，开挖兴养花利，务要火地迁苗，叶密成林，一丈三栽。四年之内，务必佃人定接山主登山看苗，如苗不齐，务要补足。如违，扣除力垄。倘后出拚，主利二八照分。如会内乃为搭桥善事，佃人无得生端。②

　　赵福生等 4 人租种的土地（山林）就属于当地的署济桥会。
　　1820 年代华娄地区有多少桥田殊难考证，但考虑到桥会的非营利性质，因此桥田的年收益应与每年的桥梁修缮费用大致相等。③ 李著估计政府建筑物的维修费约为造价的 1%。④ 但考虑到桥梁同一般建筑不同，尤其是农村地区的小桥极易损毁，因此姑且加倍以 2% 的标准估算。则华娄地区桥梁每年的维修成本约为 12480 两。至于地租，如前所述，华娄实际地租约为土地全部产值的 32%，则中等田的地租约为每亩 1.61 两。由此计算，由桥会控制并租赁出去的土地数量约为中等田 7751 亩，取整计为 8000 亩。⑤
　　则桥田的价值约为 9.6 万两。
　　最后是公屋。
　　公屋大多位于桥田之上，一并出租。其数量也难以考证，但以每

---

①　除购买土地外，桥会还会通过将余财存典生息的方式使资产不断增值。此类例子不胜枚举。
②　《清光绪三十四年八月赵福生等立承佃山约》，载刘伯山主编《徽州文书》第 1 辑第 9 册，第 122 页。
③　由于桥会还有部分金融资产，因此这种估计可能略高。
④　李著，第 191 页。
⑤　平均每座桥梁有桥田 10 亩，此数应不会高估。

桥 2 间计应不致高估。这些房屋均以一般农村住房的价格每间 20 两计，则此项资产价值约为 3.2 万两。

加总可得桥梁资产共计 44 万两。

（二）书院

清代江南居民高度注重对后辈儿孙的教育培养，民间书院的发展随之达到了一个历史的高峰期。[①] 政府官员和民间各阶层无不以资助书院和学子为光荣。比如清代晚期鲁西南的"一代名丐"武训就通过资本运作（主要是提供商业贷款）积累起了巨额财富，在发家后购置土地兴办了三所义学。[②]

1820 年代，华娄地区共有云间、景贤和求忠三所书院，其中云间书院规模最大、历史最早、地位最高；景贤书院和求忠书院则规模略小、可以视为云间书院的分院。[③] 其资产类型与官学相同，主要是房屋、土地（即学田）、教学设备和藏书四项。

1. 房屋

云间书院原位于华亭县西门旧坊图，乾隆五十年（1785）在知府杨寿楠的倡导下，由士绅捐助扩建，校舍购置和修葺共花费 2500 两。[④] 嘉庆七年（1802），出于规划考虑，校舍搬迁至府学后身，办学条件改善。[⑤] 因此，新校舍的估值应在 2500 两以上，考虑物价变

[①] 参见邓洪波《中国书院史》，中国出版集团东方出版中心 2004 年版；Chen, T., Kung, J. K., Ma, C., "Long live Keju! The Persistent Effects of China's Civil Examination System", *The Economic Journal*, 2020, 130 (631): 2030 – 2064。在当时流传很广的儿童启蒙书目《增广贤文》中就有这样一则谚语："劝君莫将油炒菜，留与儿孙夜读书"，生动地展示了明清时期普通家庭的"教育焦虑"。

[②] 根据统计，武训为义学留下的财产遍布三县，包括土地、房屋、店铺、生息资本等，计有：堂邑县柳林义塾地 230 亩，义塾房屋 1 所，计 20 间；临清州御史巷义塾地 7 亩，又铺房 3 所，又存铺生息京钱 130 万文；馆陶县杨二庄义塾捐助京钱 30 万文。全部资产折钱合计约 10625.8 贯。而在其 1862 年变卖祖产 4 亩薄田开始向外放贷时，其初始资本只有 210 贯。参见龙登高、王苗《武训的理财兴学之道》，《中国经济史研究》2018 年第 3 期。

[③] 光绪《娄县续志》卷 7《学校志》。

[④] 乾隆《娄县志》卷 8《学校志·书院》，转引自李著，第 444 页。

[⑤] 嘉庆七年（1802），时任松江知府认为，书院建在城西旧坊图，与民居商铺杂处，规制与府属书院不协调，决定搬迁。当时城内文帝庙刚刚建成，旁有余地，便决定将书院迁建到"府学后，玉带河之北，即旧斗峰及魁星楼旁地"。不出一个月，书院新址落成。

动，姑且向上取整计为3000两。① 而景贤书院和求忠书院的规模略小于云间书院，校舍价值按照60%估算，均为1800两。由于这些数据已经是房屋交易价值，因此三项加总，书院校舍的现值约为6400两。

2. 土地

由于目前并没有对景贤、求忠二书院田产和捐赠的记载，且光绪《重修华亭县志》中说景、求二书院的经费统于云间书院，前者在财务上隶属于后者，因此我们这里只统计云间书院拥有的田产。

据记载，云间书院拥有大量土地。嘉庆十六年（1811），共有田2130亩、荡1054亩，每年收租合银2917两。② 嘉庆二十三年（1818），云间书院又获捐赠田504亩。因此在19世纪初期，云间书院共有田2634亩、荡1054亩。其中水田以中等田每亩12两计；荡田由于常受水渍，产量较低，属于下等地，以每亩9两估计。则云间书院的土地价值约41094两。

3. 教学设备

书院的教学设备应与府县学相仿。我们依照后者的标准，也以每人拥有价值2两的设备估计，则华娄170名书院学生，共占有设备价值约340两。③

4. 藏书

如前所述，云间书院在建成之初，曾获赠书籍5000余卷，换算成册，其规模约为1000本。考虑到这些书均为基本的儒家经典，景贤、求忠二书院也应有收藏，因此我们从低假其均有1000册左右的藏书。则三家书院至少应有藏书3000册，以每册新书0.24两计，折旧后现值约为360两。

加总可得书院资产共计约4.82万两。

---

① 云间书院共占据官房108间，平均每间的价格只有不到30两，因此这一估计是相当保守的。

② 李著，第447页。

③ 李著，第436页。

（三）会馆和公所

清代商人会馆、各业公所发展迅速。① 如清人所述，"凡商务繁盛之区，商旅辐辏之地，会馆、公所莫不林立"。②

1. 会馆、公所数量

据范金民的整理，清中后期以来，松江府共有会馆43所。③ 其中浙江地区驻松9所，数量最多；江苏其他地区、广东、安徽和福建，分别为6所、5所、4所和4所。考虑到1820年代，松江府除华娄外，仍有五县一厅，因此华娄地区的会馆数量应小于此数。与此同时，范金民也指出有相当数量的会馆并没有被纳入统计。④

据当时地方官员统计，道光十八年（1838），同属松江府的上海县"城内城外有江苏、浙江、福建、广东、山东、安徽、太湖各处商民共建会馆一十三处"⑤。而根据民国《上海县续志》《上海碑刻资料选辑》等资料的记载，鸦片战争以前上海县只有7座公馆。这两个数字至少给我们两点启示：第一，根据地方志推算的会馆数量极有可能小于真实情况；第二，考虑到尚未开埠的上海县已经有13所会馆，那么华娄所处的松江府城的数量应在此之上。因此，我们估计华娄会馆的数量至少为25所。⑥

至于公所。根据范金民的考证，江南府城以上大中城市会馆的数量为173所，公所为293所，后者约为前者的1.7倍。⑦ 依此比例计算，华娄地区的公所数量约为43所。

---

① 吴慧指出会馆主要是外来商人在某一经商地为联络乡谊、相互支持而设置的组织，虽然也有行业性质的内涵，但地域性色彩更为浓厚。而公所是在经营地不分外来、本地商人共同按行业重新组合的商人及手工业者的组织，更突出行业兴趣。参见吴慧《会馆、公所、行会：清代商人组织演变述要》，《中国经济史研究》1999年第3期。
② 《旅常洪都木商创建公所碑记》，转引自范金民《明清江南商业的发展》，南京大学出版社1998年版，第242页。
③ 范金民：《明清江南商业的发展》，南京大学出版社1998年版，第284页。
④ 范金民：《明清江南商业的发展》，南京大学出版社1998年版，第245页。
⑤ 范金民：《明清江南商业的发展》，南京大学出版社1998年版，第245页。
⑥ 约为上海县城真实情况的两倍，松江府整体估算值的58%。考虑到府城及其周边市镇集中了大部分外来商人，这一数字并不值得惊讶。
⑦ 范金民：《明清江南商业的发展》，南京大学出版社1998年版，第250页。

2. 房屋资产

会馆和公所的非实物资产主要是房屋。

其房屋规模差异较大，小型会馆一般为几间到十几间，中大型会馆则普遍在40间以上，多者更是超过100间。① 此处从低以每所30间计算，其价格亦从低以普通府城民宅估计，则公馆和会所房屋资产总额约为5.16万两。

（四）社仓和义仓

清代中期松江地区运行的仓储主要有常平仓、社仓和义仓三类。按照所有制划分，常平仓为官仓，义仓为民仓，而社仓则介于二者之间。② 虽然社仓受到的官方监督和控制较为严格，但其建立模式多为官民合办或官督民办，且谷物实质上都是来自民间输入，因此我们仍将对其作为民间仓储估算。③

1. 社仓

雍正乾隆两朝，政府雷厉风行，在苏松地区建立起了完备的社仓制度。据统计，华娄两县共兴办了5所社仓，其中华亭县1所，娄县4所。④ 全盛时期每仓积谷数千石。⑤ 不过，与常平仓类似，华娄社仓在乾隆年间积贮较为充裕，但在之后却疲敝尽显。据时人记载，到嘉庆年间华亭等县部分社仓已经废弃，仓谷不得不存贮社长家中。⑥

1820年代正处于社仓衰落、义仓崛起的分水岭，因此社仓的房屋建筑和贮藏谷物其价值相比乾隆时期均有大幅下降。由于缺乏详细的数据，姑且从低以3所营业计，平均每所有仓廪20间，积谷3000石。

---

① 马学强：《从传统到现代：江南城镇土地产权制度研究》，上海社会科学院出版社2002年版，第390—400页，附表2。

② 社仓开展救济的办法主要是向穷人借贷。参见嘉庆《松江府志》卷28《田赋志·积贮》。

③ 吴滔：《论清前期苏松地区的仓储制度》，《中国农史》1997年第2期。

④ 嘉庆《松江府志》卷19《仓廪志》，乾隆《娄县志》卷2《建置志·仓庾》。

⑤ 比如乾隆五年（1740），震泽县"奉文劝捐共积社米五千余石，原择各乡社长二十一人，即以就近士庶所捐米贮其家，令司收放，知县陈和志以零星分贮稽察维艰，详宪建仓三所，每所选择正副社长董率其事，司其出纳，贫农之借缴仍便，而官府复不难于稽察"。参见乾隆《震泽县志》卷7《公署·仓》。

⑥ 道光《吴门表隐》附集。

则华娄社仓的房屋建筑资产约为1380两（城镇栈房每间23两），谷物资产约为8388两。①

2. 义仓

嘉庆道光年间，在苏松地区，义仓的地位后来居上，逐渐成为民间仓储系统的核心。② 而我们考察的1820年代恰好处于其崛起的开端。③ 此时的华娄只有义仓1座。④ 据统计，该仓共有廒31间，以普通城镇栈房价格计算，其房屋资产约为713两；而积贮能力上，其应与华娄的常平仓大体相仿。同时考虑到其并无亏空情况，因此至少储有谷物2万石，价值约为1.864万两。⑤

两项加总可得华娄民间仓储有房屋建筑资产2093两，积贮谷物价值27028两，共计2.90万两。

（五）慈善机构

清代中期，华娄的民间慈善机构颇为发达，各种善堂自"道光以来，郡邑村镇递次兴建，几于靡善不备"。⑥ 而其按照救济之类型，可以分为恤嫠、育婴和助葬三类。

地方志中对慈善机构的各项资产记录颇为详细，具体如表3-7所示。

表3-7　　　　　　　　华娄两县慈善机构资产

序号	名称	修建年份	用途	人数	田产（华）	田产（娄）	田产（总）⑦	房屋（间）
1	育婴堂	嘉庆十四年	收养孤儿	—	1208	1612.27	2820.27	110
2	普济堂	乾隆元年	收养老疾	220	53.55	530.32	583.87	40余

---

① 谷物价格约为米价的40%。参见李著，第339页。
② 吴滔：《论清前期苏松地区的仓储制度》，《中国农史》1997年第2期。
③ 义仓彻底崛起的标志是1834年长元吴丰备义仓的建立。
④ 据地方志记载，嘉庆二十二年（1817），知府宋如林从举人朱书田贡生顾鸿声等之请，详准将二十年华亭娄二邑赈荒余钱易归，前拨苏州正谊书院之官田岁取租息储备荒歉，立石刊定规条。二十三年建廒外列5楹。中为大门，内为东西廒各5楹，又其内5楹，中曰厚积堂。道光时增建廒十有一间。参见光绪《重修华亭县志》卷2《建置志·仓库》。
⑤ 义仓也应有土地资产，即义仓田。但由于1820年代该仓初建，在此暂不做估计。
⑥ 光绪《松江府续志》卷5《疆域志·风俗》。
⑦ 并不是所有的田产都位于华娄两县。比如育婴堂在松江7邑有田产，华娄2820亩占其总数的78.8%。

续表

序号	名称	修建年份	用途	人数	田产（华）	田产（娄）	田产（总）⑦	房屋（间）
3	养济院	道光年间	收养孤贫	68	—	—	—	76
4	兴善堂	嘉庆十三年	施棺埋葬	—	—	—	224	—
5	助葬局	道光年间	施棺埋葬		69.9	229.2	299.1	9
6	惜字局	嘉庆十五年	收养穷寡	120	69.8	116.7	186.5	—
7	全节堂	道光九年	养妇教子	—	544	1579	2123	—

注：统计截至18世纪30年代。
资料来源：整理自光绪《重修华亭县志》、光绪《娄县续志》。

表3-7中还有一些缺失值，我们可以通过简单的推算求得：

第一，养济院和普济堂功能相仿，普济堂额定供养220人，养济院额定供养68人，因此二者在田产上应有等比例关系，求得其应拥有田地约180.2亩。由于没有确切数据，且数额不大，姑且将其都计为华娄两县的土地。

第二，兴善堂房屋数量不详，但与其职能相同的助葬局有房屋9间，因为姑且认为其也应有9间。

第三，惜字局和全节堂的房屋数量不详。但根据其田产数量，可推知其留养寡妇及其子女的数量，继而估算其房屋规模。据记载，松江全节堂每屋住寡妇4—5人，以此标准估计惜字局应有房屋30间以上。而从田产判断，全节堂的住房数量应在100间以上，从低计为100间。

加总取整，慈善机构拥有房屋数量400间、土地6500亩。假设这些机构的房屋均在使用当中，且修葺完备，则按照一般府城住房估计，其价值约为1.6万两；土地均按照中等水田估计，价值约为7.8万两。

二者共计9.4万两。

（六）祠庙

苏松地区各类型的祠祀均十分兴盛。一方面，其文化昌明，官方的祠祀规制完备，且十分注重对理学价值观的外在宣教，因此官方的祭祀数量较多；另一方面，由于松江地处古吴地，自古"信鬼神、好淫祀",民间信仰根基深厚。到明清时期,伴随商品经济的发展和商业市镇的繁荣,民间的祭祀、赛会活动规模越办越大。① 其势头甚至引发了士大夫阶层的担忧。②

据不完全统计,华娄地区共有大小坛、庙、祠70余个。③ 尽管我们并没有找到这些祠庙详尽的资产记录,但其资产类型无外乎房屋和土地两项。

首先是房屋。

图3-7 瑞典人Carl Bock拍摄的苏州孔庙（1889年）

资料来源：法兰西国家图书馆。

根据华亭县《学宫图》显示,忠义祠、孝悌祠等规模较小的祠庙只有1—3间屋子,陈设简单；但代表祠庙最大规模的松江府城隍

---

① 樊树志：《江南市镇的民间信仰与奢侈风尚》，《复旦学报》2004年第3期。
② 据地方志记载,"赛神之举莫盛于枫泾,始于乾隆癸巳岁,至戊更踵事增华……择童子十岁以下貌端好者,扮演诸天列宿,尽态极妍,衣皆奇丽,珠以万计,金玉以千计。其有不足,则假诸邻邑。互相夸耀,举国若狂,费几累万。至期士女倾室往观,百里内闻风而来者舟楫云集,河塞不通,一时传为胜举。然废业耗财,莫此为甚"。参见光绪《重修枫泾小志》卷10。
③ 统计自《松江府志》《华亭县志》《重修华亭县志》《娄县志》《娄县续志》等。

庙，则占地甚广，其装潢也颇为豪华（其正殿与图 3-7 中的苏州孔庙形制相仿）。据记载，乾隆八年（1743），知府汪德馨整修大殿、头门。乾隆二十八年（1763）、乾隆五十七年（1892）、以及嘉庆二年（1797）、嘉庆十九年（1814）都曾对其重修。光绪八年（1882）开始仿照前制，重新修建，共花费一万一千二百余缗。① 因此估计在嘉庆初年其价值应在万两以上。由此可见，不同类型祠庙之间价值差异极大。② 我们姑且从低以每座房屋 500 两估计，则其此项资产约为 3.5 万两。

其次是土地。③

王健整理了《漕河庙事略碑》所记录的道光二年（1822）上海县漕河庙（一座中等规模的祠庙）的庙产。据统计，该庙共有田产 48.43 亩。这些土地分门别类，"专地专用"。④

表 3-8　　　　　　　　上海县漕河庙不动产情况

类别	面积（亩）	备注
庙基	2.68	分三笔购得
坛基	1.26	免科
三巡乐器	1.29	十图五百八十五号，田四分八厘五毫，昔年吴胜祥经办。众姓完粮，乐工承种，以贴三巡工食。又乾隆初年间，俞惠芳同族捐资置田一亩五分，生息以给乐工，以后此田赎去西俞宅，收价八两，生息以给上元工食；东俞宅将价买十图三百念五号八分粮飞图业，取余租以给下元工食。开印封印亦系俞惠芳倡捐银五两，常年起利一两给付乐人，以俾两次工食，至今俞安宁经办

---

①　民国《黄渡镇志》卷 9《神祠》。
②　位于江苏常熟的萧山小城隍庙则为我们展示了江南地区中等祠庙的规制。据滨岛的观察，其"正面有六间，深三进，中间有天井（四周被建筑包围的庭园）。总面积约在一亩前后。经过道穿过天井、就是城隍殿。正面中央供着城隍神，前方左右侍立着阴、阳判官，两侧靠壁排列着衙役"，"天井的右侧是厨房、斋堂（食堂），供参拜者吃饭用"。由此可见其规模在 10 间房以上，且拥有神像等附属设施，以 500 两作其价格并不致过高。参见［日］滨岛敦俊《明清江南农村社会与民间信仰》，厦门大学出版社 2008 年版，第 315—316 页。
③　比如在近代吴江地区，庙会的经济开支主要来源于庙宇产业的收入。参见陈明金《猛将会》，载吴江市政协文史资料委员会编《吴江风情》，天津科学技术出版社 1993 年版。
④　王健：《明清以来江南民间信仰中的庙界：以苏、松为中心》，《史林》2008 年第 6 期。

续表

类别	面积（亩）	备注
炮手田	0.2	乾隆三十四年王维章买与炮手承种
轿班田	2	众姓捐资
庙田	41	地方乡绅陆续买成。在嘉庆前，"向来庙田"只有3.22亩

资料来源：整理自王健《明清以来江南民间信仰中的庙界：以苏、松为中心》。

由此可以推知，华娄地区的祠庙也应有部分田产，以满足其举办赛会活动以及支付日常开销的需要，但具体数据不得而知。我们姑且以上海县漕河庙为平均水平（取整以50亩计），则华娄70座祠庙拥有土地数量约为3500亩，均以中等田价计算，则其土地资产约为4.2万两。

二者合计约为7.7万两。

（七）寺观

据统计，清代中期华娄地区共有大小佛寺97座、大小道观17座、清真寺1座，合计115座。[1] 其资产主要包括房屋建筑、土地和其他设备3项。

这些寺观在清代中期均香火繁盛，官方和民间多有赞助。以佛寺为例：一方面，官方极为重视。松江地方志中记载了清代多位皇帝寺庙进香并御赐匾额的事件，比如康熙四十四年（1705）皇帝赐松江大寺普照寺"台宗阐教"额。[2] 另一方面，民间尤为狂热。松江有农历初八，妇女结伴上寺庙烧香的传统，因需要进八所寺庙，故称"烧八寺香"。[3]

1. 房屋建筑

华娄地区寺观规模较大、屋宇较多。

---

[1] 数据整理自《松江府志》《重修华亭县志》《娄县续志》，并参考了《上海宗教志》。
[2] 《重修华亭县志》卷22《方外》。
[3] "八大寺"即为普照寺、超果寺、广化寺、龙门寺、东禅寺、西禅寺、南禅寺和北禅寺，皆位于松江府城内和近郊。关于这一习俗，《松江竹枝词》有云："妇女齐烧八字香，金莲遍踏讲经堂。东家阿姐西家妹，几度人前避阮郎。"此外，每年春节郡守知县等官员都会于此进香礼佛、行迎春之仪。

以位于上海杨浦区的太平教寺为例，该寺"大殿共三进，依次为天王殿、大雄宝殿、观音殿，另有阎王殿。殿后为僧寮，寺旁有僧田和僧众墓地，墓上有舍利塔1座。寺僧最多时有100余人"①。

而位于浦东的庆宁寺：

> 民国19年，犹有庙基17亩5分，殿宇8幢60间。寺分东西两部，西部为主殿。寺前有浜，筑香花桥，跨桥入寺，前有照壁、广场，后为山门，门内左右设钟、鼓楼。首进为天王殿、弥勒殿、荷花池，再进为大雄宝殿；东部为偏殿，分别为观音、雷祖、阎王殿等。主殿与偏殿间有长廊相通。寺旁有明户部侍郎顾彧和宁海知州陈宾墓。钟楼的巨钟重3500公斤。寺全盛时，有僧数百。②

此外，也有很多寺庙规格较低，庙众不足10人，庙产不过数百两。

表3-9　　　　　　　　镇江六寺庙房屋基地统计

	焦山	金山	超岸	竹林	鹤林	招隐	总计
林园房基	26.99	157.69	14.16	27.90	8.00	50.00	284.74
市房	—	12	92	—	—	4	108
庄房	—	27	—	16	3	4	50
本寺楼房	130	78	44	22	34	—	308
本寺平房	108	81	39	72	32	26	358

资料来源：整理自华东军政委员会土地改革委员会编《江苏省农村调查》第一分册，1952年，第266—268页。

新中国成立初期，人民政府对苏南地区的宗教资产进行过一次调查。其结果发现镇江六寺庙中均有较多房屋。其中较大的寺庙如焦山、金山等每寺拥有房屋数量多达200间以上，且有相当比例为市房，而较小的招隐寺也有僧房30间。因此以每寺50间估算，应不致高估。

---

① 《上海宗教志》编1《佛教》。
② 《上海宗教志》编1《佛教》。

考虑到寺庙多位于山林偏远所在，地价较低，姑且以农村住房价格估算，则其房屋建筑资产至少约为11.5万两。①

2. 土地

清代江南地区寺院最重要的收入来源是田产收入。② 华娄地区也不例外，寺观通过官府拨赐、施主捐赠和僧人购置三种形式，积累了大量的寺田。③

相关的历史记录非常多。比如华亭县的真会观，晚清政府曾将该观"所有田产提九十八亩有奇归中学堂，四十九亩有奇归小学堂，以备常年经费，尚有一百五十亩以存款五百元及庄摺一扣仍为观产"④。可知该观原有田产297亩。

我们虽然没有找到八大寺的具体田产数量。但江南地区其他大寺的庙产情况前人梳理得较为清楚。比如杭州净慈寺，有田649.90亩；江宁灵谷寺，有田860亩；⑤ 常熟三峰寺，有田1689.59亩；⑥ 常州天宁寺，有田323.4亩；江宁大报恩寺，嘉庆年间有田756.8亩。直到新中国成立初期，镇江六寺中焦山寺仍有田17280.34亩、金山寺有田7852.68亩，数额最少的超岸寺和招隐寺的寺田数也在800亩以上。⑦由此可见清代江南地区较大规模的寺庙拥有土地数百亩。

我们姑且假设华娄地区大型寺观平均每寺有田600亩，中等寺观

---

① 位于府城、县城内的寺观房屋价值自然更高。比如位于上海县城万军箭台上的道教场所丹凤楼，该楼在清代中期共建有三层主楼1座、辅楼2座以及庑房4间。其在咸丰年间遭到太平军的破坏，后经过两次翻修，前后耗银3000两。参见《上海宗教志》编2《道教》。而位于上海南市的九华禅院，嘉庆元年重修时当地士绅捐款足钱2482千397文，其价值也在2000两以上。参见嘉庆三年《重修小九华记碑》，载《上海碑刻资料选辑》，第40页。由此可见，我们对华娄寺观平均每寺房屋建筑造价1000两左右的估算是相对较低的。

② 张晖：《清代江南寺院经济》，博士学位论文，南京大学，2014年。

③ 晚清时期各地寺庙普遍拥有一定数额的土地，多则数千亩甚至万亩，少则十几亩。各类寺庙所拥有土地数额是相当惊人的——直到1930年，内地22个省的179县还拥有庙地76万余亩。参见内政部年鉴编纂委员会《内政年鉴》卷4《礼俗篇》，商务印书馆1936年版，第257页。

④ 《移赀兴学》，《申报》，光绪二十九年十一月十五日，附张。

⑤ 截至道光十二年（1832）。资料来自《灵谷禅林志》卷5《寺产》，转引自《清代江南寺院经济》，第58页。

⑥ 《虞山三峰清凉禅寺志》。

⑦ 华东军政委员会土地改革委员会编：《江苏省农村调查》第一分册，1952年，第264页。

有田 200 亩，小寺观有田 20 亩。基于地方志记载，我们推测华娄地区各类型寺观的比例为 20∶40∶40，则华娄地区共有大型寺观 23 座、中型 46 座、小型 46 座。则所有寺观拥有的寺田数量约为 2.21 万亩。这一数字应无高估可能。①

以中等土地价格计算，则寺田的价值约为 26.52 万两。

3. 其他设备

寺观资产中还应包括佛像（神像）、金属钟、特殊材质（如珊瑚）念珠等单价较高的物品；以及经书、佛龛、香炉、布幔帷帐等单价较低的物品。其具体数量难以考证。我们姑且从低以每寺 200 两作为此类资产的现值，则所有寺庙合计 2.3 万两。②

综上，三项合计 40.32 万两。

加总得到其他公共部门资产总计 114.24 万两。

合计公共部门共有非金融资产 239.68 万两。

表 3-10　　　　　　　公共部门非金融资产汇总　　　　　　单位：万两

性质1	性质2	类别	政府部门	其他公共部门	合计
生产性	固定	土地	2.08	52.22	54.3
生产性	固定	房屋建筑（非住房）	108.81	52.21	161.02
生产性	流动	牲畜（牛）	0	0	0
生产性	流动	生产设备	12.08	2.37	14.45
生产性	流动	存货	1.86	2.64	4.5
非生产性	固定	房屋建筑（住房）	0	4.8	4.8
非生产性	流动	牲畜（其他）	0.61	0	0.61
非生产性	流动	家私	0	0	0
非生产性	流动	奢侈品	0	0	0
非生产性	流动	奴仆	0	0	0
		合计	125.44	114.24	239.68

资料来源：笔者整理。

---

① 据统计，浙江省金华府武义县，1904 年政府曾因"庙产兴学"统计过该县寺庙拥有田产的情况，总数高达 3.5 万亩。

② 仅占寺田价值的 10% 左右，应不致高估。

第四章 金属货币资产

金属货币（Metal Currency）是中国传统社会重要的财富形式，由于其既具有实物资产的性质，也具有金融流通的功能，因此需要单独进行估算。[①] 本章首先考察了中国清代中期实行的货币制度，锁定了此时金属货币的两种形式（白银和制钱），并在此基础上结合现有研究成果估算出了全国范围和所在地域范围内的金属货币存量和流通量。此外，出于结构分析需要，我们还通过对华娄地方财政的留存规模、政府开支等的研究，估算出了公共部门和居民部门各自持有的数量和比例。

一 清代中期的货币制度

清代的货币制度承袭明制，银两与制钱并行，因而彭信威等将其称为"银钱平行本位制"。[②] 所谓银钱并行，是指市场中白银和制钱同时流通，且二者地位相互独立、没有主辅币的关系[③]；在居民的日常生活当中，大抵"少则用钱，多则用银"。[④] 也有一些货币史学者习惯使用"银铜复本位"的提法，但这容易与西方历史时期的"金银复本

[①] 据19世纪初期一位在广州经商的外国人观察，"在商业上，中国人对金、银或铜、铁、锡，是同样当做货品来看待的"，"（中国）政府对于金银块条的铸造，不加干涉，犹如其他金属。钱商或银号每加戳记，以保证其质量"。参见中国史学会编《中国近代史资料丛刊·鸦片战争》第1册，上海人民出版社1957年版，第263页。

[②] 彭信威：《中国货币史》（下册），中国人民大学出版社2020年版，第852页。

[③] 燕红忠：《从货币流通量看清代前期的经济增长与波动》，《清史研究》2008年第3期；燕红忠：《中国的货币金融体系》，中国人民大学出版社2012年版。

[④] 刘锦藻：《清朝续文献通考》，浙江古籍出版社2000年版。

位"概念相混淆。① 二者的差别在于,清代中国白银只是称量货币,银钱之间没有严格的铸造比价,而后者金银两种货币间的兑换比价是相对固定的。②

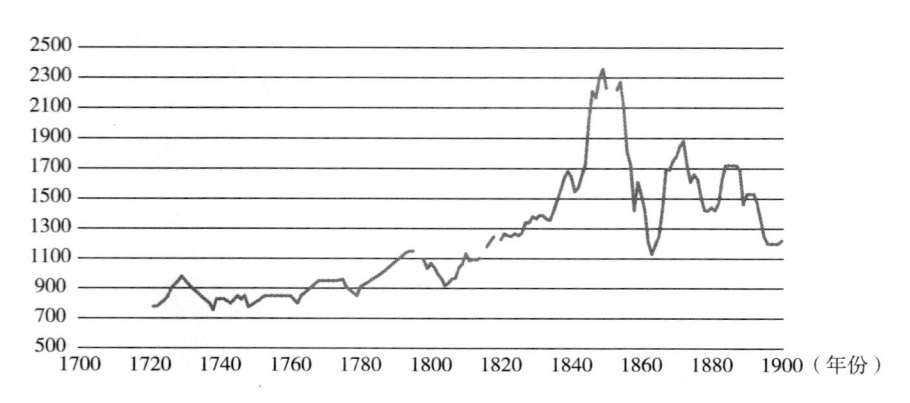

图 4-1 清代银钱比价的变化趋势

资料来源:林满红《银线:19 世纪的世界与中国》,江苏人民出版社 2011 年版,第 3 页。

如图 4-1 所示,19 世纪以后中国的银钱比价出现了大幅上升,在 1850 年前后达到了历史最高点 2300 余文;③ 而在 1850 年以后的半个世纪中银钱比价则出现了数次较大波动。清政府实际上既无能力,也无意愿,管控两种金属货币间价格波动。

(一)白银

1. 白银的普遍通货化④

明代中期以后,美洲和日本的白银大量涌入中国,为中国实现白

---

① 李著中则称为"平行本位的复本位制"。参见李著,第 322 页。
② 管汉晖:《浮动本位兑换、双重汇率与中国经济:1870—1900》,《经济研究》2008 年第 8 期。
③ 林满红指出,1808 年到 1856 年,中国在不到五十年的时间里,白银相对于铜钱的价格上涨了约 2.5 倍,形成了所谓的"银贵钱贱危机"。林满红:《银线:19 世纪的世界与中国》,江苏人民出版社 2011 年版,第 2 页。
④ 白银通货化是指白银由商品转化为货币的过程,因此也称白银货币化。中国学者研究明清两代白银问题历来有"白银货币化"和"货币白银化"的路线之争,通俗来讲,其实质在于前者研究的主体是白银及其变化,而后者研究的是货币形态的变化。由于我们在此处讨论的是金属本身,因此以白银通货化为题目应较为妥帖。

银通货化提供了关键性条件。① 尽管贡德·弗兰克在《白银资本》一书中可能对白银的国际影响略有夸大，但如邱永志指出的，明代的货币演变的确经历了由钱钞为主逐步走向白银为主的过程。②

清代建立以后，中国白银的通货化程度较明代大为加深。③ 按照林满红的说法，到19世纪前期，白银已经成为"中国货币体系的基轴"。④ 其基轴作用直接体现在国家财政的高度货币化、白银化。根据嘉道年间闻人包世臣的记录，当时中国所有的田赋、杂税、薪俸和捐输均用白银支付（而非单纯的白银计价）。⑤ 货币收入占财政收入的比例高达70%。⑥

此外，超过80%的民间契约亦使用白银计价，即便是最终支付铜钱，也需先由白银价格折算。而在这之前的18世纪上半叶，白银的通货地位还远没有如此稳固。当然，在商品经济最为发达的江南地区，白银通货化的过程自然开启得更早、发育得也更为充分，这一点在雍正、乾隆年间苏州现存的民间契约文书中已得到了较好的证明。

2. 银两与银圆

如前所述，清代的白银是称量货币，而非铸币，因此市场中流通的银两名称和形式种类繁多。不过，按照形状和重量大体上可以分为

---

① 学界对于明代中国海外白银流入数量和产地结构等问题有着长远、深厚的研究传统。根据邱永志的梳理，国内学者如傅镜冰、梁方仲、全汉昇、彭信威、吴承明、王裕巽、万明、李隆生等，国外学者如山村洪造、贡德·弗兰克、万志英等都对自美洲和日本的白银输入量进行过估算。参见邱永志《历久弥新：国际学术视野下的明代白银问题研究述论》，《清华大学学报》（哲学社会科学版）2018年第4期。

② ［德］贡德·弗兰克：《白银资本》，中央编译出版社2000年版；邱永志：《历久弥新：国际学术视野下的明代白银问题研究述论》，《清华大学学报》（哲学社会科学版）2018年第4期。

③ ［美］万志英（R. Von Glahn）认为中国的白银时代自宋代开启，历经元、明两朝，最终到清代才正式完成。参见 Von Glahn, R., *Fountain of Fortune: Money and Monetary Policy in China*, 1000—1700, Berkeley and Los Angeles: University of California Press, 1996。

④ 林满红：《银线：19世纪的世界与中国》，江苏人民出版社2011年版，第6页。

⑤ （清）包世臣：《安吴四种》，卷26，第11页，转引自林满红《银线：19世纪的世界与中国》，江苏人民出版社2011年版，第6页。

⑥ 燕红忠：《从货币流通量看清代前期的经济增长与波动》，《清史研究》2008年第3期。

四种：第一是元宝，因为形状像马蹄，也称马蹄银，大者每只重50两，由银楼、银炉铸造；第二是中锭，每只重10两，多马蹄形；第三是小锞或锞子，形状像馒头，但亦有其他多种形式，重1两到5两，也叫小锭；第四是散碎的银子，有滴珠、福珠等名称，重量均在1两以下。① 在实际交易上，由于各地各号无统一银色，因此这些银两在使用前一般还需要进行成色检验，颇为不便。②

根据马士（Morse）的观察，清朝末年一次单程从江苏省经过上海将财政收入汇给甘肃省，总共需要经过9次不同的银两单位（包括虚拟的和实际的）兑换才能最终达成。③

除银两外，清代民间市场中还流通有大量外国银圆（如图4－2所示），包括西班牙本洋、墨西哥鹰洋、英属地银圆、杜卡通（Ducaton）、法国埃居、日本龙洋等。这些机器制造的洋钱相比银两更便于流通，且国内难以仿制，因此大受欢迎。18、19世纪其流通范围从最开始的福建、广东两省，逐渐扩展到了黄河以南各省份。1829年道光皇帝给军机大臣的一则上谕中就提到："自闽广、江西、浙江、江苏渐至黄河以南各省洋钱盛行，凡完纳钱粮及商贾贸易，无一不用洋钱。"④ 可见当时外国银圆流布之广。

根据记载，道光年间苏常各府民间"喜用洋钱"尤甚他处，曾经自铸七钱一二分重的银饼，但通行不到一年就因伪造过多，被市场淘汰。⑤ 由此可见，在清代中期银圆在江南地区的使用应是较为普遍的。

---

① 彭信威：《中国货币史》（下册），中国人民大学出版社2020年版，第872页。

② 但也有学者认为古代中国的用银方式有其优点。比如黑田明伸认为：第一，白银称量使用可以避免其他文明中出现的因银币品质降低所造成的物价上涨；第二，清代相同地域商户通过虚银单位相互结算，省却了现金的麻烦；第三，地方市场中以铜钱交易为主导有利于当地物价的稳定，减轻受外来动荡局势的影响。参见［日］黑田明伸《中国货币史上的用银转变：切片，称重，入账的白银》，《中国经济史研究》2020年第1期。李著则更加强调白银的货币信誉，认为白银作为称量货币能够在一定程度上遏制中国古代长期存在的劣币、盗铸等问题。参见李著，第323页，脚注1。

③ 马德斌：《中国经济史的大分流与现代化》，浙江大学出版社2020年版，第92页。

④ （清）王先谦：《十朝东华录》，1829，5，33b—34a，转引自林满红《银线：19世纪的世界与中国》，江苏人民出版社2011年版，第39页。

⑤ （清）冯桂芬：《罢关议》，载《校邠庐抗议》卷下，转引自彭信威《中国货币史》（下册），中国人民大学出版社2020年版，第880页。

此外，由于外国银圆无须称重和检验成色，"市民喜计枚核值便于运用"①，因此在一定程度上突破了白银单一作为称量货币的格局。②

图 4-2　清代中期流通的西班牙银圆

注：西班牙银圆，由于上面印有国王的头像，也被称为"佛头"。③
资料来源：上海市博物馆藏，公开资源。

（二）制钱

与对白银的放任态度不同，清代早期政府对于制钱的管理颇为严格，对其样式、成分和重量都有明确的规定；④ 与此同时，为控制制钱的数量，清政府对于各地铸局的年铸卯数和每卯铸钱量等也都有详细规定。⑤

---

① ［日］佐佐木正哉：《鸦片战争以前的通货问题》，第110页，转引自林满红《银线：19世纪的世界与中国》，江苏人民出版社2011年版，第40页。

② 林满红也指出，清代中期在中国东南地区的城市中同时使用银锭和银圆，而在北方只有那些拥有权势或财富的家庭才使用银圆。参见林满红《银线：19世纪的世界与中国》，江苏人民出版社2011年版，第40—42页。

③ 林满红：《两千年间的"佛"与"国"：传统中国对西方货币领袖头像的认知》，《中国经济史研究》2018年第2期。

④ 有清一代，制币材料多有变化。以乾隆五年为例，政府要求铸币"按铜铅一百斤，内用红铜五十斤，白铅（也就是锌）四十一斤八两，黑铅六斤八两，点铜锡二斤、配搭改铸青钱"。这种所谓的青钱其含铜量相比康熙、雍正时期的铸币出现了较大下降。参见《钦定大清会典事例》卷214《户部·钱法》，载《续修四库全书（801）》，上海古籍出版社2002年版，第496页。

⑤ 李强：《清政府制钱管制政策透视》，《社会科学辑刊》2007年第4期。不过在具体操作中，各省铸局所铸之钱大小、轻重、币材和成色各自为政，多随铜价和铸利而变。参见李著，第322页。

不过巧妇难为无米之炊，清代前期由于国内铜矿开发不足、铜资源紧缺，政府投入市场的制钱数量远低于社会的实际需要，因此社会上"银贱钱贵"，民间私毁制钱的行为在康雍两朝屡禁不止。

为解"铜荒"，清代中期政府一方面大开国门、"赴日办铜"，一方面加大了对滇铜的开采力度，双管齐下，制钱的铸造数量终于在乾隆中后期达到了顶峰。根据戴建兵和许可的估计，乾隆年间平均每年需用币材的数量高达一千余万斤，其中铜料价值 84 万余两、锌料价值 27 万余两、铅料价值 3.5 万两、锡料价值 3 万两，合计约 117.5 万两，平均每串铜钱的铸造成本达到了 0.83 两。① 具体如图 4-3 所示。

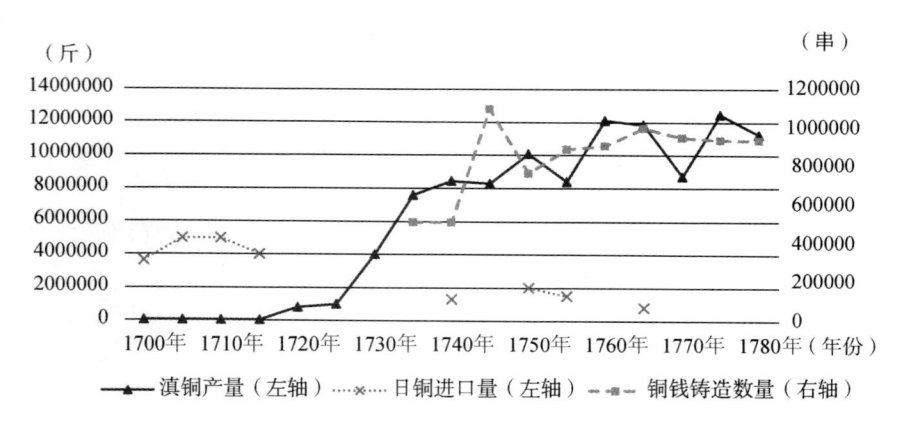

图 4-3 清代中期铜产量、进口量与制钱铸造数量

注：铜钱铸造数量仅为户部宝泉局所造。根据林满红的估算，1756 年到 1765 年的铸币高峰期内全国铸局平均每年铸钱约 363.90 万串，为宝泉局产量的三到四倍。②

资料来源：康熙乾隆年间滇铜产量和日铜进口量引自刘序枫《清康熙乾隆年间洋铜的进口与流通问题》，载汤熙勇主编《中国海洋发展史论文集》第七辑，中山人文社会科学研究所，1999 年，第 105—117 页；乾隆年间铜钱铸造数量引自戴建兵、许可《乾隆朝铸币与 GDP 估算——清代 GDP 研究的一种路径探索》，载《清史研究》2013 年第 1 期，表1。

---

① 戴建兵、许可：《乾隆朝铸币与 GDP 的估算——清代 GDP 研究的一种路径探索》，《清史研究》2013 年第 1 期。
② 林满红：《银线：19 世纪的世界与中国》，江苏人民出版社 2011 年版，第 28 页，表 1.1。

除了官方的新铸制钱外，前朝和外国铸造的铜钱也在市面流通，林满红认为这表明中国传统社会中并无深刻的货币主权意识。① 与此同时，更为严重的问题是民间私铸小钱的行为始终难以禁绝，乾隆中期以后"各省小钱充斥"。② 到 19 世纪前期，从北京铸局到地方铸局，都自坏成法，干起了私铸之勾当。③ 币制体系也随之大为败坏。④

二 清代中期华娄金属货币资产

如前所述，1820 年代华娄地区的金属货币只有白银和制钱两种，但其具体数量和价值实难考证。因此我们退而求其次，首先估算全国的人均货币存量和流通量，再以适当比例放缩为江南地区的平均水平，最后即可估得华娄金属货币资产的大致价值。

（一）全国金属货币存量和流通量

1. 白银存量

当前经济史学界对清代白银存量的研究成果颇多，其大体思路都是在明末的存量上做加法。

首先是明末存量。

明末的白银存量主要由两部分构成，一是国内各朝代的银产量，二是国外白银净流入量。李隆生根据唐、宋、元、明各朝的银课数据，估算至明末中国共生产了约 4.6 亿两白银。⑤ 目前尚无更权威的数据出现，因此我们暂且采用这一说法。

---

① 林满红：《银线：19 世纪的世界与中国》，江苏人民出版社 2011 年版，第 29 页。
② 《清仁宗实录》卷 10，第 4 页，嘉庆元年 10 月 3 日，转引自林满红《银线：19 世纪的世界与中国》，江苏人民出版社 2011 年版，第 30 页。
③ 中国人民银行总行参事室编：《中国近代货币史资料》第一辑"清政府统治时期"，上册，中华书局 1964 年版，第 96—99 页。
④ 李著，第 322 页。
⑤ 李隆生估计，唐、宋、元三朝的白银总产量约为 3.78 亿两；整个明代产量 0.83 亿两，平均每年的产量约为 30 万两。李隆生：《明末白银存量的估计》，《中国钱币》2005 年第 1 期。

表 4-1　　　　　　　不同学者对明代海外白银流入量的估算

估算学者	估算时间	来自日本	来自美洲	总计（亿两）
梁方仲	1939	—	—	>0.7
全汉昇	1968	5800 万两	2 亿银圆	1.98
彭信威等	1954	1.7 亿两	1.3 亿两	3.0
万志英	1996	3622—3802 吨	3.534 万吨	1.9—1.96
山村弘造等	—	22400 万两	3500 万两	2.59
万明	2004	7500 吨	12620 吨	5.4
王裕巽	1998	—	—	3.3
庄国土	1995	17500 万两	8720 万两	2.8
李隆生	2005	17000 万两	12500 万两	3.0

注：一两约为 37 克；1 银圆约为 0.7 两。
资料来源：整理自邱永志《历久弥新：国际学术视野下的明代白银问题研究述论》，《清华大学学报》（哲学社会科学版）2018 年第 4 期，表 1。

而如表 4-1 所示，对明代海外白银的流入数量各家估算存在较大差异，其中最少的梁方仲不足 1 亿两，而最多的万明则超过了 5 亿两。不过，大部分学者的估计均在 3 亿两上下，我们也按此数目计。则二者相加可得，明末白银存量约为 7.6 亿两。

其次是清代产量。

清代中国的白银绝大多数产自云南一带。全汉昇在《明清时代云南的银课与银产额》一文中估计，乾隆时期云南银矿的年产值约为 46 万两；[1] 王业键亦认为从明代中叶到清代中叶，云南每年的产银都在 30 万—40 万两[2]；而林满红的估算则更为具体，其估计中国 1662—1795 年共产银 6290 万两，年均为 47 万两、1811—1845 年产银 565 万两，年均为 16 万两。而在其他年份，中国的银产量基本为零。[3] 李隆

---

[1] 载全汉昇《中国经济史研究》第 2 册，中华书局 2011 年版。
[2] 王业键：《全汉昇在中国经济史研究上的重要贡献》，载王业键先生《清代经济史论文集》，台湾稻乡出版社 2003 年版。
[3] 林满红：《与岸本教授论清乾隆年间的经济》，《近代史研究所集刊》1997 年第 28 期。

生结合全汉昇和林满红之研究成果，估计整个清代的银产量约为 6900 万两，颇为可信。① 事实上，由于清代后期国内银产量极少，因此以这一数字作为清代中期以前中国的白银产量并无太大问题。

最后是清代净流入量。

19 世纪以前，中国的对外贸易非常强势，国际市场白银持续流入中国（主要的渠道包括中国通商口岸贸易、中日贸易以及中国和西属菲律宾贸易）。② 如图 4-4 所示，从 1645 年到 1805 年中国无一年不入超；到 1825 年前后，积累起了 2.96 亿两的白银净流入规模。这一数字考据翔实，殊为可信。③

综上，1820 年代中国全国的白银存量约为 11.25 亿两。

2. 白银流通量

众所周知，白银的流通量必然小于其存量。原因在于：第一，作为货币金属的白银并不必然进入流通环节。中国明清时期，窖藏白银的现象上到皇室、下到民间都非常普遍。作为政府和居民部门重要的储蓄手段，其在客观上导致经济生活中的白银流通量变少，甚至是诱发"银荒"的原因之一；④ 第二，白银在居民的日常生活中也被广泛

---

① 李隆生：《清代（1645—1911）每年流入中国白银数量的估计》，《人文暨社会科学期刊》2009 年第 5 期。

② ［日］岸本美绪：《清代中国的物价与经济波动》，中国社会科学出版社 2010 年版；庞浩、金星晔、管汉晖：《中国贸易盈余与外汇储备的长期考察：1636—2018》，《经济学报》2021 年第 2 期。

③ Morse 估计 1700—1830 年，净流入中国的白银有 3.75 亿两；彭信威估计 1681—1800 年，净流入中国的白银有 4.58 亿两；Remer 估计 1721—1800 年流入中国的有 1.30 亿两，而在 1808—1856 年流出中国的则有 2.88 亿两；而林满红则估计 1721—1800 年净流入中国的白银数量有 1.3 亿两。由此可见，从清朝建立到 1820 年代，中国有多少白银净流入量大体应在 2 亿—4 亿两。参见 Morse, H. B., *The Chronicles of the East India Company Trading to China 1635—1834*, Oxford: Clarendon Press, 1962; Remer, C. F., *The Foreign Trade of China*, Cheng-Wen Publishing Co., 1967；林满红《银线：19 世纪的世界与中国》，江苏人民出版社 2011 年版；彭信威《中国货币史》（下册），中国人民大学出版社 2020 年版。

④ 关于道光年间"银贵钱贱"现象之成因历来争议颇大，但无论其成因如何，银荒与经济紧缩结伴、银荒期间社会中白银流通量减少应是不争的事实。参见贺力平《鸦片贸易与白银外流关系之再检讨——兼论国内货币供给与对外贸易关系的历史演变》，《社会科学战线》2007 年第 1 期；段艳、陆吉康《1830—1856 年中国"银荒"危机成因考辨》，《云南财经大学学报》2012 年第 2 期。

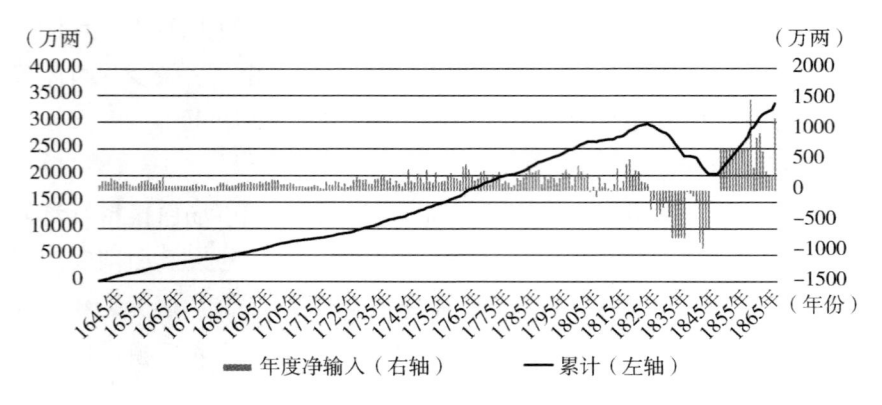

168 / 传统中国的财富积累与分配

图 4-4 中国白银流入和流出情况（1645—1865 年）

资料来源：李隆生《清代（1645—1911）每年流入中国白银数量的估计》，《人文暨社会科学期刊》2009 年第 5 期。

用作工艺材料和装饰材料。①

燕红忠在前人研究的基础上，基于制钱数量、银钱比价估算了中国清代中期以前的白银流通量。② 如图 4-5 所示，燕氏估计 1820 年代中国的白银流通量约为 4.27 亿两，相比 1780 年代的 5.17 亿两，规模下降了 17.4%。③ 若以此标准计算，流通量占存量的比值只有 38.9% 似有过低之嫌。

而根据李勇五的估算，1820 年前后中国的白银流通量在 6.7 亿—6.9 亿两，比燕氏的估算高出了 50%。不过他也指出其数字忽略了窖藏白银，"如果要逼近现实，则可以粗略地将储藏白银设定为流通总量的 10%"，因此李氏之估计也有一定过高估计的可能。④ 因此我们取二者的均值 5.5 亿两作为参考，这一数字约占存量的 48.9%。

---

① 燕红忠：《从货币流通量看清代前期的经济增长与波动》，《清史研究》2008 年第 3 期。此外，这一部分白银的价值已在居民部门的家私等项目中估毕。
② 燕氏主要参考了张家骥、彭信威、布威纳、马士等人的研究，以及《清朝文献通考》《皇朝政典类纂》"钱币"中的数据。参见燕红忠《从货币流通量看清代前期的经济增长与波动》，《清史研究》2008 年第 3 期。
③ 燕红忠认为主要原因是嘉庆初年制钱供给严重不足，同时也抑制了白银的需求量。参见燕红忠《中国的货币金融体系》，中国人民大学出版社 2012 年版，第 239—240 页。
④ 李勇五：《中国明清银本位货币制度研究》，博士学位论文，山西财经大学，2014 年。

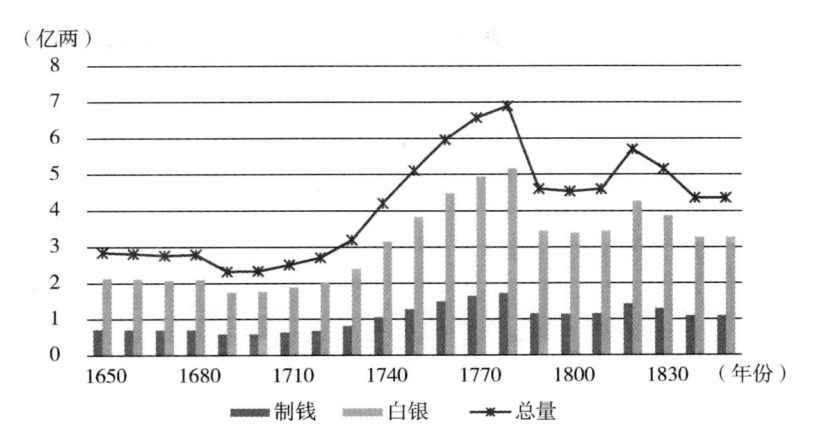

图 4-5　清代的白银和制钱流通量

注：制钱以各年份银钱比价折算为银两。

资料来源：整理自燕红忠《从货币流通量看清代前期的经济增长与波动》，《清史研究》2008 年第 3 期。

3. 制钱的存量和流通量

制钱虽然在理论上也有财富贮藏的功能，但在绝大多数情况下都被用作流通之货币，因此其存量和流通量大体相仿。① 根据燕红忠的估算，1820 年代中国全国的制钱流通量约为 1.85 亿串，根据 1 比 1300 的银钱比价，约合银 1.42 亿两，约为白银流通量的四分之一。②

加总可得，1820 年代中国全国的金属货币流通量约为 6.92 亿两。这一时期中国的人口总数约为 3.5 亿。③ 则全国人均金属货币流通量约为 1.98 两，其中白银 1.57 两，制钱 0.41 两。

（二）华娄金属货币资产价值

欲估算华娄地区的货币资产价值，还需要假定两个数值。

第一是华娄与全国平均水平之比。

---

① 制钱被较大规模窖藏的情况在中国历史中并不多见。据笔者所识，只有明朝初年，由于政府为了强行维持纸币制度，下令禁用铜钱，导致民间闻风而动，将铜钱大量窖藏（也即所谓的"洪武窖藏"）。参见屠燕治《谈洪武年间的铜钱窖藏》，《中国钱币》1988 年第 1 期。

② 燕红忠：《从货币流通量看清代前期的经济增长与波动》，《清史研究》2008 年第 3 期。

③ 路遇、滕泽之：《中国人口通史（下）》，山东人民出版社 2000 年版，第 844 页。

一方面，从产业结构上看，华娄地区商品经济发达，对外贸易繁盛，因此货币流通的数量和速度都应大幅高于全国平均水平；另一方面，1820年代中国的金属货币中白银占比80%、制钱占比20%，因此白银显然是此处矛盾的主要方面。同时，由于清代白银主要来自海外，其输入必然遵循从沿海到内陆，从口岸到腹地的路径规律，因此江南地区白银流通量高于全国水平自不待言。而华娄地区作为江南地区的中心地带也应在江南的平均水平之上。我们认为取全国平均水平的2.5倍计，应不会过高。则华娄人均货币流通量约为4.95两，全体居民之和约为277.2万两。

第二是白银的贮藏比例。

如前所述，清代居民有窖藏金银的习惯。其背后的原因颇为复杂，既有缺乏金融投资工具的制度困境，也有不敢露富的现实隐忧。[1] 但我们认为对这一比例不宜做过高估计：首先，最根本的原因是清代白银的主要使用者是政府（作为财政支出和收入的工具）和商人，因此只要政府的财政体系运转良好、民间的商业贸易繁荣，就不会有太多的白银被牢牢锁在地窖之中；第二，华娄地区的社会经济在清代中期实现了温和、持续地增长，投资农业、工业、商业均具有相当高的预期回报率，因而民间的投资意愿十分旺盛；[2] 第三，在时间上，1820年代正处于嘉道"银贵钱贱"的大背景之下[3]，必然会有部分窖藏白银重新回到流通领域，因此我们认为这一比值至多不超过20%，以此标准计算，则华娄至多有43.96万两贮藏白银。由于这些白银可以随时进入市场流通，因此也应被作为金属货币予以计算。

综上可得1820年代华娄金属货币资产总额约为321.16万两，从

---

[1] 林展和云妍的研究为我们提供了一个清代贪官家庭的生动案例。参见林展、云妍《"不可露出宽裕之象"：财产合法性与清代官员家产结构》，《北京大学学报》（哲学社会科学版）2018年第4期。

[2] 根据李著的计算，1820年代华娄的资本收入占国民收入的14%，虽然远低于荷兰的33%，但应超过中国的平均水平。参见李著，第274页。

[3] 这一时期，鸦片输入造成了一定的白银外流，但亦有其他原因。参见贺力平《鸦片贸易与白银外流关系之再检讨——兼论国内货币供给与对外贸易关系的历史演变》，《社会科学战线》2007年第1期。

简取整计为 320 万两。

三 内部结构

金属货币资产也应遵循前文之逻辑,按照部门进行划归。由于公共部门中只有政府部门有部分白银,因此这里我们只需估算政府部门拥有的白银资产,并将其余数划归给居民部门即可。

(一) 地方财政的留存和留贮

目前学界似乎尚无关于清代府县政府现银规模的研究成果。史志宏主要着眼于中央银库的存银规模。① 其他相关研究多侧重于清代财政收入在中央与地方之间的分配问题。②

一般来说,清代地方政府并不具体掌握货币资产,不过在现实主义的财政安排(包含存留、留贮、分贮等制度)下,其也会截留一定比例的财政收入供自己使用,因此在实际操作中也保有一定数量的白银资产。

首先是存留制度。

所谓留存,乾隆《大清会典则例》中规定:"州县经征钱粮运解布政司,候部拨,曰起运","州县经征钱粮扣留本地,支给经费,曰存留",③ 可见留存部分主要是用来解决当地支出。嘉庆五年的奏准中更明确指出:"州县征收钱粮,照依赋役全书内额编银两,分别征收。各州县详请拆封后,责成道府查核实征银两,应支官俸、役食、驿站、夫马、祭祀、廪膳、孤贫等项银两,由各州县自行支留,余存银两即行解交藩库。"④ 此外,在雍正朝耗羡改革后,耗羡银主要有三个用

---

① 史志宏:《清代户部银库收支和库存统计》,福建人民出版社 2009 年版。
② 比如 Zelin、Hao and Liu、刘守刚等对雍正朝"耗羡归公"等财政合理化改革的研究。参见 Zelin, M., *The Magistrate's Tael: Rationalizing Fiscal Reform in Eighteenth-Century Ching China*, University of California Press, 1992; Hao, Y., Liu, K. Z., Weng, X., et al., "The Making of Bad Gentry: The Abolition of Keju, Local Governance and Anti-elite Protests, 1902—1911", Working Paper, 2019; 刘守刚《家财帝国及其现代转型》,高等教育出版社 2015 年版;陈锋《中国财政通史:清代财政史》,湖南人民出版社 2017 年版;刘守刚《财政中国三千年》,上海远东出版社 2020 年版。
③ 乾隆《大清会典则例》卷 36,《户部》。
④ 光绪《大清会典事例》卷 169,《户部·田赋·起运钱粮》。

途，即支发养廉、弥补亏空和地方公用。① 据同治《户部则例》："各省额征耗羡银两，概同正项钱粮，随时征收，其应支养廉、吏役工食，准其在于征收银内坐支。其余仍随正项钱粮尽数解司。"② 由此可见，存留银（包括存留正银和存留耗银）是清代州县现银的主要来源。

其次是"留贮"与"分贮"银制度。

据《清朝文献通考》："直省备用之额，雍正五年以各省经费外或多需用，令督抚于春秋二拨时，酌留若干，封贮司库，是为留贮。……八年，……凡供军需及繁剧州县，亦各拨银贮库，是为分贮。"③ 由此可见，留贮银与分贮银虽然性质上属于中央财政，但却是留存在地方政府的银库中。据王庆云《石渠余纪》，留贮银额度在清代中期不断增加，如乾隆三十六年（1771）即提高了江苏存储的款项，苏州和江宁司库各存储银30万两；乾隆四十一年（1776），两个司库都大幅提高到了48万两。在藩库存储是为了避免紧急状态下由中央向各省解送不及，对这些开支的审查远比直接拨付给省里的款项严格得多，擅自动用这些经费要被处以极刑。除了储存在藩库的留贮银，还有存储在更基层仓库的分贮银，省府州县库的储备数量被分为四级，从10万至30万两不等。④ 比如据曾小萍引《宫中档》：福建省分贮银20万两，乾隆年间数额又有所提高。⑤ 由此可见，留贮银与分贮银同样也是地方政府的现银。但是对我们而言，松江府与华娄两县是否存有分贮银，仍有待考证，因此暂时忽略不计。

华娄地区税收负担较重。⑥ 据李著估计，1820年代华娄两县每年

---

① 陈锋：《中国财政通史（第七卷）》上册，湖南人民出版社2015年版，第330页。
② 同治《户部则例》卷9，《田赋三·耗羡考成》。
③ 《清朝文献通考》卷40，《国用二》，第5228页。
④ [美]曾小萍：《州县官的银两——18世纪中国的合理化财政改革》，董建中译，中国人民大学出版社2005年版，第162—163页。
⑤ 然据《钱谷挈要》之记录："福建府库均分贮一十万两，内泉州三万两，漳州三万两，汀州二万两，台湾二万两"。该书多据乾隆、嘉庆年间的档案资料，不知为何两者相差10万两。参见《钱谷挈要》，台湾学生书局1986年版，第37页。
⑥ 明清两代，苏松地区赋税畸重，民间多有抗议呼声，江南地方官员和江南籍京官也时常上书呼吁。康雍两朝苏松民间和官员减免钱粮之呼吁记录，参见朱声敏、范金民《钱粮博弈：明到清前期江南减赋呼吁及其效果》，《史林》2018年第4期。

合计要上交银 11.0 万两、米 11.4 万石，以米价 2.33 两/石计算，总合银约 37.5 万两。① 这即是起运部分。按江苏存留比率，康熙二十四年为 28.70%（总额为 398 万两），乾隆年间为 39.61%（总额为 314 万两）。若将 1820 年代华娄存留比率假定为 30% 至 40%，则华娄存留银两应在 16.1 万两至 25.0 万两之间。

（二）政府开支

另外，我们可以从华娄府县政府的开支角度对其进行检验。

清代地方政府最大的支出是工作人员的薪俸。② 据李著估计，1820 年代华娄政府工作人员的收入高达 39.8 万两。③ 不过这一数据实际上包含了政府官员的合法收入和额外收入。

表 4-2　　　　　　华娄地区政府工作人员合法收入

		人数	全部收入	额外收入	合法收入
文职	官员	35	22.0	14.7	7.3
	吏役	1500	10.0	5.0	5.0
	合计	1535	32.0	19.7	12.3
武职	军官	59	2.8	2.3	0.5
	士兵	2183	5.0	2.5	2.5
	合计	2242	7.8	4.8	3
总计		3777	39.8	24.5	15.3

资料来源：整理自李著。

其中合法收入是指国家支付的法定收入，包括俸禄、养廉、公费（行政费用补贴）等④；而额外收入则指那些不由国家支付但国家默认

---

① 李著，第 513—515 页。
② 在 Broadberry 团队的估算中，公共部门中政府服务的产出也是基于官员和士兵的薪水得到的。参见 Broadberry, S., Guan, H., Li, D. D., "China, Europe, and the Great Divergence: a Study in Historical National Accounting, 980—1850", *The Journal of Economic History*, 2018, 78 (4): 955 - 1000。
③ 李著，第 189 页。
④ 除了规定的俸禄和养廉银外，有些地方文武官员还有一笔"公费"津贴，大多数知县可有 100 两银子。参见张仲礼《中国绅士研究》，上海人民出版社 2019 年版，第 223 页。

的收入，实际上"人人皆有"，在当时也被当成是正常收入。①

以翁同龢为例：

> 翁同龢（1830—1904），后来作为大学士1889年的百日维新起过重要作用，曾于1879年写道，在他担任工部尚书的时候，他每年的家庭开销超过4000两银子，而他的固定收入只有180两银子和90石大米。翁同龢不是以挥霍浪费著称的，相反，他至少是个廉洁的官员，即他并不贪婪，也不敲诈勒索。很明显，或多或少被认可的额外收入平衡了翁氏的家庭收支。
>
> ——张仲礼：《中国绅士研究》，第224—225页。

按照张仲礼的划分标准，其与贪腐得来的"黑色收入"有一定区别，应被视为某种灰色收入。② 如表4-2所示，1820年代实际由政府支出的工作人员薪酬只有15.3万两。

此外，华娄政府每年还需要支付日常性开支0.5万两、建筑物和军器维修支出2万多两、公共事业支出4万两。③ 由此可见，在正常年份政府的开支亦应不低于21.8万两。这一数字介于16.1万两到25.0万两，应较为可信。由于这一开支属于政府留存之下限，因此华娄地区实际的留存量应在21.8万到25.0万两之间，姑取均值为20.55万两。

那么，地方存留是否就等于地方政府的现银呢？答案显然是否定的。具体来说：第一，地方存留中有一部分为本色，即以大米等实物的形式存在。第二，也需要考察清代地方每年的征税日程。一般省份的地丁银每年从农历二月开始征收，并在四月底前征足总额的一半；五月至七月暂停征税，以免干扰农时，农历八月重新开始征收，一直延续到农历十一月底。④ 第三，清代官员薪俸等按月支取，各项行政

---

① 李著，第503—506页。
② 张仲礼：《中国绅士研究》，上海人民出版社2019年版，第218页。
③ 李著，第197页。
④ 瞿同祖：《清代地方政府》，法律出版社2003年版，第220页。

费用也随时支取,现银因此而减少。因此,估算政府现银应该考虑到以上三个因素。笼统计算,我们暂且将府县现银假定为地方存留的 1/2 弱,取整数 10 万两计。

综上可得,华娄政府部门的货币资产价值约为 10 万两,居民部门的货币资产价值约为 310 万两。

第五章　金融业资产与金融市场

李著对华娄金融业的研究颇为深入，但其对除典当、钱庄等专业金融机构以外的金融市场并未予以观察。虽然这对我们的财富估算结果影响不大，但不利于我们更加全面地认识传统社会的金融发展水平、内部结构和运行规律。为此，本章对华娄典当、钱庄等金融业拥有的资产进行了基本估算，并借此对清代中期长三角地区金融市场的整体发育情况和内部结构进行初步探究。

一　华娄金融业资产

19 世纪初期，松江地区进行金融活动的机构主要是典当和钱庄。[①] 刘秋根认为，雍乾以后典当和钱庄的业务创新相互补充，二者已经"形成为一种综合性的金融机构，显示了作为早期银行业的风貌"[②]。不过，由于二者在诸多方面存在差异，因此有必要分开进行讨论。[③]

[①] 李著，第131页。据记载，1820年代山西的日升昌票号势力已经发展到江苏，从而使北方五省商人去苏州贩运货物"据系汇票往来，并无现银运到"（陶澍：《陶云汀先生奏疏》卷22，"道光八年四月初八折"）。不过如同燕红忠指出的，此时票号在江南处于产生和初步发展阶段，其地位尚未对典当和钱庄形成实质性挑战。因此我们暂不将其作为主要金融业机构。参见燕红忠《中国的货币金融体系》，中国人民大学出版社2012年版，第118—120页。

[②] 刘秋根：《15—18世纪中国资金市场发育水平蠡测》，《人文杂志》2008年第1期。

[③] 具体来说，二者之间有三点差异：第一，主营业务不同。典当主要从事抵押品贷款，钱庄则主要从事银钱兑换、商业贷款等。第二，服务对象不同。典当主要服务城乡居民、较少服务商业资本，钱庄则主要服务于商业、贸易机构。第三，资产类型不同。典当同钱庄相比，抵押品存放需求更大，房屋和人手一般更多。与此同时，二者之间还存在一定的分工关系：出于资金周转的需要，典当往往向钱庄借款，而钱庄也乐于投资于相对稳定的典当业。参见李著，第466页。因此如果统一讨论，则无法考察金融业的内部结构。参见杨勇《近代江南典当业的社会转型》，《史学月刊》2005年第5期；杨勇《近代江南典当业的经济与社会功能》，《江西财经大学学报》2008年第1期。

(一) 典当

1. 典当业基本情况

清代中期,江南地区的典当业发展十分繁荣,在城镇和乡村地区均有较大的影响力。[1] 根据燕红忠的统计,其于1820年代前后更是达到了历史的最高峰,全国的当铺数量超过了2万家,而江苏省约有1300家。[2]

按照经营规模,清代典当业可分为典、当、质、押四类,其中典和当(以下称当铺)规模较大,需要官府批准立案,领帖后方可经营;而质和押(以下称押铺)规模相对较小,不需要从官府领帖,同业认可即可开业。杨勇总结了二者的几点区别:

表5-1　　　　　　　　　　清代典当和质押的区别

	资本	利息	满当期限	名声
当铺	大	低	较长	较好
押铺	小	高	较短	较差

注:所谓名声即社会声誉。[3]
资料来源:整理自杨勇《近代江南典当业的社会转型》,《史学月刊》2005年第5期。

当铺和押铺在业务上也有一定差异。虽然二者都以抵押贷款业务为主,但前者还另有少量的存款业务和信用货币发行业务。

---

[1] 参见刘秋根《中国典当制度史》,上海古籍出版社1995年版;李金铮《20世纪20—40年代典当业的衰落——以长江中下游地区为中心》,《中国经济史研究》2002年第4期;Brandt, L., Ma, D., Rawski, T. G., "From Divergence to Convergence: Reevaluating the History behind China's Economic Boom", *Journal of Economic Literature*, 2014, 52 (1): 45-123. 此外,由于清代中期松江地区罕见皇当、官当之记录,因此我们在此处讨论的对象只是民当。关于雍正、乾隆时期皇当(内务府典当)和官当之经营情况可参考韦庆远《明清史辨析》,中国社会科学出版社1989年版;王泽妍《明清时期的"官当"》,吉林文史出版社2011年版;滕德永、刘甲良《乾嘉时期内务府的分府当铺与皇子分府》,《故宫学刊》2012年第1期;赖惠敏《乾隆皇帝的荷包》,中华书局2016年版。

[2] 燕红忠:《中国的货币金融体系》,中国人民大学出版社2012年版,第143—144页。

[3] 尽管中国传统社会有"荒年熟典当"的说法,但当铺由于取利有节、热衷公益,社会声望在清末以前一直很高,其中巨擘被尊称为朝奉。相比之下,质押店的风评始终较差,到了民国初年已人人喊打。杨勇认为民间对典当与押店价值认同之差异,还可从民间歌谣中反映出来——近代上海竹枝词中将当铺描述为:"大开当示期宽,编号纷陈货百般,取息时由官判定,官商得利小民安。"而押铺则被描述为:"纷纷押铺设通衢,小本还将重利图,数月满期真迫促,受亏多半是乡愚。"参见顾柄权《上海洋场竹枝词》,上海书店出版社1996年版。

首先是抵押贷款业务。

抵押贷款，是典当业经营之核心。清代中期，江南地区常见的抵押物既包括谷物、衣物、首饰等动产，也包括田地等不动产（具体如图 5-1 所示）。①

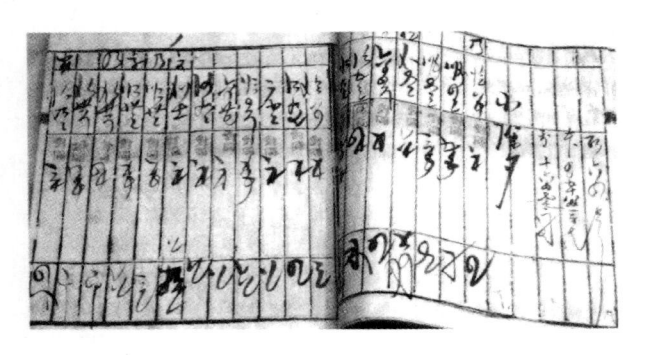

图 5-1　《清光绪十四年典业账簿》十二月二十九日记录页面

注：对该账簿中内容的解释参见王著，第 85—87 页。
资料来源：王裕明《明清徽州典商研究》，人民出版社 2012 年版，第 86 页。

其次是存款业务。

由于典当业利润较为稳定，且风险相对较小，因此吸收了社会上的部分闲散资金。刘秋根指出：至康雍之后，"不但私人的零星存款，大量官款和社会性款项也常存在典当之中"。② 相关的历史记录不胜枚举。③

---

① 杨勇：《近代江南典当业的经济与社会功能》，《江西财经大学学报》2008 年第 1 期；龙登高：《地权交易与生产要素组合：1650—1950》，《经济研究》2009 年第 2 期。
② 刘秋根：《中国典当制度史》，上海古籍出版社 1995 年版，第 110 页。
③ 私人存之情况又以官员最为常见。据文献记载，雍正四年查抄原直隶总督李维钧家产，发现除大量的田产、房宅、金银外，还有大量存于典当中的银两，仅在汪廷英经营之数家当铺中就存有 6 万两。参见《雍正朱批谕旨》第 40 册，雍正四年十月浙江巡抚李卫奏，转引自刘秋根《中国典当制度史》，上海古籍出版社 1995 年版，第 110 页。另外，如前所述，清代中期的民间公共组织，如书院、路会、桥会、慈善机构等都有将闲置资金存典生息之惯例。比如嘉兴的普济堂，"自己丑至辛卯甫三载积二千余金，分典生息，壬辰迄今，又积千金，除支销堂用外，其盈余及续收，俟积有成数，再作分存之"。参见光绪《嘉兴府志》卷 34《养育》；再比如地处安徽泾县的泾川书院考虑到农业生产受气候影响较大、每年收成不稳定，就将其绝大多数资产存入典当。同时为了分散风险，其还将本金存在城乡各家典当行，由城中六家典当行轮流管理。参见道光十三年《泾川书院规条》，《中国书院学规集成》（第一卷），第 506 页，转引自陈月圆、龙登高《清代书院的财产属性及其市场化经营》，《浙江学刊》2020 年第 3 期。

第五章　金融业资产与金融市场　/　179

不过，关于存款业务在典当经营所占地位实际上存有一定争议。李著根据江南地方志中的记录指出 19 世纪初期华娄官府经常把一些公家钱款（即前文提到的政府部门金属货币资产）存入当铺生息，号称"生息银两"。① 私人和社会组织的存款数量虽然无从考证，但规模亦不会太低。彭信威、刘秋根、刘建生等基本持相同观点。②

王裕明则认为吸收社会存款只是清代当铺经营的一种特殊现象，理由在于：第一，明清时期，私家钱财存典生息相当少见，多数人还是更喜欢窖藏金银；第二，史料较多的官府存款，在实践当中操作非常烦琐；第三，官府存款多属于摊派，当铺实际上很难从中获利。③

我们认为王氏的批评有一定道理，不宜对社会存款的占比过高估计。④

最后是信用货币发行业务。

刘秋根和彭志才指出，清代中叶开始，当铺也与钱铺、钱庄一样，发行信用货币，替代现钱流通。⑤ 据《晋商盛衰记》记载，清代乾嘉年间，"晋商在长江各埠开设的四五百家典当，皆出纸票，作现生息，因而有效扩大了资本"，导致"流通资金绰有余裕，无须向人借贷"。⑥ 由此可见，1820 年代的松江地区应已有当铺印发的钱票流通，但其规模如何尚不十分清楚。

2. 对李著数据的核验

李著中对华娄典当业的产出进行了相对完善的估算，但出于严谨考虑，我们将对其进行重新核验。⑦

---

①　李著，第 466 页。
②　彭信威：《中国货币史》（下册），中国人民大学出版社 2020 年版，第 998 页；刘秋根：《中国典当制度史》，上海古籍出版社 1995 年版，第 107—108 页；刘建生：《中国典商研究》，山西经济出版社 2007 年版，第 112 页。
③　王裕明：《明清徽州典商研究》，人民出版社 2012 年版，第 356 页。
④　当然考虑到清代存在较多生息银的历史记录，估计亦不应过低。比如在华亭县，知县王青莲于道光三年募义赈钱三万余千，事竣余钱三千千，存典月取利钱十八千文。参见光绪《松江府续志》卷 15《田赋·积储》。
⑤　刘秋根、彭志才：《清代典商的经营及与地方社会的互动——以乾嘉两份典商诉状为中心》，《人文杂志》2014 年第 6 期。
⑥　陆国香：《中国典当业资本量之估计》，《农行月刊》1936 年第 4 期；宓公干：《典当论》，商务印书馆 1936 年版。
⑦　李著中只估算了当铺，略去了押铺，理由是"资料欠缺"。参见李著，第 132 页。

据李著估计，1820年代华娄地区共有当铺40家，其中府城21家、八个大镇16家、其他小市镇3家；资本上，平均每家合米3000石、总合米12万石，折银27.7万两；① 员工数量上，平均每家当铺20人，合计800人；实际运用资金量上，揭本为自有资金的5倍。② 由于我们旨在估算部门资产，与用工数关系不大，因此只需对其他3项数据进行检验。

（1）当铺数量

李著估计松江府城有当铺21家，其依据有二：一是比照同治年间，19世纪初的华娄地区未经兵燹，典当业正处于极盛，因此数目应远超《松江县志》记录同治年间的7家；二是比照1880年代上海县的69家，1820年代华娄的辐射范围更小、金融业发展更不充分，因此应小于此数。③ 应该说，这一估计是较为合理的。以此为基础，扩展到全地区，得出的总数40家也与张忠民统计的乾嘉年间的45家（松江府195户的23%）相差不多。

此外，嘉庆《松江府志》中亦有相关记载：康熙二十一年（1682），松江府全府共有典户261名，其中华亭县74名、娄县74名、上海县89名、青浦县24名。华娄合计有典户148名；④ 而根据张忠民统计，乾隆、嘉庆年间，松江府的华亭、青浦、上海、金山、奉贤、南汇、娄县、宝山等县共有典当铺195户，华娄二县共45家，占比23%。⑤ 由此看来，1820年代如果按照40家计算，即使高估，也不会高估太多。

---

① 李著认为这一数字"显然偏低"。参见李著，第135页。
② 所谓"揭本"指的是典当实际运用的资本，除自有资本以外，还包括钱庄放款、股东垫款、商家借款以及公私存款等。
③ 李著，第133—134页。此外，清末民初是上海典当业发展的黄金时期。参见燕红忠《中国的货币金融体系》，中国人民大学出版社2012年版，第142页。
④ 嘉庆《松江府志》卷28《田赋·杂税》。此外，典户为纳税单位，未必一典户严格对应一典当机构，但出入一般不大。而从历史记录看，此次每户只收税15两，推断应包含了规模极小的押铺。
⑤ 张忠民：《上海：从开发走向开放，1368—1842》，云南人民出版社1990年版，第240页。

再从人均占有量上看，1820 年代华娄城乡居民平均每万人拥有 0.71 家当铺。这一数字直观上感觉似乎过高。但相比之下，乾隆年间江南典当业最为发达的苏州府共有典户 489 户。① 粗略以 1 典户为 1 当铺计，则其全府平均每万人拥有当铺数量为 0.96 家。② 而在其府城吴县这一数字肯定超过了 1；③ 此外，正处在道光萧条期的嘉兴府也有典当 177 家，平均每万人拥有 0.59—0.63 家。④

可见 1820 年代的华娄地区拥有 40 家规模以上的当铺合乎情理。

（2）资本

李著援引《松江县志》的说法，区分了当铺中的大当和小当，指出：近代华娄，大当为多合伙经营，资本有 5000—6000 石大米；小当多独资经营，资本数百石。其取数百到六千的中数 3000 石计算，则 40 家当铺有资本米 12 万石，折银约 27.7 万两。⑤ 平均每家当铺资本在 7000 两左右。

关于清代当铺的资本规模，现有研究中：彭信威估计，清乾隆年间村镇当铺需资本 1000 余两，中等城市的小当铺需资本约 4000 两。而在咸丰年间的北京城内小当至少也需要 2 万余两，中大型当铺更是需银 3 万—5 万两；⑥ 刘秋根认为明清时期，资本在两三千两的当铺是小型当铺，万两到数万两是中型当铺，超过 10 万两的则是大型或巨型当铺；⑦ 方行则认为清代前期农村典当资本多在一千到数千两之间⑧；而如表 5-2 所示，根据王裕明对徽州分家阄书之研究，清代徽商开办的当铺平均铺本约为 2.6 万两。⑨

---

① 乾隆《苏州府志》卷 11《田赋四》。
② 根据曹树基的估算，苏州府乾隆四十一年（1776）约有人口 511.1 万，嘉庆二十五年（1820）有 590.8 万。参见曹树基《中国人口史·第五卷：清时期》，复旦大学出版社 2001 年版。
③ 到民国初年，江南典当业衰落之时，苏州吴县典当数量从 137 家下降到 47 家，每万人仍拥有典当行数量 0.52 家。参见 1914 年《江苏全省典业联合会第一年纪事录》。
④ 光绪《嘉兴府志》卷 8《田赋》。根据曹树基的估算，此时嘉兴府人口在 280 万—300 万。
⑤ 李著，第 135 页。
⑥ 彭信威：《中国货币史》（下册），中国人民大学出版社 2020 年版，第 997 页。
⑦ 刘秋根：《中国典当制度史》，上海古籍出版社 1995 年版，第 44—45 页。
⑧ 方行：《清代前期农村高利贷资本问题》，《经济研究》1984 年第 4 期。
⑨ 王裕明：《明清徽州典商研究》，人民出版社 2012 年版，第 303 页。

表 5-2　　　　　　　阄书所见徽商当铺铺本一览　　　　　单位：两

年份	当铺	资本	年份	当铺	资本
明万历十六年	唐行典	6178	乾隆六十年	恒升典	21286
明崇祯二年	休宁率东	9696	乾隆六十年	恒兴典	43759
明崇祯二年	安庆绣衣坊	10062	乾隆六十年	恒源典	39931
明崇祯二年	安庆根阳门	7932	乾隆六十年	彩丰典	22879
明崇祯二年	安庆巷口铺	11124	乾隆六十年	隆泰典	41687
明崇祯二年	九江府前铺	13471	乾隆六十年	泰丰典	7127
明崇祯二年	楚省察院坡	11461	乾隆六十年	裕丰典	47627
明崇祯二年	黄州府前铺	7779	道光十九年	隆泰典	32004
明崇祯二年	广济孝义坊	8758	道光十九年	恒裕典	34393
崇祯七年	隆坪典	10000	道光十九年	泰丰典	12760
崇祯七年	武穴典	9000	道光十九年	恒隆典	12086
乾隆四年	兆豫典	9821	道光十九年	长隆	9395
乾隆四年	兆隆典	24201	道光十九年	长兴典	14614
乾隆十五年	兆豫典	12764	道光二十五	协和典	45327
乾隆十五年	兆隆典	20611	道光二十六	协和典	41988

资料来源：王裕明《明清徽州典商研究》，第219页。

由徽典的记录可见，清代中期江南地区一家中等规模的当铺其铺本至少应在一万到两万两。[①] 毕竟同治十年创办的"义和质"，尚未达到典的级别，其资本额已经超过了8000两。[②] 因此，正如李著自己所标注的，华娄每家当铺资本7000两的估计可能有过低之嫌。[③]

由于资料不详，我们姑且假设，其中规模较大的当铺占比20%，平均资本额为2万两；规模较小的店铺占比80%，平均资本额为1

[①] 徽商的数据具有非常高的代表性。清代中叶（至少在道光以前），江南地区的典当业几乎为徽商和徽州人所垄断。参见刘秋根《中国典当制度史》，上海古籍出版社1995年版。徽州人从事金融交易的传统一直延续到了民国。竹枝词讽刺掌柜："朝奉狰狞赛恶魔，徽州籍贯最为多。高局柜上垂头下，又似双峰属骆驼"，就是这种现象的佐证。叶仲均：《上海鳞爪竹枝词》，见顾炳权编《上海洋场竹枝词》，上海书店1996年版，第293页。
[②] 王裕明：《明清徽州典商研究》，人民出版社2012年版，第136页。
[③] 民国时期的一些调查资料也显示，江南地区典当业的资本额较大。具体数值参见表5-4。

万两。① 则华娄地区 40 家当铺资本额合计为 48 万两。

(3) 实际运用资金数量

当铺实际运用的资本，也称"揭本"或"架本"。② 包含自有资本和客本（即外借款项）两部分。③

李著指出华娄典当的客本，主要来源于钱庄放款、股东垫款、商家借款以及公私存款；④ 并根据民国时期上海一带，当铺平均自有资本 4 万—5 万元，营业额常超 20 万—30 万元的记载，测得架本为自有资本 5 到 7.5 倍，取中数 5.6 倍，估计架本资本比为 5。⑤ 出于业务扩张和资金周转的需要，当铺的自有资本往往不敷使用，因此需要想方设法向外筹措资金。⑥ 因此，其架本比大于 1 显然是极其正常的现象，不过其实际使用资本是否能达到自有资本的 5 倍却存在一定的疑问。

我们不妨先看一组清代的典当数据：

---

① 一般来说，府城内都应有一到两家"龙头"，比如鼎丰当、恒丰典在太平天国后典当大批倒闭的萧条期依然每年为地方书院提供 48 万文的经费，说明其实力十分雄厚，高峰期资本额很可能超过 5 万两。仅此两家的资本就应超过十万两。

② "架本"，即典当存架物品价值的总额。在不考虑典当的信用货币发行、存款业务的情况下，其和"揭本"在金额上应是一致的。

③ 李著认为华娄典当实际运用的资本只是典当外借款（客款），而不包括自有资本，这一点殊为奇怪。

④ 这一划分标准与陆国香、王裕明等人基本相同。参见陆国香《中国之典当（利息）》，《银行周报》1936 年第 3 期；王裕明《明清徽州典商研究》，人民出版社 2012 年版。在各种资金来源中，股东垫款和商家借款由于只是季节性、"临时性"的，用完即还，与日常经营的架本比无关，因此我们这里主要考察钱庄放款和公私存款两项。

⑤ 李著，第 226 页，"我们姑假定 19 世纪初期华娄典铺的揭本为自有资金的 5 倍。"也参见杨勇《近代江南典当业的营业额与利润率》，《江西财经大学学报》2011 年第 2 期。

⑥ 清代典当业直接服务于城乡居民的生产和生活，因此根据生产、生活规律也呈现一定的周期性。比如清代黄印就发现当时产棉的无锡、金匮两县农户以当典平滑农、纺周期，其具体做法是冬三月典当余粮换取冬衣，春三月纺织、以布换米，夏三月典冬衣换米，秋三月纺织、以布换米。参见周建波、曾江、李婧《农村金融与清代江南的早期工业化：以农民兼营手工业为中心》，《中国农史》2021 年第 2 期；从典当业的角度看，也呈现相同的规律。根据王裕明对"张恒裕典"和"义泰典"月总簿的统计，清代典当业的当本七月较少，四月和十二月较多（十二月年关将至）；而取本则六月和七月较少，十月较多（重要的原因是取冬衣过冬）。参见王裕明《明清徽州典商研究》，人民出版社 2012 年版。因此每年年末和青黄不接时，典当业都因当本增多，面临较大的财务挑战。

表 5-3　　　　　　　清代四家当铺的自有资本和客本

当铺	时间	地区	自本	架本	架本比
程氏典当	康熙三十五年	苏州府	11.19 万两	11.29 万两	1.01
	康熙四十四年	苏州府	7.32 万两	7.55 万两	1.03
时顺典	乾隆元年	徽典，地区不详	1.31 万两	1.58 万两	1.21
	乾隆五年	徽典，地区不详	1.31 万两	1.59 万两	1.21
兴成当	道光八年	锦州府	10.71 万吊	20.24 万吊	1.89
用和质	光绪二年	苏州府	6250 元	9000 两	约 1.5

资料来源：兴成当数据转引自刘秋根《明清民国时期典当业的资金来源及资本构成分析——以负债经营问题为中心》，《河北大学学报》（哲学社会科学版）1999 年第 4 期；其余整理自王裕明《明清徽州典商研究》，人民出版社 2012 年版。

刘秋根为我们提供了一个清代中期当铺经营的生动案例。[1] 道光八年于奉天省锦州府锦县开设的兴成当（由孔府官员孔继潢与人合伙开办），由于股东撤资，需算清总账。其账目显示该当原本钱为 10.71 万吊，欠"外借贷、凭帖往来、生息银两浮存"（分别对应的借款、信用货币发行和存款三种业务）9.53 万吊，则其实际运用资本约 20.24 万吊。[2] 实际使用资本约为资本的 1.89 倍。而其他徽典，或由于合伙经营，或由于家族实力雄厚（比如康熙年间的程氏家族）并不太需要向外筹措资金，因此架本比平均只有 1 到 1.2。

到民国初年，农商部对浙北和苏南地区典当业的统计结果显示，浙北 161 家当铺共有资本 690 万余元，当出总额 815 万余元，架本比约为 1.18；苏南 310 家当铺共有资本 974 万元，当出总额 1245 万元，架本比约为 1.28。[3] 而根据陆国香的统计，20 世纪 30 年代初江苏省 240 家典当的架本为自有资本的二到三倍。[4]

---

[1] 刘秋根：《明清民国时期典当业的资金来源及资本构成分析——以负债经营问题为中心》，《河北大学学报》（哲学社会科学版）1999 年第 4 期。

[2] 《曲阜孔府档案史料选编》第三编第十五册，齐鲁书社 1981 年版，转引自刘秋根《明清民国时期典当业的资金来源及资本构成分析——以负债经营问题为中心》。

[3] 农商部总务厅统计科编：《中华民国元年第一次农商统计表》，1914 年刊，第 251—255 页。

[4] 陆国香：《中国典当业资本量之估计》，《农行月刊》1936 年第 4 期。而同时期的山西 219 家典当的架本比要比江苏高出不少，其最高者接近 4 倍。

表 5-4　　　　　1914 年江苏省典业资本和架本比　　　　　单位：元

地区	户数	资本总额	当出总额	赎入总额	各户存款额	户均资本	架本比
吴县	50	1741701	2157908	2125445	1175292	34834	1.24
常熟	21	843490	963091	837783	255177	40166	1.14
昆山	4	143000	208107	177052	101500	35750	1.46
吴江	16	667800	788000	788000	165592	41738	1.18
华亭	17	449660	495251	437859	168382	26451	1.10
上海	49	1683325	2824825	1977869	851964	34354	1.68
南汇	18	322516	419897	410984	173146	17918	1.30
青浦	6	217538	324200	295330	62481	36256	1.49
奉贤	10	191333	216253	189262	57840	19133	1.13
金山	7	263752	243527	269275	58440	37679	0.92
川沙	2	46000	56500	50300	5780	23000	1.23
太仓	9	249400	312720	262080	85182	27711	1.25
嘉定	4	137600	148000	144700	89000	34400	1.08
宝山	11	288000	383155	318561	80169	26182	1.33
崇明	17	279000	217123	274821	158378	16412	0.78
武进	17	672898	932249	976108	736725	39582	1.39
无锡	35	865407	891145	844662	74541	24726	1.03
宜兴	6	220000	310100	287700	49163	36667	1.41
江阴	10	409579	502469	533235	225232	40958	1.23
靖江	1	48000	53959	78333	26148	48000	1.12
合计	310	9739999	12448479	11279359	4600132	31419	1.28

资料来源：《中华民国元年第一次农商统计表》，第 251—255 页。

由表 5-4 数据可见，江苏地区从清代早期到民国初年，典当行业实际使用资金与自有资金的比值并不大，即使考虑这些典当从事一些信用货币发行的业务，同时长期保有部分流动资金（比如20%）[1]，前者也不会超过后者的三倍。因此我们有理由相信李著此处的估计略高。

---

[1]　确实有证据表明一些典铺和押铺有意不"满当"经营，流动资金的比例高达 20%—40%。但这种经营模式并不具有普遍的代表性，大部分典铺出于盈利的考虑，都不会保留过多的流动资金。

具体原因如下：

第一，清代从事典当行业的多为贵族、官员、商人和地主，他们的家族财力一般较为雄厚。① 同时，合伙经营是清代较为常见的资本组织方式。因此除非进行大幅扩张，否则其日常的资金周转并不需要太多的外借款项②。

第二，清代中叶江南地区典当业的核心业务和主营业务仍然是小额的抵押贷款。发行信用货币、囤当等新业务的确存在，但占比不高。因此，借款最主要的原因就是解决"满当"时资金周转不灵，"死当过多"出现呆账或其他因经营不善导致的问题。这些问题一般都可以通过短期借款的方式来解决，并不需要积累过高的长期负债。

第三，对公私存款的数额估计不宜过大。以清代华娄地区为例，据不完全统计，地方志中记录的各项政府、社会组织的存款，合计不过数万两。加上民间富户的存款和留存生息的"灰色"官款，最多也不过十几二十万两。

第四，李著中使用的是民国时期上海地区的统计。民国时期上海的金融业发达程度远高于清代中叶的华娄，金融机构和金融工具的类型因外资银行的介入而得到了极大丰富，金融投机热潮翻涌。同时，存贷款业务在典当业中占有的份额也出现了一定的上升，架本占铺本的比值下滑明显。因此这一时期的架资比数值应高于清代中叶的华娄。

综上，我们认为将1820年代华娄典当的架本比估为1.5到2.5较为合理。若取其均值，则华娄典当业的实际资本总量约为96万两。③

3. 非金融资产估算

典当业的实物资产主要包括房屋设施、办公设备、存货和金属货币。

---

① 松江地区的典当行多为徽商家族式经营，自身实力强劲。
② 刘秋根、彭志才：《清代典商的经营及与地方社会的互动——以乾嘉两份典商诉状为中心》，《人文杂志》2014年第6期。
③ 李著的估计为27.7 * 5 = 138.5万两，高出我们估值28%左右。原因在于我们认为李著对华娄地区典当业的自有资本低估了，而对架本比高估了。

(1) 房屋设施

典业对房屋的安全性有极高的要求,其建筑与普通店铺差别较大。据史料记载,典铺多位于幽密处所,"墙垣牢固,覆以炼瓦","院子周围围绕以很高的墙壁,再加以木栅或铁的栅门",同时附带专门放置贵重物品的库房①,屋内多有屏风相互阻隔,同时建有五六尺的高柜台②。因此其价值统一以府城的市房计算应不会过高,约为64两每间。③

至于1820年代华娄地区当铺的平均房屋数量,史料并无明确记载,需通过其他方法进行推求。在近代华娄,大当"职工二三十人,营业用房数十间","小当职工不满十人,栈房甚少"④。而据《益闻录》记载,1890年九月初七夜谦德恒当铺失火,"火焰灼天……焚去房屋十余间"⑤,可近似推知当铺房屋规模至少应为10间以上。同时,根据晚清《申报》关于当铺失火的一系列报道,当铺的规模也多为十间至数十间房屋不等⑥。因此,将1820年代华娄地区平均每家典当铺的房屋定为20间,应不会高估。

简单计算可得华娄典当业的房屋设施资产约为5.12万两。

(2) 办公设备

典当业的箱柜、货架较多,笔墨纸砚等文具亦较多,因此办公设备每家50两估计应不致过高。则40家当铺此项资产总额约2000两。

(3) 存货

典当的存货绝大多数来源于超过档期的"死当"。⑦ 根据统计,约有

---

① 郭荣陞:《中国典当业之研究》,《南大半月刊》1934年第13期。
② 蔡受百:《中国典当业之调查》,《上海总商会月报》1924年第6期。
③ 门面和栈房不同价,统一以市房价格估计原因在于典当业的门面价值超过一般商家。
④ 李著,第135页。
⑤ 《当铺被灾》,《益闻录》1890年第1017期。
⑥ 《蓟州火警》:"仅焚去当铺内屋七八楹门面,及店堂柜台等幸皆无恙,惟包房及存储货物之所皆被红孩儿投入火云洞中";《吴门火警》:"……始得渐渐告熄,所有房屋四十余间及一切衣饰等物悉遭一炬,尚幸墙垣高峻未致殃及邻家";《皖垣火警》:"延及比邻姚姓当铺,毁去房屋数十间。"分别载于《申报》1895年2月16日第2版、1901年11月23日第2版以及1904年1月4日第2版。
⑦ 当物超过当期便不准被赎取,成为死当。

10%的当物最终不会被赎回，需由典铺自行处理（一般是作价卖出）。①

表5-5　　　　　　部分当簿所见当物未赎取号数

典名	源来典	善茂当	艸颐典	□□质	朱均和典
字号	宝字号	缘字号	分字号	弊字号	遐字号
未赎取号数	139	169	111	249	18
总号数	1024	1226	423	1034	978
未赎取率（%）	13.57	13.78	28.24	24.08	1.84

注：账本识别不清，用方围号□表示。
资料来源：王裕明《明清徽州典商研究》，人民出版社2012年版，第74页。

根据前文之估算，1820年代华娄典当业总架本为108万两，则全部积压当物款项约为10.8万两。② 考虑到自有资本和外借资本的比例约为1∶1，所以应划归给典当业的存货资本额约为4.8万两。

（4）金属货币

典当的现银至少应满足单月的需要。根据各徽典的月总簿记录，这一数值至少是总架本的1/18，约为6万两。③ 这应是其货币资产的下限。我们姑且取最低值计算，即平均每家有现银1500两。

综上，1820年代华娄典当业的非金融资产总额约为16.12万两。

（二）钱庄

1. 钱庄的主要业务

李著指出清代中期，钱庄在华娄地区发展较快，到乾隆时已成为一个"具有相当规模的独立行业。"④ 据记载，乾隆四十一年（1776）

---

① 刘秋根指出，至少到清代前期，江南地区已出现专门经营发卖典当中满货的行业，而其中最具代表性的就是以出售旧衣物为主的估衣铺。官私典当自己开设衣庄的现象亦十分常见，如光绪年间总兵卫汝资开设的允升典就分设了允隆布庄。参见刘秋根《中国典当制度史》，上海古籍出版社1995年版，第188—191页。中国传统相声《卖估衣》就是对清末此类行业的直接记录。
② 虽然在交易发生时，放款的标准是"值十当五"，但是一般放弃赎回的（或未缴纳逾期费用的）货物其价值只低于市场价值，或与市场价值持平。
③ 清代江南地区典业当期一般为18个月。
④ 李著，第135页。刘秋根则认为，从15世纪到18世纪，钱铺、钱庄、账局、票号等金融机构已经在相当程度上转化成了早期银行业机构。参见刘秋根《15—18世纪中国资金市场发育水平蠡测》，《人文杂志》2008年第1期。

上海已有钱业公所组织，从 1776 年到 1798 年，历年承办该公所组织的钱庄就有 106 家之多。① 而从嘉庆二十一年（1816）起，上海地方政府就开始对当地的钱庄征收月捐。②

根据《江苏典当钱庄》，清代中期江苏钱庄的业务主要是银钱兑换、商业贷款和发行信用货币。③

（1）银钱兑换

张国辉认为，在 18 世纪 40 年代以前，钱庄的职能和主要业务是货币兑换（如图 5-2 所示）。其证据之一是钱庄在清初的各种文献中直接被称为"卖钱之经纪铺"。可见其发展直接源于银钱平行本位制下居民兑换银钱之需要。④ 到乾隆初年，政府对其实施的监管措施，也主要聚焦在兑换层面，即防止铺户"抬价"。⑤ 而未提及其信贷活动。

图 5-2 乾隆初年苏州的兑换钱庄

注：据范金民统计，1.2 余米的画卷中共有各种人物 1 万人以上，可以辨认的各类市招约 260 家，其中包含了 5 家典当和 9 家钱庄。⑥

资料来源：辽宁省博物馆藏。

---

① 中国人民银行上海分行编：《上海钱庄史料》，上海人民出版社 1978 年版，第 2 页。
② 民国《上海县续志》卷 7《田赋下·杂税附厘捐》。
③ 还包括汇兑、票据清算等业务，但其占比在 1820 年代微乎其微。参见江苏省金融志室编《江苏典当钱庄》，南京大学出版社 1992 年版，第 131—132 页。
④ 张国辉：《清代前期的钱庄和票号》，《中国经济史研究》1987 年第 4 期。
⑤ 乾隆十年，福建巡抚周学健上奏称："钱市经纪，向未设立。但铺户奸良不一。应饬各州县查明，该处钱庄若干、钱铺若干、造册。即令派查铜铺委员。稽查有无抬价。"参见《清高宗实录》卷 232，中华书局 1985 年版。
⑥ 范金民：《清代苏州城市工商繁荣的写照——〈姑苏繁华图〉》，《史林》2003 年第 5 期。

（2）商业贷款

乾隆中期以后，钱庄逐渐发展成为重要的信贷活动机构。① 李著指出，至迟到乾隆五十三年（1788），上海钱庄已从事放贷业务，且主要放贷对象是商业。而到19世纪初期，其贷款客户逐渐拓展到交通运输业和长途贩运业。②

（3）信用货币

乾嘉时期，江南钱庄发行的钱票数量日益增加。根据记载，江苏常熟地区在乾隆四十年（1775）就已经"广用钱票"③。此时的钱庄"出票以会银，银与票相准，无或失信后时，于是豪商大贾从而信之"④。可见，在清代中期，钱庄一般信誉较好，促进了钱票流通量和使用范围的扩大（钱票形制参见图5-3）。刘秋根指出，商业信用票据的发展对于清代中期商人避免风险、节省资金、加快商业交易，从而扩大商业资本规模发挥了积极作用。⑤

2. 对李著数据的核验

李著估计19世纪初期华娄地区共有钱庄20家，其依据是应多于《松江县志》中记载的同治、光绪年间华娄的13家，且不少于乾隆四十一年（1776）到四十六年（1781）上海县的18家。⑥ 这一数量位于相对合理的区间，因此无须重新估算；但是对于钱庄的平均资本，李著每家7500两的估计直接参考的是1858年上海钱庄的数据，因此有补充研究之必要。⑦

---

① 刘克祥指出虽然钱庄业多由只从事货币兑换的钱桌、钱摊、钱铺、钱挑子、找换店等发展演变而来，但是从整体上讲，作为以存放款和汇兑业务为核心的钱庄，"多数既非由货币兑换业和兑换店铺演变产生，也不能单纯依靠货币兑换生存和发展"。这一认识是很有见地的。参见刘克祥《近代农村地区钱庄业的起源和兴衰——近代农村钱庄业探索之一》，《中国经济史研究》2008年第2期。
② 李著，第131页，脚注5。
③ （清）郑光祖：《醒世一斑录》卷6，转引自张国辉《清代前期的钱庄和票号》，《中国经济史研究》1987年第4期。
④ （清）贺长龄：《皇朝经世文编续集》卷60，钱币下。
⑤ 刘秋根：《15—18世纪中国资金市场发育水平蠡测》，《人文杂志》2008年第1期。
⑥ 李著，第136页。
⑦ 李著，第137页。

图 5-3　清道光天元银钱号书章式钱票二吊（1845 年）

注：该票为内务府官钱号"天元"号所发行的面值二吊的钱票，可以兑换二千文铜钱，上面加盖有落地章、骑缝章、辨伪章等印。因为它是在一张宣纸上写就的，所以，被称为"书章式钱票"。

资料来源：上海博物馆。

与典当相同，钱庄资本也分为自本和客本两部分。分析可知，由于银钱兑换业务一般不需要向外大量筹措资金，因此钱庄吸纳社会存款或向外借款的主要用途是发放商业贷款和信用货币。而如前所述，从钱庄贷款和接受信用货币的主体主要有两种，分别是牙行和典当。

首先是牙行。

李著指出，19 世纪初期的松江地区，已出现规模较大的牙行，专门从事大宗商品的跨地区贸易。由于长途贩运需要的资本规模较大且资金收付普遍跨期，因此存在大量资金拆借（或投机）的需求。虽然这些机构的所有者往往有家族资本做支撑，但仍免不了要面向社会筹款。在1820年代的华娄，钱庄毫无疑问是贷款利率最低、资金量最充足、服务最专业的金融机构，因此也是牙行最理想的融资来源。① 我们从低假设牙行贷款的数量为其全年贸易量的10%，根据前文对贸易量的估算，可得则其贷款数量在36.7万两以上。

其次是典当。

根据历史记录，1820年代华娄钱庄的资金有相当比例流入了典当业，这笔资金实际上可以被看作钱庄向典当的贷款。如前所述，此时华娄钱庄业的外借款项约为48万两，主要包含钱庄放款和公私存款两部分。虽然没有直接的数据能够说明二者之间的比例，但考虑到王裕明的批评，对华娄两地官私生息银两的规模不宜估计太高，因此我们暂按照1∶1的比例进行划归。则钱庄贷给典当业的资金数量约为24万两，略低于对牙行的放款。

综上，在不考虑其他贷款去向的情况下，1820年代华娄钱庄的实际资金规模约为60.7万两。

如表5-6所示，据钱庄史资料记载，民国时期江苏省钱庄的营业额多为其自有资金的5—10倍。考虑到民国时期钱庄的经营范围更广，其数字相较1820年代之华娄也应更高。同时，李著亦指出，民国时期的上海一带，典当铺自有资本平均4万—5万元，而营业额则常超过20万—30万两，架本为资本的4—6倍。② 是时上海的典当业多经营信用贷款，且向外发行帖票，与1820年代华娄钱庄在功能上颇为相近。因此我们认为以4—6倍为标准估计是较为合理的。

表5-6　　　　民国时期江苏省钱庄业资本与营业额情况

地点	开设年份	牌号	调查时间（年）	资本额（元）	营业额（元）	营资比
扬州	民国十一年	怡大	1932	120000	1000000	8.33
扬州	同治年间	德春	1932	20000	300000	15.00

① 李著，第462页。
② 李著，第226页，脚注2。

续表

地点	开设年份	牌号	调查时间（年）	资本额（元）	营业额（元）	营资比
扬州	民国十九年	庆大	1932	20000	200000	10.00
泰兴	宣统三年	义丰泰	1923	30000	160000	5.33
泰兴	民国五年	永丰厚	1923	30000	160000	5.33
泰兴	民国十年	永昌裕	1923	10000	120000	12.00
兴化县	民国十八年	聚成丰	1932	5000	40000	8.00
淮阴	民国十四年	崇德	1932	10000	25000	2.50
淮阴	民国十七年	庆生	1932	9600	25000	2.60
淮安	民国三年	源和	1932	7000	27000	3.86
常州	光绪三年	信成	1932	40000	300000	7.50

注：扬州地区资本额的单位是两；原注1元约等于6.675两。
资料来源：《江苏典当钱庄》，附表34、39、42、59等。

则华娄地区钱庄业的自有资本应在10万—15万两。[1] 此处姑且以均值12.5万两计。

3. 非金融资产估算

钱庄的资产类型相比典当更为简单。除房屋和办公用品外，其余部分均为货币金属资产。

具体来说，房屋和办公用品均按照前文对典当业的处理方式，则其房屋设施资产价值约为2.56万两、办公用品价值约为0.1万两。去除这两项后，估得其货币金属资产价值约为9.84万两。

综上，1820年代华娄金融业机构向外发放贷款总额约为156.7万两[2]，金融业自有资本约为60.5万两，非金融资产约为12.78万两。

二 华娄金融市场

1820年代，华娄的金融市场"尚不很成熟"。[3] 其原因除了李著提到的邻近经济中心苏州所产生的经济地理上意义的附庸问题，更

---

[1] 与李著估计的15万两差距不大。
[2] 李著的估值约为215万两。参见李著，第226页。
[3] 李著，第275页。

根本的原因则在于彼时中国社会的金融机构发育不健全，金融工具种类较少（尤其是缺乏以国家税收为担保的长期金融工具）、金融结构较为简单。[1] 如同戈德史密斯指出的，1850年以前中国的金融市场中只有金属货币、汇票以及土生土长的小型金融机构（货币贷放商），处于金融发展的初级阶段。[2] 而这些金融机构在马克斯·韦伯看来只是以兑付业务和小额信用业务为主，缺乏"任何有系统的商业信用"[3]。

我们在前面的章节中已经估算了华娄金融市场中金属货币的价值和机构业务的规模，但是对于民间的私人借贷并无讨论。考虑到传统社会中私人借贷市场是金融市场的重要组成部分，因此有必要单独进行估算。

（一）民间借贷市场

如前所述，1820年代华娄的金融机构主要满足的是大型工商业的需求，只有典当业的部分业务直接服务于城乡居民。[4] 大量的民间借贷实际上发生在金融机构之外，但其具体比例如何仍需进行估算。

1. 城乡居民的借贷需求

史学界对于清代江南地区民间借贷问题的研究颇为扎实。[5]

根据周建波等的总结，江南城乡居民借债需求可以分为三类[6]：第一是消费领域的需求，包括城市居民和农民为维持生计的借贷，因赋税徭役而产生的借贷，用于婚丧嫁娶等特定目的的消费借贷，官员

---

[1] 和文凯认为在明清中国的市场经济发展中，并未出现国家税收担保的信用工具（国家发行的纸币或者长期债政府券）。这一现象"不仅影响了鸦片战争前中国市场经济的发展，也是十九世纪下半叶中国工业发展缓慢的重要原因"。参见和文凯《通向现代财政国家的路径：英国，日本和中国》，香港中文大学出版社2020年版。

[2] [美] 戈德史密斯：《金融结构与金融发展》，上海人民出版社1994年版，第29页。

[3] [德] 韦伯：《经济通史》，上海三联书店2016年版，第166页。

[4] 刘秋根：《15—18世纪中国资金市场发育水平蠡测》，《人文杂志》2008年第1期。

[5] 参见方行《清代前期农村高利贷资本问题》，《经济研究》1984年第4期；刘秋根《明清高利贷资本》，上海财经大学出版社2000年版；周建波、曾江、李婧《农村金融与清代江南的早期工业化：以农民兼营手工业为中心》，《中国农史》2021年第2期。

[6] 周建波、曾江、李婧：《农村金融与清代江南的早期工业化：以农民兼营手工业为中心》，《中国农史》2021年第2期；也参见柴勇、刘秋根《典当业与中国传统农业再生产——兼论"三位一体"社会经济结构》，《河北学刊》2018年第3期。

为候选、到任、报捐所做的借贷等;① 第二是流通领域的需求,主要是小商贩为调剂资金和商人为充实流通资本、增大杠杆的借贷需求;第三是生产领域的需求,包括农民从事农业和手工业的资金需求,以及专业的手工、矿冶业资金需求。

到民国时期,一些在江南农村地区开展的社会调查则为我们展现了更为具体的情况,并提供了更加直观的数据。

以1929年江苏丹阳农村为例:

表5-7 民国时期江苏丹阳农村负债情况调查

	户数	年收入（元）	田价（元）	被动负债规模（%）	借贷原因
第二区	15674	160	70	20	买口粮、偿债、纳税、婚丧
第三区	3741	180	80	30	贫苦农户买食粮,中上农户置农具及肥料
第四区	7054	80	90	15	买口粮及肥料
第五区	9036	120	70	20	购置口粮、衣服、肥料、农具
第六区	6642	200	70	25	还债、买口粮、肥料、桑叶、农具
第七区	9622	180	70	20	买口粮、婚丧、购置肥料及农具
第八区	7351	100	75	20	买口粮、买肥料、小本贸易
第九区	6415	200	70	20	买口粮、婚嫁
第十区	8534	150	40	40	买口粮、还债
第十一区	15938	160	50	30	买口粮、付利金、创办机坊、婚嫁
第十二区	7542	70	40	30	买口粮、做衣服、缴纳税赋、付利息

注:①被动负债指调查中"收支不相抵农户"或"平常年非借钱不可"农户的占比;②借贷原因均直接引用自调查结果,笔者并无删改。

资料来源:张汉林《丹阳农村经济调查》,载李文海主编《民国社会调查丛编·二编:乡村经济卷（上）》,福建教育出版社2014年版,第797—832页。

由表5-7可见,丹阳农村家庭借贷需求大多集中于消费领域,只

---

① 居民的消费型借贷规模一般较小,且以维持生计的借贷为主。根据林展和陈志武的研究,清代中期即使是最终造成命案的借贷交易中借贷的金额也只有50%超过了0.58两,25%超过了2.1两。参见林展、陈志武《阶级身份,互联性交易,季节性与民间借贷——基于民国时期北方农村家计调查》,《清华大学学报》（哲学社会科学版）2015年第5期。

有相对少数的家庭借贷是为了扩大再生产（包括购置农具、小本贸易、创办机坊等）。调查者在第二区的记录，即"贫苦农户买食粮，中上农户置农具及肥料"，非常恰当地总结了当时处在萧条状态下中国农村的借贷需求情况。

另外，根据调查统计，同时期江苏吴兴农村的 711 户借款者中，其举债之用途纯粹为消费者占 72.57%，生产与消费兼用者占 15.19%，而单纯为生产者只有 12.24%。① 因此，大体上农户借款中有八成为了消费，两成为了生产。

历史上，吴兴是江南重要的蚕丝生产地，商贾辐辏，与作为棉纺织中心的华娄颇多相似之处。根据地方志记载，太平天国以后丝业出口贸易繁荣，吴兴一般农民，"贷钱买叶"，衣食饱暖，悠闲安适；②"一般乡镇中产阶段，本有田产房屋，更是无不家给户裕。"其居民生活之优渥状况与 19 世纪初期的华娄颇为相近。③

但到 20 世纪 20 年代以后，"丝价惨跌，蚕桑失败"，吴兴农户整体上日益贫困，部分破产桑农更是到了"借新债换旧债"之地步，因此到受调查期间农村中已少有农户仍有能力和意愿投资桑蚕业，方才出现消费居八、生产居二的情况。④ 且其绝非孤例，而是民国时期江南地区的普遍现象。⑤

考虑到 1820 年代的华娄一方面农家一年之收支基本能够相抵，其消费型借贷大体上是为了维持资金周转或支付大型仪式费用，而非单

---

① 中国经济统计研究所编：《吴兴农村经济》，载李文海主编《民国社会调查丛编·二编：乡村经济卷（上）》，福建教育出版社 2014 年版，第 729 页。
② 据地方志记载，乾隆年间浙江杭州地区农民"养蚕必先植桑……养蚕家叶如不敷，往往贷钱买叶，奔走不遑，贫者至典衣鬻钗以济之"。参见光绪《於潜县志》卷 18《食货志》。
③ 中国经济统计研究所编：《吴兴农村经济》，第 769—770 页。
④ 根据统计，受调查时吴兴农村的恩格尔系数为 0.66；而根据李著的估计，1820 年代华娄居民的食物消费只占总消费的 0.53，可见前者的生活水平较差。参见李著，第 243—244 页。
⑤ 根据记载，浙江嘉兴"近年来因蚕事失败，一般农民均贫不聊生，然而借贷的事实，反较前减少。其原因为有钱者不愿贷给农民，盖农村破产，农民之经济基础动摇，故放款者非特不能获得高利，即本金亦不能如数收回；而另一方面，此种有钱者，在农村中已日益减少，因此农民告贷无门，益形艰苦。"参见冯紫岗编《嘉兴农村调查》，载李文海主编《民国社会调查丛编·二编：乡村经济卷（上）》，福建教育出版社 2014 年版，第 373 页。

纯为了糊口;① 另一方面此时的棉纺织业依然兴盛，农户乐于扩大生产，也愿意通过购置农具、肥料以提升农作物产量，因此其生产型贷款的占比显然高于20%。不过，其具体数值仍有待进一步的考证。

2. 民间信贷的供给主体

据地方志记载，"松江有余之家，昔年放债，富者出本，贫者出利。夏月放出，冬月收入。有无相通，贫富俱利，岁岁皆然"。② 可见，清代中期江南地区除了金融机构以外，富户和商人也是主要的信贷供给者。特别是农村地区，私人借贷的占比更高。原因在于：

第一，清代中期华娄的主佃关系颇为和谐，地主和富户多以乡贤自居，即使后期居住于城内，亦十分注重维护乡里关系，故而在农户需要粮食、资金周转时，即能以相对合理的利率出借。③ 当然，除了道义责任以外，根据 Bell 等援引的互联性交易理论，地主向佃农给予利息优惠也是符合经济理性的行为。④

第二，明清时期江南地区家族观念浓厚，强调族内成员对亲属集

---

① 仪式性支出包括婚丧、节庆、送礼、拜神等。清代中期，民喜奢侈。据李著估算，1820 年代华娄每家农户 20 年内在婚丧一项的支出就高达 344 两，平均每年需要积蓄 17 两，这一数字约为当时一名成年男性一年工资的 40%，不可谓不高。因此即使是中等人家，有时候亦需要向外借款以平滑消费。此外，这一风气一直延续到民国时期，据郭爱民估算，20 世纪 30 年代吴江县开弓弦村的礼仪性支出（包含出生、婚礼、丧礼三项）占总收入的比例也高达 14.3%。参见郭爱民《二十世纪二三十年代长三角农家收支、净余率与商品率的计量考察——来自吴江县开弦弓村的经济分析》，《社会科学》2010 年第 8 期。此外，张汉林在对江苏丹阳农村的调查中，亦批评当地的农民"多繁文缛节，经济上时受困难，往往因婚丧喜庆负债累累"。参见张汉林《丹阳农村经济调查》，第 788 页。

② 光绪《重修华亭县志》卷 23《风俗》。

③ 参见张仲礼《中国绅士研究》，上海人民出版社 2019 年版；Hao, Y., Liu, K. Z., Weng, X., et al., "The Making of Bad Gentry: The Abolition of Keju, Local Governance and Anti-elite Protests, 1902—1911", Working Paper, 2019。

④ 参见 Bell, C., "Credit Markets and Interlinked Transactions", *Handbook of Development Economics*, 1988, 1: 763 – 830；洪正《新型农村金融机构改革可行吗？——基于监督效率视角的分析》，《经济研究》2011 年第 2 期。此外，林展和陈志武通过对 1930 年代伪满洲国 49 个村庄 3555 件借贷交易合约的量化分析发现，贷方是地主时的借贷交易，相对于贷方不是地主时的交易，利率会更低；地主放贷给他的佃农、雇农、雇工时（互联性交易）其利率比其他情况下要低；在特殊季节，即在年关和准备春耕的时候，上述两类借贷交易中，利率都没有比其他时间更高。这说明即使到民国时期，地主出于理性（也出于道义），对需要资金周转的佃农也多会给予利息上的减免。参见林展、陈志武《阶级身份，互联性交易，季节性与民间借贷——基于民国时期北方农村家计调查》，《清华大学学报》（哲学社会科学版）2015 年第 5 期。

体的责任和道德义务，因此私人借贷多发生在亲属成员之间。[①] 张丽霞和陈钰[②]通过对比湖北天门熊氏家族自康熙十年（1671）至1938年260多年间71件借贷契约文本和同时期29件全国其他地区之契约后发现，熊氏家族顾及家族的特殊关系，尽管不会在利率上给予族人太多的优惠，但在不损害自身借贷利益所得的前提下，会更多考虑借方所需期限，给予长期贷款，且一般不要求提供担保。[③]

第三，传统社会民间似乎对典当业有所抵触。刘秋根在开篇描绘的"漆黑的大门，高高的柜台，阴沉的面容，冰冷的声音"，处处透露着人们对其的负面情绪。[④] 20世纪30年代，张培刚在《清苑的农家经济》中也提到"（清苑）农家认为典当是极不体面的事，非至万不得已决不走这条路，即典当之后，亦都讳莫如深"。[⑤] 清代中期的华娄虽然对典当的印象不致差到如此地步，但显然并非农家借贷之首选。

我们搜集了一些民国时期的社会调查数据：

表5-8　　　　　　　　嘉兴农村各类村户债款各种来源　　　　　　单位：%

村户类型	负债总额	私人借款	合作社借款	会款	典当	店账	其他
地主	100.00	78.80	—	18.92	0.14	0.29	1.85
地主兼自耕农	100.00	66.00	0.54	17.63	2.56	13.27	—
自耕农	100.00	50.60	0.22	12.36	4.06	32.55	0.21

---

① 林耀华：《金翼》，生活读书新知三联书店1989年版；Greif, A., Tabellini, G., "The Clan and the Corporation: Sustaining Cooperation in China and Europe", *Journal of Comparative Economics*, 2017, 45(1): 1-35。

② 张丽霞、陈钰：《清代家族关系对借贷行为的影响——以〈湖北天门熊氏契约文书〉为分析文本》，《湖北工程学院学报》2018年第5期。

③ 清代中期，江南农户借贷很多是零利率。根据林展等对清代《刑科题本》中将近4000条债务命案的量化研究，借贷的平均利率为8.5%，其中零利率有3400余笔，占比达89.1%。参见林展、陈志武、彭凯翔《乾隆中期和道光中后期债务命案研究》，《清史研究》2016年第2期。不过，如李楠指出的，零利率的背后也有其隐含的"利息"。参见李楠《社会网络、连锁合约与风险规避：近代东北乡村无息借贷合约选择机制的考察》，《中国经济史研究》2016年第1期。

④ 刘秋根：《中国典当制度史》，上海古籍出版社1995年版，第1页。

⑤ 张培刚：《清苑的农家经济》，载李文海主编《民国社会调查丛编·二编：乡村经济卷（中）》，福建教育出版社2014年版，第154页。

续表

村户类型	负债总额	私人借款	合作社借款	会款	典当	店账	其他
半自耕农	100.00	52.26	0.07	13.63	2.99	30.63	0.42
佃农	100.00	48.48	0.78	13.46	3.20	33.87	0.21
雇农	100.00	57.06	—	9.26	6.60	26.05	1.03
其他村户	100.00	49.05	—	13.65	1.84	35.18	0.28

注：调查年份为荒年。
资料来源：整理自《嘉兴县农村调查》，表171。

20世纪30年代，浙江嘉兴农村金融调节之方法共有九种，分别是：私人借贷、米行借钱、信用合作社、借粮、预售农产、农村仓库、店家赊欠、典当什物以及合会。[①] 其中占比最高的是私人借款，如表5-8所示，约为52.05%；店账和会款分列二到三位。典当业的占比则只有区区3.17%。[②]

表5-9　　　　嘉兴农村各类村户放款负债情况　　　　单位：元

村户类型	总户数	负债户数	负债占比	放款户数	放款占比	不放款不负债户数	不放款不负债占比	放款数额	负债数额	平均每户净负债
地主	27	13	48.15	8	29.63	6	22.22	4561.6	7017.8	90.97
地主兼自耕农	166	111	66.87	30	18.07	25	15.06	10867	43015	193.67
自耕农	803	708	88.17	22	2.74	73	9.09	1924	107460.9	131.43
半自耕农	2105	1942	92.26	31	1.47	132	6.27	1666.8	336240.34	158.94
佃农	1404	1251	89.10	20	1.43	133	9.47	838	196004.6	139.01
雇农	283	127	44.48	4	1.41	152	53.71	80	7774.8	27.19
其他村户	325	156	48.00	11	3.38	158	48.62	588	14653.9	43.28
总计	5113	4308	84.26	126	2.46	679	13.28	20524.4	712167.84	135.27

资料来源：整理自《嘉兴县农村调查》，表168、169。

---

① 各种方式的具体介绍参见冯紫岗编《嘉兴农村调查》，载李文海主编《民国社会调查丛编·二编：乡村经济卷（上）》，福建教育出版社2014年版，第373—383页。
② 一方面，典当本身在农村地区的发育就不充分；另一方面，典当业在清末民国出现了大幅的衰落，因此这一比例应远小于华娄1820年代之情况。

而从表 5-9 可知，嘉兴地主和地主兼自耕农（也是所谓的农村富户）共向外放款 1.5 万余元，占到了放款总数的 75%。可见即使到了民国时期，合作社及合会等机构和组织相比 19 世纪初出现了一些进步，但私人借贷仍是"调节农村金融最普通最普遍的"方法。[①]

综上，我们认为在 1820 年代华娄民间私人借贷亦应拥有相当之规模。

3. 华娄私人借贷规模

基于以上对清代私人借贷市场供需两侧的讨论，我们可以大致估算出华娄私人借贷和民间借贷的规模。

（1）消费型借贷

1820 年代，华娄地区较为富裕，居民借贷消费的目的通常是支付单笔大额费用，具体来说，就是盖（买）房与婚丧。

李著指出，由于清代中期木材和砖瓦价格昂贵，因此建造新房是人民生活中的重大事件，一家人需要多年努力才能积攒所需的资金。[②] 我们从低假设华娄 12.6 万户居民中每三十户中有一家需要建造新房[③]，建房资金中有 20% 需要外借，则此项金额约为 15.12 万两。

婚丧仪式如前所述耗费巨大，每年的支出高达 213 万两，我们此处亦从低假设其资金有 20% 需要外借，则此项金额约为 42.60 万两。

此外，华娄的贫困户和部分中等户年成不好时，其口粮需要向人借贷，其数量之和最高不会超过粮食消费总量的 5%[④]，姑且以 5% 计算。假设平均每家的口粮有三分之一来自借贷，则其价值总额约为 35.5 万两。[⑤]

三项加总，华娄消费型借贷的总额至少约为 93.22 万两。

---

① 冯紫岗编：《嘉兴农村调查》，载李文海主编《民国社会调查丛编·二编：乡村经济卷（上）》，福建教育出版社 2014 年版，第 373 页。
② 李著，第 415 页。
③ 1/60 为保持原有房屋数量，1/60 为家庭成员（主要是次子）建房。参见李著，第 416 页。
④ 贫困户和部分中等户约占总户数的 25%，而江南农户青黄不接需要借粮度日的时间一般不会超过三个月，考虑到需要借贷的农户消费量（也包括户均人数）可能略低于未借贷者，因此二者之乘积 5% 应较实际值略高。
⑤ 1820 年代华娄的年食物消费量约为 710 万两。参见李著，第 243 页。

（2）生产型借贷

1820年代，华娄的生产型借贷主要包括以下五个部分：

一是农户购置农具和肥料。根据当时农书记载，1820年代华娄地区出现"暗荒"，但农户对土地的投资额并无明显下降。据李著估算，每亩水田的肥料投入量约有2000文，合银1.54两。[①] 假设其中10%的投入来自借贷，则此项金额约为13.86万两。借贷购置农具的比例和价值不详，但以肥料价值的半数计算应不致高估，则两项金额加总约20.79万两。

二是纺织户贷买原材料。据李著估算，1820年代华娄地区年产棉布500万匹，每匹售价约为0.38两，且每匹棉布中原材料的价值占比三分之一，可得华娄棉纺织业的原材料价值总额约为65万两。如周建波等所识，清代的手工业高度依赖农村金融，因此以50%估计其借贷规模较为合理，则此项金额约为32.5万两。[②]

三是商服业资金周转。根据李著估算，1820年代华娄商业机构的年销售额约为502万两，平均年周转次数为3，若从低假设其单次资金中有25%来自借贷市场，则此项金额约为41.83万两。

四、五则分别是钱庄对长途贩运业和典当业的放款，二者合计60.7万两。

则五项合计，城乡居民的生产型借贷总额约为155.82万两。[③]

去除商业、贸易和金融业部分，华娄城乡的消费型借贷和生产型贷款的比值约为6∶4，这一比例显著高于民国时期江苏丹阳农村之情况，较为符合前文之预期。不过需要指出的是，这一估值的估算过程较为粗糙且对部分的参数假设过强，因此只可作为大略参考。

（3）私人借贷规模

根据前文的估算，华娄民间的整体借贷规模约为249.04万两。这

[①] 李著，第153页。

[②] 周建波、曾江、李婧：《农村金融与清代江南的早期工业化：以农民兼营手工业为中心》，《中国农史》2021年第2期。

[③] 实际上，生产型借贷一共分为五部分，其余两项分别是前文估算的长途贩运业和典当业的外借款项，二者合计约70万两。

一数值减去前文估算的金融业营业规模即可得到私人借贷规模。

则华娄私人借贷的总量约为92.34万两,约占民间借贷市场的37.1%。

(二) 金融市场内部结构

如前所述,华娄地区金融业的主要机构是典当和钱庄。二者在金融系统中扮演着核心的角色,维系着整个社会金融体系的运转。

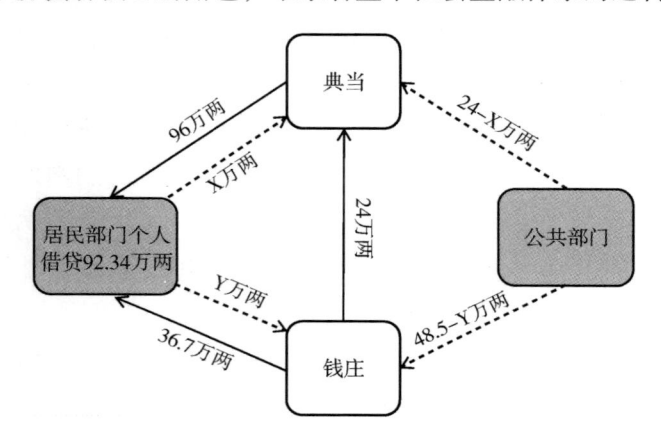

图 5-4 华娄地区金融市场内部结构

注: X、Y 分别为居民部门存入典当、钱庄的存款。
资料来源: 笔者整理。

图5-4展示了1820年代华娄地区的金融市场运转情况。其中实线代表居民部门和公共部门在金融机构的存款,四项加总共约72.5万两;虚线代表华娄金融机构发放的贷款,其中典当业向居民部门出贷96万两,钱庄业向居民部门出贷36.7万两,合计贷款132.7万两;此外,在金融业内部,钱庄业也向典当出贷了24万两。[1]

由此我们可以初步得出几个指标的估值:

第一,华娄地区金融业吸纳的储蓄量为72.5万两,约占总财富的1.67% (约为GDP的5.58%)。考虑到民间还有窖藏银钱的风俗,全社会的真实储蓄水平应该更高,但具体高出多少,还需进一步的证据。

---

[1] 也可以视为其投资。

第二，华娄地区金融业自有资本约为 60.5 万两，金融业放贷规模约为 156.7 万两，则其杠杆率约为 2.59。

第三，华娄地区私人借贷的规模约为 92.34 万两，约为金融机构借贷规模的 58.93%。可见在华娄民间借贷市场中，金融机构居于实际的主导地位，这与民国时期农村社会调查展现的图景截然不同。

第四，在一个相对封闭的经济中，由于金融资产和负债同时发生、同时消失、数量相等、方向相反，一个部门所拥有的金融资产数额，必然等于另一个部门所承担的负债数额。因此华娄的净金融资产约为 0。

第六章　社会财富分配

前述几章估算了1820年代华娄社会财富积累状况，虽然涉及社会的分布结构，但并未直接讨论居民部门内部的财富分配情况，本章将对其进行专门估算。

估算主要基于两大核心数据：其一是社会中贫富人口比例，其二是各财富阶层代表性家庭的家产情况。其中，对前者的估计主要来自：第一，时人之观察。清代江南地方志和私人笔记中多有对民间普遍富庶、佃农"中农化"的记载。① 第二，李著的估算。在1820年代以前，华娄一般农家收入普遍大于支出，因此罕有破产情况。第三，新中国成立之初的土地改革调查。该调查统计了华娄农村富裕阶层（包括地主、富农、工商地主）的比例。② 而对后者的估计，主要来自：第一，对松江地区清代中期至民国时期的地权分配调查；第二，对清代官员抄家档案中的家产统计（作为富裕阶层的样本）；第三，民国时期卜凯、"满铁"等在松江农村对农户家庭进行的抽样调查（作为中间阶层和贫困阶层的样本）。这些内容我们在前文已经进行充分的讨论，故不赘述。

虽然同英国、法国、瑞典等同时期的财产税档案、遗产记录相

---

① 参见李著，第46—47页。比如光绪《雩都县志》中说，田地"因出息广，厚利皆归佃人"。佃农并没有因为失去土地的田底权而生活陷入贫困。此外，华娄社会贫困人口比例还体现在济贫事业上，光绪《重修华亭县志》中记载，松江府全节堂"节妇一日三餐，每逢初二、十六日大荤，初五、初十、二十、二十五小荤，两人一碗，余俱常随素菜"。入堂节妇时常吃肉，一方面说明当地生活水平普遍偏高，另一方面说明社会的赤贫人口比例应相对较低。

② 地主阶层占总人口比例的8.7%。参见1991年《松江县志》，第301页。

比[1]，华娄的各项微观资料并不丰富，但由于我们在土地财富分配、代表性家庭资产等关键问题上拥有较为翔实的统计，因此现有的数据和方法大体能够满足我们宏观研究的需要。

一 华娄的地权分配

土地是中国传统社会最为重要的资产，这一点在工商业高度发达的华娄依然成立。因此华娄的地权分配是影响其社会财富分配的关键性因素，必须予以优先考察。

（一）田底权与资产性地权

华娄地处太湖流域蝶形洼地底部，属于广义上的苏南地区，在相当长的历史时期内始终以地狭人稠著称。[2]

据李著估算，1820年代华娄56万人口只占有约90万亩土地，人均土地数量只有1.61亩（如果只计算农村人口，则约为2.56亩）。而根据新中国成立初期中共土改委员会的调查，1952年整个苏南地区人均耕地数量约2.1亩。[3] 二者相差不大。

至于其地权分配，李著指出："如同在清代江南其他地方一样，19世纪初期华娄地区土地制度最显著的特征之一是地权的高度集中，亦即绝大部分土地为地主所拥有。"[4] 其援引地方志中记载，华亭在康熙年间实行摊丁入亩政策后，由于"谷贱伤农，（农民）流离初复，无暇问产。于是有心计之家，乘机广收。遂有一户而田连数万亩，次而三四五千，至一两万者，亦田产之一变也。"[5] 相当数量的土地集中

---

[1] 参见 *Handbook of Income Distribution*, Elsevier, 2014, pp. 511–512。

[2] 赵冈概括了近代苏南地区农业经济的四大特点：第一，人口增长最快，人口密度最高，过剩人口比例也最高；第二，永佃制农田的比例最高，一田二主的情况非常普遍；第三，农地分割的速度最快，到20世纪30年代，苏南农村地主户多于佃农户；第四，苏南农户普遍从事家庭副业，以副助农，兼业本乡的工商劳务。这与李著的基本判断大体一致。参见［美］赵冈《永佃制研究》，中国农业出版社2005年版，第77页。

[3] 此处的苏南地区包含当时镇江、常州、苏州、松江四个专区及无锡直属市，辖区内可耕地面积约为2149万亩，农村人口约为1330万人。参见华东军政委员会土地改革委员会编《江苏省农村调查》（第一分册），第5页。

[4] 李著，第60页。

[5] 光绪《华亭县志》卷23《杂志上·风俗》。

于少数巨室手中。[1]

不过，我们应一分为二地看待这一记载：一方面，在华娄，土地所有权中田底权（资产性地权）和田面权（经营性地权）相分离[2]，土地市场近乎自由竞争状态[3]，因此地权呈现集中化趋势应是较为正常的现象；但另一方面，华娄社会经济整体繁荣，小工商业者或佃农致富后购买田底权的行为亦应较为普遍，因此地权"大部分为地主所有"并不必然意味着"大部分为大地主所有"。因此，想要考察居民部门内部的财富分配情况，需要对地权做进一步的估算。同时需要说明的是，由于本章的主要目的是划分居民部门资产，因此这里的地权特指资产性的田底权。

（二）来自土地改革调查等的证据

新中国成立初期的土地改革为我们提供了苏南地权分配最权威的调查资料。

表6-1　苏南27个县2741个乡各阶层户口、人口和土地占有情况

成分	户口（%）	人口（%）	占有土地（亩）	占有土地（%）	人均土地（亩）
地主	2.33	3.02	2304226.95	30.87	20.57
公地	1.24	0.06	397322.31	5.32	187.24
工商业者	0.72	0.85	99141.30	1.33	3.15
富农	2.07	2.89	487844.12	6.54	4.54
中农	30.62	34.91	2356002.30	31.56	1.82
贫农	50.15	47.75	1414883.48	18.95	0.80
雇农	4.35	2.84	36579.64	0.49	0.35
小土地出租者	4.70	4.00	288091.37	3.86	1.94

---

[1] 不过如同刘正山所批评的，以历史记载中富家巨室的案例，得出某一历史阶段发生大规模土地兼并的做法可能存在较大问题。参见刘正山《土地兼并的历史检视》，《经济学（季刊）》2007年第2期。

[2] 龙登高：《地权交易与生产要素组合：1650—1950》，《经济研究》2009年第2期。

[3] 黄宗智：《长江三角洲小农家庭与乡村发展》，中华书局2000年版；[美]赵冈：《永佃制研究》，中国农业出版社2005年版。

续表

成分	户口（%）	人口（%）	占有土地（亩）	占有土地（%）	人均土地（亩）
其他	3.82	3.68	80974.37	1.08	0.59

资料来源：《江苏省农村调查》（第一分册），第6—7页。

根据工作队调查，1952年苏南地区27个县中，占人口3.02%的地主占有30.87%的土地（不包含公地），占人口2.89%的富农占有6.54%的土地，二者合计占有约37.41%的土地。[1] 但这一统计（以及稍早的各种民国社会调查、近年来各种对所谓"关中模式"和"太湖模式"基尼指数的测算）并没有详细区分近代租佃制度下的田底权和田面权。[2] 正如龙登高和何国卿所批评的，由于苏南地区的田面权较为普遍，贫农也拥有土地财产权，因此实际的不平等情况要低于统计数据的水平。[3]

表6－2　　土地改革前松江县新农乡农村土地调查情况统计

成分	户口（%）	人口（%）	占有土地（%）	人均占有土地（亩）	使用土地（%）	人均使用土地（亩）
地主	2.60	3.03	27.34	13.054	5.12	7.014

---

[1] 莫宏伟援引的新中国成立初期苏南20个县1772个乡土改前的数据为占3.18%人口的地主占有28.32%的土地，占3.05%人口的富农占有7.01%的土地，二者合计35.33%。参见莫宏伟《苏南土地改革研究》，合肥工业大学出版社2007年版，第15页。

[2] 20世纪80年代以来，国内外学界通过整理鱼鳞图册、黄册、实征册等资料，对中国历史时期的地权分配的基尼系数进行了测算。其中以赵冈所著《中国传统农村的地权分配》影响最大，其发现中国从宋代到民国时期农村地权分配显示出越来越分散的长期趋势。刘正山、胡英泽以及田传浩等等又在其基础上进行了修正和完善。参见刘正山《土地兼并的历史检视》，《经济学（季刊）》2007年第2期；田传浩、方丽、张旋《中国历史上的地权分配——基于鱼鳞图册的估计》，《中国农村研究》2013年第2期；胡英泽《理论与实证：五十年来清代以降鱼鳞册地权研究之反思——以"太湖模式"为中心》，社会科学文献出版社2012年版；胡英泽《历史时期地权分配研究的理论、工具与方法——以〈中国传统农村的地权分配〉为中心》，《开放时代》2018年第4期；胡英泽《近代中国地权分配基尼系数研究中若干问题的讨论》，《近代史研究》2021年第1期。

[3] 龙登高、何国卿：《土改前夕地权分配的检验与解释》，《东南学术》2018年第4期。

208 / 传统中国的财富积累与分配

续表

成分	户口(%)	人口(%)	占有土地(%)	人均占有土地(亩)	使用土地(%)	人均使用土地(亩)
富农	4.95	5.91	20.77	5.080	10.31	7.234
中农	35.64	38.63	39.44	1.478	49.49	5.321
贫农	49.01	47.55	11.91	0.363	34.87	3.046
雇农	6.07	4.02	0.03	0.011	0.03	0.025
自由职业者	0.25	0.15	0	0	0	0
宗教职业者	0.37	0.12	0.08	1.038	0.03	1.038
手工业者	0.26	0.32	0.04	0.180	0.01	0.180
小商贩	0.12	0.12	0.39	4.875	0.14	4.875
其他	0.37	0.15	0	0	0	0

资料来源：《江苏省农村调查》（第一分册），第141—142页。

松江县新农乡的调查则提供了更为丰富的细节。该乡共有8个行政村，808户，4030人，户均4.99人；全村共使用土地14244.745亩，其中自耕田3394.315亩，佃入田10850.43亩，出租田1571.178亩。① 自耕田和佃入田占比分别为23.83%和76.17%。

如表6-2所示，该乡占总人口8.94%的地主和富农占有将近50%的土地，其土地集中度明显高于苏南地区的平均水平。不过，在二者拥有的土地中，自行使用的比例只有约15%，大部分土地都出租给了中农、贫农和少数雇农。②

另据统计，如图6-1所示，松江县新农乡四村（张家村、姚家村、王家村和长浜村）中三类地主（地主、地主兼工商业者、地主兼自由职业者）③ 共占有全部佃入田田底权的78.02%，富农占有4.20%，二者合计约为82.32%。④ 假设该乡各村的租佃情况基本相

---

① 其中部分出租田出租给了外乡农民。华东军政委员会土地改革委员会编：《江苏省农村调查》（第一分册），第141页。
② 该乡地主和富农家庭也佃入土地，且数量不少。
③ 这些地主中大地主多居于城区，且兼营工商业，而小地主则多居住在乡里，这种情况与1820年代的华娄基本类似。
④ 华东军政委员会土地改革委员会编：《江苏省农村调查》（第一分册），第142页。

第六章　社会财富分配 / 209

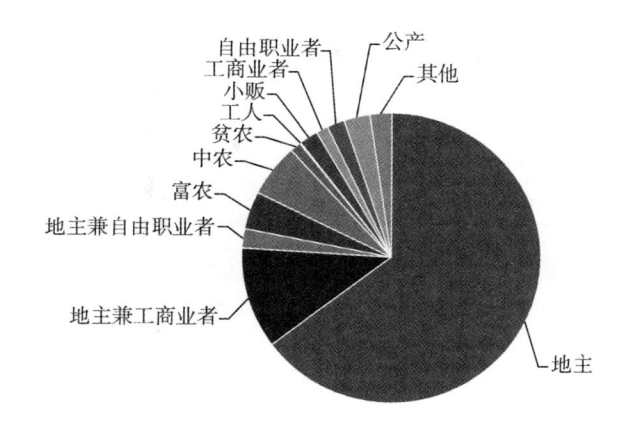

图 6-1　土改前松江县新农乡四村田底权占有情况

资料来源：《江苏省农村调查》（第一分册），第 142 页。

同，可得其富裕阶层占有田底权的土地数量约为所有土地的 62%。[①]

不过，新农乡的情况能否代表整个华娄地区仍需要更多证据的支持。具体来说，第一是租田的比例。

根据调查，委员会发现在苏南田底权、田面权分离的地区，租田的比例一般都较高，如表 6-3 所示，约为 1/2—3/4；而没有永佃权的地区，如高淳、金坛和江阴等地的农村，租田的比例只有 20%—30%。[②] 因此，在没有被纳入上海都市圈的松江县农村，农民租田耕种的比例绝不会低于 70%，因此新农乡的数据基本符合我们的预期。

表 6-3　　　　　苏南永佃权地区土地使用情况

成分	实耕土地亩数	租田亩数	占比（%）	自耕亩数	占比（%）
松江县两个乡	23712.5	17902.6	75.50	5809.9	24.50
常熟县	1716899	1238790.4	72.15	478108.6	27.85

[①] 根据统计，同时期浙江绍兴鉴湖乡四个村，占总人口 8.83% 的地主、富农和富裕中农共占有约 62.99% 的田底权，这一数字相比松江县新农乡略低。参见《浙江省农村调查》，第 155—156 页，转引自龙登高《地权交易与生产要素组合：1650—1950》，《经济研究》2009 年第 2 期。

[②] 中共苏南区党委农村工作委员会：《对土地改革政策的意见（初稿）》，第 6 页。

续表

成分	实耕土地亩数	租田亩数	占比（%）	自耕亩数	占比（%）
吴县六个乡	72236.3	40168.12	55.61	32068.18	44.39
太仓县	800000	386000	48.25	414000	51.75
无锡东部八个乡	31194.81	14847.71	47.60	16347.1	52.40

注：数据经过胡华的修正。①
资料来源：中共苏南区党委农村工作委员会《对土地改革政策的意见（初稿）》，第6页。

第二是田底权、田面权分离的比例。

胡华整理了"满铁"调查、土改调查中对于苏南农村田面田比例的统计。② 其中直接针对松江县地域的调查主要有两项：其一是"满铁"对松江县华阳桥乡的租佃契约的研究，在所有140件契约中，永佃制契约有118件，占比约84.29%；③ 其二是中共苏南农村工作委员会对松江两乡的调查，发现该地永佃制土地数量约占全部佃入田的80%以上。④ 两相比较，胡氏认为20世纪中期松江地区田底权、田面权分离的比例约为80%。⑤

综上，我们认为松江县新农乡的调查数据能够代表华娄农村的普遍情况。

（三）1820年代华娄的地权分配

从以上资料中可以看出，20世纪中期长三角地区农村田底权和田面权的分离是极为普遍的，且社会前10%的富裕阶层掌握了其中多数的田底权。我们认为这一情况也基本适用于1820年代的华娄。原因如下：

---

① 胡华：《近代江南双层地权研究》，硕士学位论文，南京师范大学，2004年。
② 胡华：《近代江南双层地权研究》，硕士学位论文，南京师范大学，2004年。
③ 满铁：《松江县》附表6，转引自曹幸穗《旧中国苏南农家经济研究》，中央编译出版社1996年版，第75页。
④ 1950年9月，苏南区党委在《对土地改革政策的意见（初稿）》中指出，"如单按田底权分的话，有田面权之农民，认为是自由，反对分，如单按田面权不分的话，在永佃权土地占百分之八十以上租田地区的农民，就没有什么土地可以分配，但这一地区贫农是要求拿出来分的，因为中农以上的农民，拥有较多的田面权的土地。"从《意见》中中农和贫农的争论可以看出，新中国成立初期，苏南地区应有相当多的地区田底权、田面权分离比例较高。参见江苏省档案馆藏《对土地改革政策的意见（初稿）》，1950年9月，3006—永—27。
⑤ 根据胡华的估算，永佃制的比例在苏州的吴县、吴江、无锡的江阴等地也高达80%—90%。

第一，苏南地区以租佃为主的土地制度从清代中期延续至民国时期是学界之所共识。① 1930 年代初，冯紫岗到浙江嘉兴县做农村调查时，曾就永佃制在当地"询问多人"，但都说不清楚其由来。当地人只知道民国初年时，佃户"付给田面价若干，购买田面，如是佃户即可永久耕种其田，年年缴清租米。地主无权撤佃"②。不难看出，其早已成为社会惯例，延续时间应在百年以上。

第二，清代中期其他地区有相关记载。汪庆元整理、分析《黟县顺治年清账册》发现，该地永佃制发达，田底权和田面权分离的比例接近 90%，而其中 60% 以上的底权归地主、族产所有；③ 范金民则认为光绪初年陶煦所说的"吴中之田，十九与绅富共有之"，其含义是苏州底、面不分的土地占 10% 左右，而田底和田面分离、佃农和富裕阶层共同经营的占比 90%。④ 清代中期，松江和苏州经济结构基本相同，经济地位亦相仿，因此这一分析也应适用于华娄。

基于以上事实，我们估计 1820 年代华娄租佃土地约占全部土地的 75%（新农乡数据取整得）；在所有租佃土地中，有永佃权的占比 90%⑤；而约居于社会前 10% 的富裕阶层拥有所有田底权的 90%。⑥ 可得华娄地主和富农拥有田底权的租出土地数量约为全部土地数量的 60.75%。同时考虑到地主和富农亦应保有一部分自耕田（主要是富农和小地主，大中地主一般居住在松江城内），其人均经营面积从低以人均 1.25 倍计，则地主和富农直接耕种的土地为 7.5%—12.5%。相加可得，地主和富农占有的土地财富为 68.25%—73.25%。为计算方

---

① 参见［美］赵冈《中国传统农村的地权分配》，新星出版社 2006 年版；慈鸿飞《民国江南永佃制新探》，《中国经济史研究》2006 年第 3 期；慈鸿飞《农地产权制度选择的历史和逻辑——论国家与农民二元产权》，《江海学刊》2007 年第 4 期；胡英泽《理论与实证五十年来清代以降鱼鳞册地权研究之反思——以"太湖模式"为中心》，社会科学文献出版社 2012 年版。

② 冯紫岗编：《嘉兴县农村调查》，载李文海主编《民国时期社会调查丛编·二编：乡村社会卷（上）》，福建教育出版社 2014 年版，第 272 页。

③ 汪庆元：《清代徽州鱼鳞图册研究》，安徽教育出版社 2007 年版。

④ 范金民：《清前期苏州农业经济的特色》，《中国农史》1993 年第 1 期。

⑤ 考虑到 1820 年代的中农占比更高，因此应略高于 1930 年代到 1950 年代的水平。

⑥ 根据满铁对松江县的调查，1930 年代松江县不在乡地主出租的耕地面积约占全部耕地面积的 87%。转引自［美］珀金斯《中国农业的发展》，上海译文出版社 1984 年版，第 119 页。

便，从中取整计为70%。

结合前文对公共部门土地财富的估算，最终可知1820年代华娄位于社会前10%的地主和富农阶层占有70%的土地，合银约804.6万两；公共部门占有约5%的土地，合银约54.3万两；其余25%土地田底权由中农和少数贫农占有，合银约287.4万两。[①]

二 其他财富分配

我们在第三、第五章分别估算了居民部门的非金融资产和货币金属资产，其中部分资产类型，如房屋建筑、各类家私等的价值，是按照李著给出的判断或线索得出的，已经包含了分配的结构。而城镇居民拥有的各项第二产业和第三产业资产则没有进行过明确划分。

（一）家私财富

表6-4汇总了前文估算出的华娄不同阶层的家私财富分配情况，结果显示其中前10%的富户共占有各类家私744.39万两，中间80%的中等户占有1 225.25万两，最后10%的贫困户则只占有61.71万两。

表6-4　　　　　不同阶层的家私财富情况　　　　　单位：万两

类型	农村农户 富户	农村农户 中等户	农村农户 贫困户	农村非农户 富户	农村非农户 中等户	农村非农户 贫困户	城镇户 富户	城镇户 中等户	城镇户 贫困户	合计
房屋建筑	238	380.8	11.9	32.1	44.8	6.67	246.6	423.36	13.23	1397.46
生产工具	14.38	115.1	14.38	0	3.89	0.97	0	0	0	148.72
牲畜	16.2	86.3	5.4	0	3.93	0.98	0	0	0	112.81
粮食	6.49	0	0	0	0	0	0	0	0	6.49
衣物	36.65	58.64	3.67	4.94	6.9	0.37	13.21	21.13	1.32	146.83

---

① 需要说明的是，我们此处只涉及现有土地资产的划分，而没有涉及田面权。如果将田面权纳入考察范围，那么一方面土地财富的总数将出现一定比例的上升（如前所述，8.8%—38.1%），而另一方面土地财富的分配将更加"平均化"——如果我们取中间值25%作为田面权和田底权的比值（中等田合银约3两），计算可得，华娄所有土地价值约为1350万两。其中，地主和富裕阶层占有70%的田底权和32.5%的田面权，价值约为843.75万两；公共部门占有5%的田底权，价值约为54万两；中农和贫农占有25%的田底权和67.5%的田面权，价值约为452.25万两。

续表

类型	农村农户			农村非农户			城镇户			合计
	富户	中等户	贫困户	富户	中等户	贫困户	富户	中等户	贫困户	
家具	28.6	38.13	1.2	3.85	4.49	0.12	20.61	27.48	0.86	125.34
厨具	3.5	5.6	0.36	0.09	0.66	0.03	2.52	4.04	0.25	17.05
奢侈品	36.6	0	0	4.58	0	0	24.5	0	0	65.68
奴仆	4.08	0	0	0.27	0	0	6.62	0	0	10.97
合计	384.5	684.57	36.91	45.83	64.67	9.14	314.06	476.01	15.66	2031.35

资料来源：笔者整理。

（二）产业财富

分析可知，对于尚未划归的第二产业和第三产业类型资产来说，一共存在三种情况。

第一是应全部归属于富裕阶层的，包含第二产业中的碾米业、榨油业、酿酒业、造船业以及第三产业中的外贸业（长途贩运业）和金融业，这一类资产的特点是开办、经营所需资本额一般较大[①]；

第二是应全部归属于非富裕阶层的，包括第二产业中的第一类行业、棉纺织业、制盐业和建筑业，这类行业资本数量较小且相对分散，由富人经营的情况较为罕见；

第三类是难以清楚划分的，主要包括第二产业中的染踹业、窑业以及第三产业中的商业、服务业、运输业和教育业。

通过简单加总可得，第一种情况涉及的资产总额约为260.62万两，第二种情况总额约为9.93万两，第三种情况则约为358.28万两。

考虑到清代中期富裕阶层多涉足商业经营，因此其也应占有大量的商业部门和服务业部门资产，但具体比例殊难考证。[②] 结合当时地方志对其商业发展水平的记载，可知华娄的商业资本颇为集中，因此

[①] 李伯重：《江南的早期工业化》，社会科学文献出版社2000年版。

[②] 贪官作为富裕阶层中相对特殊但又颇为重要的组成部分，给我们提供了理解清代中期富裕阶层资产结构的独特视角。根据云妍等的统计，清代中期185个抄家案例中，涉案官员或平民的家产中金融商业的资产占比高达35%。这些官员往往对投资典当、盐业以及贩运业青睐有加。参见云妍等《官绅的荷包》，中信出版集团2019年版，第360页。

估算比例不宜低于50%。如果以50%计，则华娄第二产业和第三产业资产中富户占有约440万两，其余90%居民占有约190万两。

（三）货币财富

根据第五章的估算，华娄居民部门的货币资产价值约为310万两。其中制钱的价值约为64万两，白银的价值约为246万两。[①] 在这些白银当中，又有20%左右为富户所窖藏，其数额约为49.2万两。其余80%均进入流通领域，具体分配情况不可考，姑且按照产业财富2∶1的比例进行划分，与此同时制钱由于主要用于日常流通，因此可以按照人口分布情况进行估算。则可得富户占有的货币资产约为186.8万两，其余居民约123.2万两。

三 居民部门财富分配差距

通过以上估算，我们得到了华娄居民部门各类型财富的分布情况。之所以使用最高财富份额（Top Wealth Share）作为衡量财富不平等的工具，根据Roine and Waldenström的总结主要有三点理由[②]：第一，各国大部分的历史财富数据都来自遗产清单或遗产税申报表，这使得富人或富裕阶层是随着时间变动最同质化的群体[③]；第二，历史中的财富分配比收入分配（Income Distribution）更为严重，第二次世界大战前一般是70%到90%，因此研究了社会上层的财富就相当于研究了社会总财富的大部分[④]；第三，以往的财富不平等研究和数据一般都是

---

① 1820年代华娄金属货币中白银和制钱的比例约为4∶1。而根据当时清代的税收和财政留存制度，官府所掌握的10两货币资产应均为白银。

② Roine, J., Waldenström, D., "Long-run Trends in the Distribution of Income and Wealth", *Handbook of Income Distribution*, 2015, 2: 469 – 592; Elinder, M., Erixson, O., Waldenström, D., "Inheritance and Wealth Inequality: Evidence from Population Registers", *Journal of Public Economics*, 2018, 165: 17 – 30.

③ Lindert, P. H., "Unequal English Wealth since 1670", *Journal of Political Economy*, 1986, 94 (6): 1127 – 1162; Spring, E., *Law, Land, and Family: Aristocratic Inheritance in England 1300 to 1800*, University of North Carolina Press, 1997.

④ Piketty, T., Saez, E., "Income Inequality in the United States, 1913—1998", The Quarterly Journal of Economics, 2003, 118 (1): 1 – 41; Atkinson, A. B., Piketty, T., Saez, E., "Top Incomes in the Long Run of History", *Journal of Economic Literature*, 2011, 49 (1): 3 – 71.

以最高财富阶层财富占比（Top Wealth Percentiles）的形式存在，因此沿用这一形式有利于进行比较研究①。而我们之所以选择前 10% 作为标准，则是基于李著对于华娄农村地区地主和富农占比 10%，富裕阶层占全体居民 10% 的分析和估算结果。

表 6-5　　　　　　　华娄居民财富分配情况　　　　　　单位：万两

阶层	土地财富	家私财富	产业财富	货币财富	总和	百分比
富户	804.6	744.39	440	186.8	2175.79	53.55
中等户	270.5	1225.25	178.82	115.95	1790.52	44.07
贫困户	16.91	61.71	11.17	7.25	97.04	2.39
合计	1092.01	2031.35	629.99	310.0	4063.35	100.00

注：中等户和贫困户按照 16∶1 估算。
资料来源：笔者整理。

如表 6-5 所示，1820 年代华娄前 10% 的富裕阶层掌握了居民部门一半以上的财富，而位于后 10% 的贫困阶层则只掌握了 2.39% 的财富，说明此时华娄居民内部存在一定的贫富差距。②

---

① Leigh, A., "How Closely Do Top Income Shares Track Other Measures of Inequality?", *The Economic Journal*, 2007, 117 (524): 619-633.
② 如果纳入前文估算的田面权资产，则居民部门的财富总数增加为 4267.34 万两，富户、中等户和贫困户的财富占总数的比例分别为 51.90%、45.59% 和 2.50%。与不包含田面权资产的情况相比，华娄的社会不平等程度略有降低，但变化十分有限。

第七章 从世界看华娄

本章通过整合既有估算结果，得到了1820年代华娄地区的社会财富表，并以此为基础，分析总结了华娄的财富积累和分配。如果没有适当的参照，我们无法对华娄的经济发展水平、财富状况给出中肯的判断，也难以对华娄（以及由此折射出的中国传统社会）的特点和不足进行剖析，更谈不上从存量视角为大分流问题提供新的注脚。由此，我们需要"从世界看华娄"，即基于比较视野，对华娄社会财富的方方面面进行国际比较，以期获得更有价值的发现、激发更多的思考。

一 华娄的社会财富表

我们在第二至六章的基础上，整理得出了表7-1：

表7-1　　　　　1820年代华娄地区社会财富　　　　单位：万两

序号	类型	居民部门 农村	居民部门 城镇	公共部门 政府	公共部门 其他	合计	占比（%）
1	土地（农地）	1089.65	2.64	2.08	52.22	1146.59	26.50
	建筑	—	—	—	—	—	—
2	1）住宅	675.93	701.19	0	4.80	1381.92	31.94
	2）其他	38.34	232.43	108.81	52.21	431.79	9.98
3	设备	149.14	35.73	12.08	2.37	199.32	4.61
4	存货	8.48	355.63	1.86	2.64	368.61	8.52
5	牲畜	112.74	2.40	0.61	0	115.75	2.68
6	家用消费品	245.87	115.92	0	0	361.79	8.36

续表

序号	类型	居民部门		公共部门		合计	占比(%)
		农村	城镇	政府	其他		
7	奴仆	4.35	6.62	0	0	10.97	0.25
8	货币金属	186	114	10	0	310	7.16
	合计	2510.50	1566.56	135.44	114.24	4326.74	100.00

注：划分方式参考了戈德史密斯的做法①；家用消费品包含家私和奢侈品；居民部门的货币金属总额约为310万两，从简按照人口比例划分。

资料来源：笔者整理。

(一) 财富的积累

从表7-1中我们可以看到1820年代华娄社会财富的整体积累水平。

具体来说，第一，华娄社会财富的总量约为4330万两，人均社会净财富和户均净财富约为77.32两和347.94两，分别相当于一名农村地区长工1.84年和8.28年的工资。② 同时，居民人均财富和户均财富约为72.80两和327.60两，分别相当于一名长工1.73年和7.80年的工资。这两组数据相比李著使用的人均GDP、生活水平等指标更为直观地展示了华娄及其代表的长三角地区居民的财富状况。尽管这一地区刚刚经历了癸未大水的冲击，农村居民的收入条件出现了持续恶化，但是其积累起来的社会财富并未迅速耗散。

第二，在华娄社会各项非金融资产中，占比最高的是房屋建筑，约占总数的42%，其中仅住宅一项就高达30%；③ 其次是土地（农地）、存货、家用消费品和货币金属，占比分别为26.50%、8.52%、8.36%和7.16%。可见房屋和土地是该地最为重要的两项财富形式。不过，这与我们对于传统社会"土地压倒一切"的固有印象存在一定的分歧——事实表明，在一个高度城镇化、非农化的地域内，房屋建筑是完全可能取代土地成为最重要的资产类型的。这一发现丰富了当

---

① Goldsmith, R. W., *Comparative National Balance Sheets: A Study of Twenty Countries, 1688—1979*, University of Chicago Press, 1985.

② 各行业人均工资参见李著，第222页，表10-1。

③ 与皮凯蒂的做法相同，我们统计的住宅也包含其附属土地的价值。参见[法]皮凯蒂《21世纪资本论》，中信出版社2014年版，第119页。

前我们对于长时段社会经济转型的理解。

第三，根据李著的估算，1820年代华娄GDP总量约为1350万两。① 计算可得其社会总财富约为当年GDP的3.21倍，也就是说华娄地区的财富收入比约为3.21。根据皮凯蒂等人的研究，这一数值一方面表明华娄作为一个高消费型社会整体积累的水平较低，另一方面也意味着此时华娄的社会分配处在一个相对合理的区间。这一点我们在下文将予以更详细的讨论。

不过需要指出的是，以上发现只代表华娄在1820年代的情况，在其社会经济发展的鼎盛时期（18世纪末19世纪初），以上的数值会略有不同。②

（二）财富的分配

除了财富积累，我们也非常关心其分配情况，具体来说，主要是公共部门和私人部门间的分配，城市和乡村间的分配、生产性资产和非生产性资产的分配以及居民部门内部的分配。

第一是公私部门之间。根据统计，1820年代华娄居民部门资产约为4076.06万两，占比94.23%；而公共部门约249.68万两，占比5.77%，前者是后者的16倍以上，可见居民部门占据财富分配绝对的主导地位。与此同时，华娄地方政府直接掌控的资产额约135.44万两，仅占社会总财富的3.13%，足见此时的华娄是典型的"小政府"或"有限政府"。

第二是城乡之间。根据统计，华娄农村居民共有财富2500余万

---

① 李著使用了生产法、支出法和收入法估算1820年代的华娄GDP，其结果分别是1351万两、1386.6万两和1332万两，彼此较为接近，其最终选择了生产法得出的结果，并取整计为1350万两，参见李著，第246—251页。

② 主要是因为华娄的土地资产价值在1820年代前后存在较大变动。据记载，在道光三年水灾以前，华娄水田平均每亩产米约3石（市价约为2.29两/石），按照前文使用的计算方法，可推算其每亩的价值为20—22两，则全部耕地的市场价值为1800万—1980万两。假设其他条件不变，则19世纪初期华娄社会总财富约4983万—5163万两，姑且取中间整数5100万两计。与此同时，根据李著的估算，此时华娄的GDP约为1820年代的1.3倍（约合银1755万两），则此时华娄的财富收入比约为2.91，相比1820年代出现了一定下降；另外，在各项资产中，土地资产占到了总体的35%—39%，位居首位，房屋建筑占比35%则位居次席。这一结果表明1820年代土地资产大幅落后房屋建筑的现象并不始终存在。

两，户均资产约330两，而城镇居民共有财富1500余万两，户均约320两，二者之间的差距看似不大。不过，如果考虑到地权分配的实际情况以及地主家庭不断向城镇转移的趋势（即地主城居化），大量被划归农村居民的土地财富和家私财富实际掌握在城镇居民手中，因此1820年代华娄农村居民家庭的平均财富应少于城市居民。当然，由于此时华娄的乡村棉纺织工业仍未破产，农村家庭的收入依旧维持在相对可观的水平，因此对这一差距亦不宜估计过大。

第三是是否有生产性质。结合前文的估算，1820年代华娄的可以用于扩大再生产的生产性财富约为2193.59万两，占比50.68%；[①] 而非生产性财富（含货币金属资产）的占比约为49.32%。二者的数量大致相当。根据马克思主义经济学的观点，非生产性财富（也即消费品）的积累无益于资本积累和经济增长[②]。因此长三角地区过高的消费可能并没有触发所谓的"勤勉革命"（Industrious Revolution），反而影响了社会财富的积累速度和水平。

第四是居民内部的分配，也即狭义上的财富分配。根据第七章的估算，华娄社会中前10%的富裕家庭共占有居民部门53.55%的财富，平均每户的财富约为1740两；[③] 中间80%的中等家庭占有44.07%的财富，户均约为180两；而后10%的贫困家庭则只占有2.39%的财富，户均约78两。富裕家庭的平均财富约是中等家庭的10倍和贫困家庭的20倍。这一对比说明华娄社会中存在较大的贫富分化，出现这种分化的原因一方面是长三角地区土地集中度较高，另一方面则是其工商业发达，工商业者控制了大量的商业和贸易资本，积累起了巨额的财富。

不过，我们应当客观地看待华娄此时的贫富差距：首先，前工业

---

① 在具体的界定中，严格区分生产性财富与非生产性财富是比较困难的。
② ［希］索尔菲迪斯、［希］派塔里迪斯：《资本强度、非生产活动与美国经济大衰退》，王一钦、魏旭译，《政治经济学评论》2021年第5期。
③ 根据Piketty等人的估算，2015年中国前10%的富裕阶层共占有社会总财富的67%。参见Piketty, T., Yang, L., Zucman, G., "Capital Accumulation, Private Property, and Rising Inequality in China, 1978—2015", *American Economic Review*, 2019, 109 (7): 2469-2496.

社会中财富集中在少数人手中是极为正常的现象，前10%的家庭占有财富的50%以上并不是很高；其次，前文并没有将属于中间阶层的土地田面权纳入统计，因此我们对中间阶层占有的财富数量存在一定的低估；最后，需要指出的是，一个社会居民内部的财富差距并不会同比例地代表其收入差距，更不会直接反映生活水平的差异。我们所揭示的华娄居民部门内部存在的较大财富差距与李著中展现的华娄居民"家给人足"的状态丝毫不矛盾，事实上二者都是华娄经济活力的体现和经济发展的结果。

更为重要的是，华娄的"故事"告诉我们，在一个扩张的经济体中，财富的分化并不必然导致居民整体生活水平的下降（卡尔多意义上的，甚至可能是帕累托意义上的）。而其中的关键之一就是社会的财富再分配。如前文所述，华娄的富裕阶层积极投身于地方公共事业，开办教育机构、慈善组织，促进了基本公共服务的均等化；与此同时，其在困难年份也愿意为佃农减免地租、提供贷款，客观上减少了绝对贫困人口的比例，提升了贫困人口的生活水平。这在一定程度上为我们当前共同富裕社会的构建提供了历史智慧。

二　国际比较的数据基础

进行国际比较，数据是前提、是基础。这里主要就相关国别数据尤其是统计口径和可能存在的问题作必要的说明和讨论。

（一）戈德史密斯的各国国家资产负债表

戈德史密斯提供了世界20个国家历史时期的资产负债情况。[1] 其中英、法、美三国均可上溯到我们研究的1820年代及以前，具体来

---

[1] 参见 Goldsmith R. W., *Comparative National Balance Sheets: A Study of Twenty Countries, 1688—1979*, University of Chicago Press, 1985；具体来说, 20 国包括澳大利亚、比利时、加拿大、丹麦、法国、德国、英国、匈牙利、印度、以色列、意大利、日本、墨西哥、挪威、苏联、南非、瑞典、瑞士、美国和南斯拉夫。这项工作以对 20 世纪美国金融结构变迁研究为起点，从开始到完成，Goldsmith 前后共用了四十余年的时间。参见 Lunn J., "Comparative National Balance Sheets: A Study of Twenty Countries, 1688—1978 by Raymond W. Goldsmith", *Southern Economic Association*, 1986, 53 (1): 289 – 290。

说，英国的数据包含1688年、1760年和1800年等年份的情况，法国和美国则可以分别上溯到1815年和1805年。

这里以英国为例：

表7-2　戈德史密斯估算的英国资产负债表（1688—1850年）

年份	1688	1760	1800	1830	1850
Ⅰ. 土地	55.0	41.0	29.7	25.5	17.8
1. 农地	52.1	36.2	23.1	20.3	11.9
2. 其他	2.9	4.8	6.7	5.2	5.9
Ⅱ. 生产性有形资产	30.3	30.5	34.0	31.4	41.8
1. 建筑	—	—	—	—	25.2
（1）住宅	11.3	5.7	5.6	6.7	8.2
（2）其他	—	8.6	10.6	13.9	17.0
2. 设备	9.3				8.9
3. 存货		7.6	7.7	5.2	3.1
4. 牲畜	5.4	6.7	8.0	3.7	1.8
5. 消费品	4.2	1.9	2.2	2.0	2.8
Ⅲ. 实物资产	85.3	71.4	63.7	56.9	59.6
Ⅳ. 货币金属	3.7	1.9	1.1	1.5	1.5
Ⅴ. 金融资产	11.0	26.7	34.8	38.9	35.8
1. 对金融机构债权	—	—	3.3	5.0	5.9
（1）银行	—	2.9	2.9	3.5	4.3
（2）储蓄机构	—	2.9	0.0	0.5	0.4
（3）保险组织	—	—	0.0	0.7	0.9
（4）其他	—	—	0.4	0.2	0.3
2. 金融机构贷款	—	—	0.7	2.5	2.2
3. 抵押	5.7	6.7	5.5	5.7	5.9
4. 政府债务	—	7.6	16.8	19.6	12.8
5. 公司债券	—	—	—	—	5.9
6. 公司股份	1.1	1.9	1.1	1.2	
7. 贸易信贷	4.2	7.6	7.4	5.0	3.0
Ⅵ. 外国净资产	—	-2.0	0.4	2.7	3.1

续表

年份	1688	1760	1800	1830	1850
Ⅶ. 国民资产（%）	100.0	100.0	100.0	100.0	100.00
国民资产（十亿英镑）	0.35	1.05	2.73	4.04	6.74
Ⅷ. GDP（十亿英镑）	0.05	0.09	0.23	0.34	0.55

注：如无特殊标注，单位均为百分比。
资料来源：Goldsmith, R. W., *Comparative National Balance Sheets: A Study of Twenty Countries, 1688—1979*, University of Chicago Press, 1985, p. 232。

如表 7-2 所示，戈德史密斯的国民资产中包含了实物资产、货币金属和金融资产三大类，整体上看与我们所采用的划分标准相一致，但是其中也有两个问题需要指出：第一，我们的金属货币与戈德史密斯的货币金属不同，前者主要包含银两和铜质制钱，而后者则包含所有黄金和白银；[1] 第二，戈德史密斯表中估算的金融资产实际上是金融市场的规模，而非金融资产的净值。因此正如 Krueger 所批评的，表中对实物资产和金融资产的直接相加并不能反映各国国民财富的真实情况，甚至可能是"无意义的"。[2] 如果我们直接使用这一数据的话，那么显然将造成对外国国民财富和资产收入比的高估。

除此以外，其对 1688—1850 年英国金融资产的各项估算基本上都是从 1851 年以后的数字倒推得到的（主要来自 Feinstein 等人的研究）。[3] 尽管这种做法本身并无不妥之处，但是由于其金融资产的内部项目设置过于复杂，且部分项目在历史时期很难划分清楚（比如银行和其他储蓄机构的债务），因此戈德史密斯这部分的估算内容在使用的过程中需要持一定的保留态度。

---

[1] 参见 Goldsmith, R., *Comparative National Balance Sheets: A Study of Twenty Countries, 1688—1979*, University of Chicago Press, pp. 86-87。

[2] 参见 Krueger, R., "Comparative National Balance Sheets: A Study of Twenty Countries, 1688—1979 by Raymond, W. Goldsmith", *Journal of Political Economy*, 1986, 94 (6): 1341-1343。

[3] 参见 Goldsmith, R. W., *Comparative National Balance Sheets: A Study of Twenty Countries, 1688—1979*, University of Chicago Press, 1985, pp. 234-235; Feinstein, C., *National Income, Expenditure and Output of the United Kingdom, 1855—1965*, Cambridge University Press, 1972。

(二) 皮凯蒂和世界不平等数据库

皮凯蒂在《21世纪资本论》中为考察资本收入比的长期变化趋势，估算了英、法、美三国近三个世纪的资本数量和内部结构的变化。[①] 而在其主持建立的世界不平等数据库（World Inequality Database，WID）中，皮凯蒂及其合作者提供了一百多个国家和地区的财富、收入情况，除英、法、美以外，瑞典、德国和印度等国的数据最早也可以上溯到19世纪中叶左右。

由于有意模糊了资本和财富在概念上的差异，因此皮凯蒂等使用的资本数据实际上就是财富数据。[②] 这与我们所做的社会财富研究十分契合。此外，如前所述，皮凯蒂和WID都将一国的国内资本分为农地、住宅（包含住宅所附着土地的价值）以及其他三部分。这种做法简洁明了，能够以最小的成本勾勒出资本演进的历史趋势，因此在短时间内即得到了学界的广泛认可。我们严格区分房屋建筑的用途也是为了方便与皮氏的数据进行比较。

不过需要说明的是，我们并不完全认同皮氏将资本与财富混用的做法，之所以沿用其研究范式主要是因为在中国传统社会中严格区分资本和财富本身并无太多实际意义。[③] 此外，在前文的估算中，我们已按照是否具有生产性对各类资产进行了初步的估算，因此如果有必要的话，我们也可以采用熊彼特所说的第三种定义，即"生产三要素

[①] 此外也包括德国从1870年到2010年，加拿大从1860年到2010年的数据。皮凯蒂指出，他和祖克曼（Zucman）共同完成的这一工作在广义上可以被视为对Goldsmith 20世纪70年代"国家资产负债表研究工作的延伸和归纳"。参见［法］皮凯蒂《21世纪资本论》，中信出版社2014年版，第51页。

[②] 具体来说，皮凯蒂认为，资本是指在市场中可以自由交换的、具有所有权的所有非人力资本的总和。既包括所有形式的不动产，也包括公司和政府机构的金融资本和专业资本，比如厂房、机器、专利形式、基础设施等。此外，他还明确指出，"为了简化文字，我这里使用的'资本'和'财富'含义完全一样，两个词可以互相替换"。参见［法］皮凯蒂《21世纪资本论》，第46—48页。

[③] 对皮凯蒂"资本观"的批评参见 Solow, R., "Thomas Piketty is Right, Everything you Need to Know about Capital in the Twenty-first Century", *New Republic*, 2014（5）: 50 – 55; Weil, D. N., "Capital and Wealth in the twenty-first Century", *American Economic Review*, 2015, 105（5）: 34 – 37; 国内马克思主义经济学者的批评参见王峰明《资本，资本家与资本主义——从马克思看皮凯蒂的〈21世纪资本论〉》，《天津社会科学》2015年第3期等。

之一",对其予以划分。①

(三) 相关研究对皮凯蒂的修正和发展

在皮凯蒂等人的推动下,存量研究开始在经济学界复苏。其中一支重要的力量来自经济史领域,相当数量的学者投入到世界各国的历史资产或历史财富的研究中,对 Piketty 团队的数据进行了修正和发展。

其一是对皮凯蒂的修正。

由于开展跨国研究(尤其是历史性研究)的难度本身较大,且近年来相关资料的更新速度逐渐加快,因此 Piketty 和 Zucman 在数据和资料方面被发现存在一定的问题。② 根据 Waldenström 的总结,Madsen、Albers 等分别对皮氏估算的英国和德国的历史财富进行了修正,此外还有一些零星的讨论见于 McLaughlin 等的研究。③

其中,Madsen 对皮凯蒂等人的研究提出了相当严苛的批评。他一共列举了皮文存在的三种错误④。

第一,资料更新不及时,未使用由英格兰银行修正的最新的英国历史国民收入数据。⑤

第二,统计失当,出现了几处数据遗漏、量纲不定(scaling prob-

---

① 熊彼特将经济思想史中对资本的定义总结为了以下四种:第一是把资本定义为财富的存量,其代表人物是费雪;第二,将资本看作是一种"较高级的财货"或者"生产上使用的一笔钱",参见于门格尔的《国民经济学原理》;第三是将资本看作是生产三要素或者四要素中的一种,这是当时经济学界的主流;第四是将资本定义为间接生产中出现的中间产品,代表人物是庞巴维克。参见[美]熊彼特《经济分析史》(第三卷),商务印书馆 2009 年版,第 223—229 页。

② 皮凯蒂团队与戈德史密斯和麦迪逊计划所面临的困境基本相同,但这些研究的可贵之处在于为后续研究提供了可以迭代的框架,而其长远意义往往会超越作者原有的发现。

③ Waldenström, D., *Wealth and History: An Update*, CESifo, 2021; Madsen, J. B., "Wealth and Inequality over Eight Centuries of British Capitalism", *Journal of Development Economics*, 2019, 138: 246-260; Albers, T., Bartels, C., and Schularik, M., *The Distribution of Wealth in Germany, 1895-2018*, University of Bonn, 2021; McLaughlin, E., Hanley, N., Greasley, D., et al., "Historical Wealth Accounts for Britain: Progress and Puzzles in Measuring the Sustainability of Economic Growth", *Oxford Review of Economic Policy*, 2014, 30 (1): 44-69.

④ Madsen, J. B., "Wealth and Inequality Over Eight Centuries of British Capitalism", *Journal of Development Economics*, 2019, 138: 246-260.

⑤ 参见 Campbell, B. M. S., Klein, A., Overton, M., et al., *British economic growth*, 1270—1870, Cambridge University Press, 2015; Thomas, R., Dimsdale, N. A., *Millennium of UK Data*, Bank of England OBRA Dataset, 2017。

lem）和重复计算的问题。比如 1810—1901 年的财富统计中纳入了南爱尔兰的数据，而在同时期的收入统计则使用的是现行的英国版图范围，没有纳入南爱尔兰。

第三，概念不清。资本收益（Capital Gains）和混合收入（Mixed Income）被错误计为利润收入（Profit Income），从而提高了农民、店主和批发商的资产价值。

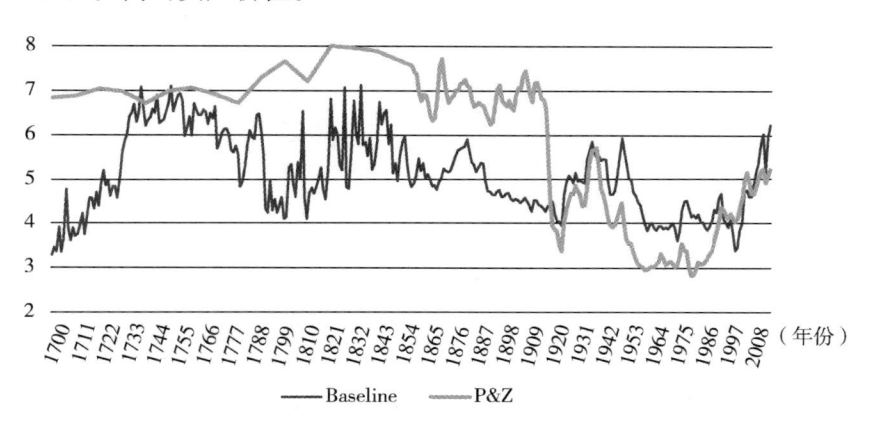

图 7-1　皮凯蒂等人与 Madsen 对英国私人财富收入比的估计

注：皮凯蒂等人使用的英国 18—19 世纪的财富数据中 1700 年来自 Gregory King 对 1696 年英国国民财富的估算，1810 年来自 Colquhoun, P. A., *Treatise on the Wealth, Power, and Resources of the British Empire*, Johnson Reprint Corporation, 1815；1855 年、1865 年、1875 年和 1885 年主要来自 Giffen, R., *The Growth of Capital*, London：G. Bell, 1889。

资料来源：Madsen，在线附录。①

以上的问题主要针对的是皮凯蒂等人估算中财富收入比在第一次世界大战后期出现的断崖式下降（如图 7-1 所示），在 Madsen 和 Waldenström 看来，出现这一现象的原因是皮凯蒂等人在数据方面犯下了诸多错误。② 在他们修正后的数据中，英国的财富收入比早在 19 世纪初期就开始出现了缓慢、持续的下降。不过，这并非我们最关心的话题。由于 Piketty 和 Zucman 对 18—19 世纪英国社会财富的估算实际上只有寥寥数

---

① 网址：https：//doi. org/10. 1016/j. jdeveco. 2019. 01. 005。
② Waldenström, D., *Wealth and History：An Update*, CESifo, 2021.

226 / 传统中国的财富积累与分配

个点（其中 18 世纪只有 1700 年的数据），因此其推断的精度自然不会太高。而 Madsen 等人的研究（尤其是构建的年度数据）则为我们提供了更为丰富的历史细节。

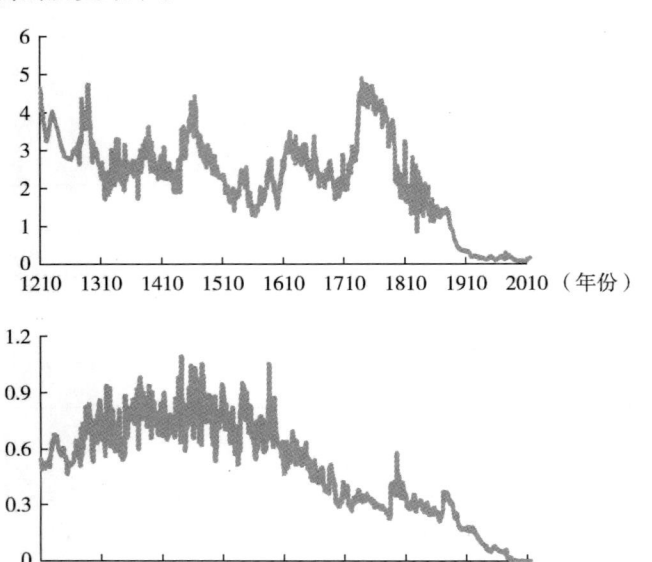

图 7-2　英国农地（上）和牲畜（下）资产与年国民收入的比值

资料来源：Madsen, J. B., Wealth and Inequality over Eight Centuries of British Capitalism, 图 2、3。

比如图 7-2 中的上图就显示，英国在整个 17 世纪农地资产与国民收入的比值呈现波动下降的趋势，而在 18 世纪初期出现了较快的攀升。虽然其可信度仍有较大讨论的空间，但其提供了相比皮凯蒂等人更长的视野、更细致的波动，因此不失为一种有益的补充。

其二是有更多国家数据的加入。

近年来，各国学者通过挖掘、整理历史资料，对 20 世纪以前本国国民财富的长期变化趋势进行了估算和分析，取得了较为丰硕的成果（见表 7-3）。

表 7-3　各国国民财富和财富收入比研究

	研究者	国家	发表年份	研究上溯年份	数据形式
1	Waldenström	瑞典	2014、2017	1810	年度连续

续表

	研究者	国家	发表年份	研究上溯年份	数据形式
2	Blanco 等①	西班牙	2021	1900	年度连续
3	De Vicq 等②	荷兰	尚未发表	1854	非年度连续
4	Kumar③	印度	尚未发表	1860	非年度连续

资料来源：笔者整理。

其中最具代表性的当属 Waldenström 对瑞典的研究。其利用瑞典国民财富数据库（SNWD）记录的 1810—2014 年的瑞典国民财富、私人财富和储蓄等的数据重建了这一"小型发展中经济"两个世纪以来的财富及其相对于国民收入的变迁情况。④

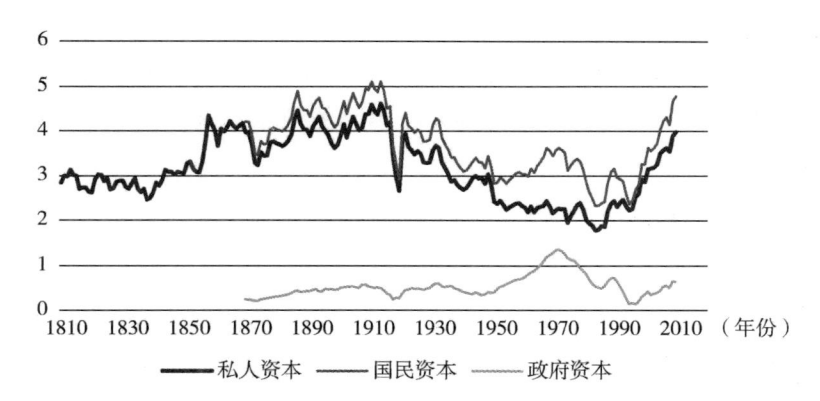

图 7-3　瑞典私人资本和政府资本状况（1810—2010 年）

资料来源：整理自 Waldenström 个人网站，https://sites.google.com/view/danielwaldenstrom/。

---

① Blanco, M. A., Bauluz, L., Martínez-Toledano, C., "Wealth in Spain 1900—2017 A country of two lands", *The Economic Journal*, 2021, 131 (633): 129 – 155.

② De Vicq, A., Toussaint, S. J., *Moatsos, M., et al., Household wealth and its distribution in the Netherlands*, 1854—2019, Working Paper, 2021.

③ Kumar, R., *The evolution of wealth-income ratios in India 1860—2012*, Available at SSRN 3111846, 2019.

④ Waldenström 之所以强调 19 世纪的瑞典规模较小、经济发展较为落后，是因为其认为从中得到的发现能够更好地补充 Piketty 等人对大型且工业化较早国家的研究。参见 Waldenström, D., "The national wealth of Sweden, 1810—2014", *Scandinavian Economic History Review*, 2016, 64 (1): 36 – 54.

228 / 传统中国的财富积累与分配

如图 7-3 所示，Waldenström 发现，瑞典的财富收入比在 19 世纪只有 3—4，约为英、法、德的一半，而与美国的情况相仿。① 这一发现最大的意义并不在于验证或推翻了皮凯蒂等人的结论，而是展示了不同发展条件下不同经济体变迁路径的多元性。我们认为这也正是比较研究的魅力所在。

从整体来看，以上三种资料具有较强的延续性，后一种在一定程度上可以被视为对前一种的继承和发展。

三　从世界看华娄

为了更深入地探究 1820 年代华娄社会经济发展和财富演进的逻辑，同时也方便我们更直观地感受中国"早期近代经济"的发展水平、厘定 19 世纪初期中国在世界经济中的相对位置，我们将从财富收入比、财富分配结构、金融市场发育等方面对华娄和同时期的其他国家和地区进行比较。②

这些国家和地区中既包括英、法、德、美等工业化起步较早的经济体，也包括瑞典、日本等后发国家。③

（一）财富收入比

财富收入比（Wealth-Income Ratio），顾名思义就是财富（资本）

---

① 我们在这里暂不讨论其背后的含义。
② 叶成城和唐世平提醒我们要规避比较现代化研究的"认知陷阱"。这些陷阱包括：第一，方法论上欧洲是否适合作为一个统一的整体与中国进行比较；第二，直接比较中欧现代化违背了案例选择的最大相似性原则。简单来说，就是如果两个对象差异过大，大量的竞争性假设会削弱理论的解释力；第三，明清中国作为"负面案例"存在需要符合其基本前提，即条件范围（Scope Condition）和可能性原则（Possibility Principle）。参见叶成城、唐世平《超越"大分流"的现代化比较研究：时空视角下的历史、方法与理论》，《学术月刊》2021 年第 5 期。
③ 与日本进行比较的原因在于中日两国在工业化初始阶段具有高度的相似性和可比性。根据朱荫贵（《中国早期现代化：与日本的比较》，《中国社会科学》2016 年第 9 期。）的总结：第一，两国在 19 世纪中叶以前，都长期处于相对封闭状态，对外贸易很不发达，农业人口占极大比重；第二，两国在"开国"之后都与西方签订了不平等条约，是带着荆条开启的现代化道路；第三，从 1860 年代到 1890 年代，两国都经历了一段相对较长的和平时期；第四，在列强入侵之前，两国自身社会经济的发展水平都还不具备或不完全具备启动工业化的条件。然而，在相同的历史阶段内，日本通过明治维新运动，成为后发国家吸收"先进文明"、实现工业化和经济赶超的"模范生"，而清帝国则错失了经济转型的窗口期，并在（转下页）

和收入的比值,也即存量数据和流量数据的比值。皮凯蒂认为其是衡量一国资本存量"最自然而有效"的指标。[①]

在所谓的资本主义第二定律,即 β = s/g 中,财富收入比等于一国储蓄率和增长率的比值。其意味着储蓄较多而增长缓慢的国家将在长期积累起相对收入而言更大数量的资本,或者说"增长接近停滞的社会里,过去积累的财富不可避免地获得超出其与实际重要性相匹配的地位"[②]。

表 7-4　　　　欧洲四国的储蓄和增长率(1810—2010 年)

时间	法国 s	法国 g	法国 s/g	瑞典 s	瑞典 g	瑞典 s/g	英国 s	英国 g	英国 s/g	美国 s	美国 g	美国 s/g
1810—1870	10.3	1.2	8.6	2.8	1.5	1.9	—	—	—	—	—	—
1870—1910	10.9	1.1	9.9	2.6	2.4	1.1	11.4	1.9	6	13	4	3.3
1910—1950	8.2	1.4	5.9	7.1	3.1	2.3	13	1.4	9.3	10.4	3.2	3.3
1950—1980	14	4.5	3.1	9.6	3.6	2.6	7.2	2.1	3.4	10.2	3.5	2.9
1980—2010	10.5	1.8	5.8	11.1	2.3	4.9	7.1	2.5	2.8	7.1	2.8	2.5

资料来源:Waldenström 个人网站。

(接上页)19 世纪末输掉了对日战争和其在远东地区的政治、经济地位。这一对比被学者称为"中日大分流"或"亚洲的小分流"(Asia's Little Divergence),参见 Sng, T. H., Moriguchi, C., *Asia's Little Divergence: State Capacity in China and Japan before* 1850, *Journal of Economic Growth*, 2014, 19 (4): 439 -470; 贾根良《李斯特经济学的历史地位、性质与重大现实意义》,《学习与探索》2015 年第 1 期。而我们之所以选择 1850 年代至 1880 年代的日本作为具体对象,一方面是出于数据可得性的影响——日本同中国一样,缺少 19 世纪中期以前的国民财富数据;另一方面,则是出于对二者发展水平的考量,Allen 等人的研究发现,至少到 1860 年前后中国北京和日本东京/京都的工人工资和居民生活水平仍非常接近,由此可以推测 1820 年代华娄经济的发达程度应在明治维新前日本的平均水平之上,因此将华娄 1820 年代的数据与 1850 年代的日本进行比较是较为合理的。参见 Allen, R. C., Bassino, J. P., Ma, D., et al., "Wages, Prices, and Living Standards in China, 1738—1925: in Comparison with Europe, Japan, and India", *The Economic History Review*, 2011, 64: 8 -38。

① 皮凯蒂指出,收入是存量,它与某段时间内(一般为一年)的生产和分配的产品数量相关;而资本是存量,它与某个时间点上所拥有的财富总额相关,是此前所有年份获得或积累的财富总量。参见 [法] 皮凯蒂《21 世纪资本论》,第 51 页。

② [法] 皮凯蒂:《21 世纪资本论》,第 168—169 页。

尽管这一分析范式主要适用于相关统计数据较为完善的时期（一般距今不会太远），但其对思考前工业化社会的财富积累也有一定的借鉴意义。因为其核心思想在于，越高的财富收入比代表着财富或资本的地位越重要，同时缩小财富差距的速度也更慢，这一点在传统社会依然生效。

从表7-5可见，18、19世纪各国的财富收入比相差很大，且都保持了某种稳定性。位于旧大陆的英、法、德、荷四国，其财富积累相当于7年及以上的国民收入。刚刚完成"明治维新"的日本，也跻身此列，积累了相当于约7.2年的国民收入；[①] 与此同时，瑞典、美国和印度三国则只相当于2—4年的国民收入。直观上看，华娄更接近于后者。

表7-5　　　　　　　　　　华娄地区和各国财富收入比

	华娄地区	英国	法国	德国	荷兰	瑞典	美国	印度	日本
1700年	—	7	7.1	—	—	—	—	—	—
1750年	—	6.80	7.1	—	—	—	—	—	—
1810年	2.91—3.21	6.85	7.2	—	—	3.13	3.10	—	—
1850年	—	7.09	—	—	8.60	3.27	3.60	2.45	—
1880年	—	6.75	7.25	6.94	10.00	3.78	4.40	2.88	8.15

注：日本为1885年数据。
资料来源：WID、Goldsmith, R., *Comparative National Balance Sheets: A Study of Twenty Countries, 1688—1979*, University of Chicago Press, 1985。

---

① 由于Goldsmith将所有的金融资产（而非金融净资产）都作为国民财富的组成部分，因此借此得出的财富收入比显然过高（8.15实际上是估值的上界）。根据Goldsmith的估算，1885年日本实物资产占比76.7%，货币金属资产占比0.2%，金融资产占比23.1%。在去除金融资产后，实物资产和金属货币资产之和约为当年国民收入的6.27倍（这一数值可以作为估值的下界）。因此，这一时期日本真实的财富收入比应介于6.27—8.15，姑且取其中间值7.2计。参见Goldsmith, R. W., *Comparative National Balance Sheets: A Study of Twenty Countries, 1688—1979*, University of Chicago Press, 1985；此外，根据Van Zanden等人的估算，日本1850年前后的人均GDP约为680美元（1990年不变价购买力平价美元），而到1880年和1890年分别为863和1012美元，1885年姑且取二者的均值，约为937.5美元，则从1850年到1885年，35年间其年复合增长率（CAGR）将近1%。如果假定这一时期日本的私人部门和公共部门储蓄率之和基本不变，则根据皮凯蒂给出的资本主义第二定律可知，1850年前后日本的财富收入比应略高于1885年的水平。不过，更为精确的估计显然还需要对19世纪日本国民财富更为翔实的估算研究。各国历史GDP数据参见Bolt, J., Timmer, M., van Zanden, J. L., "GDP per capita since 1820", in Jan Luiten van Zanden, et al., (eds.), *How Was Life? Global Well-being since 1820*, OECD Publishing, 2014。

皮凯蒂解释这一时期英法和美国之间差距时，指出关键点在于双方农地财富的差距，前者农地约为 4 年的国民收入，而后者农地仅为 1—1.5 年的国民收入。① 皮凯蒂认为其背后的原因在于北美地广人稀，任何人都可以用较少的代价拥有很多土地，因此土地的市场价值较低。此外，美国的人口中有很大一部分是移民，他们需要用很长时间才能积累数年的房地产和产业资本。②

不过，华娄的情况显然与独立战争之后的美国不同，长三角地带不仅土地开发充分，而且人口繁盛，人均耕地面积不多，然而其农地财富却也大体相当于 1 年的国民收入（1820 年代以前约相当于 1.5 年），因此真正的原因不在于华娄的土地价值"过低"，而是建筑资本和产业资本"过高"。这是一个储蓄率较低但在较短时间内出现一定斯密型增长的传统经济体必然出现的结果。③

（二）土地财富占比

众所周知，土地是前工业化社会最重要的财富形式。④ 17 世纪的威廉·配第就将其称为"财富之母"。⑤

---

① ［法］皮凯蒂：《21 世纪资本论》，第 152—155 页。

② Waldenström 则认为瑞典财富收入比较低的原因是其产业机构落后，社会的储蓄率过低。参见 Waldenström, D., "The National Wealth of Sweden, 1810—2014", *Scandinavian Economic History Review*, 2016, 64 (1): 36 – 54。

③ 比如，从 1810 年代到 1820 年代，华娄经济发展停滞，财富收入比就从 2.91 上升到了 3.21，符合"资本主义第二定律"。

④ 克拉克指出，直到第一次工业革命结束，英国的主要财富形式还是土地，大部分富人仍然是土地贵族。根据他转引 Rubinstein 的统计，1860—1879 年，去世时遗产超过 50 万英镑的英国人总共有 379 人，其中 256 人的财富来自土地继承，占比将近 70%。而相比之下，纺织业（贡献了工业革命时代约一半的效率进步）巨头只有 17 位，不足 5%。［美］克拉克：《工业革命》，载阿吉翁和杜尔劳夫主编《增长经济学手册》第 2A 卷，经济科学出版社 2019 年版，第 235 页。

⑤ 威廉·配第在《赋税论》中的原话是："Labour is the Father and active principle of Wealth, as Lands are the Mother（劳动是财富之父，土地是财富之母）"。这里的"Lands"有人认为不应直译为"土地"，而是应该取马克思《资本论》德文版使用的"erde"译为"地球"（张文驹和李裕伟，2018）。参见张文驹、李裕伟《威廉·配第两句名言的中译及其解读——写在马克思诞辰二百周年前后的读书笔记》，《中国国土资源经济》2018 年第 6 期。我们认为不必纠结于具体的翻译，但也应认识到配第此处所指的对象不只是农地，而是包括一系列自然物。

表7-6　　　　　　　　华娄地区和各国土地财富占比

	华娄	英国(P)	英国(G)	法国(P)	法国(G)	德国(P)	美国(P)	美国(G)	日本(G)
1700年	—	0.58	0.55	0.67	—	—	—	—	—
1750年	—	0.54	0.41	0.58	—	—	0.50	—	—
1810年	0.26	0.44	0.30	0.51	0.48	—	0.38	0.39	—
1850年	—	0.35	0.18	0.51	0.45	—	0.33	0.28	—
1880年	—	0.27	0.21	0.39	0.33	0.40	0.20	0.19	0.35
1910年	—	0.03	0.07	0.21	0.17	0.22	0.20	0.19	0.26

资料来源：WID、Goldsmith, R. W., *Comparative National Balance Sheets*: *A Study of Twenty Countries, 1688—1979*, University of Chicago Press, 1985。

从表7-6和图7-4中，我们可以总结出两条规律：

第一，伴随经济的发展和工业化水平的提高，一国的土地财富占比将呈下降趋势。以英国为例，按照皮凯蒂的数据，该国的土地财富占比从1700年的58%下降到1910年的3%。而按照Goldsmith的数据，这一数值从1688年的55%下降到1913年的7%。[1]

第二，土地财富比的下降速度呈现"先慢后快"、逐渐加速的特点。在工业化开始阶段，一国的土地财富占比下降的速度是极为缓慢的。[2]

根据我们的估算，1820年代华娄地区土地财富的占比只有26%。[3] 这一数值基本与1850—1880年的英国和美国（已经完成第一次工业革

---

[1] 按照 Broadberry and De Pleijt 的最新估算结果，英国国民财富中土地财富的占比在1350—1550年基本保持在60%左右，而1550—1650年一百年间下降到了45%左右，最后从1800年的33.2%下降到了1870年的13.8%。参见 Broadberry, S. N., de Pleijt, A., "Capital and Economic Growth in Britain, 1270—1870: Preliminary Findings", *CEPR Discussion Papers*, 2021。

[2] 根据 Madsen 的估算，英国的土地财富相对于国民财富的比值在工业革命之前甚至出现了一定的上升，从国民收入的两倍上升到了最高点的5倍左右。参见 Madsen, J. B., "Wealth and Inequality over Eight Centuries of British Capitalism", *Journal of Development Economics*, 2019, 138: 246-260。

[3] 纳入田面权后，土地财富占比提升至29.80%，但其仍低于房屋建筑占比（40.03%），位居各类型资产的次席。

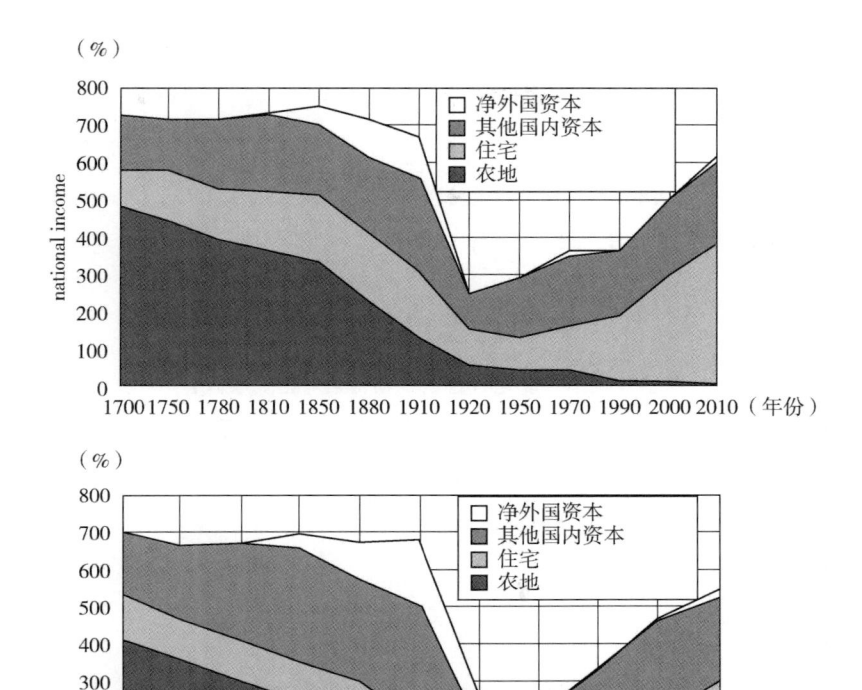

图 7-4　法国（上）和英国（下）的财富结构变化（1700—2010 年）

资料来源：Piketty, T., Zucman, G., "Capital is Back: Wealth-income Ratios in Rich Countries 1700—2010", *The Quarterly Journal of Economics*, 2014, 129 (3): 1255-1310。

命)、1880—1910 年的法国和德国（基本完成第二次工业革命）以及第一次世界大战前的日本持平。当然，这里我们并不是说华娄的发展水平领先于同时期的英、法等国，而是说华娄作为一个较小的行政区划和地理单元在产业结构上与几十年后的欧洲发达国家的平均水平大体相仿。这也呼应了李伯重等人的"早期近代经济"说。

同样，这也有助于解释我们在上一节提到的问题，即为什么在耕地紧张的华娄其土地价值只相当于 1—1.5 年的国民收入。直接原因不外乎以下两点：第一是华娄作为江南地区的经济贸易中心之一，工商业十分发达;① 第二是华娄拥有较高的城市化水平。② 二者共同导致工商业资本和房地产资本在华娄拥有相对较高的份额。

(三) 住宅财富占比

对于小农家庭来说,除了耕地以外,第二重要的资产就是住宅(房屋和房屋附属的土地)。而对于非农业家庭来说,住宅则无疑是他们最重要的资产。

表7-7　　各国住宅财富变化(住宅财富比当年国民收入)

	华娄地区	英国	法国	德国	美国	日本
1700 年	—	1.2	1.1	—	—	—
1750 年	—	1.2	1.6	—	0.9	—
1810 年	1.02	1.3	1.5	—	0.6	—
1850 年	—	1.2	1.6	—	0.6	—
1880 年	—	1.3	1.6	0.8	1.2	1.16
1910 年	—	1.6	1.8	1.4	1.1	0.88

资料来源：皮凯蒂《21 世纪资本论》、Goldsmith, R. W., *Comparative National Balance Sheets: A Study of Twenty Countries, 1688—1979*, University of Chicago Press, 1985。

在表 7-7 中,我们考察住宅财富与国民收入的关系,不难发现,各国住宅财富占当年国民收入的比值大体上都在 1—1.5。其背后逻辑在于,在传统经济向近代化转型的过程中,城市化水平不断提高,城市地价不断上涨,住宅财富与国民收入的比值也就会随之上升。

根据估计,1820 年代华娄的住宅价值约为 1380 万两,约为当年 GDP 的 1.02 倍。这一数值略低于同时期的英国、法国的平均水平(参见图 7-5),但高于同时期的美国和德国。这反映了华娄作为一个

---

① 工商业发达程度可以与同时期的荷兰媲美。
② 英国的城市化进程开启较晚,学者普遍认为其是从 1780 年前后才正式起步的。数据显示,1700 年前后英格兰的城市化率也只有 13%,而同时期的荷兰和比利时已经接近 30%。相比之下,1820 年代华娄地区的城市率很高,达到了 40%,高于 1815 年荷兰的 35%,远高于 1850 年代日本的 12.9%,参见 Bassino, J. P., Broadberry, S., Fukao, K., et al., "Japan and the Great Divergence, 730—1874", *Explorations in Economic History*, 2019, 72: 1-22。

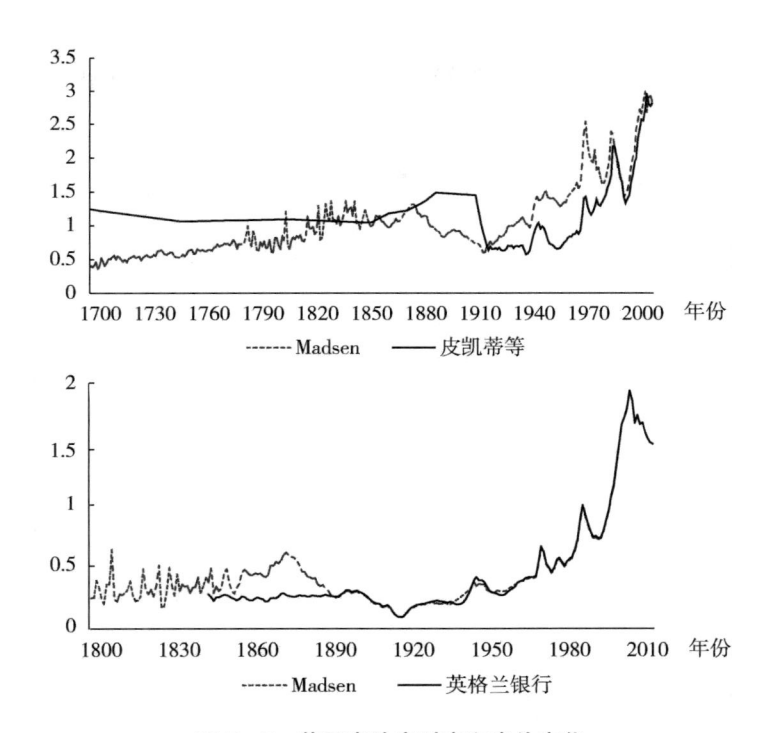

图 7-5　英国房地产财富和房价变化

注：上图中虚线为 Madsen 所作估计，实线为 Piketty 等人的估计；下图中虚线为 Madsen 所作估计，实线为英格兰银行公布的数据。此外，房价为去除物价波动后的真实房价。

资料来源：Madsen，在线附录，链接同前文。

工商业繁荣、城市化率较高地区的财富积累水平。但是，住房资产占据了社会总财富的将近32%，这样高的占比在一定程度上可能会抑制社会对工商业的投资需求不足，长期阻碍社会经济转型。

（四）政府实际控制财富

皮凯蒂指出，一国的国民财富等于私人财富和公共财富之和。其中公共财富为所有公共机构资产与负债的差额，其形式包括非金融资产（主要是建筑物）和各种金融资产。[①]

[①] 参见［法］皮凯蒂《21世纪资本论》，第124页。

1820年代，华娄地区公共财富占比约为6%，政府财富约为3%，说明私人部门财富占据绝对的主导地位。这一情况与英、法、美等国基本相近。英国和法国在18、19世纪公共部门财富占比都在3%以下，甚至相当部分年份出现了负数的情况。[1] 但是这并不代表英法等国政府控制的资源较少。

事实上，作为"最大的企业家"，英法等国政府通过发行债券等手段，"控制着国民生产总值的很大一部分"。[2] 因此，考察公共债务与国民收入的比值，能够更直观地展现此时传统中国国家能力和主要西方国家的分野。具体如表7-8和图7-6所示。[3]

表7-8　　　　华娄地区和各国公共资产和国民收入比值

	华娄地区	英国	法国	德国	美国	荷兰	瑞典	日本
1700年	0	0.23	0.5	—	—	—	0.26	0
1750年	0	1.06	0.7	—	—	—	0.19	0
1780年	0	1.20	0.9	—	0.39	—	0.09	0
1810年	0	1.86	0.2	—	0.07	1.59	0.24	0
1850年	0	1.38	0.5	—	0.02	2.26	0.02	0
1880年	—	0.61	0.9	0.25	0.20	0.89	0.18	0.05
1910年	—	0.31	0.7	0.50	0.08	0.70	0.16	0.11

注：日本的公债历史开始于1870年左右。
资料来源：英国、美国、荷兰、瑞典、日本数据均来自Clio-Infra数据库；法国和德国数据来自皮凯蒂《21世纪资本论》。

尽管华娄与英法等国的公共净财富大体相当，但前者在19世纪初

---

[1] ［法］皮凯蒂：《21世纪资本论》，第126—127页。
[2] 布罗代尔指出："在16世纪，（欧洲）国家越来越掌握着国民收入的集中和再分配；国家通过税收、出售官职、公债、没收等手段，控制着国民生产总值的很大一部分。……国家在经济生活中的地位蒸蒸日上，而不像约瑟夫·熊彼特设想的那样，只是偶然起作用的因素，或者只是不合时宜的力量。不管国家自己是否愿意，它是16世纪最大的企业家。"参见［法］布罗代尔《地中海与菲利普二世时代的地中海世界》第一卷，商务印书馆2017年版，第643页。
[3] 也即De Vries、李晓和李黎明等学者论述的中西方金融大分流问题。参见De Vries, J., "The Industrial Revolution and the Industrious Revolution", *The Journal of Economic History*, 1994, 54（2）：249-270；李晓、李黎明《中西金融大分流的国家信用逻辑》，《吉林大学社会科学学报》2021年第2期。

期还没有过发行政府债券的尝试（或者意愿），而后者则为了应对战争需要积累起了接近或超过 1 年国民收入的大规模的政府债务。1810 年前后的拿破仑战争期间，英国政府更是积累了高达 1.86 倍当年国民收入的债务（图 7-6 给出了更清晰的展示）。

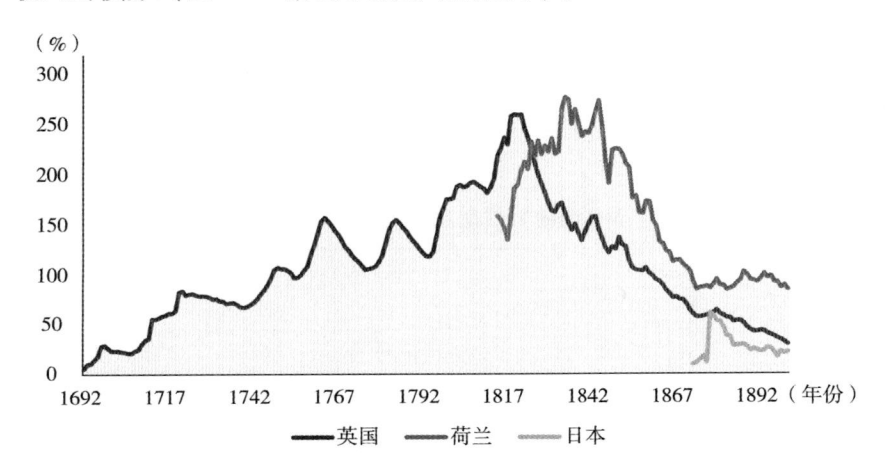

图 7-6　英、荷、日三国公共债务与 GDP 的比值

资料来源：Clio-Infra 数据库等。

因此，华娄政府虽然掌握着约 0.12 倍国民收入的财富，但相比之下同时期英国、法国、荷兰等国政府能够支配的财富数量高达国民收入的 0.9 倍以上，前者仅为后者的 1/9 到 1/8。[①] 在这种意义上，传统中国无论是中央政府还是地方政府，其实际掌握的资源是相当有限。

（五）居民财富差距

根据我们的估算，1820 年代华娄居民部门前 10% 的富裕阶层共占有 53.55% 的财富。

---

① 日本在明治维新前与中国的情况十分类似，中央政府同时面临着富国强兵的需要和由此产生的财政困境。从 1870 年起，日本开始向国内外发行公债，到 1880 年其公债规模达到了 2500 万日元，到第一次世界大战前后更是累计到了 2.6 亿—2.7 亿日元的水平。根据 Sussman and Yafeh 的统计，其在英国市场发行国债的年利率从 1870 年的 9% 下降到 1899 年的 4%，到期时长则从 1870 年的 13 年增加到 53 年。参见 Sussman, N., Yafeh, Y., *Institutions, Reforms, and Country Risk: Lessons from Japanese Government Debt in the Meiji Era*, The Journal of Economic History, 2000, 60 (2): 442-467。

表7-9统计了英美等国历史时期的财富分配情况,可以看到英国、法国、瑞典三国从18世纪中期到20世纪初期将近200年间,社会前10%的富裕阶层拥有的财富数量都占到了居民部门财富的80%以上。而根据Piketty等人对法国遗产记录的估算,1807—1929年,巴黎前10%阶层拥有的财富数量始终高达95%以上(相比之下全法国的平均水平在80%左右)。① 相比之下,华娄社会的财富差距不仅远远低于这三国,甚至也低于同时期的美国(假设其基本趋势为线性下降)。

表7-9　　华娄地区和各国前10%居民财富占总私人财富的比例

年份	华娄	英国	法国	瑞典	美国
1740	—	86.0	—	—	—
1774	—	—	—	—	59.0
1789	—	—	—	86.0	—
1800	—	83.4	79.9	—	—
1820	53.6	—	81.8	—	—
1870	—	83.8	81.8	—	—
1890	—	—	84.7	—	72.2
1910	—	92.0	88.5	86.0	—

资料来源:Roine, J., Waldenström, D., *Long-run Trends in the Distribution of Income and Wealth*, Handbook of Income Distribution, 2015, p.579, table7-A4。

而如果考察各国前1%居民的财富情况,这一对比将更加强烈、直观。如图7-7所示,英国在1810年前后前1%的社会阶层就拥有高达54.9%的社会财富,高于华娄前10%的占有率。因此我们认为华娄的财富分化程度并不高,甚至将其称为中国传统社会里的"共同富裕范例"可能都不过分。②

---

① Piketty, T., Postel-Vinay, G., Rosenthal, J. L., "Wealth Concentration in a Developing Economy: Paris and France, 1807—1994", *American Economic Review*, 2006, 96 (1): 236 - 256.

② 在前现代经济中,富裕的社会本身就较为少见,再加上"共同"二字则更是凤毛麟角。

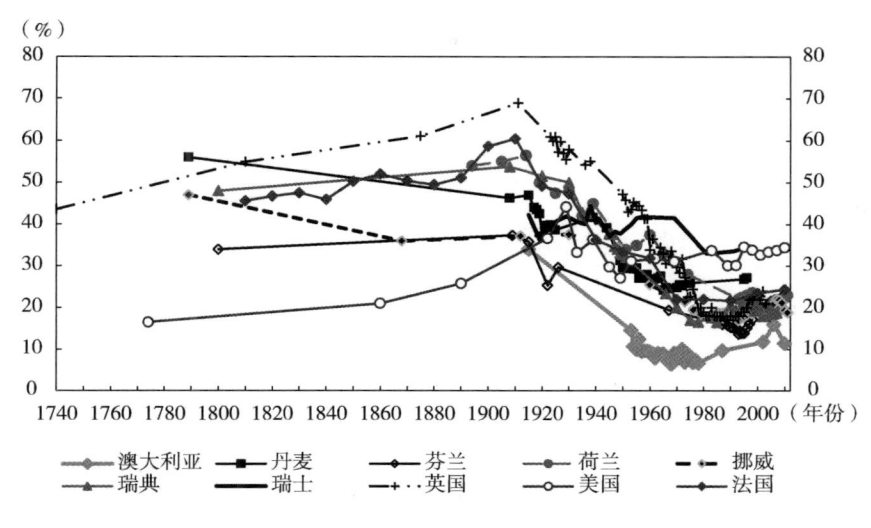

图7-7 各国前1%居民财富占总私人财富的比例

资料来源：Roine, J., Waldenström, D., *Long-run Trends in the Distribution of Income and Wealth*, Handbook of Income Distribution, 2015, p.543, table7-21。

（六）金融市场发育

我们在第五章中较为详细地估算了1820年代华娄金融市场的运行情况，发现整体信贷规模约为250万两，去除个人借贷部分，金融业的信贷规模约为160万两。为了方便与戈德史密斯提供的各国数据进行比较，姑且将其作为金融资产纳入以下的资产负债表中。

表7-10　　历史时期华娄地区和各国资产负债表

序号	类型	华娄 1820年	英国 1688年	英国 1800年	法国 1815年	法国 1850年	美国 1774年	美国 1805年	日本 1885年
1	土地	25.03	55.0	29.7	47.5	45.0	41.1	39.2	35.2
	1）耕地	25.03	52.1	23.1	43.4	39.8	—	36.9	25.8
	2）其他	—	2.9	6.7	4.1	4.2	—	2.3	9.4

240 / 传统中国的财富积累与分配

续表

序号	类型	华娄 1820年	英国 1688年	英国 1800年	法国 1815年	法国 1850年	美国 1774年	美国 1805年	日本 1885年
2	建筑	39.66	—	—	22.1	21.3	13.8	22.2	26.6
	1）住宅	30.17	11.3	5.6	15.3	12.5	—	5.7	14.2
	2）其他	9.49	—	10.6	8.9	8.9	—	16.5	12.5
3	设备	4.35	9.3		4.1	4.0	3.3	2.8	2.6
4	存货	8.05		7.7	5.4	4.7	5.0	5.7	5.3
5	牲畜	2.53	5.4	8.0	4.1	3.0	9.2	3.4	6.2
6	家用消费品	7.90	4.2	2.2	1.6	1.7	5.9	2.3	0.8
7	奴仆	0.24	—	—	—	—	—	—	—
8	货币金属	6.78	3.7	1.1	2.0	2.5	—	1.1	0.2
9	金融资产	5.52	11.0	34.8	11.8	16.2	21.8	23.3	23.1
	1）CAFI	3.42	—	3.3	0.5	0.8	2.3	2.3	5.9
	2）金融机构贷款	—	—	0.7	—	0.4	—	4.0	2.1
	3）抵押品	2.10	5.7	5.5	5.4	5.3	—	1.7	0.6
	4）政府债务	0	—	16.8	1.8	4.4	—	4.5	3.7
	5）企业债券	0	—	—	—	0.9	—	—	—
	6）企业股票	0	1.1	1.1	—	1.0	—	7.4	0.5
	7）贸易信贷	0	4.2	7.4	4.1	3.3	19.5	1.1	5.3
	合计	100.1	99.9	99.7	98.6	98.4	100.1	100.0	100.0

注：CAFI，包含银行、储蓄机构、保险组织和其他。1820年代华娄地区之典当和钱庄按理应归入此类；此外，日本1885年的统计口径与其他国家略有不同，其金融资产中包含了农业贷款（agricultural debt），占比约为5%。

资料来源：笔者整理自 Goldsmith, R. W., *Comparative National Balance Sheets: A Study of Twenty Countries, 1688—1979*, University of Chicago Press, 1985。

根据戈德史密斯的统计，在18、19世纪英、法、美等国已经拥有多种类型的金融资产，包括货币、政府债务、存贷款、企业债券、股票等等。而在19世纪初期的华娄地区，仅有少量钱庄发行的货币以及典当和钱庄经营的存贷款，金融产品的类型非常单一。

此外，英、法、美等国金融资本的总量伴随时间的推移出现了较大幅度的增长，到1800年，英国的金融资本占比已经达到国民财富的

30%以上,而中国的金融资本仅为5%左右。两相比较可以看出传统社会晚期中国的金融发展是极不充分的。作为清代中国工商业最繁荣、经济最活跃的地区,华娄地区的金融市场发育情况并不乐观。

对于以上提出的问题,我们将在下一章中进行集中讨论。

第八章 "穹顶之下"的华娄及其出路

对华娄地区社会财富积累与分配的估算，更为立体地呈现了近代早期长三角地区的经济社会发展；从世界看华娄，则在比较视野中认清传统中国的"独特性"和与西方世界的差距。接下来，一个问题自然就出现了：华娄何以如此？华娄能否打破束缚它的"壳"，破茧成蝶，从传统走向近代化？带着这一"华娄之问"，我们展开本章的探讨。

一 "华娄之问"

李著将19世纪初期的华娄经济视为"世界上最早的近代经济之一"，认为其与同时期的荷兰经济相似，都是由斯密动力推动的斯密型成长（The Smithian Type of Modern Growth）。[1]

根据经济史学界最新的研究成果，中国长江流域的市场整合程度（Market Integration）在清代中期不断提高。其中，Shiue 和 Keller 通过对中国粮价数据的协整分析，发现19世纪中国南方特别是长江三角洲流域的市场发育程度与工业化以前的欧洲大体相仿[2]，支持了 Pomeranz 等提出的假说[3]。而颜色和刘丛则利用相同的数据进一步考察了18世纪中后期中国南北方市场整合程度的差异，发现南方地区显著优于

---

[1] 李著，第289—290页。
[2] Shiue, C. H., Keller, W., "Markets in China and Europe on the Eve of the Industrial Revolution", *American Economic Review*, 2007, 97 (4): 1189 – 1216.
[3] Pomeranz, K., *The Great Divergence: Europe, China, and the Making of the Modern World Economy*, Princeton: Princeton University Press, 2000.

北方地区。①

可以说，正是在这种背景下，18世纪中期到19世纪初期的华娄，凭借自身优越的地理条件，成长为江南地区重要的手工业生产中心和贸易中心（仅次于苏州），实现了温和、持续的经济增长，积累起了相对中国其他地域更多的社会财富。

有趣的是，同时期远在苏格兰的斯密仿佛也观察到了这一现象②：

> 中华帝国幅员辽阔，人口众多，气候多样，因此各地物产丰富，再加上大部分地区之间水运便利，使得仅其国内市场的广大就足以支持庞大的制造业，并允许很细致的劳动分工。就规模而言，中国的国内市场也许不逊于欧洲各国市场的总和。但是，如果能在广阔的国内市场之外再加上世界其他国家的市场，那么，更广泛的对外贸易——尤其是如果这种贸易有相当一部分由中国的船只经营——必将为中国的制造品带来更大的增长，使其制造业的生产力得到更大的提高。通过航行到更多地方，中国人自然能学到外国所用各种机械的使用和制造方法，以及世界其他国家技术和工业的其他进步之处。但在现在的政策下，中国除了跟日本的接触，几乎没有向其他国家学习的机会。
>
> ——［英］亚当·斯密：《国富论》

在和平的环境下，市场的扩大、贸易的繁荣以及劳动分工的深化（及其之间的互动）共同催生了这朵"斯密之花"。③ 根据前文的估算，

---

① 参见颜色、刘丛《18世纪中国南北方市场整合程度的比较——利用清代粮价数据的研究》，《经济研究》2011年第12期。事实上，经济史领域一直有利用清代官方报告的粮价数据研究清代市场发展、演进的传统。全汉昇、王业键、岸本美绪、彭凯翔等学者都对这一问题做出了基础性的贡献。相关研究的发展情况，早期参见吴承明《利用粮价变动研究清代的市场整合》，《中国经济史研究》1996年第2期；较为近期的可参见马国英《清代粮价研究进展与述评》，《中国社会经济史研究》2020年第4期。

② ［英］亚当·斯密：《国富论》，作家出版社2017年版，第574—575页。

③ 根据阿里吉的观点，布罗代尔对传统中国的研究支持了斯密的"非资本主义市场经济论"。参见［意］阿里吉《亚当·斯密在北京：21世纪的谱系》，社会科学文献出版社2009年版。

244 / 传统中国的财富积累与分配

1820年代华娄尽管刚刚经历了癸未大水的冲击，社会财富损失了约15.1%，但其总额仍高达4330万两。① 而从资产类型上看，其土地财富占所有财富的比例只有26.5%左右，相当数量的财富凝聚在工商业资产当中，足见当时这一地区工商业的繁荣程度和发展水平。②

不过，好花未能长久。如李著指出的，华娄经济在1820年代以后开始进入了漫长的衰退期。而在这一过程当中，1850年代的太平天国战争和近代上海的崛起是其最关键的两大原因——在太平天国战争中，松江府城遭到农民军的严重破坏，自此一蹶不振；相反上海因为租界的存在，成为江南地区人口、财富的避风港（如图8-1所示，也是未来国际和国内贸易的中心），华娄则沦为其地缘上的附庸。③

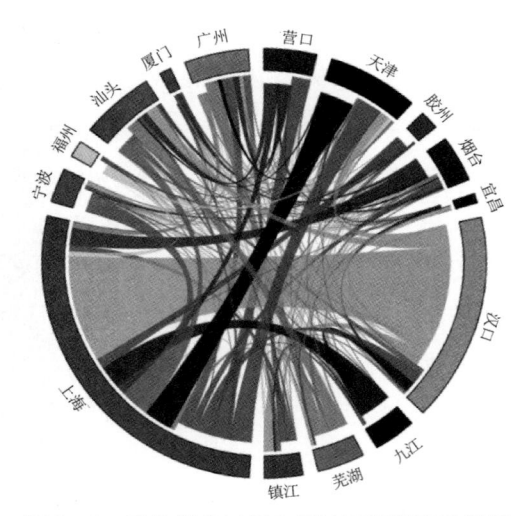

图8-1 鸦片战争以后中国地区间的双边贸易

注：双边贸易规模越大，线条越粗。

资料来源：Keller 和 Shuie 根据 Chinese Maritime Customs 数据库整理绘制。④

---

① 财富损失比 = (5100—4330)/5100 ≈ 15.1%。而根据李著，第278页的估算，癸未大水和之后持续的气候冲击造成的 GDP 损失高达30%。GDP 损失的比例约为财富损失的两倍。
② 当然，这一结果本身并不值得过分惊讶。据李著估计，此时华娄地区的 GDP 中第一产业增加值的占比只有30.8%，第一产业就业人口更是只占全体劳动力的27%。
③ 李著，第283—284页。
④ Keller, W., Shiue, C. H., "China's Foreign Trade and Investment, 1800—1950", *National Bureau of Economic Research*, 2020.

由于这两大事件都与西方势力的入侵直接相关。这就使我们不由得遐想——如果中国经济独立发展的进程不被打断，那么气候冲击造成的农业衰退是否必然导致华娄经济的凋敝？

这背后更为重要的问题则在于：华娄（及其代表的长三角地区）在当时的约束条件下能否依靠自身的力量（主要是市场自发演进的内生动力）从传统社会走向近代化，从而避免中西"大分流"？[1]

这即是所谓的"华娄之问"。[2]

二 "穹顶之下"的华娄

美国小说家斯蒂芬·金（S. King）在其畅销作品《穹顶之下》中描述了这样一个场景：在未来的某一天，一个巨大的透明穹顶从天而降，将缅因小城切斯特磨坊镇罩在下面。穹顶宛如倒扣的玻璃鱼缸，将小镇与外面的世界隔绝开来。[3] 这是一个伟大的寓言。而这个寓言和1820年代的华娄却有着某种共通之处。

内嵌于中华帝国的华娄，无论其如何发展，始终都离不开传统中国的基本语境（Context）。这个语境包罗万象，所有好的、不好的，积极的、消极的，都在里边。某种程度上，这个"语境"就好比是斯蒂芬·金小说中的穹顶。它是透明的，有时候你都感受不到它的存在，

---

[1] 也即华娄地区能否实现从所谓的斯密型增长向库兹涅茨型增长（the Kuznetzian Type of Modern Growth）的动力转换，参见 Wong, R. B., *China Transformed: Historical Change and the Limits of European Experience*, Cornell University Press, 1997; Ma, D., "Growth, Institutions and Knowledge: a Review and Reflection on the Historiography of 18th–20th Century China", *Australian Economic History Review*, 2004, 44 (3): 259–277; 关永强、张东刚《"斯密型增长"——基于近代中国乡村工业的再评析》，《历史研究》2017年第2期。李著援引费维恺（A. Feuerwerker）的论断，指出两种经济增长方式的区别在于，前者依赖的是"近代以前的和农村为主的机制和技术"，而后者则建立在"急剧的结构变化、制度创新和新技术的持续发展与使用"的基础上。此外，他还认为这两种增长方式虽然都有劳动效率的改进（相比无劳动效率提高而只有总量增长的广泛性成长，Extensive Growth），但其之间"并无必然联系"。参见李著，第290页。

[2] 彭凯翔也提出了类似的假设，他指出："如果排除所有这些外生因素的干扰（气候变化等），华娄的'斯密型成长'是继续发展呢，还是维持在一个稳态均衡？这虽然只是假想的问题，但从理论上，'斯密型成长'是否能如'库兹涅茨型成长'那样，借助GDP的构成来讨论其增长来源，则值得进一步探究。"参见彭凯翔《传统中国经济张力的立体透视——评〈中国的早期近代经济——1820年代华亭—娄县地区GDP研究〉》，《经济研究》2011年第5期。

[3] ［美］斯蒂芬·金：《穹顶之下》，上海文艺出版社2013年版。

但却无时无刻不受到它的影响和束缚。正如卢梭的名言：人生而自由，却无往不在枷锁之中。

那么，这个透明的穹顶到底是什么呢？

抛开华娄，从人类文明发展的大历史来看，这个穹顶由无数块透明的小拼图拼成。这些小拼图中有四类最为重要①：

第一，自然资源和自然条件，也称禀赋。人生活在自然界之中，无论技术水平如何，无论是过去、现在还是未来都面临着自然资源的制约，进而有人提出所谓的"地理决定论"，这一点无需过多解释。②

第二，技术或科学技术。技术是人类用于征服自然、控制自然，满足自身物质需求的手段。技术的发展水平（是"手推磨"还是"蒸汽机"③）直接决定了人类利用自然资源的能力，决定了一个社会的生产关系和发展上限。因此，学者们普遍将产业革命视为技术革命④，其中部分人还将科学革命视为工业革命的先声⑤。

第三，文化和价值观。文化和价值观由于具有高度的稳定性和遗传性，因此其建立、传递和变迁对于社会的演进和发展都具有重要的影响⑥。

---

① 事实上，每一类拼图背后都有一个"决定论"和一派"决定论者"。
② 有关自然资源、地理环境对人类长期发展的影响参见 Meadows, D. H., Meadows, D. L., Randers, J., Behrens, WW (1972), *The Limits to Growth: A Report for the Club of Rome's Project on the Predicament of Mankind*, New York: Earth Island, Universe Book, 1974; Landes, D. S., *The Wealth and Poverty of Nations: Why Some Are So Rich and Some So Poor*, WW Norton & Company, 1999; ［美］戴蒙德《枪炮、病菌与钢铁》，上海译文出版社 2000 年版；文贯中《李约瑟之谜与经济地理学的启示：答皮文的评论》，《经济学（季刊）》2007 年第 1 期。
③ 马克思："随着新生产力的获得，人们改变自己的生产方式，随着生产方式即谋生的方式的改变，人们也就会改变自己的一切社会关系。手推磨产生的是封建主的社会，蒸汽磨产生的是工业资本家的社会。"参见《马克思恩格斯选集》第 1 卷，人民出版社 1995 年版，第 142 页。
④ Clark, G., *A Farewell to Alms*, Princeton University Press, 2007.
⑤ 相关研究评述参见 Ó Gráda, C., "Did Science Cause the Industrial Revolution?", *Journal of Economic Literature*, 2016, 54 (1): 224 – 39。此外也可参见 Mokyr, J., *The Enlightened Economy: an Economic History of Britain*, 1700—1850, New Haven, CT: Yale University Press, 2009；［美］莫基尔《富裕的杠杆：技术革新与经济进步》，华夏出版社 2008 年版；［美］陈方正《继承与叛逆：现代科学为何出现于西方》，生活·读书·新知三联书店 2009 年版。
⑥ 参见 Bisin, A., Verdier, T., "The Economics of Cultural Transmission and the Dynamics of Preferences", *Journal of Economic Theory*, 2001, 97 (2): 298 – 319; Guiso, L., Sapienza, P., Zingales, L., "Does Culture Affect Economic Outcomes?", *Journal of Economic Perspectives*, 2006, 20 (2): 23 – 48; Bisin, A., Verdier, T., "The Economics of Cultural Transmission and Socialization", *Handbook of Social Economics*, North-Holland, 2011, 1: 339 – 416。

相关领域的研究发现,其中的宗教伦理①、对创新的接受程度②、社会信任③等都与现代经济增长的出现直接相关。

第四,制度。④ 将制度(Institution)列为经济发展的要素(乃至前提)的传统由来已久。⑤ 其理论的基本核心在于制度影响激励(Incentive),而激励带来产出的变化。对制度的强调形成了制度主义学派以及新政治经济学的分支。⑥

除此以外,人类历史发展也有其"惯性",过去的历史通过路径依赖、文化、制度和遗传性状等机制对未来的经济发展同样具有重要影响。⑦

回到华娄,其社会经济也为以上几类拼图所构成的穹顶所笼罩,从而导致社会财富出现了总量积累不足、集中度不够、流向工商业受

---

① [德] 韦伯:《新教伦理与资本主义精神》,广西师范大学出版社1986年版;余英时:《中国近世宗教伦理与商人精神》,联经出版事业公司2004年版;Kuran, T., *The Long Divergence: How Islamic Law Held Back the Middle East*, Princeton University Press, 2012.

② [美] 刘易斯:《经济增长理论》,上海人民出版社1999年版。

③ Algan, Y., Cahuc, P., *Trust, Growth, and Well-being: New Evidence and Policy Implications*, Handbook of Economic Growth. Elsevier, 2014, 2: 49 – 120.

④ 当然,文化和制度之间并不是彼此孤立的。二者互补、共存,且共同演进。相关的讨论参见 Tabellini, G., "The Scope of Cooperation: Values and Incentives", *The Quarterly Journal of Economics*, 2008, 123 (3): 905 – 950; Nunn, N., *Historical development*, Handbook of Economic Growth, 2014, 2: 347 – 402。

⑤ 其中,旧制度主义者和早期新制度主义者强调某一具体制度的重要性,比如产权制度或议会制度。前者参见 [美] 诺思《西方世界的兴起》,华夏出版社1989年版;Acemoglu, D., Johnson, S., Robinson, J. A., "The Colonial Origins of Comparative Development: An Empirical Investigation", *American Economic Review*, 2001, 91 (5): 1369 – 1401. 后者参见 North, D. C., Weingast, B. R., "Constitutions and Commitment: the Evolution of Institutions Governing Public Choice in Seventeenth-century England", *The Journal of Economic History*, 1989, 49 (4): 803 – 832; 而伴随研究的深入,他们加强对了制度普遍性的把握:North 等人将制度分为有益于经济增长的开放式社会秩序和阻碍经济增长的限制式社会制度。参见 North, D. C., Wallis, J. J., Weingast, B. R., *Violence and Social Orders: A Conceptual Framework for Interpreting Recorded Human History*, Cambridge University Press, 2009; 而 Acemoglu 和 Robinson 则借鉴这一思路,将制度分为包容性制度和榨取型制度。参见 Acemoglu, D., Robinson, J. A., Woren, D., *Why Nations Fail: The Origins of Power, Prosperity and Poverty*, New York: Crown Publishers, 2012。

⑥ 诺思:"如果社会上个人没有刺激从事引起经济增长的那些活动,便会导致停滞状态。……经济增长只需要一部分人对它怀有渴求"。参见 [美] 诺思《西方世界的兴起》,华夏出版社1989年版,第3页。

⑦ 参见 Nunn, N., "The Importance of History for Economic Development", *Annu. Rev. Econ.*, 2009, 1 (1): 65 – 92。

阻等问题。

(一) 伦理财富观抑制财富积累

从理论上讲，按照古典经济学的观点，资本积累是提高劳动效率和促进经济增长的动力源泉。[①] 所谓的现代经济增长就是突破了"马尔萨斯陷阱"（Malthusian Trap）的增长，是人均收入出现持续上升的增长。而能否突破马尔萨斯陷阱的关键在于物质资本的积累是否达到了"最小临界资本积累"值：

> 在一个周而复始的（马尔萨斯式）贫困陷阱中，必须具备形成最小临界资本积累的条件，以及形成一种人力资本激励机制，实现创新与生产活动相结合，否则无法打破贫困均衡陷阱。因此，"李约瑟之谜"[②] 可以重新表述为：为什么中国古代没有形成打破马尔萨斯均衡陷阱所必需的物质资本和人力资本积累机制，并将其转化为科学技术创新，以致错失工业革命良机。
>
> ——蔡昉：《理解中国经济发展的过去、现在和将来》[③]

[①] 朱富强和朱鹏扬在斯蒂格勒（G. Stigler）的"斯密定理"的基础上进一步指出，现实中的分工是以资本积累为基础的。其原因在于："第一，有拥有足够数量的资本，企业主才可以购买工场、工具、机器设备、原材料和劳动，才能将这些生产要素结合再进行社会化生产；第二，只有存在一定数量的剩余产品，才可以从社会劳动中分离出一部分来从事知识生产和技术创造等活动，进而形成知识生产和知识运用之间的分工；第三，只有以这些剩余产品转化的资本为媒介，才能沟通生产者之间的联系，从而深化生产者之间的分工。从人类社会发展来看，在传统社会中，由于社会没有剩余产品，从而无法形成有效分工，而只能重复自给自足的简单再生产；只是随着地理大发现、经济殖民等带来的剩余产品，才使得社会化分工和大规模生产成为可能，从而促进资本主义的崛起和发展。在很大程度上，剩余产品的多少就决定了社会生产形态和经济发展速度，并最终决定了社会经济所处的阶段。"参见朱富强、朱鹏扬《经济增长的根源：投资推动抑或消费拉动——一个思想史的梳理和辨析》，《财经研究》2016年第2期；[英] 科恩《卡尔·马克思的历史理论：一种辩护》，高等教育出版社2008年版。

[②] 所谓李约瑟之谜（Needham Puzzle）是指英国学者李约瑟（J. Needham）20世纪60年代提出的，"为什么中国古代科技曾长期领先西方，但在15世纪以后却逐渐开始落后"的问题。这一问题最开始只在科学史或科技史学科内部讨论，但在20世纪90年代以后逐渐拓展到了社会学、历史学、人类学、政治学、经济学等多个领域。关于其发展沿革、内涵变化和诸解法之比较参见王庆《中国十五至十九世纪科技停滞研究：以儒家内省化为视角》，博士学位论文，中国人民大学，2021年。

[③] 蔡昉：《理解中国经济发展的过去、现在和将来——基于一个贯通的增长理论框架》，《经济研究》2013年第11期。

只有当传统社会中物质资本积累到足够多的程度,才能与技术创新和发明活动相结合①,实现 Hansen 和 Prescott② 提出的从边际递减的"马尔萨斯技术"向常规模报酬的"索洛技术"的产业结构变迁。③

1. 传统中国的伦理财富观

财富观,顾名思义是人们对财富的态度和观念。自 20 世纪初期"韦伯命题"提出后,其重要性逐渐为学界所认知,并引发了诸多的讨论④。考虑到任何社会的财富积累和分配,都必然受当时起支配地位的财富观的影响,因此本书优先对其进行考察。

相较于西方的"增殖财富观",传统中国的财富观可概括为"伦理财富观"⑤。尽管这种观点略显武断,毕竟中国的古人也有财富增殖的思想,西方中世纪时期也颇多对财富伦理的观照⑥,但总体上这一说法切中要义。

---

① 参见 Howitt, P., Aghion, P., "Capital Accumulation and Innovation as Complementary Factors in Long-run Growth", *Journal of Economic Growth*, 1998, 3 (2): 111 – 130。蔡昉则举例指出:中外历史中,创造发明因脱离常态经济活动,而未必实际转化为必要的创新,因而并没有促进经济发展的历史俯拾皆是。比如古罗马发明的蒸汽机、印度海德拉巴人发明的优质钢材、中国人发明的火药、指南针和印刷术等。参见蔡昉《理解中国经济发展的过去、现在和将来——基于一个贯通的增长理论框架》,《经济研究》2013 年第 11 期。

② Hansen, G. D., Prescott, E. C., "Malthus to Solow", *American Economic Review*, 2002, 92 (4): 1205 – 1217.

③ 根据徐滨的总结,当前从经济学角度解释现代经济增长模式诞生的理论主要有三种:第一是注重技术变革的内生增长理论,以 Aghion、Allen 等人为代表;第二是注重信念(或意识形态)转变和制度解释的新制度主义理论,以 North、Greif 和 Acemoglu 等为代表;第三是注重人口转型问题的统一增长理论(Unified Growth Theory),以 Galor 等为代表。参见徐滨《工业革命与现代经济增长的原因——近十几年来相关历史解释的理论渊源揭示》,《史学理论研究》2018 年第 1 期。

④ 参见苏国勋、黄万盛、吴飞、何蓉、梁治平、马小红、泮伟江、赖骏楠、高超群、吴增定、陈明、方朝晖、任锋、姚中秋《走出韦伯神话——〈儒教与道教〉发表百年后之反思》,《开放时代》2016 年第 3 期;刘林平、任美娜、杨阿诺《"新教伦理与资本主义精神"命题之反思》,《社会科学》2021 年第 2 期。

⑤ 马涛、王嘉:《中西方传统财富观的特点及对近代发展分流的影响》,《中国经济史研究》2021 年第 6 期。

⑥ 比如 13 世纪的托马斯·阿奎那认为人应该用超出自己生活需要的财富去帮助穷人。他说:"上帝给予人们的一切世俗财务就所有权来说是属于我们的,至于这些财物的使用权则不仅属于我们,也属于那些超过我们需要的人们,因而有多余的东西应该去救济的那些最需要的人们。"参见巫宝三《欧洲中世纪经济思想资料选辑》,商务印书馆 1998 年版,第 33 页。

(1) 义与利

义利之辨是中国传统经济思想伦理基础的核心。① 早在轴心时代，儒家就定下了孔、孟"何必曰利"的价值判断。② 根据熊金武的总结，自春秋战国起，中国主流的义利观共分为三种倾向：其一是重义轻利，讲"不义而富且贵，于我如浮云"③；其二是认为利会伤义，讲"放于利而行，多怨"④；其三是强调二者的社会等级差异性，认为"君子喻于义，小人喻于利"。⑤ 到宋明以后，理学家们更是将其推向极端，不仅要求人们"重义轻利"，更有甚者讲的是"重义绝利"。⑥ 这种财富观念不仅阻碍了社会经济思想的发展，也影响到社会财富的生产和积累。⑦

不过，在主流之外反对的声音也长期存在。他们（比如先秦时期的法家学派和管子学派、汉代的桑弘羊、北宋的李觏和王安石、南宋的陈亮和叶适以及清代的颜元等）以现实主义者的姿态强调功利的作用，主张"利以生义""义利双行""正其义而谋利"。从这些代表人物中我们不难发现，这一思想得以鼓吹的时代背景要么是国家衰退、需要"理财"，要么是商品经济发展、工商业阶层崛起。

而其后者在明清时期的江南经济发达地区尤为明显。具体来说，儒家传统的义利之辨思想在与工商业的快速发展耦合后演变出了所谓的"儒商"概念。儒商群体对于义利观进行了新的诠释，倡导以义制利、以义取利、利缘义起、化利为义和急公好义。⑧

(2) 国与民

在传统中国，财富的国与民、公与私的关系始终是服从于义利之

---

① 熊金武：《近代中国传统经济思想现代化研究：以民生经济学为例（1840—1949）》，社会科学文献出版社2020年版，第91页。
② 《孟子·梁惠王上》。
③ 《论语·述而》。
④ 《论语·里仁》。
⑤ 《论语·里仁》。
⑥ [美]刘子健：《中国转向内在：两宋之际的文化转向》，江苏人民出版社2012年版。
⑦ 熊金武：《近代中国传统经济思想现代化研究：以民生经济学为例（1840—1949）》，社会科学文献出版社2020年版，第92—93页。
⑧ 徐国利：《传统儒商义利观及其近代转型与文化取向》，《学术界》2020年第9期。

辨的。北宋时程颐就明确提出"义与利，只是个公与私"① 的命题。明代大儒丘濬则进一步发挥说："然理之在天下，公与私，义与利而已矣。义则公，利则私；公则为人而有余，私则自为而不足。"② 如果把政府或者统治者作为个体代入这一"公式"，自然而然会得出"不与民争利"的结果。

事实上，在西汉以后，"不与民争利""藏富于民"的思想已经成为某种"政治正确"。③ 其表现就是儒家知识分子整齐划一地将官营资本视为洪水猛兽，将桑弘羊、王安石这样的理财者打上了奸佞或妄人的标签。具体来说，在西汉著名的盐铁会议上，文学贤良派最主要的主张就是实行盐铁的民营，其认为"利不从天来，不从地出，一取之民间，谓之百倍，此计之失者也"④；而北宋熙丰变法期间，保守派领袖司马光对王安石的批评也集中在官营资本"与细民争利"，其主张效法"国之王者，藏之于民"⑤。如南宋叶适所说，这种精神洁癖最终造成的结果反倒是"君子避理财之名，而小人执理财之权"⑥。

不过，如前所述，每当国家面临巨大的财政支出需求时，古代政府也经常会打起"富国"或"理财"的旗帜，对国家财富的扩张给予方便。

（3）农与商

传统中国对财富的产业属性也有其褒贬。简单来说分为两派：一派主张重农抑商，另一派则主张"工商皆本"。⑦

世界各古代农耕文明均有农本思想，中国也不例外——春秋战国时期，法家即旗帜鲜明地提出了重农抑商的口号。其中变法者商鞅认为"圣人治国之要，故令民归心于农"，如果"农少商多"就会造成

---

① 《河南程氏遗书》卷17。
② 《大学衍义补》卷25《市籴之争》。
③ 实用主义者司马迁虽然不是儒家的信徒，但是也提出了"善者因之，其次利道之，其次教诲之，其次整齐之，最下者与之争"的统治术或宏观经济思想。参见《史记·货殖列传》。
④ 《盐铁论·非鞅》。
⑤ 《司马光全集》，四川大学出版社2010年版，第613页。
⑥ 叶世昌：《古代中国经济思想史》，复旦大学出版社2003年版，第299页。
⑦ 后者主要是管仲学派及其后世的继承者，篇幅所限，这里不做展开。

国家的贫弱，因此其主张国家应实行一系列抑商的措施。① 韩非更是将工商业列为五蠹之一，认为"商贾外积"，即商人积累起商业资本是亡国的征兆。② 在秦国灭亡以后，重农抑商这一法家的代表性政策主张，并没有被一道消灭，反而被儒家吸收，一跃成为后世儒家的正统思想，绵延千年，影响至今。

在这种思想的长期控制下，中国古代政府对于民间的商业财富基本持一种贬斥或鄙视的态度。虽然工商业者可以经营致富，但其社会地位却十分低下，极端情况比如明代初期，政府规定"农衣绸、纱、绢、布，商贾止衣绢、布。农家有一人为商贾者，亦不得衣绸、纱"③，在日常服饰上（实际上是社会地位和人格上）予以直接打压。如果商业财富发展过快，还会遭到统治阶级的警惕和不满。比如汉初的晁错对于当时商业资本造成的乱象就曾抱怨道："今法律贱商人，商人已富贵矣，尊农夫，农夫已贫贱矣。故俗之所贵，主之所贱也吏之所卑，法之所尊也。上下相反，好恶乖连，而欲国富法立，不可得也。"④

到明代中期以后，伴随商品经济的发展，重农抑商的思想有所松动，工商业者的地位亦随之提高。但实际上，政府对商业资本的态度只是退化到了一种"漠不关心"的状态。⑤ 而且在民间商业财富之上，始终悬有一只来自政府的攫取的大手。电视剧《大明王朝1566》中大商人沈万三的形象虽有艺术加工，但颇能体现传统社会商人阶层的尴尬处境。

（4）多与寡

最后，传统中国还有强烈的平均主义财富观。西汉初年董仲舒即继承了孔子的均贫富思想，指出：

> 孔子曰：不患贫而患不均。故有所积重，则有所空虚矣。大

---

① 《商君书·农战》《商君书·垦令》。
② 《韩非子·五蠹》《韩非子·亡征》。
③ （清）张廷玉等：《明史》卷67《志第四十三·舆服三》，第1649页。
④ 《汉书·食货志》。
⑤ 直到晚清，王韬提出"商富即国富"，以"恃商为国本"的观点之时，中国社会才真正开始重视商业资本。

富则骄，大贫则忧。忧则为盗，骄则为暴，此众人之情也。圣者则于众人之情，见乱之所从生。故其制人道而差上下也。使富者足以示贵而不至于骄，贫者足以养生而不至于忧。以此为度而均调之。是以财不匮而上下相安，故易治也。①

而自此之后，两千年的历史中传统中国始终没有放弃对"均"字的追求。不管是政府还是反政府者都将社会财富的分配视为头等大事（甚至超过了财富的生产和积累）。其中，政府的立法者或改革者一般都主动出台政策限制土地兼并（如汉代的限田法、隋唐的均田制），并主张均税、均输等（如北宋王安石变法、明代张居正改革），以缩小贫富差距。而历代的农民运动又无不以"均贫富"为革命口号。

总的来说，我们从前三对关系中能看到一明一暗、互相缠绕的两条线。② 发展到清代中期，三条暗线的其中两条在江南地区逐步抬头，具体来说就是重义轻利和重农抑商的思想出现了较大松动。但"藏富于民"和"均贫富"的财富观念依旧牢牢占据着意识形态的统治地位。

2. 伦理财富观对财富积累的影响

财富观作为一种经济态度直接影响个体的经济决策和支配财富的行为，进而影响社会总体产出和财富积累③。

（1）耻于言利、重农抑商下的工商业财富积累

根据本书的估算，1820年代华娄地区的工商业财富（包括工商业经营的房屋）占社会总财富的比值不足20%，虽然显著高于同时期中国的其他区域（以及长三角的平均水平），但其积累水平与同时期的荷兰、英国存在不小差距。

---

① 《春秋繁露义证》。

② 具体来说，重义轻利是明，以义制利是暗；藏富于民是明，与民争利是暗；重农抑商是明，工商皆本是暗。这与刘守刚概括的中华帝国在财政上的"显基因"和"隐基因"之比喻颇为相似。参见刘守刚《财政中国三千年》，上海远东出版社2020年版，第127—132页。

③ Guiso, L., Sapienza, P., Zingales, L., "People's Opium? Religion and Economic Attitudes", *Journal of Monetary Economics*, 2003, 50 (1): 225 – 282; Keister, L. A., "Conservative Protestants and Wealth: How Religion Perpetuates Asset Poverty", *American Journal of Sociology*, 2008, 113 (5): 1237 – 1271.

很多人认为出现这一现象的原因，是中国人的"精神"有问题。但现有研究表明①，中国人无论是历史还是现在都不缺乏企业家精神（Entrepreneurship）或者资本主义精神。② 就清代而言，无论是 Zelin 对四川自贡工业企业的研究③，还是海内外学者对晋商、徽商等地域商帮的研究，都说明韦伯式（而非韦伯本人）的论断在传统中国只是一种虚幻的想象。

真正的问题在于激励，在于笼罩全社会的价值体系。

如前所述，我们在明清时期观察到了诸多传统伦理观的松动迹象，尤其是在工商辐辏的长三角地区，工商业者的社会地位有所提高④，但是任何观念从松动到逆转并不是一蹴而就的⑤，都需要一个相对漫长的演化流程。

在长期重农抑商的"叙事建构"下，政府对民间工商业的发展始终抱有不信任的态度。⑥ 清代虽然相比明代，取消了对民间工商业的诸多限制，但抑商的制度惯性犹存。⑦

---

① 余英时：《中国近世宗教伦理与商人精神》，联经出版事业公司 2004 年版。
② 陈锦江在《历史上的企业家精神》文集中讨论了"帝制晚期以来"中国企业家精神，不过，我们认为中国历史上的企业家精神还可以继续往前追溯。参见陈锦江《帝制晚期以来的中国企业家精神》，载兰德斯等编《历史中的企业家精神》，中信出版社 2015 年版。
③ Zelin, M., *The Merchants of Zigong: Industrial Entrepreneurship in Early Modern China*, Columbia University Press, 2005.
④ Lufrano, R. J., *Honorable Merchants: Commerce and Self-cultivation in Late Imperial China*, University of Hawaii Press, 1997；余英时：《士与中国文化》，人民出版社 2003 年版。
⑤ Doepke, M., Zilibotti, F., "Culture, Entrepreneurship, and Growth", *Handbook of Economic Growth*, Elsevier, 2014, 2: 1-48；[美] 莫基尔：《增长的文化》，中国人民大学出版社 2020 年版。
⑥ 如布罗代尔所说，传统中国政府总是"毫不懈怠地反对资本主义的自由伸展"，只有"中国境外，譬如说在东南亚诸岛"，"中国商人才可以完全自由地行事与作主"。参见 [法] 布罗代尔《资本主义的动力》，牛津大学出版社 1994 年版，第 37—44 页，转引自邱澎生《"是官当敬"？——检视十八世纪重庆商业诉讼的政治风险问题》，《清史研究》2020 年第 6 期。
⑦ 陈锦江对明清时期商人社会价值的内在冲突进行了很好的概括，他指出："（清代晚期）商人的社会价值是一种混合物。一方面，富商是社会成功和有影响的成员。他们与官员自由地合作，并且在绅士、官僚和商人阶层间也有一些流动。另一方面，官员在他的日常例行公务中，国家在它的公开声明中，继续传播反商的社会偏见。"参见 [美] 陈锦江《清末现代企业与官商关系》，中国社会科学出版社 2010 年版，第 24—25 页。也参见许涤新、吴承明《中国资本主义发展史》（第一卷），人民出版社 1985 年版；兰日旭《企业史视角下的中西分流探析》，《经济研究参考》2020 年第 21 期。

工商业者虽然通过儒商形象的构建,在一定程度上缓解了自身阶层的身份焦虑,但并不能彻底摆脱社会"耻于言利"和"贱商"带来的心理负担;[1] 再加上所谓"父母之爱子,必为之计深远"的古训,从代际传递上,工商业者致富之后也更愿意"回归主流",购买土地,走耕读传家之路。二者在客观上限制了中国传统社会工商业经营的扩大和工商业资本的持续积累。

(2) 藏富于民(或守夜人)的悖论

清政府对"不与民争利""藏富于民"的政治理念的贯彻程度远超前代。如李著所指出的,清代中期政府对民间经济的控制很弱,几乎在所有经济方面都实行"自由放任"(Laissez-faire)政策,这与我们观察到的华娄政府直接控制极少财富的现象相一致。

表 8-1　　　　　　　　国际人均税收比较　　　　　单位:克白银

时间	中国	奥斯曼帝国	法国	西班牙	英国	荷兰
1650—1699	7.0	11.8	46.0	35.8	45.1	—
1700—1749	7.2	15.5	46.6	41.6	93.5	161.0
1750—1799	4.2	12.9	66.4	63.1	158.4	170.7
1800—1849	3.4	—	—	—	303.8	—
1850—1899	7.0	—	—	—	344.1	—

资料来源:马德斌《中国经济史的大分流与现代化——一种跨国比较视野》,浙江大学出版社 2021 年版,第 47 页,表 2-2。

清政府直到晚清财政改革以前始终保持了较低的财政汲取水平。如表 8-1 所示,清代的人均税收在两百余年间并没有出现增长,反而在 18 世纪中期到 19 世纪中期,由于额定赋税总量,伴随人口滋生,出现了较大规模的下降。乾嘉年间中国的人均税收只有 4.2 克白银,仅为同时期奥斯曼帝国的约 1/3,法国和西班牙的 6%,英国的 3%,荷兰的 2%。

---

[1] 因此,胡雪岩们相比于做"白衣卿相",显然还是更希望自己的头上有个"红顶"。参见高阳《胡雪岩全传》,中国友谊出版公司 1992 年版。

同时，如第四章所述，清政府还主动放弃了货币主权，坚持使用称量货币和银铜复本位制，导致整个清代，政府掠夺民间财富的唯一办法就是发行小钱，偷偷搞通货膨胀。① 因此，可以说清政府与古典经济学家褒扬的"守夜人"形象颇为接近。

但是政府甘当守夜人，不与民争利的另一面则是国家能力（State Capacity）的相对羸弱。② 较低的财政汲取水平，直接导致政府不得不严掐"省"字诀，减少一切"不必要"的开支③。根据估算，清代中央政府的

---

① 仲伟民和邱永志指出 16—19 世纪中日两国的货币流通制度出现过两次分流。其中第一次发生在 16 世纪中期以后，此时中国的货币发行管理权"主导权下移"，"表现为自下而上的货币称量银化，以及政府货币发行权动摇，弱化了对核心货币的管理干预能力"；而日本则是"主导权上移"，幕府建立起了由政府主导的"金银铜三货制度"。而在 19 世纪中期后，当两国都面临列强势力的入侵时，中国的货币金融制度不但发展迟缓，而且呈现混乱不堪的局面；反观此时的日本则确立了国家货币主权，较顺利地走上了货币现代化道路。按照他们的逻辑，第一次分流已经为第二次分流埋下了伏笔。参见仲伟民、邱永志《十六至十九世纪中日货币流通制度演进路径的分流》，《中国社会科学》2020 年第 10 期。

② 国家能力最早是一个政治学概念，主要用来解释欧洲 1500 年前后"中央集权"且"能汲取巨额税收"的现代型国家兴起的原因。参见 Tilly, C., "States and Nationalism in Europe 1492—1992", *Theory and Society*, 1994: 131 - 146; Geddes, B., *Politician Dilemma: Building state Capacity in Latin America*, University of California Press, 1996; Cingolani, L., "The State of State Capacity: a Review of Concepts, Evidence and Measures", *MERIT Working Papers*, 2013（2013 - 053）。这一概念被 Besley、王国斌（R. Wong）等学者引入经济学领域以后，迅速成为解释东西方大分流的主流学说之一。参见 Besley, T., Persson, T., "The Origins of State Capacity: Property Rights, Taxation, and Politics", *American Economic Review*, 2009, 99（4）: 1218 - 44; Besley, T., Persson, T., "State Capacity, Conflict, and Development", *Econometrica*, 2010, 78（1）: 1 - 34; Besley, T., Persson, T., "The Causes and Consequences of Development Clusters: State Capacity, Peace, and Income", *Annu. Rev. Econ.*, 2014, 6（1）: 927 - 949; Rosenthal, J. L., Wong, R. B., *Before and Beyond Divergence*, Harvard University Press, 2011; Ma, D., "State Capacity and Great Divergence, the Case of Qing China（1644—1911）", *Eurasian Geography and Economics*, 2013, 54（5 - 6）: 484 - 499; Sng, T. H., "Moriguchi C. Asia's Little Divergence: State Capacity in China and Japan Before 1850", *Journal of Economic Growth*, 2014, 19（4）: 439 - 470; Gennaioli, N., Voth, H. J., "State Capacity and Military Conflict", *The Review of Economic Studies*, 2015, 82（4）: 1409 - 1448; 和文凯《通向现代财政国家的路径：英国，日本和中国》，香港中文大学出版社 2020 年版；周建波、陈皓、孙淑彬《国家能力与近代以来中国经济发展——基于文献史回顾的视角》，《山东大学学报》（哲学社会科学版）2021 年第 4 期。此外，《中国经济史研究》杂志在 2021 年的开年两期即以专栏的形式围绕"明清国家能力、国家治理与经济变迁"这一主题组织了精彩的笔谈。

③ Brandt, L., Ma, D., Rawski, T. G., "From Divergence to Convergence: Reevaluating the History Behind China's Economic Boom", *Journal of Economic Literature*, 2014, 52（1）: 45 - 123.

财政支出中约有50%为军费，约17%用于支付官员工资（并不足以支持地方政府运转），仅有10%用于公共物品（如运河维护或灾荒赈灾）。①

其最直接的后果就是公共物品的供给严重不足。尽管地方上大部分公共物品和服务能够由当地的士绅阶层提供，但是如大运河、先进国防等具有很强外部性的、跨地域的纯公共物品市场，民间资本实际上是无法进入的。因此，一方面，运河、道路等发展性基础设施的供给不足限制了民间贸易的进一步发展和市场整合度的提高②；另一方面，国防等安全性基础设施和服务的缺失，使政府无法为财富所有者提供应有的保护，更为中国近代蒙受的屈辱埋下了祸根。二者从长期看，都不利于社会财富的积累。

此外，清代政府实行的是一种不完全的财政制度。③ 这一制度把地方政府机构的正常行政费用"下放"到了地方，使得地方政府的预算外财政及其追求预算外资源的努力合理化、正当化。④ 其结果就是地方政府对民间富户（尤其是工商业者）常加"摊派"，任由胥吏横

---

① ［日］岩井茂树：《中国近世财政史的研究》，京都大学学术出版会2004年版，第32页，转引自马德斌《中国经济史的大分流与现代化》，浙江大学出版社2020年版，第45页。

② Cao 和 Chen 的研究发现，1826年清政府首次实行漕粮海运，并在之后的数十年中逐渐放弃了对运河的疏浚和管理，导致运河沿岸的贸易可达性下降，人民生活困苦，增加了农民起义的概率。他们的研究也暗示运河的废弛直接伤害了江南和华东地区的贸易，降低了中国东部地区的市场整合程度。参见 Cao, Y., Chen, S., "Rebel on the Canal: Disrupted Trade Access and Social Conflict in China, 1650—1911", *American Economic Review*, 2022, Forthcoming.

③ 参见［美］黄仁宇《十六世纪明代中国之财政与税收》，生活·读书·新知三联书店2001年版；瞿同祖《清代地方政府》，法律出版社2003年版；王业键《清代田赋刍论》，人民出版社2008年版；周雪光《从"黄宗羲定律"到帝国的逻辑：中国国家治理逻辑的历史线索》，《开放时代》2014年第4期。

④ 关于这一制度出现和能够维持下去的原因，各派学者有不同观点。周雪光、Sng、Ma and Rubin 等主要是从"委托—代理"的角度进行解释。参见周雪光《从"黄宗羲定律"到帝国的逻辑：中国国家治理逻辑的历史线索》，《开放时代》2014年第4期；Sng, T. H., "Size and Dynastic Decline: The Principal-Agent Problem in Late Imperial China, 1700—1850", *Explorations in Economic History*, 2014, 54: 107–127; Ma, D., Rubin, J., "The Paradox of Power: Principal-agent Problems and Administrative Capacity in Imperial China (and Other Absolutist Regimes)", *Journal of Comparative Economics*, 2019, 47 (2): 277–294；其中 Ma 和 Rubin 认为君主在制定税率时面临着两难困境，由于监察成本高于收益，因此其只能制定更低的正式税率，并从官员手中收更低比例的正式税；而 Rosenthal 和 Wong 等则主要是从财政需求角度考虑，认为清帝国是大一统王朝，面临的外部军事威胁较小，因此政府本就不需要做经常性的财政汲取安排。参见 Rosenthal, J. L., Wong, R. B., *Before and Beyond Divergence*, Harvard University Press, 2011；此外，（接下页）

行，反倒破坏了民间财富的积累。[①]

(二) 家国平均主义制度导致财富集中度不足

根据前文的估算，1820年代长三角居民的财富集中度显著低于同时期的西北欧和南欧国家（前10%富裕阶层占全体居民财富的比例前者约为50%，后者平均在80%以上）。具体如图8-2所示。

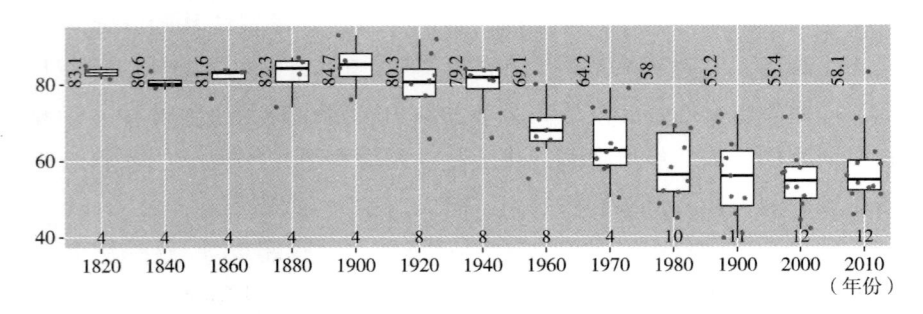

图8-2　西欧前10%富裕阶层财富占比箱线图（1820—2010年）

资料来源：Clio-Infra 数据库。

我们认为之所以会出现这样的现象，主要是因为传统中国在"均贫富"观念长期浸润下逐渐形成家庭、家族和国家三位一体的平均主义制度安排。[②]

（接上页）还有一些学者从文化或政治的角度出发，认为清政府的轻徭薄赋是恪守儒家价值传统（尤其是意识到自己是外族的情况下），而彭慕兰则指出清代的精英阶层"认为世界上的财富总量是大致恒定的，很难有特别大的提升。所以经济政策就应该使这些有限的财富平均分摊到所有的民众，至少要确保每一个人都能够活下去"，因此国家的责任不只是少收税，更要反对奢侈浪费。不过这些理论仍有商榷的必要。参见［美］彭慕兰《在无为而治与英雄主义的失败之间——清代国家能力与经济发展概论》，《中国经济史研究》2021年第2期。

① 薛恒：《清代对胥吏的管理及其失控原因》，《东南文化》2003年第7期。
② 国内经济史学界对中国古代地权分配问题的研究对本书启发甚大。其中，龙登高和何国卿列举了中国传统社会晚期六条地权集中的"负反馈机制"：第一，诸子均分制；第二，多样化的地权交易形式；第三，个体农户独立经营具有生命力和竞争力，即雇工经营在当时的技术条件下缺乏经济效率，参见龙登高和彭波的论证；第四，法人产权和双层地权的存在降低了地权的不平等；第五，皇帝和朝廷的限制；第六是天灾人祸，尤其是战乱。参见龙登高、何国卿《土改前夕地权分配的检验与解释》，《东南学术》2018年第4期。天灾人祸对社会分配格局的影响是容易理解的。根据沙伊德尔的分析，人类历史中能够延缓、矫正不平等机制的只有大规模动员战争、变革性的革命、国家衰败和致命传染病四种。沙氏将其并称为矫正力量的"天启四骑士"（the Four Horsemen of Leveling）。参见［美］沙伊德尔《不平等社会：从石器时代到21世纪，人类如何应对不平等》，中信出版社2019年版，第10页。

1. 诸子均分的财产继承制度

从秦汉以后,中国的平民阶层和贵族阶层在将近两千年的历史时期都实行诸子均分的家庭财产继承制度,其主要内容很好理解,就是由两个或两个以上已婚或成年兄弟平均分割继承父亲财产的行为。[①] 从华娄户均 4—5 人的家庭规模(典型的小家庭或核心家庭),我们可以看出这一制度在长三角地区仍居于社会之主导。[②]

这一制度导致中国传统社会中财富的代际传递必然存在大量的耗损,父辈积累起来的家业,很有可能经两三代而衰(这也可能是中国民间谚语"富不过三代"的由来之一)。与之相对,基督教世界长期实行的是长子继承制,父亲的财富和爵位只由家中的长子继承,而所有庶子(女)必须另谋他就。由于缺少必要的财富,这些庶子(女)中很多人选择终身不婚(从而留在家中)或者寻求成为神职人员。[③]

如图 8-3 所示,根据 Clark 和 Hamilton 对英国 13—17 世纪遗嘱文献的研究,马尔萨斯时期富人存活的子女数量要显著高于穷人——最富裕的立遗嘱人平均家中会有 4 个以上的子女,而最贫穷的立遗嘱人则平均不足 2 个。这一现象在传统中国同样存在。Hu 利用明清时期中国六个家族超过 3 万名男性的族谱数据发现,对社会阶层最高的男性而言,其存活的男性子嗣的平均数量是底层平

---

① 王跃生:《20 世纪三四十年代冀南农村分家行为研究》,《近代史研究》2002 年第 4 期。其中,战国时期秦国商鞅变法规定的"民有二男以上不分异者,倍其赋"针对的是平民阶层,而西汉汉武帝时期实行的"推恩令"等则主要针对贵族阶层。二者共同构成中国社会子弟均分的分家传统。参见李楠、甄茂生《分家析产,财富冲击与生育行为:基于清代至民国初期浙南乡村的实证分析》,《经济研究》2015 年第 2 期。

② 关于中西方社会从扩展家庭(Extended Family)向核心家庭(Nuclear Family)的转变,参见 Laslett, P., *The World We have Lost: Further Explored*, Routledge, 2002;张国刚《中国家庭史》,广东人民出版社 2007 年版;王跃生《中国传统家庭合与分的制度考察》,《社会科学》2013 年第 7 期。此外,从家庭史的角度考察,兄弟分爨在清代的江南和华北都是一种非常常见的行为,且符合"经济人"假说。因此尽管政府有着各种各样的规定,比如清代《户部则例》中讲:"凡祖父母、父母在,子孙不准别立户籍,分异财产",社会舆论亦大力倡导,但是累世而居的大家庭实际上寥若晨星。

③ 比如英国推理小说作家阿加莎·克里斯蒂的名著《无人生还》中,贵族家庭教师维拉·克莱索恩杀害学生西里尔的犯罪动机就是想让处于西里尔之后继承顺序的男友(其因不愿失去贵族生活,而无法与克莱索恩结婚)获得其姐姐家的遗产。

民的 3 倍。①

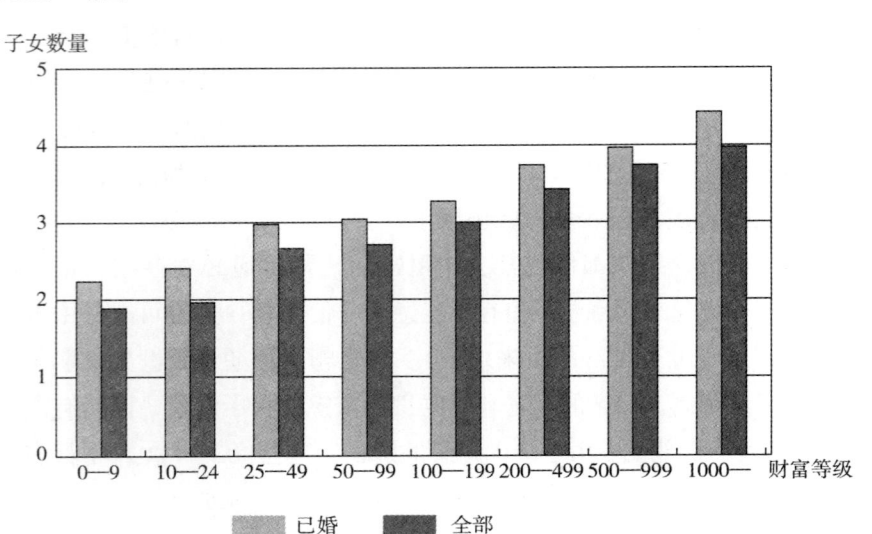

图 8-3 各资产等级立遗嘱人的存活子女数量

注：遗产数额的单位为英镑。

资料来源：Clark, G., Hamilton, G., "Survival of the Richest: the Malthusian Mechanism in Pre-industrial England", *The Journal of Economic History*, 2006, 66 (3): 707-736。

这种"富者生存"（或 Hu 强调的"儒者生存"）的故事告诉我们，中国明清时期富人家庭分家析产的速度要比我们想象中的更快。一份家业在实际操作中有时候可能不止是一分为二，而是一分为三，甚至更多。

此外，很多学者强调这种分家方式的经济学根源在于，以当时的技术条件，小土地所有制相比土地集中化经营在生产效率上具有一定优势②。这一说法对于传统社会的农业经营来说并无不妥，但是并不

---

① Hu, S., "Survival of the Confucians: Social Status and Fertility in China, 1400—1900", *London School of Economics and Political Science*, LSE Library, 2020.
② 参见 Sen, A. K., "An Aspect of Indian Agriculture", *Economic Weekly*, 1962, 14 (4-6): 243-246；龙登高、彭波《近世佃农的经营性质与收益比较》，《经济研究》2010 年第 1 期；黄天宇、李楠《农户经营农场规模、租佃制度与农业生产率——基于历史视角的实证考察》，《经济评论》2021 年第 5 期。

适用于工商业资本的运营。黄天宇和李楠所列举的关于农户经营农场规模和农业生产率负向关系的成因中没有一条适用于工商业。[1]

因此我们认为,早年间梁漱溟在《乡村建设理论》中对于诸子均分制度影响中国近代工商业发展的批判[2],至少从财富积累的角度来看,是基本正确的。

2. 共有资产、相互扶助的家族制度

根据宗族史学者的研究,清代中国汉人宗族大体可以分为华南型、长江下游型以及华北和西北型三种类型[3]。

首先,华南型宗族以福建、广东为代表。其基本特征是宗族拥有大量的共有土地或其他形式的物质财产,而这些财产是其凝聚成员的必要条件。[4]

其次,长江下游型宗族,也被称为桐城型家族,其特征之一是宗族拥有较少的公田,一般仅可满足一年一度的祭祖仪式以及维持祠堂和墓地的花费。特征之二则在于宗族活动以文人和官僚精英为核心展开,编撰族谱、支谱作为一种"荣耀"通常由宗族内的官员或文人及其直系后代来承担。[5]

---

[1] 只有在委托代理问题上,二者具有共通之处。但中国商业经营中的地域家族式经营(与 Greif 笔下的马格里布商人类似)已经较好地解决了这一问题,达成又一种"次优"。Greif, A., "Reputation and Coalitions in Medieval Trade: Evidence on the Maghribi Traders", *Journal of Economic History*, 1989, 49 (04): 857; Greif, A., "Contract Enforceability and Economic Institutions in Early Trade: The Maghribi Traders' Coalition", *American Economic Review*, 1993, 83 (3): 525 – 548; 蔡洪滨、周黎安、吴意云:《宗族制度、商人信仰与商帮治理:关于明清时期徽商与晋商的比较研究》,《管理世界》2008 年第 8 期。

[2] 梁漱溟:《乡村建设理论》,上海人民出版社 2006 年版。

[3] 韩敏:《回应革命与改革:皖北李村的社会变迁与延续》,江苏人民出版社 2007 年版。

[4] Freedman, M., *Lineage Organization in Southeastern China*, Routledge, 1958; [美] 科大卫:《皇帝和祖宗:华南的国家与宗族》,江苏人民出版社 2009 年版。

[5] 参见 Beattie, H. J., *Land and Lineage in China: A Study of T'ung – Ch'eng County, Anhwei, in the Ming and Ch'ing Dynasties*, Cambridge University Press, 1979; Ebray, P. B., *Kinship Organization in Late Imperial China, 1000—1940*, University of California Press, 2018; Hazelton, K., "Patrilines and the Development of Localized lineages: the Wu of Hsiu-ning City, Hui-chou, to 1528", *Kinship organization in late Imperial China*, University of California Press, 1986: 137 – 169。其中,Beattie 对明清时期安徽省桐城县地方上层社会的研究发现,该县的乡绅绝大多数出自于当地的六大地域化宗族,这几个宗族基本上在明朝后期即已在地方上扎下根基,并在整个清朝继续统治当地社会。

最后，华北、西北型宗族以 Rawski 等研究的陕西米脂杨家沟的马氏家族为代表①，其主要特点是非社团化，不仅缺乏强大的宗族势力，甚至也没有祠堂和祭祖用的祭田。宗族成员"关心的主要是关系和地位，而不是资源"。②

因此，若以掌握财产多寡来衡量，则清代中期长三角地区的家族（宗族）势力放眼全国，大抵要强于华北，而弱于华南。

虽然长三角家族实际掌握的土地财富和其他物质财富相比华南较少，对于宗族内部贫困家庭的"转移支付"也较为有限，但是其成员之间共有资产、相互扶助的非正式制度对于财富分配的"改善"仍具有重要意义：一方面，从共有资产的绝对数量上看，长三角地区的公田数量也占到全部土地的 5% 以上，价值在数十万两（这部分资产显然无法落入富户手中）；另一方面，在儒家文化的影响下，江南家族普遍强调内部成员的相互扶助。富户往往有接济穷亲戚的义务（比如《红楼梦》中的贾府和刘姥姥），还需要优先为族人提供免费或低价的公共服务，比较典型的例子就是族学（清代中期江南地区较高的识字水平也应得益于此）。

因此长三角的宗族制度也不利于财富集中度的提高。

3. 抑制资本集中的国家力量

如前文所述，在儒家伦理财富观的影响下，国家对于民间财富（尤其是工商业财富）的集中始终抱有十二万分的警惕。出于稳固统治的需要，同时也出于对民生的顾虑（二者很多时候难以区分），传统中国政府一般会对大工商业资本进行制度性和非制度性的引导、干预和控制。

宋代以后，中国政府摸索出了一套限制资本集中的"组合拳"：其中"看得见的手"包括均输法、市易法、打击荒年囤货居奇等政策，而"看不见的手"则主要是通过儒家价值观向民间的渗透，鼓励

---

① Rawski, E., "The Ma landlords of Yang-chia-kou in late Ch'ing and Republican China", *Kinship Organization in late Imperial*, University of California Press, 1986: 245–73.

② 韩敏：《回应革命与改革：皖北李村的社会变迁与延续》，江苏人民出版社 2007 年版，第 18—20 页。

财富所有者承担社会责任，积极投身地方公共建设。①

清政府亦基本继承了这一统治技艺，但在具体操作中，大大强化了"看不见的手"的力量。在量入为出的财政观（即以相对固定的收入支持国家履行相对固定的职能②）指导下，其主动向民间大规模让渡权力（即所谓"皇权不下县"③），制度性地倡导士绅阶层提供公共基础设施和公共服务。此外，由于"纵向"产权制度的缺位，面临较为紧迫的财政需求时，地方政府非制度性的"杀大户"现象亦未杜绝。④ 比如，清代前期松江府修筑城墙、海塘等公共基础设施时吸收了大量的富户捐献，这其中有多少比例来自富户的主动捐献，有多少来自地方政府"能者多劳"的累进制强征，实际上很难区分。

综上所述，传统中国的家国平均主义制度导致了长三角社会的财富集中度不足。较低的财富集中度（也即较小的贫富差距），既保证了长三角高消费型社会的运转，但在客观上也限制了资本积累水平的提高。因为相比穷人，富人的边际消费倾向更低、储蓄倾向更高。

尽管宏观经济学的发展已经使我们不再迷信于储蓄，并对节俭悖

---

① 当然还有"攫取之手"。传统社会中，政府可以发动的攫取手段极多，据王海明总结，包含"土贡""和买""迁徙富豪""告缗""公开掠夺""诬陷敲诈"等多种形式。以迁徙富豪为例，秦、汉、明初政府都曾强制各地富户搬迁异地，以没收其土地、房屋等不动产。参见王海明《试论中国古代工商业及其经济权力官有制》，《华侨大学学报》（哲学社会科学版）2016年第3期。因此，民间资本为求自保，不得不依附于官僚集团，甚至是有意识地渗入政治体系之中。参见张宇燕、高程《阶级分析、产权保护与长期增长——对皮建才博士评论的回应》，《经济学（季刊）》2017年第1期。

② 刘守刚：《财政中国三千年》，上海远东出版社2020年版，第391页；杨宇勃：《"量入为出"财政观的打破与晚清国债体制初创》，《江西社会科学》2020年第4期。

③ 但也有较多学者反对这一提法。关于清代皇权是否下县的争论参见胡恒《皇权不下县？》，北京师范大学出版社2015年版；周雪光《中国国家治理的制度逻辑》，生活·读书·新知三联书店2017年版。

④ 中国古代的产权制度发展具有不平衡性，一般来说，横向的"排他性"产权较为清晰，而纵向的"独立性"产权较为模糊，"政府的公权力可以随意干预、侵犯私有产权"。参见邓大才《通向权利的阶梯：产权过程与国家治理——中西方比较视角下的中国经验》，《中国社会科学》2018年第4期。

论（the paradox of thrift）有了越来越丰富的认识①，但是在资本相对稀缺的前现代社会中，过低的财富集中度无疑不利于资本积累和再生产的扩大，从而影响现代经济增长方式的产生和发展。

（三）金融发育不足制约财富效率提升

在相同的穹顶之下，如前所述，清代中期长三角地区的金融市场发育程度也低于同时期的西北欧国家。

1. 金融投资品稀缺影响财富流向工商业

由于金融市场发育不足，清代中期长三角居民始终缺乏稳健的金融投资方式和相应的金融工具。②

对于传统社会的财富所有者来说，过剩的财富向何处去（即如何投资）是其必然要思考的问题。而除了窖藏金银以外，摆在他们眼前可供选择的投资品种类实际上非常有限。

其中，公债市场和债券的缺失显得尤为"致命"。③ 王国斌和罗森塔尔指出，与西方相比，传统中国几乎没有公共信贷机制，政府从未发行过任何国债、年金等，同时，中国也没有真正意义上的抵押市场

---

① 如同萨缪尔森（P. Samuelson）说过的一句俏皮话：储蓄是一个悖论，因为我们在幼儿园里学到的都是节俭总是件好事（［Saving］is a paradox because in kindergarten we are all taught that thrift is always a good thing）。［美］萨缪尔森：《经济学（第四版）》，McGraw-Hill 出版社 1958 年版，第 237 页。

② 云妍等也有相似的感受。他们指出："（现今）中国家庭的金融资产占比尤其权益类的投资占比太低，倒不是人们不愿意做更多金融投资，而是金融市场欠发达，金融交易过程中的诚信度和可靠性低，欺诈的空间太大，迫使人们更多偏好房地产等实物投资选择，或者干脆就把钱放在银行储蓄账户，赚取不到通货膨胀率的回报。"参见云妍等《官绅的荷包》，中信出版集团 2019 年版，第 406 页。古今一理，清代家庭所处时代中金融市场的发展更落后，可选择的金融投资品也更少。

③ 马克思高度评价国家信用资本化对于资本主义发展的重要意义，他说："公债成了原始积累的最强有力的手段之一。它像挥动魔杖一样，使不生产的货币具有了生殖力，这样就使它转化为资本。"《资本论》第一卷，人民出版社 2004 年版，第 865 页。在公债市场的推动下，欧洲的资本积累不断加速；而诺思（D. North）则从新制度主义视角出发，认为国债是一个国家的可置信承诺（Credible Commitment）。通过国债制度，国家与资本能够实现稳定可预期的长期共容利益，形成持续推动社会经济发展的合力，而这正是英国率先进入现代社会的关键。参见 North, D. C. , "Institutions and Credible Commitment", *Journal of Institutional and Theoretical Economics*（JITE）/Zeitschrift für die gesamte Staatswissenschaft, 1993：11 – 23；和文凯则进一步强调，现代财政国家能够促成国家财政金融与市场经济相结合，是资本主义制度产生的关键阶段。参见和文凯《通向现代财政国家的路径：英国，日本和中国》，香港中文大学出版社 2020 年版。

和证券交易市场①：

> 中国金融技术唯一缺失的点在时间维度上。羸弱的欧洲政府在中世纪晚期和文艺复兴时期一直诉诸赤字财政和发行债券，但中国却没有。……1174 年，威尼斯因为和君士坦丁堡的战争要组建一支舰队。它向城中居民发行了债券，承诺未来偿付，并在与马可·波罗故居仅几步之遥的里亚尔托桥脚下建立了债券市场。相反，宋朝政府在面对军事危机时，没有发行债券，而是印刷了更多的纸币。中国应对财政危机的方法是利用通胀，而不是将支出转到未来。事实上，王安石时期的宋朝政府没有借款，反而是把款贷了出去。这一做法对时间观念和国家发展有着微妙的影响。
>
> ——［美］戈兹曼：《金融千年史》，第 145—146 页。

因此，对于富户来说，要么购置土地和房屋②，要么存典生息，要么自己经营工商业（一般来说收益更高），三者必取其一——而在工商业经营风险相对较高、收益波动相对较大且对投资者的个人能力要求更多的情况下，投资者选取土地作为主要的投资对象自然无可厚非。③

由于缺少金融投资品，过剩的社会财富仍被固定在土地和房屋建筑之上，社会财富的整体流动性大大放缓，严重阻碍了工商业资本的积累。另外，由于工商业经营具有规模效应，且工业技术的改进和发

---

① 我们观察到历史时期在金融工具的选取上，中国政府是倾向于发币不发债，而西方政府则是倾向于发债而不发币。这背后的原因值得深思。

② 毫无疑问，土地是传统社会中收益最稳定的投资品，甚至有研究者认为清代居民投资土地获取的实际收益率显著高于工商业，由此认为工商业者买田置地实际上是单纯的逐利行为。不过这一观点较为激进。清代投资者投资土地更多的是看重土地出租之后稳定的现金或实物收益。比如之前提到的名丐武训，其购入土地的直接目的是将其作为学田，维持义学的长期运转（颇有今天信托基金的意味），而不是单纯地追逐更高的年化收益。

③ 按照李著的说法，清代中期的华娄已经出现所谓的资本收益率趋同的情况，但其趋同程度实际仍存有一定疑问。参见李著，第 477—479 页。

明都需要大量资本做支撑，因此长期来看，也不利于社会劳动生产率的提高。

2. 组织落后限制了资本效率提升

对照西方的商业发展史我们不难发现，无论是经营上的不确定性还是其对投资者个人能力的要求，都是可以通过期货、证券等金融工具解决的①。因此，金融投资品的缺失更深层次反映的实际上是传统中国金融、商业组织和金融、商业技术的落后。

金融、商业组织对于社会财富的创造和积累具有重要的影响②。早在17世纪，斯密已指出银行活动可以提高资本的利用率，促进国民财富的增长。熊彼特则认为银行信贷是企业家创新的首要条件③，银行可以通过影响资本的配置和必要的利率调整改变经济增长的路径。而希克斯高度评价金融革命对于英国经济发展的重要性，提出了所谓"工业革命不得不等待金融革命"的说法。④

马克思对此亦有经典论断：

> 假如必须等待积累去使某些单个资本增长到能够修建铁路的程度，那末恐怕直到今天世界上还没有铁路。但是，集中通过股份公司转瞬之间就把这件事完成了。
>
> ——［德］马克思⑤

因此，18、19世纪中国江南地区的钱庄、票号等金融组织以及家族式经营模式，虽然相比前代有所进步，但与近代西方的银行、

---

① 参见 Greif, A., "Institutions and International Trade: Lessons from the Commercial Revolution", *The American Economic Review*, 1992, 82 (2): 128 – 133；［美］戈兹曼《金融千年史》，中信出版社2017年版；周建波《明清山西商人多层次金融体系的创新及其局限性》，《中国经济史研究》2017年第6期。

② Porta, R. L., Lopez-de-Silanes, F., Shleifer, A, et al., "Law and finance", *Journal of Political Economy*, 1998, 106 (6): 1113 – 1155.

③ ［美］熊彼特：《经济分析史》，商务印书馆2009年版。

④ ［英］希克斯：《经济史理论》，商务印书馆1987年版，第131页。

⑤ ［德］马克思：《资本论》第一卷，人民出版社1975年版，第688页。

保险公司和股份制经营相比，其对社会资本利用率和使用效率的提升能力无疑更弱①，主要的表现之一就是利率偏高。② 事实上，在大分流前夕，传统中国也未能出现同时期西方国家资本加速积累的现象。

三　华娄的出路：扭曲、次优与大分流

在前文中，我们似乎"创造"出了两个华娄：一个是物阜民丰、欣欣向荣、一派和谐，另一个却是积累不足、金融滞后、发展受限。如果我们穿越时空，回到 200 年前的松江，会看到哪个华娄呢？③ 应该是两个都会看到，这很大程度上取决于我们所选择的参照系。

一方面，我们认为华娄地区在 19 世纪初期已经达到了中国传统社会晚期各种约束条件下的最优状态，这是从中国看华娄；另一方面，考虑到这种最优是在扭曲④环境（即穹顶笼罩）下产生的，因此也只

---

① 兰日旭：《中国近代银行制度变迁及其绩效研究》，中国人民大学出版社 2013 年版。

② 一些学者认为传统中国的金融体系和资本发达程度在第一次工业革命发生前已经显著落后于西方，其中最重要的证据就是二者之间的利率差异。黑死病以后，欧洲市场的利率出现了持续性下降，到 18 世纪初期英国的政府债券名义年利率已经降至 4% 以下。参见 Pamuk, S., "The Black Death and the Origins of the 'Great Divergence' across Europe, 1300—1600", *European Review of Economic History*, 2007, 11 (3): 289 – 317; Homer, S., Sylla, R. E., *A History of Interest Rates*, Rutgers University Press, 1996。而这几乎与 19 世纪中国华北和江南农村地区的小农借款的月利率相当，粗略算来后者为前者的十倍以上。不过，Keller 等人通过粮价得到的数据则显示，大分流期间英国的利率大致在 5% 到 6% 波动，而同时期中国的利率在 8%—10% 之间波动，二者之间存在的差距相比传统说法更小。参加 Keller, W., Shiue, C. H., Wang, X., "Capital Markets in China and Britain, 1770—1860: Evidence from Grain Prices", *American Economic Journal: Applied Economics*, 2021, 13 (3): 31 – 64。因此 18 世纪中西方利率上存在一定差距应是无疑的。

③ 历史的吊诡往往在于：当我们欣喜于长三角地区财富集中度不高从而提供共同富裕的范本时，却又苦于这样一来会导致财富积累不足，阻碍传统社会走向近代化；当我们欣喜于长三角地区的小政府、无为而治从而更有利于市场自发秩序扩展的时候，却又苦于因国家能力不足而未能给财富创造和积累提供必要的公共品（包括一般基础设施和安全）。甚至，当我们从现代观点出发论证长三角金融发育不足时，就当时的社会需求而言，或许金融服务已经够了。历史的复杂性使得我们在抽取无论这样或那样的逻辑线索或因果链条时，都需要极为谨慎——因为搞不好，我们所赖以立论的那条历史脉络就可能被未曾考虑到的因素扯断了。

④ 在西方主流的新古典经济学看来，任何有碍于实现市场最优均衡的力量都可以被视为扭曲。

能算是常态①条件下的"次优"②，这是从世界看华娄。

（一）金融的"低水平均衡"

我们在前文中多次提到了华娄的金融发育不足问题。但需要说明的是这种不足是横向比较（国际比较）上的不足，无论是利率偏高，还是金融工具偏少，这些证据都不足以说明中国落后的根源在于金融的"失败"。正如王国斌和罗森塔尔强调的那样，金融通常是经济发展的结果，而非经济发展的成因。③

因此我们观察到的中国19世纪初期金融市场的种种不发展，以及金融供给严重不足的现象，其实是有其历史演进逻辑的。

在传统中国，无论是私人部门还是公共部门对信贷市场和金融工具都缺乏强烈的诉求：对私人部门来说，中国人更倾向于寻求家族或宗族内部的合作，进行所谓的人格化交易④。即使从事长途贩运需要大量资金周转，清代商帮也基本会选择在宗族内部融资⑤；而对于公共部门来说，清政府在量入为出的财政理念下，长期恪守财政平衡主义，只使用常规性收入应对各项支出，除了盐商等的不定期报效以外，很少求诸信用市场⑥。相比之下，西方主要国家在近代走的是一条被称为"财政—军事国家"（Fiscal-Military State）的道路⑦，国王（投

---

① 所谓的"常态"是由参照系所决定的。这里的常态就是从西方国家近代化所需要的诸多条件所提出的，比如不排斥财富积累、不看轻商人、不搞闭关锁国等（即长远看不妨碍市场实现最优均衡）。因此是"从世界看华娄"。

② 张晓晶、李成、李育：《扭曲、赶超与可持续增长——对政府与市场关系的重新审视》，《经济研究》2018年第1期。

③ ［美］王国斌、罗森塔尔：《大分流之外》，江苏人民出版社2019年版，第178页。

④ Greif, A., "Tabellini G. Cultural and institutional bifurcation: China and Europe compared", *American Economic Review*, 2010, 100 (2): 135 – 40; Greif, A., "Tabellini, G. The Clan and the Corporation: Sustaining Cooperation in China and Europe", *Journal of Comparative Economics*, 2017, 45 (1): 1 – 35.

⑤ 唐力行：《论徽州宗族社会的变迁与徽商的勃兴》，《中国社会经济史研究》1997年第2期；吴琦、周黎安、刘蓝予：《地方宗族与明清商帮的兴起》，《中国经济史研究》2019年第5期。

⑥ 参见彭立峰《晚清财政思想史》，社会科学文献出版社2010年版；李晓、李黎明《中西金融大分流的国家信用逻辑》，《吉林大学社会科学学报》2021年第2期。

⑦ 参见 Bonney, R., *The Rise of the Fiscal State in Europe c.1200—1815*, Clarendon Press, 1999; Brewer, J., *The Sinews of Power: War, Money and the English State 1688—1783*, Routledge, 2002；［荷］范赞登《通往工业革命的漫长道路》，浙江大学出版社2016年版。

资者）积极利用长期债务市场和短期债务市场应对政治和战争需要，由此"在事实上促成了许多改革和创新"。①

不过，对于一个儒家文化长期统治的相对封闭的国家来说，这种金融的低水平均衡基本上已经达到约束条件下的最优状态（退一步讲，也是较为适合当时国情的）。②

毕竟，对清政府来说，其仍可以通过空间调配资源（弥补时间维度的不足）进行赈灾③，还可以发动士绅阶层修桥铺路，提供基层公共物品④；对普通的农户来说，其在青黄不接时也可以典当衣物、田产，不至于完全挨饿；而工商业企业虽然不能从市场中获得低利率的贷款，但通过社会网络（攀亲戚、走后门）大部分时候也能获得周转资金。⑤

因此，除非穹顶出现"裂痕"，传统社会的金融安排将始终处于"低需求—低供给"的低水平均衡之中。

---

① ［美］王国斌、［美］罗森塔尔：《大分流之外》，江苏人民出版社2019年版，第156页。

② 一种说法认为，清代政府保守的财政思想之根源在于对前朝经验的"过度"总结，比如清政府在农业经济发展快速的两百年间始终拒绝增加农业税，即使到了1850年代以后，政府陷入严重的财政危机被迫开始财政转型，其依然偏执地只增加厘金和关税等间接税，而不敢提高农业税的比例。张泰苏指出，出现这一现象的根本原因是明清之际的意识形态转型和精英阶层对晚明因加派"三饷"而亡国的恐惧（按照他的说法，相比于"加赋不仁"或"君子不言利"，"加赋导致灭亡"是更加有效的政治论点）。参见［美］张泰苏《清代财政的意识形态基础》，即将出版。与之相似，清政府抛弃两宋、明代前期"盐引"的思路，始终不发行国债，其背后的原因之一可能也是基于对前代失败教训的"错误"认识。参见［美］黄仁宇《十六世纪明代中国之财政与税收》，生活·读书·新知三联书店2001年版；罗冬阳《明前期盐粮开中与国债市场的运行》，《社会科学战线》2021年第10期。

③ 在魏丕信看来，18世纪的中国政府在这方面干得相当不错。魏氏通过对《赈纪》一书的研究发现，在18世纪中期的几十年间中国政府在自然灾害期间为维持人民生产和生活发挥了巨大的作用，而且政府管理的效率非常高。参见［美］魏丕信《十八世纪中国的官僚制度与荒政》，江苏人民出版社2006年版，第1—3页。

④ 参见和文凯《财政制度，国家权力正当性与国家能力：清代国家能力的再考察》，《中国经济史研究》2021年第1期；龙登高、王明、陈月圆《论传统中国的基层自治与国家能力》，《山东大学学报》（哲学社会科学版）2021年第1期。

⑤ 陈志武团队利用1897—1936年中国银行业的数据所做的实证检验也发现儒家宗族对于现代银行业的发展具有显著的抑制作用，且这种作用一致延续到了现在。Chen, Z., Ma, C., Sinclair, A., *Banking on the Confucian Clan：Why China Developed Financial Markets So Late*, Available at SSRN 3671280, 2020.

（二）农业的所谓"内卷化"

根据彭慕兰、李伯重等人的研究，18世纪中国长三角地区的农业劳动生产率颇高，基本与同时期的英格兰、荷兰相仿。这很大程度上得益于来自山东等地的大豆输入，为华娄的农田提升了肥力，缓解了人口压力。[①] 不过，正如我们前面提到的，到1820年代由于气候变化和气象灾害相叠加，华娄的农作物产量已经大幅下滑，农业的利润如果不考虑副产品已经是负数。

由于华娄地区的可耕地面积有限，持续增长的人口如果无法顺利转移到非农部门（这取决于工商业能否持续温和扩张），为了维持生计，小农家庭就不得不在农田中和纺车上付出额外的劳动，直至劳动的边际报酬接近于零。这也就是黄宗智提出的所谓内卷化（Involution）[②]。需要说明的是，在一个没有持续技术进步的封闭世界里，内卷化是必然出现的现象。[③] 而且对于农户来说，参与内卷既是"生存法则"，也是"理性选择"。

事实上，最早告别马尔萨斯陷阱的英格兰，其突破（更准确地说是延缓）内卷的方式只有两种：第一是农业革命，即大规模使用畜力

[①] 关于18世纪中国各地区人口压力和人口转型（Demographic Transition）的争论参见 Lee, J. Z., Campbell, C. D., *Fate and Fortune in Rural China: Social Organization and Population Behavior in Liaoning 1774—1873*, Cambridge University Press, 2007; Lee, J., Feng, W., "Malthusian Models and Chinese Realities: The Chinese Demographic System 1700—2000", *Population and Development Review*, 1999, 25（1）: 33 - 65；曹树基、陈意新《马尔萨斯理论和清代以来的中国人口——评美国学者近年来的相关研究》，《历史研究》2002年第1期。

[②] 参见 Huang, P., *The Peasant Economy and Social Change in North China*, Stanford University Press, 1985；黄宗智《长江三角洲小农家庭与乡村发展》，中华书局2000年版。近年来，内卷化概念逐渐"破圈"，从最开始的农业经济学和经济史范畴拓展到了社会生活的各领域（比如行政体系的"内卷化"，政策措施的"内卷化"），泛指一切"没有质变而仅是越来越紧密的劳动投入（以及边际回报递减）的现象"。按照黄宗智自己的说法，他的这一概念直接来源于格尔茨（C. Geertz）所使用的"Agricultural Involution"。但理论思想主要融合的是英国经济史学者里格利（A. Wrigley）的有机经济论，裴小林的中国传统"地力"思想的现代经济学解读以及美国农业经济学者博塞拉普（E. Boserup）的人口压力动力论。参见黄宗智《小农经济理论与"内卷化"及"去内卷化"》，《开放时代》2020年第4期。其理论来源主要包括 Geertz, C., *Agricultural Involution: The Processes of Ecological Change in Indonesia*, University of California Press, 1963; Boserup, E., "Environment, Population, and Technology in Primitive Societies", *Population and Development Review*, 1976: 21 - 36, 等等。

[③] 刘世定、邱泽奇:《"内卷化"概念辨析》，《社会学研究》2004年第5期。

和改变耕种方式①，不过其提高的幅度也是有限的；第二是通过海外殖民突破资源的限制，在新世界开拓彭慕兰笔下的"幽灵地"（ghost land）。② 由此看，人类社会的历史本身就是一部不断对抗边际收益递减铁律的历史。③

这里我们要再次援引次优理论。在帝国主义势力入侵之前，华娄地区的内卷化现象实际上并不明显④，主要原因是松江府作为当时的纺织业中心，家庭棉纺织业出现了技术、组织和商业三方面的长足进步，其生产的土布行销全国，拥有较为广阔的"海外市场"。妇女从事纺织业获得的收入几乎与经营家庭农场相当⑤；同时，华娄地区工商业繁荣，吸收了大量的剩余劳动力（证据就是众多的外来务工人员）。

而恰恰是在鸦片战争之后，封闭经济被打破，农村手工业（主要是土布业）大规模破产，破产的手工业者不得不重返土地或者从事低端的手工纺纱业，因此加剧了小农家庭之间的内部竞争，导致在19世纪中后期到20世纪中期，江南地区的"消费社会"为"糊口经济"所取代，农民生活在水深火热之中⑥。

不过，尽管从小农生产（农业和手工业复合型）来看，1820年代的华娄地区正处于其最优状态，但其能否彻底摆脱马尔萨斯陷阱，主要取决于工商业的发展水平，以及其产业结构转型能否顺利实现。

（三）工商业的"增长极限"

增长皆有极限。即使是再乐观的经济史学者，也都会承认单纯依靠

---

① ［英］里格利：《延续、偶然与变迁：英国工业革命的特质》，浙江大学出版社2013年版。

② ［美］彭慕兰：《大分流》，北京日报出版社2021年版，第337—339页。

③ Elvin, M., *The Pattern of the Chinese Past: A Social and Economic Interpretation*, Stanford University Press, 1973.

④ 李伯重、张天虹：《过密化与中国棉纺织业生产——18世纪末至19世纪初的松江》，《南都学坛：南阳师范学院人文社会科学学报》2011年第4期。

⑤ 李著估算即使到1820年代，纺织业进入周期性衰退时，妇女劳动者的日收入还相当于3.4升米，能够供养2.7口人。

⑥ ［美］费正清、［美］费维恺：《剑桥中华民国史（1912—1949）》，中国社会科学出版社1998年版。

斯密型动力无法"召唤"工业革命。[①] 对于华娄的工商业部门来说，其整体内卷化程度在19世纪初期尚不严重，但在1820年代其趋势已初露端倪。换句话说，只要扭曲不被消除，其扩张仍不可持续。具体来说：

首先是市场扩张的边界。同农业部门相类似，市场拓展也有其界限。[②] 在传统社会，最主要、同时也是价格最低、运量最大的运输方式是水运。华娄地区能跻身全国贸易中心之一的原因也在于其得天独厚的地理位置和便利的水运条件。华娄地区想要获取外界的原材料，以及向外输入商品只能依赖长江和大运河，实际上无法辐射广大的内陆地区。[③] 而闭关锁国的政策，则在自然穹顶外增加了一层同样坚固的制度穹顶，人为地限制其（如同斯密所建议的那样）"航行到更多地方"。

其次是农业部门的制约。华娄工业部门支柱产业主要是棉纺织业，需要棉花等经济作物作为原材料，同时也需要大量的非农人口做工人。但就如同王国斌讲的，所有的早期工业化或前工业化都是以农业部门的发展为前提的，没有农业劳动生产率的提高，既无法提供工业原材料，也无法维持庞大的工业人口。[④] 17、18世纪的华娄，农业劳动生产率以及长江流域粮食市场的整合程度的提高为工商业的繁荣（以及城市化的发展）奠定了基础。但是从19世纪初开始，二者的停滞也致华娄工商业成为无本之木，限制其进一步发展。

再次是较高的融资成本。如前所述，19世纪初期的华娄面临的是一个低水平均衡的金融市场。其"低"字既体现在金融市场规模较小，也体现在金融产品种类过少。在供给侧，由于缺乏投资品，华娄

---

① 参见李著，第290页。

② 市场扩张很多时候也并不是线性的。以粮食市场为例，Gu 和 Kung 的研究发现清代粮食过剩地区（粮食输出地）快速的人口增长消耗了用于贸易的剩余，阻碍了地区间市场整合程度的提高。参见 Gu, Y., Kung, J. K., "Malthus Goes to China: The Effect of 'Positive Checks' on Grain Market Development, 1736—1910", *The Journal of Economic History*, 2021: 1-36。

③ 如彭慕兰就认为长三角地区无法向近代经济转型最重要的原因是无法廉价地获取山西的煤炭资源，当然这是他的一家之言。[美] 彭慕兰：《大分流》，北京日报出版社2021年版。但是从木材上我们也能看出一些相似的端倪。由于建造房屋、修建公共基础设施（比如海塘、河堤等），需要用到大量木材，在18世纪以后华娄本地无法满足，需要从福建地区运输木材，成本极高。

④ [美] 王国斌、[美] 罗森塔尔：《大分流之外》，江苏人民出版社2019年版。

的城乡居民，特别是富户往往只能选择建房、买地或者窖藏金银，财富的流动性极差，且很少进入借贷市场，造成借贷市场利率高企。由于外部融资成本过高，工商业企业一方面始终无法突破家族经营的限制，建立起非人格化的交易模式，另一方面也无法有效扩大经营规模和经营范围，发挥规模效应。从理论上讲，过高的贷款利率也不利于企业和工人进行技术创新。

最后是文化、价值观的负向激励。麦克洛斯基在《企业家的尊严》中高度强调对工商业者的社会评价对于传统经济能否向现代社会转型的重要性。[1] 理学价值观虽然在清代中期的长三角有所松动，但其仍居于社会的主导地位。所谓万般皆下品惟有读书高[2]，职业观念的扭曲也为工商业的发展穿上了紧身衣。

综上所述，我们认为19世纪初期的华娄经济作为一个有机体，已经达到中国传统社会穹顶之下的最优。那么，回到"华娄之问"，其能否依靠市场的力量突破穹顶，达到全局的最优解呢？很遗憾，我们的答案是：不能。

世界近代经济发展史和华娄地区的经济发展历程都表明，小到一个地域，大到一个国家、一种文明，如果自得于约束条件下的最优，特别是将价值观与制度约束视为"祖宗之法不可变"，不去主动修正扭曲，并承受改革初期的阵痛，那么其将永远无法实现现代化转型。[3]

这一逻辑也为大分流提供了新的注解。

---

[1] McCloskey, D. N., *Bourgeois dignity: Why Economics can't Explain the Modern World*, University of Chicago Press, 2010.

[2] 最直接的证据就是富商巨贾热衷于培养子弟走"科名正途"。参见林毅夫《李约瑟之谜，韦伯疑问和中国的奇迹——自宋以来的长期经济发展》，《北京大学学报》（哲学社会科学版）2007年第4期。

[3] 另一种做法则是引入新的扭曲。根据Lipsey和Lancaster的经典论述，有关市场扭曲的"次优原则"是指，如果不能去除所有扭曲（某种意义的最优状态），往往需要引入某些扭曲（一种或多种）来制衡其他扭曲，从而实现一个更为有效率的、次优的结果。参见Lipsey, R. G., Lancaster, K., "The General Theory of Second Best", *The Review of Economic Studies*, 1956, 24 (1): 11–32. 比如寻租行为就被认为可能有利于突破体制障碍、推进市场化，是一种次优；而内卷作为一种理性选择，也是一种次优。总体上看，次优是不得已为之；而突破根本约束寻求最优才是传统社会走向近代化的出路所在。

参考文献

阿凤：《明清时代妇女的地位与权利》，社会科学文献出版社 2009 年版。

阿吉翁等：《增长经济学手册》，经济科学出版社 2019 年版。

阿里吉：《亚当·斯密在北京》，社会科学文献出版社 2009 年版。

艾伦：《近代英国工业革命揭秘》，浙江大学出版社 2012 年版。

岸本美绪、刘迪瑞：《清代中国的物价与经济波动》，中国社会科学出版社 2010 年版。

滨岛敦俊：《明清江南农村社会与民间信仰》，厦门大学出版社 2008 年版。

布罗代尔：《地中海与菲利普二世时代的地中海世界》，商务印书馆 2017 年版。

布西等：《皮凯蒂以后：不平等研究的新议程》，中信出版集团 2022 年版。

曹树基：《中国人口史》（第五卷），清时期，复旦大学出版社 2001 年版。

曹幸穗：《旧中国苏南农家经济研究》，中央编译出版社 1996 年版。

陈典：《清代湖北的县衙》，《中国经济与社会史评论》2010 年卷。

陈方正：《继承与叛逆》，生活·读书·新知三联书店 2009 年版。

陈锋：《中国财政通史：清代财政史》，湖南人民出版社 2017 年版。

陈锦江：《清末现代企业与官商关系》，中国社会科学出版社 2010 年版。

参考文献

戴蒙德：《枪炮、病菌与钢铁》，上海译文出版社 2000 年版。

邓洪波：《中国书院史》，中国出版集团东方出版中心 2004 年版。

范金民：《明清江南商业的发展》，南京大学出版社 1998 年版。

范赞登：《通往工业革命的漫长道路》，浙江大学出版社 2016 年版。

费孝通：《江村农民生活及其变迁》，敦煌文艺出版社 1997 年版。

傅为群：《老上海黄金图志》，上海科学出版社 2019 年版。

高阳：《胡雪岩全传》，中国友谊出版公司 1992 年版。

戈德史密斯：《金融结构与金融发展》，上海三联书店 1994 年版。

戈兹曼：《金融千年史》，中信出版社 2017 年版。

贡德·弗兰克：《白银资本》，中央编译出版社 2000 年版。

顾柄权：《上海洋场竹枝词》，上海书店出版社 1996 年版。

韩敏：《回应革命与改革：皖北李村的社会变迁与延续》，江苏人民出版社 2007 年版。

和文凯：《通向现代财政国家的路径：英国，日本和中国》，香港中文大学出版社 2020 年版。

洪焕椿：《明清苏州农村经济资料》，江苏古籍出版社 1988 年版。

胡浩等：《卜凯农户调查数据汇编（1929—1933）》，科学出版社 2017 年版。

胡恒：《皇权不下县?》，北京师范大学出版社 2015 年版。

胡英泽：《理论与实证五十年来清代以降鱼鳞册地权研究之反思——以"太湖模式"为中心》，社会科学文献出版社 2012 年版。

黄敬斌：《郡邑之盛》，中华书局 2018 年版。

黄敬斌：《民生与家计》，复旦大学出版社 2009 年版。

黄仁宇：《十六世纪明代中国之财政与税收》，生活·读书·新知三联书店 2001 年版。

黄宗智：《长江三角洲小农家庭与乡村发展》，中华书局 2000 年版。

江苏省金融志室：《江苏典当钱庄》，南京大学出版社 1992 年版。

江苏省粮食志编纂委员会：《江苏省粮食志》，江苏人民出版社 1993 年版。

瞿同祖：《清代地方政府》，法律出版社 2003 年版。

瞿同祖：《中国法律与中国社会》，中华书局 1981 年版。

科大卫：《皇帝和祖宗：华南的国家与宗族》，江苏人民出版社 2009 年版。

科恩：《卡尔·马克思的历史理论：一种辩护》，高等教育出版社 2008 年版。

赖惠敏：《乾隆皇帝的荷包》，中华书局 2016 年版。

兰德斯等：《历史上的企业家精神》，中信出版社 2015 年版。

兰日旭：《中国近代银行制度变迁及其绩效研究》，中国人民大学出版社 2013 年版。

李伯重：《江南的早期工业化》，社会科学文献出版社 2000 年版。

李伯重：《中国的早期近代经济：1820 年代华亭——娄县地区 GDP 研究》，中华书局 2010 年版。

李隆生：《清代的国际贸易：白银流入、货币危机和晚清工业化》，秀威资讯科技股份有限公司 2010 年版。

李隆生：《晚明海外贸易数量研究：兼论江南丝绸产业与白银流入的影响》，秀威资讯科技股份有限公司 2005 年版。

李文海：《民国时期社会调查丛编（二编）·城市生活卷》，福建教育出版社 2014 年版。

李文海：《民国时期社会调查丛编（二编）·乡村社会卷》，福建教育出版社 2009 年版。

李文海：《民国时期社会调查丛编·城市（劳工）生活卷》，福建教育出版社 2005 年版。

李文治等：《清代漕运》，中华书局 1995 年版。

李扬、张晓晶、常欣：《中国国家资产负债表 2015》，中国社会科学出版社 2015 年版。

李扬、张晓晶、常欣：《中国国家资产负债表 2018》，中国社会科学出版社 2018 年版。

李扬、张晓晶：《中国国家资产负债表 2020》，中国社会科学出版社 2021 年版。

里格利：《延续、偶然与变迁：英国工业革命的特质》，浙江大学出版社 2013 年版。

立德：《穿蓝色长袍的国度》，上海三联书店 2019 年版。

梁漱溟：《乡村建设理论》，上海人民出版社 2006 年版。

林满红：《银线：19 世纪的世界与中国》，江苏人民出版社 2011 年版。

林耀华：《金翼》，生活·读书·新知三联书店 1989 年版。

刘建生：《中国典商研究》，山西经济出版社 2007 年版。

刘锦藻：《清朝续文献通考》，浙江古籍出版社 2000 年版。

刘秋根：《明清高利贷资本》，上海财经大学出版社 2000 年版。

刘秋根：《中国典当制度史》，上海古籍出版社 1995 年版。

刘少奇：《刘少奇选集》，人民出版社 2004 年版。

刘守刚：《财政中国三千年》，上海远东出版社 2020 年版。

刘守刚：《家财帝国及其现代转型》，高等教育出版社 2015 年版。

刘易斯：《经济增长理论》，上海人民出版社 1999 年版。

刘子健：《中国转向内在》，江苏人民出版社 2012 年版。

吕思勉：《中国社会史》，上海古籍出版社 2007 年版。

罗宾斯：《经济科学的性质和意义》，商务印书馆 2000 年版。

罗斯基：《战前中国经济的增长》，浙江大学出版社 2009 年版。

罗斯托：《经济增长理论史：从大卫·休谟至今》，浙江大学出版社 2016 年版。

马德斌：《中国经济史的大分流与现代化——一种跨国比较视野》，浙江大学出版社 2021 年版。

马戛尔尼、巴罗：《马戛尔尼使团使华观感》，商务印书馆 2013 年版。

《马克思恩格斯文集：第 6 卷》，人民出版社 2009 年版。

马学强：《从传统到近代：江南城镇土地产权制度研究》，上海社会科学院出版社 2002 年版。

宓公干：《典当论》，商务印书馆 1936 年版。

莫基尔：《富裕的杠杆：技术革新与经济进步》，华夏出版社 2008 年版。

莫基尔：《增长的文化》，中国人民大学出版社 2020 年版。

诺思：《西方世界的兴起：新经济史》，华夏出版社 1989 年版。

配第：《政治算术》，商务印书馆 1960 年版。

彭凯翔：《从交易到市场：传统中国民间经济脉络试探》，浙江大学出版社 2015 年版。

彭凯翔：《清代以来的粮价：历史学的解释与再解释》，上海人民出版社 2006 年版。

彭立峰：《晚清财政思想史》，社会科学文献出版社 2010 年版。

彭慕兰：《大分流》，北京日报出版社 2021 年版。

彭南生：《固守与变迁》，湖北人民出版社 2014 年版。

彭信威：《中国货币史》，上海人民出版社 2015 年版。

皮凯蒂等：《21 世纪资本论》，中信出版社 2014 年版。

全汉昇：《中国经济史研究》，中华书局 2011 年版。

沙伊德尔：《不平等社会：从石器时代到 21 世纪，人类如何应对不平等》，中信出版社 2019 年版。

上海市档案馆：《清代上海房地契档案汇编》，上海古籍出版社 1999 年版。

施坚雅：《中华帝国晚期的城市》，中华书局 2000 年版。

史志宏：《清代户部银库收支和库存统计》，福建人民出版社 2009 年版。

斯当东：《英使谒见乾隆纪实》，商务印书馆 1963 年版。

斯密：《国富论：国民财富的性质和起因的研究》，作家出版社 2017 年版。

松浦章：《清代内河水运史研究》，江苏人民出版社 2010 年版。

宋应星：《图解天工开物（白话全译彩图本）》，南海出版社 2007 年版。

童隆福：《浙江航运史》，人民交通出版社1993年版。

汪丁丁：《经济学思想史讲义》，上海人民出版社2012年版。

王大学：《明清"江南海塘"的建设与环境》，上海人民出版社2008年版。

王国斌：《转变的中国：历史变迁与欧洲经验的局限》，江苏人民出版社2005年版。

王国斌、罗森塔尔：《大分流之外》，江苏人民出版社2018年版。

王业键：《清代经济史论文集》，台湾稻乡出版社2003年版。

王业键：《清代田赋刍论》，人民出版社2008年版。

王裕明：《明清徽州典商研究》，人民出版社2012年版。

王泽妍：《明清时期的"官当"》，吉林文史出版社2011年版。

韦伯：《经济通史》，上海三联书店2016年版。

韦伯：《新教伦理与资本主义精神》，广西师范大学出版社1986年版。

韦庆远：《明清史辨析》，中国社会科学出版社1989年版。

韦庆远：《清代奴婢制度》，中国人民大学出版社1982年版。

魏根深：《中国历史研究手册》，北京大学出版社2016年版。

魏明孔、李绍强、徐建青：《中国手工业经济通史·明清卷》，福建人民出版社2004年版。

魏丕信：《十八世纪中国的官僚制度与荒政》，江苏人民出版社2006年版。

巫宝三：《中国国民所得》，中华书局1947年版。

吴承明：《中国的现代化：市场与社会》，生活·读书·新知三联书店2001年版。

希克斯：《经济史理论》，商务印书馆1987年版。

熊彼特：《经济分析史》，商务印书馆2009年版。

熊金武：《近代中国传统经济思想现代化研究：以民生经济学为例（1840—1949）》，社会科学文献出版社2020年版。

徐启宪：《清宫武备》，上海科学技术出版社2008年版。

徐新吾：《江南土布史》，上海社会科学院出版社1992年版。

许涤新、吴承明：《中国资本主义发展史第一卷》，人民出版社1985年版。

严中平等：《中国近代经济史统计资料选辑》，科学出版社1955年版。

燕红忠：《中国的货币金融体系》，中国人民大学出版社2012年版。

叶世昌：《古代中国经济思想史》，复旦大学出版社2003年版。

余英时：《士与中国文化》，人民出版社2003年版。

余英时：《中国近世宗教伦理与商人精神》，联经出版事业公司2004年版。

云妍等：《官绅的荷包》，中信出版集团2019年版。

曾小萍：《州县官的银两》，中国人民大学出版社2005年版。

张国刚：《中国家庭史》，广东人民出版社2007年版。

张晓旭：《苏州碑刻》，苏州大学出版社2003年版。

张彦台：《蜕变与重生：民国华北牙商的历史演进》，山西人民出版社2013年版。

张忠民：《上海：从开发走向开放1368—1842》，云南人民出版社1990年版。

张仲礼：《中国绅士研究》，上海人民出版社2019年版。

赵冈：《永佃制研究》，中国农业出版社2005年版。

赵冈：《中国传统农村的地权分配》，新星出版社2006年版。

中川忠英：《清俗纪闻》，中华书局2006年版。

中共中央马恩列斯著作编译局：《马克思恩格斯选集》，人民出版社1995年版。

中国人民银行上海市分行：《上海钱庄史料》，上海人民出版社1960年版。

中国史学会：《中国近代史资料丛刊》，上海人民出版社1957年版。

周雪光：《中国国家治理的制度逻辑》，生活·读书·新知三联书店2017年版。

蔡昉：《理解中国经济发展的过去、现在和将来——基于一个贯通的增长理论框架》，《经济研究》2013 年第 11 期。

蔡洪滨、周黎安、吴意云：《宗族制度、商人信仰与商帮治理：关于明清时期徽商与晋商的比较研究》，《管理世界》2008 年第 8 期。

曹树基：《坦博拉火山爆发与中国社会历史——本专题解说》，《学术界》2009 年第 5 期。

曹树基、陈意新：《马尔萨斯理论和清代以来的中国人口——评美国学者近年来的相关研究》，《历史研究》2002 年第 1 期。

曹永康、陈晓琳、金沁：《上海古桥研究》，《古建园林技术》2019 年第 4 期。

柴勇、刘秋根：《典当业与中国传统农业再生产——兼论"三位一体"社会经济结构》，《河北学刊》2018 年第 3 期。

陈力：《青浦古城墙考略》，《上海地方志》2020 年第 3 期。

陈学文：《关于石门镇榨油业的调查研究》，《中国社会经济史研究》1989 年第 1 期。

陈月圆、龙登高：《清代书院的财产属性及其市场化经营》，《浙江学刊》2020 年第 3 期。

陈志武、何石军、林展、彭凯翔：《清代妻妾价格研究——传统社会里女性如何被用作避险资产？》，《经济学（季刊）》2019 年第 1 期。

慈鸿飞：《民国江南永佃制新探》，《中国经济史研究》2006 年第 3 期。

慈鸿飞：《农地产权制度选择的历史和逻辑——论国家与农民二元产权》，《江海学刊》2007 年第 4 期。

戴建兵、许可：《乾隆朝铸币与 GDP 的估算——清代 GDP 研究的一种路径探索》，《清史研究》2013 年第 1 期。

邓大才：《通向权利的阶梯：产权过程与国家治理——中西方比较视角下的中国经验》，《中国社会科学》2018 年第 4 期。

杜黎：《关于鸦片战争前苏松地区棉布染踹业的生产关系》，《学术月刊》1962 年第 12 期。

杜恂诚、李晋：《白银进出口与明清货币制度演变》，《中国经济史研究》2017年第3期。

段艳、陆吉康：《1830—1856年中国"银荒"危机成因考辨》，《云南财经大学学报》2012年第2期。

樊树志：《江南市镇的民间信仰与奢侈风尚》，《复旦学报》（社会科学版）2004年第5期。

樊树志：《明清长江三角洲的市镇网络》，《复旦学报》（社会科学版）1987年第2期。

范金民：《从分立各契到总书一契：清代苏州房产交易文契的书立》，《历史研究》2014年第3期。

范金民：《清代江南棉布字号探析》，《历史研究》2002年第1期。

范金民：《清代苏州城市工商繁荣的写照——〈姑苏繁华图〉》，《史林》2003年第5期。

范金民：《清前期苏州农业经济的特色》，《中国农史》1993年第1期。

方行：《清代江南农民的消费》，《中国经济史研究》1996年第3期。

方行：《清代前期江南的劳动力市场》，《中国经济史研究》2004年第2期。

方行：《清代前期农村高利贷资本问题》，《经济研究》1984年第4期。

高敏雪：《从家庭资产评估到住户部门资产负债表》，《中国统计》2021年第3期。

关永强：《浅议近代中国GDP核算中调查资料的使用问题》，《中国经济史研究》2011年第4期。

关永强、张东刚：《"斯密型增长"——基于近代中国乡村工业的再评析》，《历史研究》2017年第2期。

管汉晖：《浮动本位兑换、双重汇率与中国经济：1870—1900》，《经济研究》2008年第8期。

管汉晖、李稻葵：《明代 GDP 及结构试探》，《经济学（季刊）》2010 年第 2 期。

郭爱民：《二十世纪二三十年代长三角农家收支、净余率与商品率的计量考察——来自吴江县开弦弓村的经济分析》，《社会科学》2010 年第 8 期。

和文凯：《财政制度，国家权力正当性与国家能力：清代国家能力的再考察》，《中国经济史研究》2021 年第 1 期。

和文凯：《市场经济与资本主义：大分流视野下的中国明清经济史研究》，《清史研究》2020 年第 6 期。

贺力平：《鸦片贸易与白银外流关系之再检讨——兼论国内货币供给与对外贸易关系的历史演变》，《社会科学战线》2007 年第 1 期。

黑田明伸：《中国货币史上的用银转变：切片，称重，入账的白银》，《中国经济史研究》2020 年第 1 期。

洪正：《新型农村金融机构改革可行吗？——基于监督效率视角的分析》，《经济研究》2011 年第 2 期。

胡华：《近代江南双层地权研究》，硕士学位论文，南京师范大学，2004 年。

胡英泽：《近代中国地权分配基尼系数研究中若干问题的讨论》，《近代史研究》2021 年第 1 期。

胡英泽：《历史时期地权分配研究的理论、工具与方法——以〈中国传统农村的地权分配〉为中心》，《开放时代》2018 年第 4 期。

黄敬斌：《郡邑之盛：明清松江城的空间形态与经济职能》，《史林》2016 年第 6 期。

黄敬斌：《十八世纪以降江南居民的消费》，博士学位论文，复旦大学，2006 年。

黄天宇、李楠：《农户经营农场规模、租佃制度与农业生产率——基于历史视角的实证考察》，《经济评论》2021 年第 5 期。

黄源盛：《晚清民国禁革人口买卖再探》，《法治现代化研究》2017 年第 2 期。

黄宗智：《小农经济理论与"内卷化"及"去内卷化"》，《开放时代》2020年第4期。

贾根良：《李斯特经济学的历史地位、性质与重大现实意义》，《学习与探索》2015年第1期。

蒋勤、高宇洲：《清代石仓的地方市场与猪的养殖、流通与消费》，《中国经济史研究》2019年第3期。

金戈：《中国基础设施资本存量估算》，《经济研究》2012年第4期。

金沁：《上海文物古桥调查及保护研究》，硕士学位论文，上海交通大学，2015年。

金星晔、管汉晖、李稻葵等：《中国在世界经济中相对地位的演变（公元1000—2017年）——对麦迪逊估算的修正》，《经济研究》2019年第7期。

莱夫特里斯·索尔菲迪斯、迪米特里斯·派塔里迪斯、王一钦、魏旭：《资本强度、非生产活动与美国经济大衰退》，《政治经济学评论》2021年第5期。

兰日旭：《企业史视角下的中西分流探析》，《经济研究参考》2020年第21期。

乐振华：《绍兴古桥遗产构成与保护研究》，硕士学位论文，浙江农林大学，2012年。

李伯重：《"道光萧条"与"癸未大水"——经济衰退、气候剧变及19世纪的危机在松江》，《社会科学》2007年第6期。

李伯重：《八股之外：明清江南的教育及其对经济的影响》，《清史研究》2004年第1期。

李伯重：《简论"江南地区"的界定》，《中国社会经济史研究》1991年第1期。

李伯重、张天虹：《"过密化"与中国棉纺织业生产——18世纪末至19世纪初的松江》，《南都学坛：南阳师范学院人文社会科学学报》2011年第4期。

李金铮：《20世纪20—40年代典当业的衰落——以长江中下游地

区为中心》,《中国经济史研究》2002 年第 4 期。

李金铮、邓红:《另一种视野:民国时期国外学者与中国农村调查》,《文史哲》2009 年第 3 期。

李隆生:《明末白银存量的估计》,《中国钱币》2005 年第 1 期。

李隆生:《清代(1645—1911)每年流入中国白银数量的估计》,《人文暨社会科学期刊》2009 年第 2 期。

李楠:《社会网络、连锁合约与风险规避:近代东北乡村无息借贷合约选择机制的考察》,《中国经济史研究》2016 年第 1 期。

李楠、甄茂生:《分家析产,财富冲击与生育行为:基于清代至民国初期浙南乡村的实证分析》,《经济研究》2015 年第 2 期。

李晓、李黎明:《中西金融大分流的国家信用逻辑》,《吉林大学社会科学学报》2021 年第 2 期。

李扬、张晓晶、常欣、汤铎铎、李成:《中国主权资产负债表及其风险评估(上)》,《经济研究》2012 年第 6 期。

李勇:《近代苏南渔业发展与渔民生活》,博士学位论文,苏州大学,2007 年。

李勇五:《中国明清银本位货币制度研究》,博士学位论文,山西财经大学,2014 年。

林满红:《两千年间的"佛"与"国":传统中国对西方货币领袖头像的认知》,《中国经济史研究》2018 年第 2 期。

林满红:《与岸本教授论清乾隆年间的经济》,《近代史研究所集刊》1997 年第 28 期。

林满红:《中国的白银外流与世界金银减产(1814—1850)》,吴剑雄:《中国海洋发展史论文集(第四辑)》,台北"中研院"中山人文社会科学研究所,1991 年。

林毅夫:《李约瑟之谜,韦伯疑问和中国的奇迹——自宋以来的长期经济发展》,《北京大学学报》(哲学社会科学版)2007 年第 4 期。

林展、陈志武:《阶级身份,互联性交易,季节性与民间借贷——基于民国时期北方农村家计调查》,《清华大学学报》(哲学社会科学版）2015 年第 5 期。

林展、陈志武、彭凯翔：《乾隆中期和道光中后期债务命案研究》，《清史研究》2016 年第 2 期。

林展、云妍：《"不可露出宽裕之象"：财产合法性与清代官员家产结构》，《北京大学学报》（哲学社会科学版）2018 年第 4 期。

刘爱华：《明清时期学校教材研究》，博士学位论文，湖南师范大学，2020 年。

刘赫宇：《清代太原旗营的武备》，《太原理工大学学报》（社会科学版）2020 年第 2 期。

刘克祥：《近代农村地区钱庄业的起源和兴衰——近代农村钱庄业探索之一》，《中国经济史研究》2008 年第 2 期。

刘林平、任美娜、杨阿诺：《"新教伦理与资本主义精神"命题之反思》，《社会科学》2021 年第 2 期。

刘秋根：《15—18 世纪中国资金市场发育水平蠡测》，《人文杂志》2008 年第 1 期。

刘秋根：《明清民国时期典当业的资金来源及资本构成分析——以负债经营问题为中心》，《河北大学学报》（哲学社会科学版）1999 年第 4 期。

刘秋根、彭志才：《清代典商的经营及与地方社会的互动——以乾嘉两份典商诉状为中心》，《人文杂志》2014 年第 6 期。

刘世定、邱泽奇：《"内卷化"概念辨析》，《社会学研究》2004 年第 5 期。

刘正山：《土地兼并的历史检视》，《经济学（季刊）》2007 年第 6 卷第 2 期（总第 24 期）。

龙登高：《地权交易与生产要素组合：1650—1950》，《经济研究》2009 年第 2 期。

龙登高、何国卿：《土改前夕地权分配的检验与解释》，《东南学术》2018 年第 4 期。

龙登高、林展、彭波：《典与清代地权交易体系》，《中国社会科学》2013 年第 5 期。

龙登高、彭波：《近世佃农的经营性质与收益比较》，《经济研究》2010 年第 1 期。

龙登高、王苗：《武训的理财兴学之道》，《中国经济史研究》2018 年第 3 期。

龙登高、王明、陈月圆：《论传统中国的基层自治与国家能力》，《山东大学学报》（哲学社会科学版）2021 年第 1 期。

龙登高、王正华、伊巍：《传统民间组织治理结构与法人产权制度——基于清代公共建设与管理的研究》，《经济研究》2018 年第 10 期。

卢锋、彭凯翔：《我国长期米价研究（1644—2000）》，《经济学（季刊）》2005 年第 2 期。

陆国香：《中国之典当（利息）》，《银行周报》1936 年第 20 卷第 3 期。

罗冬阳：《明前期盐粮开中与国债市场的运行》，《社会科学战线》2021 年第 10 期。

马国英：《清代粮价研究进展与述评》，《中国社会经济史研究》2020 年第 4 期。

马涛、王嘉：《中西方传统财富观的特点及对近代发展分流的影响》，《中国经济史研究》2021 年第 6 期。

毛宪民：《江南"三织造"与清宫盔甲制作》，《清史论丛》2016 年第 2 期。

缪德刚：《中国近代国家资产总量——基于"国富"指标的项目整合与数据考证》，《中国经济史研究》2021 年第 5 期。

倪玉平、高晓燕：《清朝道光"癸未大水"的财政损失》，《清华大学学报》（哲学社会科学版）2014 年第 4 期。

潘敏德：《中国近代典当业之研究（1644—1937）》，《台湾师范大学历史研究所专刊（13）》，1985 年。

潘晓宇：《清代奴仆法律制度探析》，硕士学位论文，吉林大学，2014 年。

庞浩、金星晔、管汉晖：《中国贸易盈余与外汇储备的长期考察：1636—2018》，《经济学报》2021年第2期。

彭凯翔：《传统中国经济张力的立体透视——评〈中国的早期近代经济——1820年代华亭—娄县地区GDP研究〉》，《经济研究》2011年第5期。

彭慕兰、周琳：《在无为而治与英雄主义的失败之间——清代国家能力与经济发展概论》，《中国经济史研究》2021年第2期。

邱澎生：《18世纪苏松棉布业的管理架构与法律文化》，《江海学刊》2012年第2期。

邱澎生：《"是官当敬"？——检视十八世纪重庆商业诉讼的政治风险问题》，《清史研究》2020年第6期。

邱永志：《历久弥新：国际学术视野下的明代白银问题研究述论》，《清华大学学报》（哲学社会科学版）2018年第4期。

全汉昇：《中国经济史论丛》，香港中文大学新亚书院新亚研究所，1972年。

史红帅：《清乾隆四十六年至五十一年西安城墙维修工程考——基于奏折档案的探讨》，《中国历史地理论丛》2011年第1期。

宋兴家：《清代奴婢制的普遍化——以律法修订及司法实践为中心》，《西南大学学报》（社会科学版）2021年第3期。

苏国勋、黄万盛、吴飞、何蓉、梁治平、马小红、泮伟江、赖骏楠、高超群、吴增定、陈明、方朝晖、任锋、姚中秋：《走出韦伯神话——〈儒教与道教〉发表百年后之反思》，《开放时代》2016年第3期。

孙佳荀、葛云霞：《从水师编制核心看清代前期海防观念》，《国家航海》2021年第1期。

唐力行：《论徽州宗族社会的变迁与徽商的勃兴》，《中国社会经济史研究》1997年第2期。

滕德永、刘甲良：《乾嘉时期内务府的分府当铺与皇子分府》，《故宫学刊》2012年第1期。

田传浩、方丽、张旋：《中国历史上的地权分配——基于鱼鳞图册的估计》，《中国农村研究》2013 年第 2 期。

屠燕治：《谈洪武年间的铜钱窖藏》，《中国钱币》1988 年第 1 期。

完颜绍元：《古代当官不修衙，为什么?》，《人民论坛》2014 年第 10 期。

王峰明：《资本，资本家与资本主义——从马克思看皮凯蒂的〈21 世纪资本论〉》，《天津社会科学》2015 年第 3 期。

王刚：《乾隆朝江南军马的采买与牧放》，《历史档案》2014 年第 2 期。

王海明：《试论中国古代工商业及其经济权力官有制》，《华侨大学学报》（哲学社会科学版）2016 年第 3 期。

王建革：《华阳桥乡：水、肥、土与江南乡村生态（1800—1960）》，《近代史研究》2009 年第 1 期。

王健：《居乡之苦：〈沈竹岑日记〉所见"道光萧条"与江南乡村社会》，《江海学刊》2013 年第 6 期。

王健：《明清以来江南民间信仰中的庙界：以苏、松为中心》，《史林》2008 年第 6 期。

王珏：《清代火器应用研究》，硕士学位论文，东北师范大学，2019 年。

王庆：《中国十五至十九世纪科技停滞研究：以儒家内省化为视角》，博士学位论文，中国人民大学，2021 年。

王新宇：《南京明清织染类作坊建筑研究》，硕士学位论文，南京工业大学，2018 年。

王业键：《中国近代货币与银行的演进》，"中研院"经济研究所，1981 年。

王裕明：《明清徽商典当资本的经营效益》，《安徽大学学报》（哲学社会科学版）2011 年第 6 期。

王跃生：《20 世纪三四十年代冀南农村分家行为研究》，《近代史研究》2002 年第 4 期。

王跃生：《中国传统家庭合与分的制度考察》，《社会科学》2013 年第 7 期。

文贯中：《李约瑟之谜与经济地理学的启示：答皮文的评论》，《经济学（季刊）》2007 年第 A01 期。

吴承明：《利用粮价变动研究清代的市场整合》，《中国经济史研究》1996 年第 2 期。

吴慧：《会馆、公所、行会：清代商人组织演变述要》，《中国经济史研究》1999 年第 3 期。

吴建华：《清代江南人口与住房的关系探略》，《中国人口科学》2002 年第 2 期。

吴琦、周黎安、刘蓝予：《地方宗族与明清商帮的兴起》，《中国经济史研究》2019 年第 5 期。

吴四伍：《清代仓储的经营绩效考察》，《史学月刊》2017 年第 5 期。

吴滔：《论清前期苏松地区的仓储制度》，《中国农史》1997 年第 2 期。

吴滔：《明代苏松地区仓储制度初探》，《中国农史》1996 年第 3 期。

吴滔：《明清苏松仓储的经济、社会职能探析》，《古今农业》1998 年第 3 期。

徐滨：《工业革命与现代经济增长的原因——近十几年来相关历史解释的理论渊源揭示》，《史学理论研究》2018 年第 1 期。

徐国利：《传统儒商义利观及其近代转型与文化取向》，《学术界》2020 年第 9 期。

徐建青：《清代前期的酿酒业》，《清史研究》1994 年第 3 期。

徐建青：《清代前期的榨油业》，《中国农史》1994 年第 2 期。

徐毅、巴斯·范鲁文：《中国工业的长期表现及其全球比较：1850—2012 年——以增加值核算为中心》，《中国经济史研究》2016 年第 1 期。

徐毅、何丰伦：《探索长期增长与不平等：英语学界对全球经济大分流的量化研究》，《史学理论研究》2021 年第 6 期。

许宪春：《中国国民经济核算体系的建立、改革和发展》，《中国社会科学》2009 年第 6 期。

薛恒：《清代对胥吏的管理及其失控原因》，《东南文化》2003 年第 7 期。

颜色、刘丛：《18 世纪中国南北方市场整合程度的比较——利用清代粮价数据的研究》，《经济研究》2011 年第 12 期。

燕红忠：《从货币流通量看清代前期的经济增长与波动》，《清史研究》2008 年第 3 期。

燕红忠：《货币供给量、货币结构与中国经济趋势：1650—1936》，《金融研究》2011 年第 7 期。

燕红忠：《清政府对牙行的管理及其问题》，《清华大学学报》（哲学社会科学版）2012 年第 4 期。

杨勇：《近代江南典当业的经济与社会功能》，《江西财经大学学报》2008 年第 1 期。

杨勇：《近代江南典当业的社会转型》，《史学月刊》2005 年第 5 期。

杨勇：《近代江南典当业的营业额与利润率》，《江西财经大学学报》2011 年第 2 期。

杨宇勃：《"量入为出"财政观的打破与晚清国债体制初创》，《江西社会科学》2020 年第 9 期。

叶成城、唐世平：《超越"大分流"的现代化比较研究：时空视角下的历史、方法与理论》，《学术月刊》2021 年第 5 期。

衣抚生、米龙：《一张卖身契》，《档案天地》2021 年第 8 期。

云妍、陈志武、林展：《清代官绅家庭资产结构一般特征初探——以抄产档案为中心的研究》，《金融研究》2018 年第 2 期。

张国辉：《清代前期的钱庄和票号》，《中国经济史研究》1987 年第 4 期。

张晖：《清代江南寺院经济研究》，博士学位论文，南京大学，2014 年。

张俊：《清代两湖地区的桥梁与渡口》，硕士学位论文，武汉大学，2004 年。

张丽霞、陈钰：《清代家族关系对借贷行为的影响——以〈湖北天门熊氏契约文书〉为分析文本》，《湖北工程学院学报》2018 年第 5 期。

张敏、许光县：《清代人身典权的法律规制——以白契制度为中心的考察》，《政法论坛》2013年第5期。

张升：《古代书价述略》，《中国出版史研究》2016年第3期。

张文驹、李裕伟：《威廉·配第两句名言的中译及其解读——写在马克思诞辰二百周年前后的读书笔记》，《中国国土资源经济》2018年第6期。

张喜琴、刘成虎：《山西典商的资本来源探析》，《中国经济史研究》2007年第2期。

张晓晶：《官方"国家账本"编制进行时》，《经济参考报》2017年第8期。

张晓晶、李成、李育：《扭曲、赶超与可持续增长——对政府与市场关系的重新审视》，《经济研究》2018年第1期。

张秀丽：《1912—1937年北京婢女问题研究》，博士学位论文，南开大学，2014年。

张一平：《苏南"土改"中一田两主地权结构的变动》，《中国农史》2011年第3期。

张宇燕、高程：《阶级分析、产权保护与长期增长——对皮建才博士评论的回应》，《经济学（季刊）》2007年第1期。

仲伟民、邱永志：《十六至十九世纪中日货币流通制度演进路径的分流》，《中国社会科学》2020年第10期。

周建波：《明清山西商人多层次金融体系的创新及其局限性》，《中国经济史研究》2017年第6期。

周建波、陈皓、孙淑彬：《国家能力与近代以来中国经济发展——基于文献史回顾的视角》，《山东大学学报》（哲学社会科学版）2021年第4期。

周建波、曾江、李婧：《农村金融与清代江南的早期工业化：以农民兼营手工业为中心》，《中国农史》2021年第2期。

周建波、曾江、周子超：《清代江南农村手工业生产性借贷的高利率影响探析——兼谈早期工业化走向近代工业化的金融条件》，《清史研究》2021 年第 6 期。

周倩：《清代书院史籍藏贮初探》，《史学史研究》2018 年第 3 期。

周雪光：《从"黄宗羲定律"到帝国的逻辑：中国国家治理逻辑的历史线索》，《开放时代》2014 年第 4 期。

朱富强、朱鹏扬：《经济增长的根源：投资推动抑或消费拉动——一个思想史的梳理和辨析》，《财经研究》2016 年第 2 期。

朱声敏、范金民：《钱粮博弈：明到清前期江南减赋呼吁及其效果》，《史林》2018 年第 4 期。

Acemoglu, D., Johnson, S., Robinson, J. A., "The Colonial Origins of Comparative Development: An Empirical Investigation", *American Economic Review*, 2001, 91 (5): 1369 – 1401.

Acemoglu, D., Robinson, J. A., Woren, D., *Why Nations Fail: The Origins of Power, Prosperity and Poverty*, New York: Crown Publishers, 2012.

Albers, T., Bartels, C., and Schularik, M., *The Distribution of Wealth in Germany*, 1895—2018, University of Bonn, 2021.

Algan, Y., Cahuc, P., *Trust, Growth, and Well-being: New Evidence and Policy Implications*, Handbook of Economic Growth, Elsevier, 2014, 2: 49 – 120.

Allen, R. C., Bassino, J. P., Ma, D., et al., "Wages, Prices, and Living Standards in China, *1738—1925*: in Comparison with Europe, Japan, and India", *The Economic History Review*, 2011, 64: 8 – 38.

Atkinson, A. B., Piketty, T., Saez, E., "Top Incomes in the Long Run of History", *Journal of Economic Literature*, 2011, 49 (1): 3 – 71.

Bassino, J. P., Broadberry, S., Fukao, K., et al., "Japan and the great Divergence, 730 – 1874", *Explorations in Economic History*, 2019, 72: 1 – 22.

Beattie, H. J., *Land and Lineage in China: A Study of T'ung-Ch'eng County, Anhwel, in the Ming and Ch'ing Dynasties*, Cambridge University

Press, 1979.

Bell, C., "Credit Markets and Interlinked Transactions", *Handbook of Development Economics*, 1988, 1: 763 – 830.

Besley, T., Persson, T., "State Capacity, Conflict, and Development", *Econometrica*, 2010, 78 (1): 1 – 34.

Besley, T., Persson, T., "The Causes and Consequences of Development Clusters: State Capacity, Peace, and Income", *Annu. Rev. Econ.*, 2014, 6 (1): 927 – 949.

Besley, T., Persson, T., "The Origins of State Capacity: Property Rights, Taxation, and Politics", *American Economic Review*, 2009, 99 (4): 1218 – 1244.

Bhagwati, J. N., "The Generalized Theory of Distortions and Welfare", *MIT Working Paper*, 1969.

Bisin, A., Verdier, T., *The Economics of Cultural Transmission and Socialization*, Handbook of Social Economics, North-Holland, 2011, 1: 339 – 416.

Bisin, A., Verdier, T., "The Economics of Cultural Transmission and the Dynamics of Preferences", *Journal of Economic theory*, 2001, 97 (2): 298 – 319.

Blanco, M. A., Bauluz, L., Martínez-Toledano, C., "Wealth in Spain 1900—2017 A Country of Two Lands", *The Economic Journal*, 2021, 131 (633): 129 – 155.

Bolt, J., Timmer, M., van Zanden, J. L., "GDP per capita since 1820", in Jan Luiten van Zanden, et al. (eds.), How Was Life?: Global Well-being since 1820, *OECD Publishing*, 2014.

Bolt, J., Van Zanden, J. L., "The Maddison Project: Collaborative Research on Historical National Accounts", *The Economic History Review*, 2014, 67 (3): 627 – 651.

Bonney, R., *The Rise of the Fiscal State in Europe c. 1200—1815*,

Clarendon Press, 1999.

Boserup, E., "Environment, Population, and Technology in Primitive Societies", *Population and Development Review*, 1976: 21 – 36.

Brandt, L., Ma, D., Rawski, T. G., "From Divergence to Convergence: Reevaluating the History Behind China's Economic Boom", *Journal of Economic Literature*, 2014, 52 (1): 45 – 123.

Brewer, J., *The Sinews of Power: War, Money and the English state 1688—1783*, Routledge, 2002.

Broadberry, S., Guan, H., Li, D. D., "China, Europe, and the Great Divergence: a Study in Historical National Accounting, 980—1850", *The Journal of Economic History*, 2018, 78 (4): 955 – 1000.

Broadberry, S., "The Industrial Revolution and the Great Divergence: recent Findings from Historical National Accounting", *The Handbook of Historical Economics*, 2021: 749 – 771.

Broadberry, S. N., de Pleijt, A., "Capital and Economic Growth in Britain, 1270—1870: Preliminary Findings", *CEPR Discussion Papers*, 2021.

Campbell, B. M. S., Klein, A., Overton, M., et al., *British economic growth, 1270—1870*, Cambridge University Press, 2015.

Cao, Y., Chen, S., "Rebel on the Canal: Disrupted Trade Access and Social Conflict in China, 1650—1911", *American Economic Review*, 2022, forthcoming.

Chang, T-C., "The Economic Role of the Imperial Household in the Ch'ing Dynasty", *The Journal of Asian Studies*, 1972, 31 (2): 243 – 273.

Chen, T., Kung, J. K., Ma, C., "Long live Keju! The Persistent Effects of China's Civil Examination System", *The Economic Journal*, 2020, 130 (631): 2030 – 2064.

Chen, Z., Ma, C., Sinclair, A., *Banking on the Confucian Clan: Why China Developed Financial Markets So Late*, Available at SSRN 3671280,

2020.

Cingolani, L. , "The State of State Capacity: a Review of Concepts, Evidence and Measures", *MERIT Working Papers*, 2013 (2013 – 053).

Clark, G. , *A Farewell to Alms*, Princeton University Press, 2007.

Clark, G. , Hamilton, G. , "Survival of the Richest: the Malthusian mechanism in Pre-industrial England", *The Journal of Economic History*, 2006, 66 (3): 707 – 736.

Colquhoun, P. , *A Treatise on the Wealth, Power, and Resources of the British Empire*, Johnson Reprint Corporation, 1815.

De Vicq, A. , Toussaint, S. J. , Moatsos, M. , et al. , "Household wealth and its Distribution in the Netherlands, 1854—2019", *Working Paper*, 2021.

De Vries, J. , "The Industrial Revolution and the Industrious Revolution", *The Journal of Economic History*, 1994, 54 (2): 249 – 270.

Dodgson, J. , "Gregory King and the Economic Structure of Early Modern England: an input-output table for 1688", *The Economic History Review*, 2013, 66 (4): 993 – 1016.

Doepke, M. , Zilibotti, F. , *Culture, Entrepreneurship, and Growth*, Handbook of Economic Growth, Elsevier, 2014, 2: 1 – 48.

Ebrey, P. B. , Watson, J. L. , *Kinship Organization in Late Imperial China, 1000—1940*, University of California Press, 1986.

Elinder, M. , Erixson, O. , Waldenström, D. , "Inheritance and Wealth Inequality: Evidence from Population Registers", *Journal of Public Economics*, 2018, 165: 17 – 30.

Elvin, M. , *The Pattern of the Chinese Past: A Social and Economic Interpretation*, Stanford University Press, 1973.

Feinstein, C. , *National income, Expenditure and Output of the United Kingdom, 1855—1965*, Cambridge University Press, 1972.

Freedman, M. , *Lineage Organization in Southeastern China*, Routledge, 1958.

Ge, Q., Hao, Z., Zheng, J., et al., "Temperature Changes Over the Past 2000 yr in China and Comparison with the Northern Hemisphere", *Climate of the Past*, 2013, 9 (3): 1153 – 1160.

Geddes, B., *Politician Dilemma: Building State Capacity in Latin America*, University of California Press, 1996.

Geertz, C., *Agricultural Involution: The Processes of Ecological Change in Indonesia*, University of California Press, 1963.

Gennaioli, N., Voth, H. J., "State Capacity and Military Conflict", *The Review of Economic Studies*, 2015, 82 (4): 1409 – 1448.

Giffen, R., *The Growth of Capital*, London: G. Bell, 1889.

Goldsmith, R. W., *Comparative National Balance Sheets: A Study of Twenty Countries, 1688—1979*, University of Chicago Press, 1985.

Goldsmith, R. W., *The National Balance Sheet of the United States, 1953—1980*, University of Chicago Press, 1982.

Greif, A., "Contract Enforceability and Economic Institutions in Early Trade: The Maghribi Traders' Coalition", *American Economic Review*, 1993, 83 (3): 525 – 548.

Greif, A., "Institutions and International Trade: Lessons from the Commercial Revolution", *The American Economic Review*, 1992, 82 (2): 128 – 133.

Greif, A., "Reputation and Coalitions in Medieval Trade: Evidence on the Maghribi Traders", *Journal of Economic History*, 1989, 49 (4): 857.

Greif, A., Tabellini, G., "The Clan and the Corporation: Sustaining Cooperation in China and Europe", *Journal of Comparative Economics*, 2017, 45 (1): 1 – 35.

Greif, A., Tabellini, G., "Cultural and Institutional Bifurcation: China and Europe Compared", *American Economic Review*, 2010, 100 (2):

135 – 140.

Gu, Y., Kung, J. K., "Malthus Goes to China: The Effect of 'Positive Checks' on Grain Market Development, 1736—1910", *The Journal of Economic History*, 2021: 1 – 36.

Guiso, L., Sapienza, P., Zingales, L., "Does Culture Affect Economic Outcomes?", *Journal of Economic Perspectives*, 2006, 20 (2): 23 – 48.

Guiso, L., Sapienza, P., Zingales, L., "People's Opium? Religion and Economic Attitudes", *Journal of Monetary Economics*, 2003, 50 (1): 225 – 282.

Handbook of Income Distribution, Elsevier, 2014.

Hansen, G. D., Prescott, E. C., "Malthus to Solow", *American Economic Review*, 2002, 92 (4): 1205 – 1217.

Hao, Y., Liu, K. Z., "Taxation, Fiscal Capacity, and Credible Commitment in Eighteenth-century China: the Effects of the Formalization and Centralization of Informal Surtaxes", *The Economic History Review*, 2020, 73 (4): 914 – 939.

Hao, Y., Liu, K. Z., Weng, X., et al., "The Making of Bad Gentry: The Abolition of Keju, Local Governance and Anti-elite Protests, 1902—1911", Working Paper, 2019.

Hazelton, K., "Patrilines and the Development of Localized Lineages: the Wu of Hsiu-ning City, Hui-chou, to 1528", *Kinship Organization in late Imperial China*, 1986: 137 – 69.

Homer, S., Sylla, R. E., *A History of Interest Rates*, Rutgers University Press, 1996.

Howitt, P., Aghion, P., "Capital Accumulation and Innovation as Complementary Factors in Long-run Growth", *Journal of Economic Growth*, 1998, 3 (2): 111 – 130.

Hu, S., "Survival of the Confucians: Social Status and Fertility in China, 1400—1900", *London School of Economics and Political Science*,

LSE Library, 2020.

Huang, P., *The Peasant Economy and Social Change in North China*, Stanford University Press, 1985.

Keister, L. A. , "Conservative Protestants and Wealth: How Religion Perpetuates Asset Poverty", *American Journal of Sociology*, 2008, 113 (5): 1237–1271.

Keller, W. , Santiago, J. A. , Shiue, C. H. , "China's Domestic Trade During the Treaty-Port Era", *Explorations in Economic History*, 2017, 63: 26–43.

Keller, W. , Shiue, C. H. , "China's Foreign Trade and Investment, 1800—1950", *National Bureau of Economic Research*, 2020.

Keller, W. , Shiue, C. H. , Wang, X. , "Capital Markets in China and Britain, 1770—1860: Evidence from Grain Prices", *American Economic Journal: Applied Economics*, 2021, 13 (3): 31–64.

Ko, C. Y. , Koyama, M. , Sng, T. H. , "Unified China and Divided Europe", *International Economic Review*, 2018, 59 (1): 285–327.

Krueger, R. , "Comparative National Balance Sheets: A Study of Twenty Countries, 1688—1978 by Raymond W. Goldsmith", *Journal of Political Economy*, 1986, 94 (6): 1341–1343.

Kumar, R. , *The Evolution of Wealth-income Ratios in India 1860—2012*, Available at SSRN 3111846, 2019.

Kuran, T. , *The Long Divergence: How Islamic Law Held Back the Middle East*, Princeton University Press, 2012.

Landes, D. S. , *The Wealth and Poverty of Nations: Why Some Are So Rich and Some So Poor*, WW Norton & Company, 1999.

Laslett, P. , *The World We Have Lost: Further Explored*, Routledge, 2002.

Lee, J. , Feng, W. , "Malthusian Models and Chinese Realities: The Chinese Demographic System 1700—2000", *Population and Development*

Review, 1999, 25 (1): 33 – 65.

Lee, J. Z., Campbell C D. *Fate and Fortune in Rural China: Social Organization and Population Behavior in Liaoning 1774—1873*, Cambridge University Press, 2007.

Leigh, A., "How Closely Do Top Income Shares Track Other Measures of Inequality?", *The Economic Journal*, 2007, 117 (524): F619 – F633.

Li, B., Van Zanden, J. L., "Before the Great Divergence? Comparing the Yangzi Delta and the Netherlands at the Beginning of the Nineteenth Century", *The Journal of Economic History*, 2012, 72 (4): 956 – 989.

Liang, R., Wang, X., Yamauchi, F., "Cotton Revolution and Widow Chastity in Ming and Qing China", *American Journal of Agricultural Economics*, 2021, 103 (1): 232 – 252.

Lindert, P. H., "Unequal English Wealth Since 1670", *Journal of political economy*, 1986, 94 (6): 1127 – 1162.

Lipsey, R. G., Lancaster, K., "The General Theory of Second Best", *The Review of Economic Studies*, 1956, 24 (1): 11 – 32.

Liu, T., Yeh, K., *Economy of the Chinese Mainland*, Princeton University Press, 2015.

Lufrano, R. J., *Honorable Merchants: Commerce and self-cultivation in Late Imperial China*, University of Hawaii Press, 1997.

Ma, D., "Growth, Institutions and Knowledge: a Review and Reflection on the Historiography of 18th – 20th Century China", *Australian Economic History Review*, 2004, 44 (3): 259 – 277.

Ma, D., Rubin, J., "The Paradox of Power: Principal-agent Problems and Administrative Capacity in Imperial China (and other absolutist regimes)", *Journal of Comparative Economics*, 2019, 47 (2): 277 – 294.

Ma, D., "State Capacity and Great Divergence, the Case of Qing China (1644—1911)", *Eurasian Geography and Economics*, 2013, 54 (5 - 6): 484 - 499.

Madsen, J. B., "Wealth and Inequality over Eight Centuries of British Capitalism", *Journal of Development Economics*, 2019, 138: 246 - 260.

McCloskey, D. N., *Bourgeois Dignity: Why Economics can't Explain the Modern World*, University of Chicago Press, 2010.

McLaughlin, E., Hanley, N., Greasley, D., et al., "Historical Wealth Accounts for Britain: Progress and Puzzles in Measuring the Sustainability of Economic Growth", *Oxford Review of Economic Policy*, 2014, 30 (1): 44 - 69.

Meadows, D. H., Meadows, D. L., Randers, J., Behrens, W. W. (1972), *The Limits to Growth: A Report for the Club of Rome's Project on the Predicament of Mankind*, New York: Earth Island, Universe Book, 1974.

Mihalyi, P., Szelényi, I., "Wealth and Capital: a Critique of Piketty's Conceptualisation of Return on Capital", *Cambridge Journal of Economics*, 2017, 41 (4): 1237 - 1247.

Mokyr, J., *The Enlightened Economy: an Economic History of Britain, 1700—1850*, New Haven, CT: Yale University Press, 2009.

Morse, H. B., *The Chronicles of the East India Company Trading to China 1635—1834*, Oxford: Clarendon Press, 1962.

Naughton, B., "Is China Socialist?", *Journal of Economic Perspectives*, 2017, 31 (1): 3 - 24.

North, D. C., *Institutions and Credible Commitment*, Journal of Institutional and Theoretical Economics (JITE), Zeitschrift für die gesamte Staatswissenschaft, 1993: 11 - 23.

North, D. C., Wallis, J. J., Weingast, B. R., *Violence and Social orders: A Conceptual Framework for Interpreting Recorded Human History*, Cambridge University Press, 2009.

North, D. C., Weingast, B. R., "Constitutions and Commitment: the Evolution of Institutions Governing Public Choice in Seventeenth-century England", *The Journal of Economic History*, 1989, 49 (4): 803 – 832.

Nunn, N., "Historical Development", *Handbook of Economic Growth*, 2014, 2: 347 – 402.

Nunn, N., "The Importance of History for Economic Development", *Annu. Rev. Econ.*, 2009, 1 (1): 65 – 92.

Ó Gráda, C., "Did Science Cause the Industrial Revolution?", *Journal of Economic Literature*, 2016, 54 (1): 224 – 39.

Pamuk, S., "The Black Death and the Origins of the 'Great Divergence' across Europe, 1300—1600", *European Review of Economic History*, 2007, 11 (3): 289 – 317.

Piketty, T., Postel-Vinay, G., Rosenthal, J. L., "Wealth Concentration in a Developing Economy: Paris and France, 1807—1994", *American Economic Review*, 2006, 96 (1): 236 – 256.

Piketty, T., Saez, E., "Income Inequality in the United States, 1913—1998", *The Quarterly Journal of Economics*, 2003, 118 (1): 1 – 41.

Piketty, T., Yang, L., Zucman, G., "Capital Accumulation, Private Property, and Rising Inequality in China, 1978—2015", *American Economic Review*, 2019, 109 (7): 2469 – 2496.

Piketty, T., Zucman, G., "Capital is Back: Wealth-Income Ratios in Rich Countries 1700—2010", *Quarterly Journal of Economics*, 2014, 129 (3): 1255 – 1310.

Pomeranz, K., *The Great Divergence: Europe, China, and the Making of the Modern World Economy*, Princeton: Princeton University Press, 2000.

Porta, R. L., Lopez-de-Silanes, F., Shleifer, A., et al., "Law and finance", *Journal of Political Economy*, 1998, 106 (6): 1113 – 1155.

Qian, Y., "The process of China's market transition (1978—1998):

The Evolutionary, Historical, and Comparative Perspectives", *Journal of Institutional and Theoretical Economics*, 2000: 151 – 171.

Raff, D., Wachter, S., Yan, S., "Real Estate Prices in Beijing, 1644 to 1840", *Explorations in Economic History*, 2013, 50 (3): 368 – 386.

Rawski, E., *The Ma Landlords of Yang-chia-kou in Late Ch'ing and Republican China*, Kinship Organization in Late Imperial, 1986: 245 – 73.

Remer, C. F., *The Foreign Trade of China*, Tapei: Cheng-Wen Publishing Co., 1967

Roine, J., Vlachos, J., Waldenström, D., "The Long-run Determinants of Inequality: What can We Learn from Top Income Data?", *Journal of Public Economics*, 2009, 93 (7 – 8): 974 – 988.

Roine, J., Waldenström, D., "Long-run Trends in the Distribution of Income and Wealth", *Handbook of Income Distribution*, 2015, 2: 469 – 592.

Rosenthal, J. L., Wong, R. B., *Before and Beyond Divergence*, Harvard University Press, 2011.

Samuleson, P., *Economics*, McGraw-Hill, 1958.

Sen, A. K., "An Aspect of Indian Agriculture", *Economic Weekly*, 1962, 14 (4 – 6): 243 – 246.

Shiue, C. H., "Human Capital and Fertility in Chinese Clans before Modern Growth", *Journal of Economic Growth*, 2017, 22 (4): 351 – 396.

Shiue, C. H., Keller, W., "Markets in China and Europe on the Eve of the Industrial Revolution", *American Economic Review*, 2007, 97 (4): 1189 – 1216.

Shiue, C. H., "The Political Economy of Famine Relief in China, 1740—1820", *Journal of Interdisciplinary History*, 2005, 36 (1): 33 – 55.

Slack, P., *Measuring the National Wealth in Seventeenth-Century Eng-*

land, The Economic History Review, 2004, 57 (4): 607-635.

Sng, T. H., Moriguchi, C., "Asia's Little Divergence: State Capacity in China and Japan before 1850", *Journal of Economic Growth*, 2014, 19 (4): 439-470.

Sng, T. H., "Size and Dynastic Decline: The Principal-agent Problem in late Imperial China", 1700—1850, *Explorations in Economic History*, 2014, 54: 107-127.

Solow, R., "Thomas Piketty is Right. Everything you Need to Know About Capital in the Twenty-first Century", *New Republic*, 2014 (5): 50-55.

Spring, E., *Law, Land, and Family: Aristocratic Inheritance in England 1300 to 1800*, University of North Carolina Press, 1997.

Sussman, N., Yafeh, Y., "Institutions, Reforms, and Country Risk: Lessons from Japanese Government Debt in the Meiji Era", *The Journal of Economic History*, 2000, 60 (2): 442-467.

Tabellini, G., "The Scope of Cooperation: Values and Incentives", *The Quarterly Journal of Economics*, 2008, 123 (3): 905-950.

Thomas, R., Dimsdale, N., *A millennium of UK data*, Bank of England OBRA Dataset, 2017.

Tilly, C., *Coercion, Capital, and European states, AD* 990—1990, Collective Violence, Contentious Politics, and Social Change. Routledge, 2017: 140-154.

Tilly, C., "States and Nationalism in Europe 1492—1992", *Theory and Society*, 1994: 131-146.

Tilly, C., *The Formation of National States in Western Europe*, Princeton University Press, 1975.

Von Glahn R., *Fountain of fortune*, University of California Press, 1996.

Vries, P., *Public finance in China and Britain in the Long Eighteenth*

Century, London School of Economics and Political Science, Department of Economic History, 2012.

Waldenström, D., "The National Wealth of Sweden, 1810—2014", *Scandinavian Economic History Review*, 2016, 64 (1): 36 – 54.

Waldenström, D., *Wealth and History: An Update*, CESifo, 2021.

Wang, A. X., "The Idealised Lives of Women: Visions of Beauty in Chinese Popular Prints of the Qing Dynasty", *Arts Asiatiques*, 2018, 73: 61 – 80.

Wang, Y. C., *Secular Trends of Rice Prices in the Yangtze River Delta, 1638—1935*, Chinese History in Economic Perspective, edited by TG Rawski and Lillian M. Li. 1992.

Weil, D. N., "Capital and Wealth in the Twenty-first Century", *American Economic Review*, 2015, 105 (5): 34 – 37.

Wong, R. B., *China Transformed: Historical Change and the Limits of European Experience*, Cornell University Press, 1997.

Zelin, M., *The Magistrate's Tael: Rationalizing Fiscal Reform in Eighteenth-century Ch'ing China*, University of California Press, 1992.

Zelin, M., *The Merchants of Zigong: Industrial Entrepreneurship in Early Modern China*, Columbia University Press, 2005.

后　记

　　自 2011 年开始编制中国国家资产负债表以来，已过去了十多年。虽然这方面成果颇丰（已编制完成 2000—2019 年的国家资产负债表），但念念不忘的还是历史资产负债表。后者显然是一个大工程，是一项跨学科研究。正如李伯重老师在本书序中所说，需要经济学和历史学的"对话"。

　　编制历史资产负债表的缘起，除了本人对于历史的偏爱，还在于要理解中国今天的发展以及中国特色，必须从长时段、大历史中去寻找"基因"。"如果没有中华五千年文明，哪里有什么中国特色？"①

　　2014 年的法国之行，是一次重要契机。当时《21 世纪资本论》刚出版不久，虽谈不上洛阳纸贵，但大家争相传阅，国际国内学界反响强烈。于是，法国行程中的一个重要安排就是拜访该书的作者托马斯·皮凯蒂。我们见面是在巴黎经济学院他的小办公室。听皮凯蒂介绍，这部以数据见长的著作很大程度上得益于各国（主要是发达经济体）的历史资产负债表。这于我触动较大。据我有限的了解，中国仅有不太系统的历史 GDP 估算，还没有人尝试编制（哪怕只是提及）历史资产负债表。既然我们团队已经有了第一部中国国家资产负债表的专著（该书由中国社会科学出版社 2013 年出版），为什么不进一步向历史深处进军呢？

　　由萌生想法到促成研究，并非一帆风顺。我在电脑中找到完成于

---

① 《〈中共中央关于党的百年奋斗重大成就和历史经验的决议〉辅导读本》，人民出版社 2021 年版，第 290 页。

2015 年的第一份研究提纲，但真正找到有志于此的合作伙伴却已是 2019 年了。其间，我一直在向研究经济史的同行、前辈取经，听他们的意见和建议。尤为重要的是结识了李伯重老师，聆听了他的几次讲座，并就历史资产负债表问题向他请教。记得李老师当时对我说，编制历史资产负债表应该不会比历史 GDP 更难。这给予我莫大的鼓舞。

历史资产负债表的编制难点在数据。向历史深处挺进，必须要有突破口。这个时候，李伯重老师的大作《中国的早期近代经济——1820 年代华亭—娄县地区 GDP 研究》让我眼前一亮：可否先实现一个小目标，从华娄出发呢？有了基础的数据支撑，开展研究就不再是纸上谈兵了。寻寻觅觅中，终于找到了几位合作小伙伴，他们是常旭副研究员以及中国社会科学院大学两位学生王辉和刘淑伟。我们频繁地进行线下讨论、线上交流。为了从"华娄出发"，我们集体研读了李伯重老师的著作，并形成了一些估算结果。尽管这些成果还相当初步，框架上也不成熟，有一些估算甚至并没有完成，但多少寻出了一些门道，起到了探路的作用。我与王庆博士接下来的研究很大程度上算是"重新来过"，但前期小伙伴们的探索和积累功不可没。

去年 10 月初稿完成，我们组织了一个闭门研讨会。参会的李伯重教授、王珏教授、常旭副研究员、云妍副研究员、刘磊博士都对初稿提出了很好的意见和建议；出版社的赵剑英社长、王茵副总编也充分肯定了初稿并表示全力支持出版。在此，向他们表示由衷的感谢！

书稿即将付梓之际，我们与皮凯蒂团队进行了交流。皮凯蒂对我们向历史资产负债表领域进军倍感兴奋，并提出为什么要选择 1820 年代这样的时间点、是否有理由相信华娄代表了更广泛的中国，以及他最感兴趣的财富分配如何处理等。所幸这些问题，李伯重老师的序以及本书都作了较充分的回应。在此，对皮凯蒂及其合作者杨利表示感谢。

还要感谢责任编辑王曦，是她的认真负责，使本书得以高质量出版。最后特别感谢李伯重教授为本书欣然作序。他的鼓励将激励我们继续前行，把历史资产负债表研究做下去、做扎实。这是一份伟大的事业，"路漫漫其修远兮"，我们迈出了万里长征第一步，期待更多同路人！

张晓晶

2022 年 2 月